KB156333

한국장애인복지학회 기획총서 I

발달장애인 복지론

김진우 편저

책을 내면서...

Spero, Spera! 나는 희망한다, 너도 희망하라!

'대학에서 장애인복지론을 수강하고 또 사회복지사 자격증을 취득하면 장애인복지 실천현장에서 발달장애를 이해할 수 있는 충분조건이 될까?'

필진 모두 이 질문에 대해 자신있게 대답할 수가 없었다....

물론 사회복지 체계와 구조를 이해하는 것도 벅차고, 장애인 정책 및 실천을 개괄적으로나마 자기 것으로 체화하기 바쁜데 개별 장애종별을 사회초년병 시절부터 전문적으로 이해하는 사람이 실제로 얼마나 되겠는가. 하지만 누가 발달장애에 대해 좀 더 깊은 이해를 하고 싶다고 문의를 해 와도, 선뜻 참고할만한 교재를 추천하기란 쉽지 않았다.

하지만 최근 발달장애와 관련된 연구와 논의가 매우 다양하게 진행되었던 터라 필진들은 이를 체계적으로 정리하여 한 권의 책으로 담아내고 이를 지속적으로 수정·보완해 나가자는 의견을 모았다. 우리는 희망했다. 이 책이 그나마 척박한 땅에 한 줄기 희망이 될 수 있기를...

이에 지금으로부터 일 년 전 필자들은 한국장애인복지학회라는 공동체를 통하여 이런 뜻을 모았다. 이제 일 년 동안의 작업을 거쳐 조심스러운 한걸음을 내딛게 되었다. 이 한걸음을 시작으로 한 줄기 희망이 두 줄기가 되고, 계속해서 두 줄기가 네 줄기가 되고, 드디어는 발달장애라는 영역에 따뜻한 햇살이 느껴지는 날까지 이런 시도들을 계속해 나가기로 마음을 모았다.

발달장애, 발달장애인을 이해하는 접근방법은 매우 다양하다. 의료적인 접근, 심리정서적 접근, 인지행동적 접근, 특수교육적 접근, 서비스실천적 접근, 정책제도적 접근 등 그 방법에 따라, 이해하는 학문적 지형에 따라 각각 고유한 내용들이 도출될 수 있을 것이다. 그 중에서 이 책에서는 서비스 실천적 및 정책제도적 접근방법을 택하고자 한다. 집필진의 대다수가 사회복지학적 배경을 갖고 있기도 하거니와, 이 책의 주된 독자를 사회서비스 실천현장에서 근무하거나 발달장애를 정책적으로 다루는 전문가들로 상정했기 때문이다. 아울러 발달장애인의 영유아기나 아동기를 다루기보다는 주로 성인기 이후의 발달단계를 다룬 것과 무관하지도 않다.

이 책은 크게 3부로 구성되어 있다. 제1부에서는 발달장애를 이해하고 이를 어떤 이념적 지향을 가지고 접근해야 하는지에 대한 내용을 담고 있다. 제1장에서는 장애인 정책 및 서비스 실천의 발전과정에서 발달장애에 대한 이해와 노력이 얼마나 부족했는지를 살피고 이후 각 장의 내용과 이슈들이 왜 중요하게 다루어져야 하는지를 고찰하고 있다. 제2장에서는 이 책에서 논의하고자 하는 발달장애인이 누구이며 여기에 포함되는 지적장애와 자폐성장애의 개념과 특성을 살펴보는데 주안점을 둔다. 제3장에서는 발달장애에 특화된 정상화(Normalization) 이념이 갖는 의의와 한계가 무엇이고 이를 현 시점에서 어떻게 재조명해야 하는지를 고찰하고 있다. 제4장에서는 연구조사과정에서 발달장애인들이 연구참여자라는 수동적 지위에서 벗어나 연구과정에서 주도적인 역할을 수행할 수 있는 가능성에 대해 탐색해 보고 있다.

제2부에서는 장애인복지 서비스 실천현장에서 발달장애인에 대한 지원 패러다임에서 제기될 수 있는 다양한 이슈들을 담고 있다. 제5장에서는 성인발달장애인에 대한 정보제공과 의사소통 지원이 일상생활 및 사회서비스 이용과정에서 얼마나 중요한지, 또 어떻게 지원되어야 하는지를 다루고 있다. 제6장에서는 발달장애인에게 자기결정이 어떤 의미를 지니는지, 자기결정에 영향을 미치는 요인과 이를 둘러싼 다양한 쟁점들을 고찰해 보고자 한다. 제7장에서는 자조와 자조집단에 대한 이해에 기초하여 발달장애인 자조집단의 성격과 형태, 자조집단에 대한 지원에 대해 살펴보고 있다. 제8장에서는 발달장애인이 권익옹호를 실천하는데 필요한 권익옹호의 개념, 유형, 구조, 과정 등에 대해 살펴보고 있다. 제9장은 학대의 유형과 발달장애인 학대관련 실태를 파악하고 학대의 원인과 이로 인한 결과가 무엇인지 그리고 이를 둘러싼 관련 쟁점들을 고찰하고 있다. 제10장에서는 지적장애인의 정신건강문제가 구체적으로 어떠한 형태로 나타나고 있는지를 정신건강문제의 분류체계에 따라 살펴보는 한편, 정신건강문제에 대한 접근방법을 정리하고 적절한 개입전략을 모색하고 있다. 제11장에서는 발달장애인의 도전적 행동에 적절히 대응하기 위한 방법을 살펴보고 도전적 행동의 이해를 통한 향후 실천적 대안을 고찰하고 있다. 제12장에서는 발달장애인에게 위험이 어떤 의미로 다가오는지, '적극적인 위험감수'가 의미하는 바와 이것이 사회서비스 실천현장에 적용될 때 고려되어야 하는 사항들을 영국사례를 통해 우리 사회에 적용될 함의를 찾고 있다. 제13장에서는 발달장애인에 대한 개별서비스 지원계획 수립 및 적용을 위한 이론과 원칙, 인간중심계획과 개별서비스 지원계획의 핵심가치와 원칙에 대해 살펴보고 있다. 제14장에서는 영국에서의 재정지원방식의 큰 변화의 두 축인 직접지불제도와 개인예산제도를 살펴보면서 우리 사회에서의 발달장애인에 대한 이용자중심 재정지원방식 설계에 대한 시사점을 제시하고 있다.

제3부에서는 발달장애인이 생애 발달과정에서 직면하게 되는 다양한 삶의 국면들을 쟁점중심으로 제시하고 있다. 제15장에서는 발달장애인의 가족에 대한 지원이 우리나라와 외국에서는 어떻게 이루어지고 있는지를 살피고 그에 따른 과제를 조망하고

있다. 제16장에서는 발달장애인의 주거공간 선택에 도움이 되도록 발달장애인의 주거계획 실태 및 주거계획 수립에의 고려요소, 발달장애인이 선택할 수 있는 주거형태에 대해 살펴보고 있다. 제17장에서는 성에 대한 개념을 개인적이고 본능적인 측면에서 사회적 인간관계로 개념을 확장하여, 발달장애인이 부모 될 권리 및 양육할 권리까지 포함하고, 이와 관련된 이슈들을 다루고 있다. 제18장에서는 발달장애인에게 있어서의 직업의 특성과 욕구, 장애인고용이론의 적용적합성, 발달장애인의 직업활동과 관련된 쟁점들을 소개하고 있다. 제19장에서는 장애인복지 영역에서의 고령 지적장애인의 현황과 문제점을 살펴보고, 영국과 일본에서의 고령 지적장애인 서비스에 대한 사례를 통해 발달장애인의 건강문제의 이슈들을 다루고 향후 이들을 위한 정책 및 실천에의 개선방향을 제언하고 있다.

절망의 벼랑 끝에서 희망을 갈구하는 패러다임은 퇴색되어야 한다. 대신, 절망에 이르기 전에 긍정적 희망의 메시지가 담긴 바구니가 모아져야 한다. 사람냄새 나는 세상을 꿈꾸며 발달장애인들의 삶에 보편타당한 원칙과 룰이 적용되는 시대가 하루속히 오기를 바라는 마음을 모아 절망 끝으로 가는 길을 막아야 한다. 절박함은 벼랑 끝에 서서야 비로소 솟구치는 것이 아니라 저 붉은 해가 기울 때 미리 등불을 준비하는 마음이어야 한다. 우리 필진들이 그 등을 닦는 마음으로 첫 졸고를 세상에 내 놓는다. 글이 매끄럽지 못하거나 오류나 오해를 살만한 부분이 있으면 모두 집필자와 편집자의 능력과 노력 부족의 탓이다. 하지만 그러한 지적과 비판 모두가 발전을 위한 밑거름이 될 것이라 믿으며, 더 풍부한 내용을 담기 위한 노력의 시작으로 이해해 주기 바란다.

이 책을 흔쾌히 출판해 주시기로 하신 EM커뮤니티 대표님과 이 책의 내용으로 담아지기까지 삶의 흔적들이 필진들의 논리와 통찰력, 지식의 보고(寶庫)로 이어지게 한 많은 발달장애인과 그 가족분들에게 감사의 말씀을 전한다.

| 차례 |

서문_ 책을 내면서

▶▶▶ 발달장애인복지론

제3부　생애 발달과정에서의 과제

제1부

발달장애 이해 및
이념적 접근

제1장
한국현실 속에서의 발달장애

김 진 우 (덕성여자대학교)

동서고금을 막론하고 사회적 배분에 있어 이익과 불이익이 교차하고, 곱지 않은 사회적 시선 때문에 사회생활을 영위하는데 불편함을 겪는 인구집단은 늘 있어 왔다. 사회적 필요에 따라 그 대상이, 그 대상을 배척하는 논리는 변했겠지만 다수의 소수에 대한 사회적 억압과 배제는 어제 오늘 일이 아니다. 노인은 지식의 보고(寶庫)였으나 이제는 '고장난 지식' 때문에 기여가치가 낮은 대상으로 간주되었다가 최근에는 기대여명의 증가로 인해 다시금 일을 통한 사회참여 이데올로기에의 동원대상이 되고 있다. 장애인 또한 마찬가지다. 마을 흉재(凶災)가 일어나면 마녀사냥의 대상이 되기도 하고, 마귀 들린 악령의 화신(化身)으로 둔갑되기도 한다. 우리가 미래의 노인이요, 잠재적 장애인이라는 말은 협박으로 들리고 미래 발생가능한 일에 대해서는 무감하다. 발달장애인들도 그러한 사회시스템과 사회적 편견 및 선입견의 테두리에서 자유롭지 못하다. 지체장애인들을 병신, 절름발이로, 청각장애인을 귀머거리, 벙어리로, 시각장애인을 봉사, 장님으로 불릴 때 발달장애인들은 바보, 천치로 불리는 등 사회적 배제 및 억압의 대상이었던 것은 동서고금의 역사다(Barnes and Mercer, 2006).

전후 경제성장과 더불어 찾아온 민주화는 우리 사회에 사회적 소수자, 사회취약계층에 대해 관심을 가지는데 보다 관대해졌다. 1980년대 후반과 1990년대에 노인, 장애인, 아동 등에 대한 사회적 지원을 약속하는 법률들이 대거 제정된 것이 그 대표적예에 해당한다. 모자복지법, 영유아보육법이 그러하고, 1980년초에 제정되었으나 그내실을 갖춰 노인복지법, 장애인복지법으로 새롭게 등장하게 된 것이다. 그러나 그것또한 경제적 부담 경감 또는 심리사회적 차원에서 가장 시급한 사람들에게 휴먼서비스를 제공하는데 그치고 인권이나 사회적 차별차원에서 접근한 것은 아니었다. 그저경제적 부담경감 차원에서 각종 지원책들을 마련하고 사회하층에 속한 이들에게 의식주의 공간을 배려해 주기 위한 법적 근거가 필요했던 것이다. 그러나 비빌 언덕이 마련되고 나면 그 언덕은 점차 커지기 마련이다. 사회변화에 따라 새로운 욕구가 등장하고 이에 대한 대응이 필요하다는 주장에도 힘이 실렸을 것이다.

장애인정책과 관련하여, 장애인복지법은 장애인고용촉진등에관한법률 제정과 비슷한 시기에 등장하였고 비교적 빠른 시기인 1970년대에 제정된 특수교육진흥법과 더불어 삼각 편대 모양의 복지 · 교육 · 고용의 진용이 갖추어졌다. 1998년에 노인 · 장애인 · 임산부등의편의증진에관한법률이 제정되고 2005년 교통약자편의증진법이 제정되면서 우리 사회는 장애인의 '먹고 사는 문제'가 아니라 '사회통합에의 걸림돌 제거'에 초점을 맞추기 시작하였다. 이러한 변화 · 발전은 최근 들어 보다 가속화되기 시작하였다. 장애인연금법, 장애인활동지원에관한법률, 장애아동복지지원법 등이 제정되어 장애인 관련 법률의 종류가 보다 다기화 되고 관련 예산도 급증하고 있는 추세에있다. 나아가 장애인 차별금지 및 권리구제 등에 관한 법률이 제정됨으로써 서비스와인권 양 쪽을 균형 있게 접근할 수 있는 제도적 장치가 마련되었다.

그러한 변화 · 발전에도 불구하고 여전히 허전함과 해소하지 못한 갈증이 남아 있다. 비단 남겨진 사각지대와 낮은 급여수준, 비효율적인 전달체계 때문만은 아니다. 뿐만 아니라 그 동안 억압되어진 욕구가 분출하는 압력을 다 감당해내지 못하는 미온적인 사회적 대응도 이를 잘 설명하기에는 역부족하다. 무엇일까? 그것은 우리가 장애인복지를 발전시켜 온 과정과 맥락에서 찾을 수 있다.

결론부터 말한다면 지체 및 시 · 청각장애인에게 묻힌 발달장애에 대한 이해와 관심

부족이라는 관점에 주목할 필요가 있다. 그동안 발달장애인이 법·제도에서 관심을 받은 것은 특수교육이나 장애인거주시설에서이다. 그 두 정책에서는 주된 고객이었던 반면, 그 외의 분야에서는 별도의 관심과 배려를 받은 적은 거의 없었다. 뿐만 아니라 발달장애인 또는 그 가족이 주도적으로 정책적 변화를 요구하거나 제도 신설을 강력하게 요청하는 것은 매우 최근의 일이다. 비장애인에 비해 열악한 환경에 직면하여 힘겨운 삶을 영위하고 있는 발달장애인에 대한 상대적 무관심의 원인과 양태를 대별하면 아래와 같다.

첫째, 장애인정책이 사회정책적 패러다임 아래 편재되어 있음에도 불구하고, 장애인정책이 자본제사회의 능력에 따른 서열화를 그대로 답습하고 있어 발달장애인은 이중의 불이익을 받게 된다는 점이다. 장애인고용정책에서 할당고용제를 실시하면 신체적·정신적 손상이 가장 적은 장애인부터 취업된다. 나아가 당사자에 대한 사회적 효용가치 정도를 고려하여 판단하게 될 때는 발달장애인에 대한 적극적 조치가 수반되지 않는 한 이론적으로나 실제적으로 고용의 우선순위에서 밀려날 수밖에 없다. 뿐만 아니라 장애인직업재활정책에서도 보호고용의 테두리에 남아 있는 장애인 중에서도 발달장애인은 능력의 서열화 기준에 의해 신체장애인에 비해 상대적으로 더 열악한 임금구조에 방치되어 있다.

둘째, 발달장애의 특징을 고려하고 이를 감안한 대안모색, 별도의 적극적 조치를 마련하는 대응이 부족하다는 것이다. 장애인의 물리적 접근성을 높이려는 노력을 1998년부터 기울여 왔지만 대부분의 내용들은 신체장애인에 국한되며 발달장애인에 대한 정보접근성을 높이려는 노력은 그 어디에도 찾아보기 힘들다는 것이다. 물론 편의증진이라는 정책이 교통 및 시설물에 대한 접근성을 이야기하는 것이지만 세부적인 내용에 있어서 발달장애인이, 발달장애인과 함께 그 가족이 이용하는데 발달장애인의 인지 및 정서적 어려움을 고려한 설계가 부족한 것이 현실이다. 뿐만 아니라 장애인차별금지법에서도 '자신의 의사에 반하지 않는 한'이라는 표현이라든지, 정당한 편의제공에 있어서 어떤 내용들이 발달장애인에게 제공되어야 하는지에 대한 개별적이고 구체적인 내용이 담보되어 있지 않아 발달장애인의 진정 사건에 대한 구체적이고 개별적이면서 실효성 있는 조치방안이 강구되기 힘든 구조에 놓여 있다는 점이다(김진우, 2008a).

셋째, 그러한 관심과 이해의 부족은 정부 및 전문가의 이해와 노력 부족에서 상당부분 기인한다고 본다. 우리나라 장애인정책이 여기까지 발전한데는 장애운동의 기여분을 논외로 하기는 어렵다. 하부로부터의 끊임없는 혁명에의 요구는 때로는 목숨을 건 투쟁으로 연결되었고 사회적 분위기를 반전시키는데 결정적인 역할을 감당하였다. 그러한 요구는 구체적인 내용으로 정부에 전달되기도 하고 이를 정책적 대안으로의 전환 가능성을 탐색하기 위한 연구를 촉발하기도 하였다. 그로 인해 주장내용에 대한 이해의 폭과 사회적 공감대가 점차 확대될 수 있었다. 그러나 발달장애는 전혀 다른 맥락속에 놓여 있었다고 해도 과언이 아니다. 발달장애인들이 문제의식을 가지고 변혁을 요구할 수 있다는 인식에 대한 공감대가 넓지 않았고 무엇을 어떻게 요구해야 하는지, 한편 정책에 발달장애인을 둘러싼 환경과 조건들을 변화시키기 위하여 어떤 내용들이 반영되어야 하는지, 그러한 요구와 정책을 어떤 방향에서 담아내고 지향해 나가야 하는지 등에 대한 구체적인 지식과 전략이 부재했거나 충분하지 못했다고 볼 수 있다. 최근에 들어서야 발달장애인정책의 구체적인 내용을 마련하려는 시도가 이루어지고(발달장애인정책기획단, 2011), 이를 별도의 법체계로 담아내려는 노력을 한다든가, 발달장애인에 대한 정당한 편의제공의 내용이 무엇이어야 하는지를 살펴보는 수준에까지 이른 것이다(김진우 · 유동철 · 박숙경 · 김재왕 · 서재경, 2014).

발달장애에 대한 이러한 무관심과 무지는 비단 우리나라에 국한된 것은 아니라고 보인다. 영국 장애운동을 이끈 UPIAS (Union of Physically Impaired Against Segregation)에서 정신적 손상에 대해서는 침묵하였던 점(Oliver, 1990), M. Oliver가 사회적 모델을 주창하면서 장애종별의 다양성 속에서 나타나는 사회적 억압이라는 공통성에 집착하여 신체적 장애를 가진 자들의 장애운동에 대한 이념적 토대를 제공하려 했던 움직임(Oliver, 1996)은 상대적으로 발달장애인에 대한 사회적 관심과 사회연대에의 결속감을 떨어뜨리는 결과를 초래했다. 그 결과 사회적 모델이 가져다 준 긍정적 영향에도 불구하고 '도대체' 발달장애인에게는 어떤 함의를 던져주는지에 대한 반성이 시작되었고, 발달장애의 특성으로부터 사회적 요구를 담아내는 보다 확장된 의미에서의 사회적 모델(Extended Social Model)에 대한 관심이 증가하였다. 이는 자립생활모델에서도 마찬가지다. Robert의 노력과 자립생활에의 의지는 미국 장애인정책의 패러다임을 바꾸어 놓기에 충분했지만 이 모델 또한 초기에는 발달장애인에 대해서는 상대적으로 무관심했고 자립생활 패러다임이 이들에게 어떻게 적용될 수 있는지에 대해서는 여전히 논쟁적이고 보완진행형이다. 결국 사회적 모델이건 자립생활모델이건 초기에는 그들의 눈과 마음에는 발달장애인은 관심 밖의 존재였거나 적어도 전략적 포섭대상의 우선순위 대상이 아니었다(김진우, 2010). 이후 자립지원모델이 소개되고 자립생활센터의 역할에 발달장애인이 포함되거나 별도의 자립생활센터가 설립되는 등의 움직임이 활발하게 이루어지고 있다.

우리 사회에서도 최근에 발달장애에 대한 사회적 관심이 매우 커지고 있다. 발달장애인이 보편적인 삶을 영위하는데 걸림돌이 무엇인지, 형평성을 담보하기 위해서는 어떤 적극적 조치가 있어야 하는지, 그 뿐만 아니라 발달장애의 특징을 고려하여 어떻게 응대하고 제도적 방안들이 함께 마련되어야 하는지 등에 대한 관심이 늘어나고 있다.

첫째, 이념적인 지형이 어떻게 구축되어야 하는지 이다. 사회적 모델과 자립생활모델이 우리 장애인계에 소개되고 적용되면서 장애인정책을 발전시키고 장애인차별금지법 제정까지 이끌어 내는데 견인차 역할을 했다는 것을 부인하기는 어렵다. 하지만 보다 구체적인 실천단계에 접어들면 양 모델이 갖는 한계를 어떻게 극복할 것인지에 대한 고민에 직면하게 되기 때문에 정상화(Normalization)가 발달장애인에게 어떻게 적용될 수 있는지를 다양한 모델들 간의 관계를 고려하면서 보다 깊이 있게 모색할 필요가 있다고 본다. 결국 발달장애인들이 사회에서 어떤 역할을 담당하게 할 것인가와 관련되는데 연구과정에서도 비장애인과 신체장애인과 마찬가지로 주체적인 역할을 담당할 수 있는 방안에 대한 구체적인 고민과 논의가 필요하다고 본다.

둘째, 서비스 실천의 장(場)에서 제기되는 다양한 고민과 딜레마를 깊이 있게 다루어야 할 필요성이 제기되고 있다. 발달장애인이 자립생활을 영위하기 위한 자조와 자립의 노력이 어떻게 경주되고 지원되어야 하는지, 학대로부터 보호받으면서 자기결정권을 행사하고 스스로의 권익을 어떻게 옹호할 것인지, 도전적 행동에 어떻게 대응할 것인지 등에 대한 고민과 구체적인 내용 마련을 위한 노력이 부가되어야 한다. 이에 대한 논의가 부족하면 서비스 제공자로서는 혹독한 시련을 겪을 수밖에 없다. 즉, 당사자주의에 의해 동료상담이 늘어나고 자신의 권익을 주장하고 옹호하는데 익숙한 신체장애인과 달리 발달장애인들에 대한 실천방안을 마련·대응하지 못하면 시대에 뒤떨어진, 시대의 변화를 체화하지 못하는 불성실한 서비스 제공자로 간주하는 사회적 분위기에서 자유로울 수 없었다. 이 뿐만 아니다. 언어치료가 아니라 성인기 이후에 발달장애인에게 어떻게 의사소통을 지원할 것인지, 안전과 위험감수간의 긴장관계를 어떻게 이해할 것인지에 대한 구체적인 콘텐츠도 필요하다. 아울러 서비스 실천현장에서 어떻게 개별화된 지원계획을 수립·적용할 것인지에 대한 이해와 대처에의 요구도 증대하고 있다는 것을 간과해서는 안 된다.

셋째, 생애발달과정에서 나타날 수 있는 쟁점에 대한 관심이다. 가족에 대한 지원이 어떻게 이루어져야 하는지, 지금의 장애인거주시설이 최선의 대안인지 그리고 다른 대안적 거주공간 마련 방향은 무엇인지, 부모로서 양육할 권리에 대한 사회적 시선은 어떠한지, 조기노화와 노화에 따른 정책 및 실천 대안들로 어떤 것들이 고안·마련되어야 하는지 등에 대한 고민이 진지하게 모색되어질 필요가 있다.

다음 장부터는 이러한 고민과 쟁점들을 다각적으로 다루면서 무엇을 어떻게 고민하고 접근해야 하는지에 대해 자세하게 풀어나가고 있다. 각 장에서 해당 주제에 대한 다각적인 논의와 접근을 담아내려고 하고 있지만 그렇지 않은 경우도 있다. 이는 논의의 일관성을 유지하기 위한 이유때문이지만, 한편으로는 주제 성격에 따라 독자로 하여금 다양한 의견과 반론을 불러일으키고자 하는 의도도 숨어 있음을 미리 밝혀둔다.

참고문헌

김진우 · 유동철 · 박숙경 · 김재왕 · 서재경. 2014. 『발달장애인 정당한 편의제공 판단기준』.
  국가인권위원회.

김진우. 2008a. "지적장애인 관점에서의 장애인차별금지법에 대한 비판적 고찰". 『사회복지정
  책』. 35. 169-195.

김진우. 2008b. "장애연구에의 지적장애인의 참여를 둘러싼 쟁점에 대한 고찰". 『한국사회
  복지학』. 60(3). 83-106.

김진우. 2010. "장애에 대한 사회적모델과 자립생활모델에 대한 이론적 비교 연구". 『사회
  복지연구』. 41(1). 39-63.

발달장애인지원정책기획단. 2011. 『발달장애인 지원방안』.

Barnes, C. and Mercer, G(2006). *Independent Futures*. Bristol: The Policy Press.

Oliver, M. 1990. *The Politics of Disablement*. London: Macmillan.

Oliver, M. 1996. *Understanding Disability*. London:Macmillan.

제2장
발달장애에 대한 이해[1]

서 동 명 (동덕여자대학교 사회복지학과)

I. 들어가며

　'발달장애(developmental disability)'는 사회복지실천현장에서 일상적으로 사용되고 있는 용어이다. 하지만, 현재 법적으로 공식적으로 사용되고 있지는 않다. 도대체, 발달장애인이란 누구이고, 발달장애의 주요한 특성은 어떻게 되는가? 발달장애에 대해 이해를 하기 위해서는 장애가 무엇인지를 알고, 장애와 장애인에 대한 기본적인 시각을 갖추는 것이 선행되어야 할 것이다. 그리고 나서 발달장애의 의미와 원인, 특성 등에 대해서 살펴보는 것이 필요할 것이다. 본 장에서는 장애인, 그리고 발달장애 전반에 대한 기본적인 이해를 돕는 것을 목적으로 한다.

---

1) 본 원고는 공공후견인 후보자 양성교육교재인 '발달장애인을 위한 성견후견제도의 이해와 실제(2013)'중 '발달장애의 이해(서동명)'를 수정 · 보안한 것임.

Ⅱ. 장애개념의 이해

1. 장애의 개념

우리나라에서는 장애를 지칭하는 용어로 1981년 심신장애자복지법의 제정으로 '심신장애자'라는 용어를 사용하였다. 그 후 1989년 장애인복지법에서 장애인(障碍人)으로 변경하였다. 이를 그대로 해석한다면 '세상으로부터 막히고, 그래서 세상으로부터 벗어나 있는 사람'이라는 의미이다. 중국에서는 잔질인(殘疾人)이라는 용어를 사용하는데, 이는 질병이 치료되지 않고 남아있는 상태에 있는 사람이라는 의미이다. 일본에서는 장해인(障害人)이라는 용어를 사용하는데, 이는 불편하고 해로움을 입은 사람이라는 의미이다. 이처럼 장애를 지칭하는 용어는 다양하며, 다양한 용어는 다른 개념을 반영한다(김용득, 2012). 이와 같이 장애라는 용어는 일상에서 많이 사용하고 있지만, 이 개념은 모호하고 논쟁의 여지가 많다. 또 이러한 장애의 정의는 나라에 따라 다르게 내리고 있으며, 시대의 변화에 따라 다양한 모습으로 나타나고 있다.

장애에 대한 국제적인 정의는 1980년 WHO에서 채택한 바 있다. 이 정의에 의하면 장애(disability)는 의학적 손상(impairment)의 직접적인 결과로서 발생하는 것이며, 손상된 능력이 장애를 구성한다고 하였다(Chubon & Bowe, 1994; 김용득, 2012에서 재인용). 그러나 최근 들어 환경의 영향을 강조하는 추세이며, 장애는 신체적 요소와 환경적 요소와의 상호작용을 통하여 사회생활 참여를 제한하는 상태를 주목하고 있다. 우리나라 장애인복지법에서는 '신체적·정신적 장애로 오랫동안 일상생활이나 사회생활에 상당한 제약을 받는 자'로 정의하고 있다. 즉 신체적 또는 정신적 장애라는 원인이 존재하고, 이 때문에 생활에 상당한 제약을 받고 있는 상태라는 2가지 조건에 의해서 규정된다고 할 수 있다. 또 UN의 국제장애인권리협약(2006)에서는 '장애인은 다양한 장벽과의 상호작용으로 다른 사람들과 동등한 조건으로 완전하고 실질적인 사회참여를 저해하는 장기간의 신체적·정신적·지적 또는 감각적인 손상을 가진 사람을 포함한다'고 정의를 내리고 있다. 한편 장애(disability)는 질병(disease)이나 상해(injury)와 혼동되기도 한다. 의학적으로 살펴보면 질병과 상해는 치유 가능성이 있는 것으로 간주되는 것이고, 장애는 신체·정신적 구조나 기능의 상실이 영구적으로 남는 경우를 의미한다고 할 수 있다[2].

2. 장애개념의 변화

앞서 살펴본 것처럼 협의에서 광의의 개념으로 장애의 의미를 폭넓게 바라보는 것에 따라, 장애에 대한 인식 역시 사회복지의 발전과 함께 개인적 비극이라고 보는 시각에서 사회적 문제로 보는 시각으로 점차 변하고 있다. 특히 신체적 손상을 강조하는 관점에서 벗어나 사회에서 역할 수행에 문제를 갖고 있는 사람을 장애인으로 여기게 되었다. 이러한 관점의 변화는 세계보건기구(WHO)의 장애에 대한 정의에 반영되어, '손상으로 사회적으로 불리한 상황에 처한 개인'으로 보는 관점에서 장애를 개인이 해결해야 할 문제가 아닌 '사회적, 환경적 문제로 인해 제약을 겪고 있는 개인'이라는 관점으로 변화하였다.

1) ICIDH(1980)

세계보건기구(WHO)는 국제질병분류(ICD : international classification of diseases)를 근간으로 하여 1980년에 장애를 이해하는 새로운 접근으로 국제장애분류(ICIDH : International Classification of Impairments, Disabilities and Handicaps)를 제시하였다. 이는 손상이나 기능제약의 측면보다는 사회적 불이익을 받는 상황을 강조하기 위한 것으로, 구체적으로 살펴보면 다음과 같다.

첫째, 손상(impairment)은 신체 구조적, 해부학적 지능 및 심리적 구조나 기능의 손실 또는 비정상정을 말한다. 이는 손실을 포함한다는 의미에서 질병에 비해 더 포괄적인 개념이다. 손상은 일시적 또는 영구적 손실이나 비정상이 특징이며, 사지, 기관, 피부 또는 정신적 기능체계를 포함한 신체의 구조적 비정상, 결손 또는 손실의 발생이나

---

2) '질병' 그 자체가 '장애'가 되는 것은 아니다. 그러나 '질병' 중에 있는 사람의 경우에 실업, 경제적 어려움 등으로 의료적·사회적·경제적 지원이 필요한 점을 고려할 때 치료기간 중 '일시적 장애'로 규정하거나 '만성질환'(암, 정신질환, 알코올 중독, AIDS 등)의 경우 '장애'의 범주에 포함하기도 한다.

존재를 포함하는 것으로 병리적 상태가 외재화된 것을 의미한다.

둘째, 기능제약(disability)은 손상으로 인하여 발생한 것으로 인간에게 정상적인 것으로 간주되는 범위 내에서 또는 그러한 방식으로 활동을 수행하는 능력의 제약이나 결여를 뜻하며 능력장애라고도 부른다. 이는 일상적으로 기대되는 활동 수행 및 행동의 과다 또는 결핍이 특징으로 일상생활상의 여러 가지 기능적 능력의 감소를 의미한다. 이는 정신적·신체적 손상의 결과로서, 또는 그 상태에 대한 개인의 적응결과로 일어날 수 있다. 즉 손상이 객관화된 것을 의미하며, 신변처리나 일상생활의 활동수행에서의 장애를 포함한다.

셋째, 사회적 불리(handicap)는 손상이나 기능제약으로부터 발생한 것으로 사회문화적 요인에 따른 정상적인 역할의 수행을 제약하거나 방해받는 불이익을 의미한다. 이는 손상이나 능력장애가 사회화된 것을 의미하며, 이로 인해 발생한 개인에 대한 사회적·문화적·경제적·환경적 결과를 반영한다. 즉 선천적 또는 노령, 질병, 사고 등으로 인하여 그 신체적·정신적 상태가 일시적 또는 영구적으로 손상되어 그 결과 독립생활, 교육, 취직 등에 있어서 불이익을 받고 있는 상태라고 할 수 있다.

이 개념은 질병과 손상이 발생하여 이것이 기능제약을 가져오며, 이러한 기능제약이 결국 사회적 불리를 발생시키게 되는 것으로 설명하고 있다. 즉 어떤 질병으로 손상이 발생하고 그 손상이 활동능력에 제약을 가져오며, 이러한 제약이 사회적 불리를 초래한다고 하는 것이다. 이러한 3가지 차원에 대한 정책적 행동지침 및 대안으로 1차적 손상은 예방, 2차적 기능제약은 재활, 3차적 사회적 불리는 기회의 균등화를 제시하고 있다(임종호 외, 2010). 그러나 이러한 정의는 장애의 출발점을 질병과 손상으로 보고 있고, 장애의 진행방향이 일방향적이고 과도한 도식화라는 비판을 받게 되었다. 또한 장애를 '개인의 문제로 간주하고 있고, 장애 문제의 원인을 개인이 지니고 있는 장애로 인한 제한성과 심리적 상실에서 기인'된다고 이해하는 문제가 발생하였다.

또한 ICIDH는 '장애' 문제의 해결을 위해서는 의료재활을 통해 장애인들을 주류사회에 편입시켜야 한다는 완전한 '개인적 비극론'에 근거한 것이라고 할 수 있다. 따라서 이러한 ICIDH 분류에 대해 장애인 당사자들과 당사자 단체들은, 손상, 기능제약,

사회적 불리 사이에 명확한 경계를 구분하기 곤란하며 손상 이외에도 기능제약과 사회적 불리에 영향을 주는 다른 요인들 즉, '환경인자'와 '사회적요인'에 대한 인식이 결여되어 있다는 문제점을 제기하며 비판하였다(Johnstone, 2001; 신은경 외, 2013에서 재인용).

표1 CIDH에 의한 장애개념

개 념	의 미	차 원
건강상태 (health condition)	병리학적인 변화로서의 증상이 있다. 즉, 개인적인 차원에서 어떤 '비정상성'이 발생했다.	
손상 (impairments)	임상적인 질병을 다른 사람이 인식할 수 있게 되었다 즉, 일반 타인이 개인의 어떤 '비정상성'을 인식하였다.	신체적 차원
기능제약 (disabilities)	활동상의 능력제한이 발생했다. 즉, 개인적인 차원에서 활동수행능력이 감소되었다.	개인적 차원
사회적 불리 (handicaps)	개인의 활동상의 능력제한에 대하여 사회적 참여의 제한이라는 사회적 반응이 발생했다. 즉, 개인은 다른 사람에 비해 불리한 상황에 처해졌다.	사회적 차원

※ 자료 : WHO(1980). *ICIDH: International classification of impairments, disabilities and handicaps. Geneva: Author.*

2) ICIDH-2 / ICF

WHO에서는 기존의 ICIDH에 대한 위와 같은 문제점을 인식하고, 1997년 ICIDH-2, 그리고 2001년 ICF로 발전한 분류체계를 발표하였다. 이로써 장애의 문제를 더 이상 개인이 해결해야 할 문제에서 나아가 사회적, 환경적 문제로 인식해야 함을 강조하게 되었다.

(1) ICIDH-2(1997)

ICIDH-2에서는 기존의 '손상(impairment)', '기능제약(disability)', '사회적 불리(handicap)'를 '손상(impairment)', '활동(activity)', '참여(participation)'라는 용어로 대치하였다. 이는 장애를 가진 사람들의 욕구에 부응하려는 노력의 일환으로 장애 현상을 사회통합의 관점에서 사회적인(societal) 문제로 간주하고, 장애문제의 원인을 사회적 환경에 의해 창조된 조건들의 복잡한 집합체로 규정하는 것으로, 이 분류에 의하면 장애는 손상의 상태가 아니라 환경과의 역동적인 과정에서 발생되는 문제로 볼 수 있다.

즉 손상으로 인한 개인의 신체적·정신적 차원의 실체적인 문제는 환경적 조건, 발전된 보조 장비와 다양한 사회적 지원에 따라 또 다른 사회적 역할이나 삶의 양태로 나타날 수 있는 것이다. 따라서 '손상'이나 '장애'라는 고정적 차원에 장애인 문제의 본질을 머무르게 할 필요가 없다는 의미를 반영하고 있다. 또한 개인적인 유지와 보호에의 참여, 이동성에의 참여, 정보교환에의 참여, 사회적 관계에의 참여, 교육·노동·레저와 같은 정신적 영역에의 참여, 경제생활에의 참여, 도시·지역생활에의 참여와 같은 참여의 차원과 함께, 상황요인을 새롭게 규정하여 손상(impairments)과 기능제약(disabilities)보다는 사회적 참여를 방해하는 상황의 개선을 강조하는 경향을 반영하고 있으며, 개인적 요소라는 것이 환경과의 역동으로 변화한다는 관점을 채택함으로써 장애인 문제를 이해하는 범주도 확장되게 되었다. 이를 통해 장애란 장애인을 제한하는 모든 것을 함축하는 것. 즉, 편견에서 제도적인 차별까지, 접근 불가능한 물리적 환경에서 교통체계까지, 분리교육에서 노동에서의 배제까지 장애로 보게 되었다.

표2 IICIDH-2에 의한 장애개념

- 손상(impairments) : 신체구조나 물리적, 심리적 기능상의 상실이나 비정상성을 의미 (예 : 기능상의 제한, 신체 혹은 신체의 부분의 기본적인 기능을 수행하는데 따르는 불능)
- 활동(activity)/활동제한(activity limitation) : 개인적 수준에서 기능의 범위와 본질/일상생활과 관계한 개인의 활동
- 참여(participation)/참여제한(participation restriction) : 손상, 활동, 건강조건, 생활요인과 관련한 생활 상황에서 개인의 연관성 정도와 본질로 정의. 참여의 차원은 사회적 현상을 다루며 개인의 참여 정도, 참여를 촉진하거나 방해하는 사회적 반응

(2) ICF(2001)

2001년 발표된 ICF(International Classification of Functioning, Disability and

Health)는 ICIDH-2에서 제시되고 있는 대부분의 내용을 계승하면서, 분류체계와 언어 사용을 보다 긍정적이며, 환경지향적인 맥락에서 수정한 결과라고 할 수 있다. ICF는 크게 2개의 영역으로 나뉘는데, 첫 번째 영역은 기능과 장애이며, 두 번째 영역은 상황적 요인이다. 각각의 영역은 다음과 같은 2가지 요소로 구성된다(임종호 외, 2010).

첫째 기능과 장애영역의 구성요소는 신체기능과 구조, 활동과 참여로 구성된다. 신체기능은 육체의 심리학적 기능을 포함하는 생리학적 기능을 말하며, 신체구조는 신체내부기관, 팔, 다리 및 그 구성요소의 해부학적 부분을 말한다. 손상은 신체기능과 구조에 발생한 심각한 변형 또는 손실과 같은 문제를 말한다. 활동제한은 활동을 수행하는데 부딪치는 어려움을 말한다. 참여제한은 생활상황에 개입하면서 겪는 문제를 말한다.

둘째, 상황적 요인의 구성요소는 환경적 요소와 개인적 요소로 나뉜다. 환경적 요소는 기능과 장애의 모든 구성요소에 영향을 미치며, 개인의 가장 직접적인 환경에서 일반적인 환경 순으로 정리되어 있다. 환경적 요소는 사람이 살고 생활을 영위하는 물리적·사회적·인지적 환경을 구성한다. 이 요소는 사회의 인식, 건축물의 이용불편 요소 등과 같은 그 개인의 행동 및 과업을 실행하는 능력과 개인의 신체기능 또는 구조에 긍정적 또는 부정적 영향을 미칠 수 있다. 개인적 요소는 개인의 삶과 생활의 특정한 배경이며, 건강상태의 일부분이 아닌 개인의 특성을 구성한다. 이 요소는 성, 연령, 인종, 습관, 대처양식 등의 개별 특성을 말한다.

이러한 ICF는 장애에 대한 개별적 모델과 사회적 모델의 통합을 위한 노력의 결과라고 할 수 있다. 즉, 개인적인 장애나 질병을 상황적 맥락(환경적 요소와 개인적 요소)과의 상호작용에 의하여 장애를 설명하고 있는데, 특정 영역에서의 개인들의 기능 수준은 건강상태와 상황적 맥락의 상호작용의 결과라고 보았다. 이러한 ICF에 의한 장애개념과 ICF 구성요소들 간의 상호작용 관계를 살펴보면 다음과 같다.

표3 ICF에 의한 장애개념

구분	영역 1: 기능성과 장애		영역 2: 상황적 요인	
구성요소	신체기능 및 구조	활동과 참여	환경적 요소	개인적 요소
영역	신체기능 신체구조	생활영역 (과업, 행동 등)	기능과 장애에 영향을 미치는 외적 영향력	기능과 장애에 영향을 미치는 내적 영향력
구성물	신체기능의 변화(생리학적) 신체구조의 변화(해부학적)	표준 환경에서 과제 수행 능력 현재 환경에서 과제 수행 정도	물리적, 사회적, 인식적 측면에서 촉진 또는 방해하는 힘	개별 특성에 의한 영향
긍정적 측면	기능적, 구조적 통합	활동과 참여	촉진요소	해당 없음
	Functioning(기능적인 삶)			
부정적 측면	손상	활동제한 참여제약	장벽/방해물	해당 없음
	Disability(장애가 있는 삶)			

※ 자료 : WHO(2001). ICF: *International classification of functioning, disability and health*. Geneva: Author.

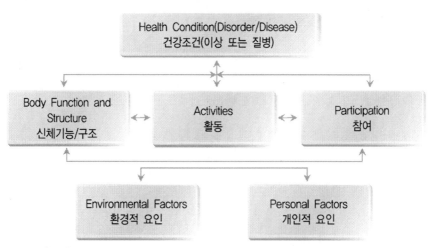

※ 자료 : WHO(2001). ICF: *International classification of functioning, disability and health*. Geneva: Author.

그림1 ICF 구성요소들 간의 상호작용 관계

3. 우리나라 장애의 정의와 종류 : 장애인복지법

우리나라에서의 장애정의의 변화양상을 살펴보면 다음과 같다. 장애와 관련하여 현재 우리나라에서 기준이 되는 법은 장애인복지법으로 지난 1981년 심신장애자복지법으로 제정되어 1989년 장애인복지법으로 명칭이 변경되어 현재에 이르고 있다.

1981년에 제정된 심신장애자복지법에서는 '심신장애자라 함은 지체불자유, 시각장애, 청각장애, 음성·언어기능장애 또는 정신박약 등 정신적 결함(이하 '심신장애'라 한다)으로 인하여 장기간에 걸쳐 일상생활 또는 사회생활에 상당한 제약을 받는 자'로 정의를 내리고 있었다. 1989년 개정된 장애인복지법에서는 '지체장애, 시각장애, 청각장애, 언어장애 또는 정신지체 등 정신적 결함(이하 '장애'라 한다.)으로 인하여 장기간에 걸쳐 일상생활 또는 사회생활에 상당한 제약을 받는 자'로 정의를 내리게 되었다. 여기서는 심신장애자라는 용어 대신에 장애인이라는 용어를 사용하였으며, 지체불자유를 지체장애로, 정신박약을 정신지체로 변경하였다. 그러나 여전히 지체장애, 시각장애, 청각장애, 언어장애, 정신지체 등 5개 장애유형만을 장애인으로 인정하였다.

1999년 1월 장애인복지법의 개정으로 장애인의 정의가 '신체적·정신적 장애로 인하여 장기간에 걸쳐 일상생활 또는 사회생활에 상당한 제약을 받는 자'와 같이 일반적 정의로 바뀌게 되었으며 이러한 정의는 약간의 자구수정을 거쳐 지금까지 활용되고 있다. 이러한 장애인의 정의에 대한 변경과 함께 2000년과 2003년 2번에 걸쳐서 장애의 범주가 확대되었다. 2000년 1월 1단계 장애범주 확대에서는 '지체장애, 시각장애, 청각장애, 언어장애, 정신지체' 등 기존의 5가지 장애유형에 '뇌병변장애, 발달장애[3], 정신장애, 신장장애, 심장장애' 5가지 유형이 추가로 장애인 범주에 포함되게 되었다. 뇌병변장애는 이전에 지체장애에 포함되어 있던 영역을 분리한 것이며, 나머지 4개의 장애는 새로이 추가된 영역이다. 그리고 지체장애 영역에 왜소장애를 추가하여 지체장애의 범위를 확대하였다. 2003년 7월 10종인 장애의 종류에 '만성·중증의 호흡기

---

3) 이 때 처음으로 발달장애라는 용어가 법적 용어로 사용되게 되었다.

장애, 간장애, 안면장애, 장루·요루장애, 간질 장애 등 5종'을 추가하여 장애종류를 15개 영역으로 확대하였다. 한편 지난 2007년 장애인복지법 시행령 개정으로 정신지체는 지적장애로, 발달장애는 자폐성 장애로 변경되었다. 현재 우리나라의 장애인복지법에서 정하고 있는 장애인의 구체적인 종류와 기준은 다음의 〈표 4〉와 같다.

표4 우리나라의 법적 장애인 분류 기준 : 장애인복지법

번호	분류		유형	특징
1	신체적 장애	외부 신체 기능 장애	지체장애	절단장애, 관절장애, 지체기능장애, 변형 등의 장애
2			뇌병변장애	중추신경의 손상으로 인한 복합적인 장애
3			시각장애	시력장애, 시야결손장애
4			청각장애	청력장애, 평형기능장애
5			언어장애	언어장애, 음성장애, 구어장애
6			안면장애	안면부의 추상, 함몰, 비후 등 변형으로 인한 장애
7		내부 기관 장애	신장장애	투석치료중이거나 신장을 이식받은 경우
8			심장장애	심상의 기능부전으로 인한 호흡곤란 등의 장애
9			장루·요루장애	배변기능이나 배뇨기능의 장애로 인하여 장루 또는 요루를 시술한 경우
10			간장애	간의 만성적 기능부전과 그에 따른 합병증 등으로 인한 간기능 장애
11			호흡기장애	폐나 시설지 등 호흡시설의 만성적 기능부전으로 인한 호흡기능의 장애
12			간질장애	간질에 의한 뇌신경세포의 장애
13	정신적 장애		지적장애	• 정신 발육이 항구적으로 지체되어 지적 능력의 발달이 불충분하거나 불완전하고 자신의 일을 처리하는 것과 사회생활에 적응하는 것이 상당히 곤란한 경우 • 지능지수와 사회성숙성지수가 70이하인 경우
14			자폐성장애	소아기 자폐증, 비전형적 자폐증에 따른 언어·신체표현·자기조절·사회적응 기능 및 능력의 장애
15			정신장애	지속적인 정신분열병, 분열형 정동장애, 양극성 정동장애 및 반복성우울장애에 따른 감정조절·행동·사고 기능 및 능력의 장애

Ⅲ. 발달장애의 이해

1. 발달장애의 개념 정의 및 특성

1) 발달장애의 정의

발달장애라는 개념은 미국 공법 88-164, 「정신지체 시설 및 지역사회 정신건강센터 건축법」(Mental Retardation Facilities and Community Mental Health Centers Construction Act of 1963)에서 소개되기 시작하였다. 이 법에서는 발달장애를 정신지체, 뇌성마비, 간질 또는 18세 이전에 발생하는 기타 여러 신경학적 장애를 의미하는 것으로, 비교적 항구적으로 증상이 나타날 수 있다고 정의하였다(국립특수교육원, 2009). 현재 미국법전 제42편 보건 및 복지, 제144장 발달장애원조와 권리장전(The Developmental Disabilities Assistance and Bill of Rights)에서는 발달장애를 특정장애의 명칭으로 표현하고 있지 않다. 이 법에서 발달장애인에 대한 정의를 살펴보면 다음과 같다[4].

> 발달장애는 5세 이상 22세 이전의 사람에게 나타나는 심각하고, 만성적인 장애로, 정신적이거나 신체적 손상, 혹은 2가지를 복합적으로 동반하고, 장기적으로 지속되는 경향이 있으며, 자기관리, 수용 및 표현언어, 학습, 이동, 자기지시, 독립생활능력, 경제적 자족 등 주요 일상생활 영역 중 3가지 이상의 기능적 한계를 지니며, 장기간 또는 평생에 걸쳐 개별적으로 계획 조정되고 통합된 형태의 다학문적이고 포괄적인 특별서비스, 개별화된 지원, 기타 원조를 필요로 한다.

---

4) 발달장애에 대한 정의에 대한 원문은 다음과 같다.
   The term "developmental disability" means a severe, chronic disability of an individual that –
   (i) is attributable to a mental or physical impairment or combination of mental and physical impairments;
   (ii) is manifested before the individual attains age 22;
   (iii) is likely to continue indefinitely;
   (iv) results in substantial functional limitations in 3 or more of the following areas of major life activity:
   　　(I) Self-care.
   　　(II) Receptive and expressive language.
   　　(III) Learning.
   　　(IV) Mobility.
   　　(V) Self-direction.
   　　(VI) Capacity for independent living.
   　　(VII) Economic self-sufficiency; and
   (v) reflects the individual's need for a combination and sequence of special, interdisciplinary, or generic services, individualized supports, or other forms of assistance that are of lifelong or extended duration and are individually planned and coordinated.

즉 연령이 제한(5세 이상 22세 이전)되고, 주요한 일상생활에서 3가지 이상의 기능에 명백한 제한이 나타나야 하고, 장기간 또는 평생에 걸쳐서 그 상태가 지속적으로 유지될 것이라는 것을 뜻한다[5]. 이와 같이 미국은 장애유형을 명시하지 않고 몇 가지 기준을 충족하면 발달장애에 포함시키는 비범주적 접근 방식을 채택하고 있다. 한편 일본은 발달장해자지원법(発達障害者支援法)(제2조 제1항)에서 자폐증, 아스퍼거 증후군과 같은 광범성 발달장해, 학습장해, 주의결함다동성장해(주의력결핍과잉행동장애 : ADHD), 그 외 이와 유사한 뇌기능의 장해로서 그 증상이 통상 저연령에서 발현하는 것으로 정령[6]에서 정하는 것'이라고 정의를 내리고 있다(이세영, 2012; 장애인직업안정연구원, 2013). 이와 같이 '발달장애'라는 용어는 나라에 따라서 다르고 '인간의 발달상의 과정에 있어서 그 수준이나 정도에 지체가 있거나 장애가 있다'는 것을 의미하는 것으로, 하나의 장애유형이라기 보다는 다양한 장애유형을 포함하는 넓은 범위의 개념이라고 할 수 있다.

한편 우리나라에서는 발달장애에 대한 법적정의가 공식적으로 마련되어 있지 않다. 현재 우리나라의 장애와 관련된 법에서 발달장애인에 대한 정의를 내리고 있지는 않지만, 장애인복지법에 '발달장애'라는 용어가 포함되었던 시기가 있었다. 앞서 살펴본 것처럼 지난 1999년 1월 장애인복지법이 전부 개정되면서 처음으로 발달장애라는 장애유형이 등장하게 되었다. 당시 법률의 개정으로 장애인에 대한 정의가 일반적인 정의로 변경되고, 2000년부터 장애범주가 5가지에서 10가지로 확대되면서 처음으로 '발달장애인'이라는 용어를 사용하게 된 것이다. 당시 장애인복지법 시행령 〈별표 1〉에서 정의한 발달장애인은 다음과 같다.

---

5) 그러나 장애의 상태를 의미할 때 심각(severe)하다는 것은 그 한계가 명확하지 않다. 예를 들어 지적장애이면서 장애의 정도가 매우 경미한(mild) 수준은 발달장애가 아니라고 할 것인가? 또 신체적, 정신적 또는 신체와 정신 모두에서 장애를 나타내는 것을 어떻게 규정하느냐에 따라 학습장애, 자폐성 장애, 뇌성마비 등을 발달장애에 포함시키기도 하고 그렇게 하지 않는 사람들도 있다(국립특수교육원, 2009).

6) '정령'은 시행령, '후생노동성령'은 시행규칙을 말한다. 정령에서 정하는 장해에는 '뇌기능의 장해로서 그 증상이 통상 저연령에서 발현하는 장해 중 언어장해, 협조운동장해, 그 밖에 후생노동성령으로 정하는 장해(심리적 발달장해와 행동 및 정서장해)'가 있다(http://www.hourei.mhlw.go.jp/hourei/html/hourei/contents.html).

> 발달장애인 : 소아기 자폐증, 비전형적 자폐증에 의한 기능 및 능력 장애로 인하여 일상생활 혹은
> 사회생활을 영위하기 위한 기능 수행에 제한을 받아 도움이 필요한 사람

이는 현재의 '자폐성 장애인'을 의미하는 것으로 처음에는 자폐성 장애인을 발달장애인이라고 법적으로 칭하게 되었다고 할 수 있다[7]. 그러나 지난 2007년 장애인복지법이 다시 개정되고 같은 해 10월 시행령이 개정되면서 발달장애는 자폐성 장애로, 정신지체는 지적장애로 변화되면서 발달장애라는 용어는 법적인 용어에서 제외되게 되었다.

그러나 우리나라에서는 현재 통상적으로 발달장애를 자폐성 장애와 지적장애를 포괄하는 중분류의 개념으로 정리하고 있다고 할 수 있다. 이는 아직 제정되지 않았지만, 현재 논의 중에 있는 '발달장애인 지원 및 권리보장에 관한 법률(안)'을 통해서도 알 수 있는데, 이 법률(안) 제 3 조(정의)에서는 '지적장애 또는 자폐성 장애'를 갖고 있는 사람을 발달장애인으로 정의하고 있다. 기타 장애인복지론 등 사회복지관련 교재에서도 장애인복지법상의 지적장애인과 자폐성 장애인을 포괄하는 개념으로 발달장애인을 사용하고 있다(김용득 외, 2012).

그러나 단순히 지적장애와 자폐성 장애를 포괄하여 발달장애라고 정의를 내리는 것은 너무 좁게 보는 것이라고 할 수 있다. 현재 우리나라 특수교육학계에서는 발달장애에 대해서 '발달이 평균으로부터 유의미하게 일탈하여 신체적, 정신적 또는 두 가지영역 모두에서 심각하고(severe) 만성적인(chronic) 장애가 지속될 가능성이 있는 장애를 의미한다(국립특수교육원, 2009)고 정의하고 있으며, 발달장애의 범주로 정신지체, 자폐증, 뇌손상, 뇌장애, 미소뇌기능장애, 과잉행동, 학습장애, 지각의 손상, 만성적인 뇌증후군, 미성숙, 발달의 불균형, 최소신경학적장애, 인지능력손상, 언어장애, 난독증과 같은 신경학적 장애, 간질, 뇌성마비 등을 들고 있다(대한특수교육학회,

---

7) 이는 정신적 장애에 관한 국제적 분류인 미국정신의학협회(American Psychiatric Association)가 발간하는 '정신장애 진단 및 통계 편람(Diagnostic and Statistical Manual of Mental Disorders, DSM)'의 제4차 개정(1987)에서 자폐증 관련 장애들을 유목화한 '전반적 발달장애(Pervasive Developmental Disorders)'가 별도의 항목으로 출현한 것에 영향을 받은 결과였다(김치훈, 2012, 46).

2000). 이러한 포괄적인 정의는 복지부에서 시행하고 있는 '영유아 발달장애 정밀진단비 지원사업'에서의 발달장애에 대한 개념을 '해당하는 나이에 이루어져야 할 발달이 성취되지 않은 상태로 발달 선별 검사에서 해당 연령의 정상기대치보다 25% 뒤쳐져 있는 경우'로 정의(장애인개발원, 2011)한 것을 통해서도 알 수 있다. 이와 같이 발달장애에 대해 하나의 공통적인 장애유형으로 정의를 내리기는 여러 가지 면에서 어려움이 있다. 일반적으로 발달장애는 지적장애, 자폐(범주)성 장애, 그리고 정서 및 행동장애를 모두 포함하는 용어로 인식하는 것이 타당할 것이다. 그리고 발달장애를 하나의 장애 명칭을 의미하는 것이 아니라 장애의 진단을 받은 사람에게 법률적, 행·재정적, 교육적으로 유리한 지원을 할 수 있도록 하기 위해서 사용하는 용어로 인식(국립특수교육원, 2009)하는 것이 필요하다고 할 수 있다.

2. 주요 발달장애의 이해 : 지적장애와 자폐성 장애를 중심으로

지금까지 발달장애에 대한 전반적인 내용에 대해서 살펴보았다. 앞서 살펴본 것처럼 발달장애는 지적장애, 자폐성 장애 뿐 아니라 정서 및 행동장애, 학습장애, 언어장애 등을 모두 포괄하는 개념이라고 이해하는 것이 정확할 것이다. 그러나 현재 우리나라에서 발달장애에 관해서는 주로 지적장애와 자폐성장애를 중심으로 논의되는 경향이 있으며, 현재 논의되고 있는 '발달장애인 지원 및 권리보장에 관한 법률(안)'과 '발달장애인 성견후견지원사업' 등에서도 지적장애인과 자폐성장애인을 발달장애인으로 정의하고 있다. 이에 여기서는 발달장애인의 하위 범주에 속하며 동시에 대표적인 발달장애유형이라고 할 수 있는 지적장애와 자폐성장애에 대해서 좀 더 자세히 살펴보고자 한다.

1) 지적장애

(1) 지적장애의 정의

지적장애는 그 개념자체가 복잡하기 때문에 다른 장애에 비해 계속적으로 용어가 변화되어 왔다. 지난 1950년대까지 지적장애는 주로 정신박약(mental deficiency) 등으로 사용되어 왔다. 그러나 이 용어가 낙인적 명칭으로 인식되어 60년대 이후에는 정신지체(mental retardation)라는 용어를 많이 사용(김미옥, 2000)하게 되었으며, 지난 2007년 장애인복지법의 개정으로 정신지체가 지적장애로 변경되어 지금에 이르고 있다. 현재 우리나라 장애인복지법에서는 지적장애인을 '정신발육이 항구적으로 지체되어 지적 능력의 발달이 불충분하거나 불완전하고 자신의 일을 처리하는 것과 사회생활에의 적응이 현저히 곤란한 사람'으로 정의하고 있다. 한편 미국정신지체인협회(2002)에서 제시한 지적장애(정신지체)의 정의는 다음과 같다(이소현, 2003; 김미옥, 2004).

> 지적장애(정신지체)는 지적기능과 개념적, 사회적, 실제적, 적응기술로 표현되는 적응행동 모두에 있어서의 심각한 제한으로 특징지어지는 장애로, 18세 이전에 나타난다. 이 정의의 적용을 위해서는 다음과 같은 5가지 가정이 전제되어야 한다(AAMR, 2002: 1).
> 1) 현재 기능에 있어서의 제한이 나이가 같은 또래 및 문화의 전형적인 지역사회환경의 맥락 안에서 고려되어야 한다.
> 2) 타당한 진단으로 문화적, 언어적 다양성과 함께 의사소통, 감각, 운동기능, 행동요소들에 있어서의 차이점을 고려해야 한다.
> 3) 개인내적 제한점과 함께 강점도 공존할 수 있다.
> 4) 제한점을 설명하는 중요한 목적은 필요한 지원 자료를 개발하기 위해서다.
> 5) 적절한 개인적 지원이 지속적으로 주어짐으로써 지적장애를 지닌 개인의 삶의 기능은 일반적으로 향상될 수 있다.

즉 지적인 능력과 사회생활에의 적응행동 수준 등 2가지 능력이 동시에 일정수준이하이면서 동시에 발달기인 18세 이전에 나타나야만 지적장애로 간주하고 있으며, 18세 이후에 나타나는 증상은 치매(dementia)로 분류된다.

(2) 지적장애의 원인

지적장애의 원인은 매우 복잡하다. 특히 다른 장애유형과 달리 선천적인 원인을 갖고 있는 경우도 많고, 원인을 알 수 없는 경우도 많아 원인을 설명하는데 한계가 있다고 할 것이다. 원인을 크게 생물학적 요인과 심리사회적 요인으로 분류하여 살펴보면 다음과 같다(신현석, 2013)

① 생물학적 요인

생물학적 요인은 감염과 중독, 분만 시의 원인, 대사장애와 영양결핍, 염색체 이상 등으로 나누어 볼 수 있다.

- 감염과 중독 : 임신부가 홍역, 풍진, 매독 등에 감염되면 태아가 지적장애를 일으킬 확률이 높다. 또한 유아나 어린 아동이 뇌막염이나 뇌염에 감염되면 정신적인 발달에 영향을 받을 수 있다. 중독도 감염과 같이 태아나 유아에게서 지적장애를 일으킬 수 있으며 알코올, 카페인, 니코틴 중독도 미숙아 발생을 일으킬 수 있는 원인이 된다.

- 분만시의 원인 : 분만시의 뇌손상, 질식, 대뇌무산소증과 조산에 의하여 지적장애를 일으킬 수 있다. 겸자분만으로 인한 뇌손상, 난산으로 인한 산소결핍, 조산으로 충분한 영양섭취가 안되었을 경우 지적장애의 원인이 될 수 있다.

- 대사장애와 영양결핍 : 유전적으로 결정되는 대다수의 지적장애는 대사장애에 기인하는 경우가 많다. 결손열성유전인자의 조합으로 이루어지는 대사장애는 PKU(페닐케토뇨증)와 갈락토세미아 등이 있다. 또한 태내기에서의 영양부족도 뇌세포성장을 억제하여 뇌손상을 일으킬 수 있다.

- 염색체 이상 : 가장 보편적 염색체 장애는 다운증후군이다. 다운증후군은 염색체가 정상 숫자인 46개보다 1개가 더 많은 47개가 있는 경우이며, 산모의 나이가 많으면 많을수록 발생율이 높다. 일반적으로 몸이 작고 귀가 작으며, 얼굴이 넓고 편평하며, 눈꼬리가 위로 치켜 올라가 있고, 눈과 눈 사이의 간격이 넓으며, 지능이 낮은 경향이 있다[8].

② 심리사회적 요인

아동을 양육하는 형태, 가정의 경제적인 위치, 거주지 문화의 정도, 감각자극의 상

---

8) 모든 다운증후군을 갖고 있는 사람들이 그렇지는 않지만, 그들 중 많은 사람들은 다음과 같은 의료적인 문제를 갖고 있다 (Helen L, Atherton, and Debbie J. Crickmore (Ed.), 2012, p.27).
 - 다운증후군을 갖고 있는 아이들의 40~50%는 심장질환을 갖고 태어나며, 이들 중 절반정도는 심장수술을 요구한다.
 - 다운증후군을 갖고 있는 많은 사람 중 많은 사람들은 청각과 시작의 문제를 가지게 될 것이다.
 - 치매 특히 알츠하이머병으로 발전할 위험이 있다.
 - 기타 : 갑상선 장애, 건강하지 못한 면역체계, 호흡기 문제 등.

실, 어머니와의 상호작용 장애 등의 요인이 아동에게 결핍환경으로서 영향을 줄 수 있다. 사회심리학적 원인들은 단일요소로 작용하기보다 다른 부분의 요소들을 포함하여 복잡하게 영향을 끼치며 특히 경도 지적장애의 경우 많은 유전적 요소들과 상호작용을 하게 된다.

한편 미국지적장애 및 발달장애학회에서는 지적장애의 위험 요인들을 범주별로, 그리고 개인들의 일생에서 그 위험들이 발생하는 시기를 다음의 〈표 5〉와 같이 보여주고 있다. 생의학적 상태에 우선적으로 기초한 ICD-10과 같은 분류체계와 달리 이 분류체계는 지적장애의 원인에 대한 다요인적 접근을 나타낸다. 아래의 위험요인 목록은 배타적인 것이 아니라 새로운 위험 요인이 발견됨에 따라 확장될 수 있다.

표5 **지적장애의 위험요인**

시기	생의학적	사회적	행동적	교육적
출생전	염색체이상 단일유전자장애 증후군 대사장애 뇌발생장애 산모질병 부모연령	빈곤 산모영양실조 가정폭력 산전관리부족	부모의 약물복용 부모의 음주 부모의 흡연 부모의 미성숙	인지적 장애를 보이는 부모에 대한 지원 결여 부모가 될 준비 부족
출생시	조산 출생시손상 신생아질환	산전관리부족	부모의 양육거부 부모의 아동유기	퇴원시 중재서비스를 위한 의료적 의뢰의 결여
출생후	외상성 뇌손상 영양실조 뇌막염 발작장애 퇴행성장애	아동-양육자간 상호작용문제 적절한 자극의 결핍 가정빈곤 가정내 만성질환 시설수용	아동학대 및 방치 가정폭력 부적절한 안전조치 사회적 박탈 다루기 힘든 아동의 행동	잘못된 양육 지체된 진단 부적절한 조기중재서비스 부적절한 특수교육서비스 부적절한 가족지원

※ 자료 : AAIDD(2010), 박승회 외 역, p.97

(3) 지적장애의 판정 및 등급

지적장애의 분류는 일반적으로 경도(mild), 중등도(moderate), 중도(severe), 최중도(profound)로 분류해왔으나, 최근에는 적응행동의 개념이 강조되면서 이 정의는 그 사용이 권장되지 않고 있다. 미국 정신지체인협회에서는 1992년의 새로운 정의에 따라 필요로 하는 지원의 강도에 따라 간헐적 지원(intermittent support), 제한적 지원(limited support), 장기적 지원(extensive support), 심층적 지원(pervasive support)으로 도움을 필요로 하는 정도로 나누어 지적장애를 구분하고 있다(이소현, 2003). 이는 개인 내적 문제로부터 사회문화적 시각을 반영한 것을 보여주는 것으로 그 의의가 있다. 이를 정리하여 제시하면 〈표 6〉와 같다.

표6 요구되는 지원의 정도에 따른 분류 및 특성

요구되는 지원	특성
간헐적 지원 (intermittent support)	필요한 때에 제공되는 지원으로 간헐적 성격의 특성을 지니며, 개인이 항상 지원을 필요로 하는 것은 아니지만, 인생에서 전이 시기 동안 단기간의 지원을 필요로 하는 경우를 의미함(예: 실직, 심각한 의료적 위기). 간헐적 지원은 고강도, 혹은 저강도로 제공될 수 있음.
제한적 지원 (limited support)	일정한 시간에 걸쳐 일관적으로 그러나 간헐적이 아닌 시간 제한적인 것으로 특징지어짐(예: 시간제한적 고용훈련, 혹은 학교에서 성인기로의 전이 지원 제공 등).
확장적 지원 (extensive support)	적어도 몇몇 환경(예: 직장 또는 가정)에서 정기적으로 요구되는 지원으로 시간 제한적은 아님(예: 장기간의 가정생활 지원).
전반적 지원 (pervasive support)	항구성을 지니는 고강도의 지원으로 전반적 환경에 걸쳐서 제공되며, 잠재적으로 삶을 유지하는 데 필요한 성격의 특성을 지님. 일반적으로 확장적 또는 시간 제한적 지원보다 더 많은 수의 요원을 필요로 하며 개인에게는 더 개입적일 수 있는 지원을 포함함.

한편 우리나라에서 지적장애는 웩슬러 지능검사 등의 개인용 지능검사를 실시하여 얻은 지능지수(IQ)에 따라 판정하는데, 지능지수는 언어적 지능지수와 동작성 지능지수를 종합한 전체 검사 지능지수를 말한다. 여기서 제시된 지적장애의 장애등급은 1~3급으로 되어 있으며, 1급은 지능지수 34이하, 2급은 35~49, 3급은 50~70이하인 사람이 해당된다. 장애인복지법에 제시된 지적장애의 장애등급기준은 다음의 〈표 7〉과

같다. 2012년 12월 현재 우리나라의 지적장애인의 수는 173,257명으로 전체 등록장애인 2,511,159명의 6.9%를 차지하고 있다. 이중에서 1급은 28.4%인 49,252명이며, 2급 58,928명, 3급 65,076명 등으로, 다른 장애유형에 비해 비교적 1,2급의 중중 장애가 많은 것을 알 수 있다.

표7 지적장애의 장애등급기준 및 현황

장애등급	장애정도
1	지능지수가 35미만인 사람으로서 일상생활과 사회생활의 적응이 현저하게 곤란하여 일생 동안 타인의 보호가 필요한 사람
2	지능지수가 35이상 50미만인 사람으로서 일상생활의 단순한 행동을 훈련시킬 수 있고, 어느 정도의 감독과 도움을 받으면 복잡하지 아니하고 특수기술을 요하지 아니하는 직업을 가질 수 있는 사람
3	지능지수가 50이상 70이하인 사람으로서 교육을 통한 사회적·직업적 재활이 가능한 사람

(4) 지적장애의 특성[9]

① 동기유발 부족 : 지적장애인은 학령기에서부터 자주 실패에 부딪히기 때문에 실패를 미리 예상하는 경향이 있다. 즉, 실패의 쓴 경험에서 도피하기 위해 그들은 실패를 야기하는 상황을 피하는 경향을 보이며, 결과적으로 자기성취 예언과 목표를 낮게 설정하는 경향이 있다. 학업을 성취하지 못하거나 성공감과 만족감을 갖지 못하는 경우 어떤 상황이나 대상을 피하고 싶어 한다. 그것이 결국 동기유발에 부정적인 영향을 미치게 된다.

② 의존적인 경향 : 지적장애인은 문제상황을 해결하기 위해 일반적으로 다른 사람에게 의존하는 경향을 보인다. 이는 곧 그들 자신의 능력에 대한 불신의 결과이다. 따라서 지적장애아동의 경우 교사나 조력자, 동료아동의 도움을 요구하는 의존 경향을 나타낸다.

③ 부정적 자아개념 : 지적장애인은 일반적으로 열등한 자아개념을 가진다. 그들은 자

---

9) 정동영 외, 2001; 신현석, 2013에서 재인용, p.131

신의 능력과 잠재성에 대해 부정적이다. 이런 부정적 자아개념은 생활에의 부적응과 중요한 상관관계를 가지고 있다.

④ 말과 언어의 지체 : 말과 언어의 발달은 지적발달과 밀접하게 연관되어 있기 때문에 지적장애인은 말과 언어의 구사에 많은 어려움을 지니고 있다. 특히, 음의 대치와 생략 같은 조음장애가 자주 발생하고, 구어발달의 지연, 제한된 어휘, 그리고 정확하지 않은 문법사용 등을 포함한 언어장애를 갖는 것이 보통이다.

⑤ 주의집중력 및 단기기억력 부족 : 지적장애인은 주의집중의 3요소, 즉 주의집중 지속시간, 주의집중의 범위와 초점, 선택적 주의(중요한 자극특성의 변별)에 심한 곤란을 가지며, 일반적으로 장기적으로는 정보를 보유하지만, 단기 기억분야에서는 한계를 가지고 있다.

⑥ 적응능력의 부족 : 지적장애인의 대인관계가 원만하지 못하고 여러 상황에 적응하지 못하는 것은 적응능력이 부족하기 때문이다. 특히 자기 지향성, 책임감, 사회적 기술 등이 부족하여 부적절한 행동을 하게 되고 이로 인해 주위사람들로부터 거부당하는 것을 볼 수 있는데, 이러한 거부는 비장애인들이 지적장애인에 대한 행동의 부적절성을 의식하는 데서도 비롯된다.

이와 같은 것을 종합하여 보면, 지적장애인은 '주의집중이 안된다', '동작이 느리다' '기억력이 낮다'는 등의 특성을 지니고 있다고 할 수 있다. 그러나 이러한 내용들은 사실상 긍정적인 면보다 지적장애에 대해서 부정적인 면을 더 부각시켜 왔고, 편견으로 자리잡아 온 것이 사실이다(권선진, 2001). 즉 지적장애는 기능성에 어떠한 방식으로 결함이 있는 하나의 상태(state)이지 특성(trait)이 아님을 알아야 한다. 한 개인의 기능성이 있다, 없다 또는 좋다, 나쁘다는 식으로 평가하는 것은 그가 현재 살아가고, 공부하고, 일하며, 경험하는 다양한 환경들과의 상호작용의 결과물이며, 그 결과 또한 다양한 유형과 다양한 강도를 지닌 개별적인 지원 제공의 유무에 따라 변화될 수 있는 것이기 때문이다. 또, 장애정도에 따라 다르고, 개인에 따라 차이가 크기 때문에 지적장애인의 공통적인 특성이 있다고 할 수는 없을 것이다. 결국 지적장애인의 기능성(functioning)은 개인의 능력과 환경의 상호작용 속에서 결정된다고 할 수 있다. 따라서 지적장애인을 볼 때 한 개인이 환경에서 실제로 어떻게 기능하느냐가 특히 중요하게 고려되어야 하고, 능력의 한계가 있으나 그 장애인을 둘러싸고 있는 환경의 적절성과 환경 내에서의 지원을 통하여 장애가 아니라 기능성이 발휘될 수 있다면 그 장애는 더 이상 장애(disability)가 아닌 것이 될 것이다.

2) 자폐성 장애

(1) 자폐성 장애의 정의

자폐(autism)는 일반적으로 극도의 사회적 위축, 인지적 결함, 언어장애, 상동행동으로 특징지어지는 전반적 발달장애로 30개월 이전에 발생하는 것을 의미한다(김미옥, 2003). 자폐증과 관련한 공식적 분류체계로는 DSM-IV(1994)와 ICD-10(1992)가 있다. 먼저 정신의학회의 정신장애의 진단 및 통계편람 제4판(DSM-IV-TR)(2000)에서 '자폐장애(autistic disorder)'는 전반적 발달장애[10]에 속하는데, 자폐장애 외에 아스퍼거 장애, 소아기 붕괴성 장애, 레트 장애, 달리 분류되지 않은 전반적 발달장애가 여기에 속한다. 한편 국제질병분류 제10판(ICD-10)(1992)에서는 소아기 자폐증이라는 진단명으로 전반적 발달장애의 하위분류에 포함되어 있는데, DSM-IV-TR과 달리 소아기 자폐증, 비정형자폐증, 레트증후군, 기타 소아기 붕괴성 장애, 정신지연 및 상동운동과 연관된 과다활동성 장애, 아스퍼거 증후군, 기타 전반적 발달장애, 달리 분류되지 않은 전반적 발달장애 등 8개의 하위 분류가 여기에 속한다. DSM-IV-TR의 자폐장애와 ICD-10의 소아기 자폐증의 진단기준은 거의 동일한데, 구체적인 진단기준은 다음의 〈표 8〉, 〈표 9〉와 같다.

---

10) 전반적 발달장애(pervasive developmental disorders) : 매너리즘, 부적절한 사회적 행동, 비정상적이면서도 지체된 말과 언어의 발달 등을 포함하는 비정상적 사회적 관계에 의해서 특징지어지는 심각한 발달장애를 의미함(김미옥, 2003).

표8 DSM-Ⅳ-TR 자폐장애 진단기준

1. A, B, C 항목 중 최소한 6개(또는 그 이상)가 있고, A에서 최소 2개, 그리고 B와 C에서 각각 1개
   가 있다.

   A : 사회적 상호교류의 질적인 장애로 다음 중 최소 2개가 나타난다.
   　a) 사회적 상호작용에 필요한 다양한 비언어적 행동, 가령 눈을 맞추며 쳐다보기, 얼굴 표정, 몸짓
   　　 및 제스처 사용에 현저한 지장이 있다.
   　b) 발달 수준에 적합한 또래관계를 형성하지 못한다.
   　c) 자발적으로 다른 사람과 즐거움, 관심 또는 성취감을 공유하고 싶어 하는 점이 부족하다.(예 :
   　　 관심있는 물건을 타인에게 보여주거나 가져오거나 지적하는 점이 부족하다.)
   　d) 사회적 또는 정서적 상호교류가 부족하다
   B : 의사소통의 질적인 장애로 다음 중 최소 1개가 나타난다.
   　a) 구어 발달이 지연되거나 또는 전적으로 부족하다. (제스처 또는 몸짓 같은 다른 형태의 의사소
   　　 통 방식으로 보충하려고 하지 않는다.)
   　b) 언어가 적절한 사람의 경우에도, 대화를 시작하거나 지속하는데 현저한 지장이 있다.
   　c) 반복적이고 상동적인 언어 혹은 개인에게 특유한(idiosyncratic) 언어
   　d) 발달 수준에 적절한 가상 놀이나 사회적 흉내내기 놀이가 부족하다.
   C : 행동, 관심 및 활동이 한정되고 반복적이고 상동적인 양상이 다음 중 최소 1개로 나타난다.
   　a) 1개 또는 그 이상의 상동적이고 한정된 관심에 몰두하는데, 그 강도나 집중 정도가 비정상적이다.
   　b) 비기능적이고 틀에 박힌 특정 행동이나 관습에 강박적으로 집착한다.
   　c) 상동적이고 반복적인 운동 매너리즘(예: 손 또는 손가락을 흔들거나 비꼬기, 복잡한 전신의 움직임)
   　d) 물건의 어떤 부분에 지속적으로 집착한다.

2. 다음 중 최소한 한 분야에서 지연되거나 또는 비정상 기능을 하며, 이것이 3세 이전에 발병되었다.

1) 사회적 상호교류
2) 사회적 의사소통에서 사용되는 언어
3) 상징적 또는 상상놀이

3. 본 장애는 레트 장애 또는 소아기 붕괴성 장애로 인한 것이 아니다.

※ 자료 : 조수철 외(2011) p.16

표9 ICD-10 소아기 자폐증 진단기준

A. 다음 영역 중 적어도 1개에서 3세 이전에 비정상적 혹은 손상된 발달을 보인다.
 (1) 사회적인 의사소통에서 사용되는 수용성 혹은 표현성 언어
 (2) 선택적인 사회적 애착 혹은 사회적인 상호작용의 발달
 (3) 기능적 혹은 상징적 놀이

B. (1), (2) 그리고 (3)에서 적어도 6개의 증상, (1)에서 적어도 2개, (2)에서 적어도 1개, (3)에서 적어
 도 1개의 증상을 보인다.
 (1) 다음의 영역에서 나타나는 사회적 상호작용의 질적인 손상(적어도 2개)
 　－ 사회적 상호작용을 조절하기 위해 눈 맞춤, 얼굴표정, 몸자세, 제스처를 적절히 사용할 수 없음.

- 관심사와 활동, 감정을 상호 공유하는 또래관계를 발전시키지 못함(정신연령에 적절한 방법으로, 충분한 기회에도 불구하고)
- 타인의 감정에 대해서 손상되거나 독특한 반응으로 보이는 사회적–감정적 상호성의 부족; 사회적 맥락에 다라 행동을 조절하는 능력의 부족; 혹은 사회적, 감정적, 의사소통 행동의 통합이 부족함
- 즐거움, 흥미, 성취 등을 자발적으로 타인과 함께 나누는 것이 부족함(예: 관심이 있어서 물건을 보여주거나 가져오거나 지적하는 점이 부족)

(2) 적어도 다음의 한 가지 이상의 영역에서 나타나는 의사소통의 질적인 손상
- 구어 발달의 지연 혹은 완전한 결여가 있으며 이에 대해 대안적인 방법으로 몸짓이나 제스처를 사용하지 않음(종종 의사소통 양상의 옹알이가 부족함)
- (언어 기술의 습득 정도에 관계없이) 대화를 시작하거나 지속하는 능력의 상대적 부족(상대방이 반응을 보임에도 불구하고)
- 단어나 어구의 상동적이고 반복적인 사용 혹은 독특한 사용
- 다양한 자발적 상징 놀이 혹은 모방 놀이(더 어린 경우)의 부족

(3) 다음의 영역중 적어도 한 가지 이상에서 나타나는 제한적이고 반복적이고 상동적인 행동, 관심, 활동
- 내용이나 초점에서 비정상적인 제한적이고 상동적인 패턴으로 관심이 집중됨; 혹은 내용이나 초점이 비정상적이지 않다 하더라도 하나 이상의 관심 영역이 강도나 협소하다는 면에서 비정상적임
- 특정한 비기능적 방식이나 의식에 대한 강박적인 집착
- 손이나 손가락 흔들기, 꼬기 혹은 복잡한 전신 움직임 등을 동반하는 상동적이고 반복적인 운동 매너리즘
- 놀이 기구의 부분 혹은 비기능적 요소에 열중(예: 놀이기구의 냄새, 표면의 느낌, 진동, 소음 등)

C. 이러한 임상 양상이 다른 발달장애로 인한 것이 아니어야 한다
- 이차적 사회–감정적 문제를 동반한 기타 전반적 발달장애, 반응성 애착장애, 혹은 비억제형 애착장애; 정동 혹은 행동 장애를 동반한 정신지체; 조발성 정신분열적; 그리고 레트 증후군

※ 자료 : 조수철 외(2011), p.17

1990년대 이후 학계에서는 자폐 범주성 장애(autism spectrum disorder)라는 용어를 도입하였다. 여기서는 자폐장애, 기타 전반적 발달장애나 비정형 자폐증, 아스퍼거장애 등 경도에서 중도에 이르는 자폐의 특성을 보이는 장애의 범주를 의미하는데, 이들을 통합하여 연구가 이루어지는 경향이 있다. 한편 소아기 자폐증으로 진단하지는 않지만, 자폐 관련 장애라고 할 수 있는 아스퍼거 증후군과 레트 증후군에 대해서 살펴보면 다음의 〈표10〉과 같다(김미옥, 2003; 조수철 외, 2011; 하나의학사 역, 1999).

표10 자폐관련 장애의 정의

진단명	정의
아스퍼거 증후군[11] (Asperger's syndrome)	언어 및 인지발달은 정상적이지만, 운동기능의 발달에 있어서 지체를 보일 수 있으며, 정서적·사회적 발달에 있어서의 결함을 보인다. 자폐 범주성 장애에 속한다.
레트 증후군[12] (Rett's syndrome)	최소한 5개월 정도까지는 정상적 발달을 보이다가 4세 정도까지 두뇌 성장속도가 느려지면서 심리운동기술의 상실과 심각한 표현언어 및 수용언어의 손상이 나타나며, 일반적으로 중도 지적장애를 동반한다.

한편 우리나라에서는 장애인복지법상 공식적인 용어로 '자폐성 장애'라고 정의를 내리고 있는데, 이는 앞서 살펴본 국제질병분류 ICD-10의 진단지침에 따라 진단명이

---

11) 아스퍼거 증후군이란 1944년 오스트리아 의사인 H.아스퍼거가 처음 발표하였기 때문에 그의 이름을 따서 명명되었다. 원인은 밝혀지지 않았지만 유전으로 인한 것으로 추정하고 있다. 전반적 발달장애의 하나로 이 장애를 가진 사람의 지능과 언어발달 상태는 정상이지만, 행동양상은 자폐증과 비슷하여 사회생활이나 의사소통을 하는 데는 문제가 있다. 자폐증세가 있는 소아의 대부분은 언어발달이 이루어지지 않거나 많이 늦는데 비해 이 장애를 가진 소아의 대부분은 2세가 되면 단어를 말할 수 있다. 특히 사교력이 떨어져서 또래의 친구를 사귀는데 어려움을 겪고, 변화를 싫어하거나 불편해하며, 동작이 서툴러서 몸놀림이나 표정을 읽기가 어렵다. 소리나 맛·냄새·시각에 예민하고, 특정한 주제에 흥미가 생기면 몰두하는 경향이 있기 때문에 특정 분야에서 뛰어난 재능이 나타나는 사람도 있다. 외관상으로는 언어발달도 정상으로 보이지만 실제 사용하는 말과 운율에 문제가 있다. 그러나 뛰어난 어휘력을 보이면서 다독증을 가진 경우도 있다. 사회활동 측면에서 보면, 이 장애를 가진 사람은 사람과 눈을 맞추지 않고, 아는 사람을 만나도 인사만 하고 자리를 피하는 경우가 많다.

12) 레트 증후군은 영아기(early infancy)에 시작되는 독특한 발달장애로 거의 항상 여아에게서만 발견되며 전세계적으로 다양한 인종과 종족에서 발견된다. 레트 아이는 보통 건강하게 태어나서 6–18개월까지는 표면적으로는 정상적이거나 거의 정상적인 발육의 시기를 보이다가 기능이 감소하거나 정체되는 시기에 다다른다. 그 후 퇴행의 시기가 와서 아이는 의사소통의 기능을 상실하고 손의 고의적 사용능력을 잃는다. 곧 정형화된(stereotyped) 손놀림, 보행장애, 그리고 정상적인 머리성장률의 감소가 뚜렷해진다. 다른 문제로는 아이가 잠에서 깨어있을 때 일어나는 발작과 질서가 잡히지 않은 호흡패턴이 있다. 아이가 흥분하거나 달랠 수 없을 정도로 울 때 고립과 움츠림의 시기가 있을 수 있다. 시간이 지나면 운동장애는 증가해도 다른 증상들은 줄거나 호전될 수도 있다. 레트는 종종 자폐증이나 대뇌마비(cerebral palsy), 비구체적 발달지체(non-specific developmental delay)로 오진되기도 한다. 레트의 기대 수명은 거의 알려진 것이 없는데 연구 결과 20–25세까지 살 확률이 95%인 것으로 본다. 이 수치는 일반 미국여성 인구의 생존가능성인 98%와 비슷한 것이다. 25–40세에서는 일반여성의 97% 생존율에 비해 69%로 떨어진다. 40대 50대의 여성 중에도 레트 환자가 많이 있겠으나 40세 이상에 대한 믿을 만한 평가를 내리기에는 그 연구 대상이 너무 적었다. 이러한 통계에 따르면 기대수명이 레트의 경우 떨어지는 건 사실이지만 다른 신경계통 장애들만큼 낮은 것은 아니다. 예를 들어 IRSA에 보고된 케이스 중 5%만이 사망했는데 다시 말하면 레트로 진단받은 아이들의 95%가 지금도 여전히 살아있다는 것이다. 가장 흔하게 보고되어지는 사망원인은(전체 사망의 1/4) "갑작스러운 죽음(sudden death)"이나 "설명 불가능한 죽음(unexplained death)"의 변종들로 심각한 상처나 감염과 같은 근원적인 이유가 겉으로 드러나지 않는다. 다른 사망원인은 폐렴이다. 폐렴에 의한 사망위험 증가와 가장 관련이 있는 요소는 척추만곡에 따른 손상된 폐기능과 삼킴의 어려움이다. 다른 사망원인으로는 사고나 질병뿐 아니라 영양실조, 창자에 난 구멍, 또는 대장의 꼬임 등이다. 원인은 아직 확실하게 알려지지 않았지만 MeCP2 단백질(Methyl-CpG binding protein 2)을 지정하는 MeCP2 유전자의 돌연변이가 원인일 가능성이 밝혀져 있다. 이 단백질은 X 염색체 불활성화에 관여하여 결과적으로 감각, 감정, 운동신경과 자율신경의 기능을 담당하는 뇌의 특정영역의 정상적 발달에 필요한 어떤 특정요소의 부족이나 부재의 결과를 낳는다. 그 요소가 뇌의 발달에 필요하게 되기 전인 초기 영아기에는 발육이 정상인 것으로 보인다. 하지만 이 요소가 없으면 뇌의 특정부분이 발달상 미성숙하게 남게 되는 것이고 이런 이유로 태어나서 첫 몇 달 동안은 아이가 정상적으로 발육하는 것처럼 보이는 것이다.

전반적 발달장애(pervasive developmental disorders: F84)인 경우에 자폐성 장애 판정을 한다. 즉 소아기 자폐증을 포함하여, 비정형 자폐증, 레트 증후군, 아스퍼거 증후군 등을 모두 포괄하여 정의를 내리고 있다고 할 수 있다.

(2) 자폐성 장애의 원인

현재 자폐성 장애의 원인에 대하여는 분명히 밝혀져 있지 않으나 심리적 원인과 생물학적 원인으로 구분할 때 생물학적 원인일 가능성이 높다. 즉 부모의 양육이나 부부간의 불화문제 등과 같이 심리적 요인에 의해 이 질환을 설명하려는 시도가 있었으나 그 가능성은 희박한 것으로 알려져 있다. 생물학적 내지 기질적 원인으로는 다음과 같은 요인들이 추정되고 있다. 임신, 분만을 전후한 합병증(고령임신, 임신중 약물사용, 난산 등), 경련성 질환의 동반, 대사장애와 동반, 풍진 등 감염성 질환, 뇌의 이상(측두엽 부위의 이상, 대뇌의 위축, 소뇌의 발달단계에서의 이상 등) 등 생화학적 측면에서의 연구가 진행되고 있으나 의견의 일치를 보이지 못하고 있다(김미옥, 2003; 권선진, 2000). 한편 자폐성 장애는 유전적인 경향이 매우 높은 질환으로 알려져 있다. 일란성 및 이란성 쌍생아에서의 진단 일치율을 통하여 측정하게 되는 유전율은 자폐장애의 경우 90% 이상인 것으로 보고되고 있다. 가족 내에 자폐장애가 있는 경우 다음 형제에게 자폐장애가 발생할 위험성은 일반 인구 집단에 비해 50배에서 많게는 200배까지 높아지는 것으로 보고되고 있다(조수철 외, 2011).

(3) 자폐성 장애의 판정 및 등급

자폐성 장애에 대한 판정을 하기 위해서는 전반성 발달장애가 확실해진 시점에서 장애를 진단한다. 자폐성 장애의 상태와 능력장애의 상태에 대한 판정을 종합하여 최종 장애등급 진단을 내리는데 자폐성 장애는 장애의 상태와 능력장애의 상태의 변화 가능성이 희박하므로 등급판정을 다시 받아야 할 필요는 없으나 연령증가에 따라 장애정도에 많은 변화가 예상되는 경우에는 의사의 소견에 따라 일정기간 후에 재판정을 받도록 할 수 있다(신현석, 2013). 자폐성 장애의 장애등급판정은 자폐성 장애의 진단명에 대한 확인, 자폐성 장애의 상태(impairment) 확인, 자폐성 장애로 인한 정신적 능력장애(disability) 상태의 확인, 자폐성 장애 등급의 종합적인 진단의 순서를 따라 이루어진다. 앞서 설명한 것처럼 우리나라의 장애인복지법상 장애판단기준은 국제질병분류 ICD-10의 진단지침에 따라 진단명이 F84, 전반성 발달장애(pervasive developmental disorders)인 경우에 자폐성 장애 판정을 한다. 자폐성 장애의 등급기준은 다음의 〈표 11〉과 같다. 2012년 12월 현재 우리나라의 자폐성 장애인의 수는 16,906명으로 전체 등록장애인 2,511,159명의 0.7%를 차지하고 있는 것으로 나타났다. 이중에서 1급은 전체의 절반이 넘는 8,620명(51.0%)로 조사되었으며, 2급 5,628명, 3급 2,658명 등으로, 모든 장애유형중에서 중증장애인의 비율이 가장 높은 것을 알 수 있다.

표11 자폐성 장애의 장애등급 기준

장애등급	장애정도
1	ICD-10의 진단기준에 따른 전반성발달장애(자폐증)로 정상발달의 단계가 나타나지 아니하고, 지능지수가 70 이하이며, 기능 및 능력장애로 인하여 주위의 전적인 도움이 없이는 일상생활을 해나가는 것이 거의 불가능한 사람
2	ICD-10의 진단기준에 따른 전반성발달장애(자폐증)로 정상발달의 단계가 나타나지 아니하고, 지능지수가 70 이하이며, 기능 및 능력장애로 인하여 주위의 많은 도움이 없으면 일상생활을 해나가기 어려운 사람
3	제2급과 같은 특징을 가지고 있으나 지능지수가 71이상이며, 기능 및 능력장애로 인하여 일상생활 혹은 사회생활을 해나가기 위하여 간헐적으로 도움이 필요한 사람

(4) 자폐성 장애의 특성

북미, 아시아, 유럽에서 실시된 역학 조사 결과, 자폐장애의 유병률은 아동 1만명당 2~13명이었다. Fombonne(2005)이 1987년 이후 역학 연구를 종합한 결과로는 유병률이 1만명당 2.5~72.6명 범위였으며, 중간값은 11.3명이었다. 한편 DSM-IV에서는 아동 1만명당 2~5명으로 유병률을 제시하고 있으며, 최근 연구일수록 높은 경향을 보인다. 그러나 질병개념의 확대, 진단기준의 변화, 연구방법 및 연구대상의 차이 등 여러 요소들이 유병률에 영향을 미치므로 실제로 자폐증의 유병률이 증가하였는지에 대해서는 아직 논란이 있다. 또 모든 연구가 여아보다 남아의 유병률이 높은 것으로 보고

하고 있으며, 비율은 남아 3~4명당 여아 1명이었다. 발달장애의 정확한 발병 시기는 알기 어려운 경우가 많으나 대부분 출생 후 1~2년 내에 증상이 시작되는 것으로 보고 되고 있다. 대다수의 자폐아는 지적장애를 동반하고 있는 것으로 보고되고 있다. 40~60%는 IQ가 50이하이며, 20~30%만이 70이상이다(조수철 외, 2011). 이러한 지적 능력과 자폐장애의 주요증상은 비슷하지만, 지능이 낮은 자폐아가 사회적 발달에서 더 심한 손상을 보이고, 상동행동과 자해 행동 등 행동적 문제를 더 많이 보이며, 예후 또한 좋지 않다. 자폐증의 임상적인 양상을 살펴보면 사회적 상호작용의 질적 장애, 언어와 대화의 장애, 비정상적인 행동 패턴 등으로 구분할 수 있다(권선진, 2001). 자 폐증의 임상적인 양상은 다음과 같이 나타난다고 할 수 있다(조수철 외, 2011).

① 사회적 상호작용의 질적 장애

자폐증의 일반적인 특성은 사람에 대한 반응에서 나타나는데 유아기부터 어머니와 눈을 맞추지 않거나 소리를 들을 수 있으면서도 쳐다보지 않고 안아주어도 좋아하지 않는다. Kanner는 사회적 결손을 자폐증의 핵심증상으로 간주하였다. 자폐증(自閉症) 이라는 단어의 의미 자체도 대인관계를 회피한다는 뜻이다. 생후 2~3개월이 되면 주 변 사람의 자극에 대해 웃는 것이 일반적인데 자폐 아동은 이러한 반응이 관찰되지 않 는다. 8~9개월이 경과되면 낯선 사람을 분명히 구별할 수 있는 능력이 생기는데, 자폐 에서는 이러한 행동이 보이지 않아 아무에게나 잘 안기는 행동을 보이기도 한다. 초등 학교 입학을 하거나 또는 청소년기가 되어도 친구관계 형성이 안되며, 신체적인 발달 은 이루어져 성적인 관심을 갖기도 하지만 서로 공감적인 이성관계가 형성되지 못한 다. 영아기에는 눈맞춤을 피하고, 사람의 말소리에 거의 관심을 보이지 않으며, 안기 려고 팔을 내밀지도 않고, 감정이 무디고 표정도 거의 없다. 유아기에는 대부분의 자 폐아가 엄마 등 애착대상과 떨어질 때 우는 등의 분리불안을 보이지 않고 낯선 이에 대해서도 불안해하지 않는다. 놀이방이나 유치원 등에서도 다른 아동들에 대해 전혀 관심을 보이지 않고 함께 어울려 놀지도 못한다. 아동 중기에는 부모나 다른 친숙한 성인에게 애착을 보이긴 하나 또래들과의 관계에서 심한 어려움을 보인다. 장애가 경 한 아동의 경우 다른 아동들과 게임이나 놀이에 참여할 수 있으나 대개는 피상적이고 수동적이다. 나이가 들면서 부모와 형제들에게 애정을 보이고 다정하게 대하지만 먼저 사회적인 접촉을 시도하거나 관심을 보이는 일 또한 거의 없다. 일부 경증 자폐아는 우정을 원하지만 다른 사람의 관심과 정서를 알아차리지 못해 사회적으로 부적절한 말을 하거나 행동을 하여 우정을 발달시키지 못한다.

② 언어와 대화의 장애

대부분의 자폐아동들에 있어서 언어발달은 거의 일어나지 않거나 지연되는 현상을 보이며, 언어발달이 일어나더라도 말의 의미를 적절하게 이해하지 못한다. 혼자서 중얼거리기도 하고 노래도 부르지만 누가 곁에서 말을 걸면 이에 대해 적절하게 답변을 하지 못하는 경우도 있다. 반향어의 형태로 표현되기도 하고 나 또는 너의 대명사를 혼동하여 사용하기도 하며, 말을 하더라도 억양이 전혀 없는 등의 장애도 동반된다. 표현성 언어뿐만 아니라 수용성 언어발달에 장애가 있어서 다른 사람의 말을 이해하는 능력이 결핍되어 있다.

③ 비정상적인 행동 패턴

행동상의 발달에도 이상을 보여 일반아동과는 다른 놀이의 형태를 보이기도 한다. 즉, 의도적 놀이나, 모방놀이, 상상력이 필요한 놀이는 곤란하며, 놀이형태가 매우 단순하다. 장난감을 가지고 놀 때에도 그 장난감의 기능이나 목적에 맞게 놀지 못하며, 놀이가 아주 단순하고 기계적인 양상을 띤다. 일렬로 배열하거나, 같은 색깔로만 모아 두거나 크기 순서대로 나열만 하며, 이것이 흐트러졌을 때에는 아주 불안한 행동을 보이기도 한다. 조기 또는 중기 소아기가 되면 강박적인 행동도 관찰될 수 있다. 상동적인 행동, 매너리즘, 자해적인 행동, 충동적인 행동 등도 관찰된다. 변화에 대한 저항도 극심하여 항상 일정한 것만 고집하는 행동도 있다. 항상 같은 길로만 가려고 한다거나, 이사를 갈 때나 혹은 집안에서라도 가구의 위치를 옮기면 떼를 부리는 행동도 나타날 수 있다. 자폐아는 부모 목소리 등에 대해 무관심한 것과는 대조적으로 청소기 혹은 라디오 소리에 대해 민감한 반응을 보이고 빛, 무늬, 소리, 회전 물체나 촉각적 감각에 사로잡히기도 한다.

한편 국립재활원(2007)에서는 자폐성 아동의 특성을 다음과 같이 제시하고 있다(신현석, 2013). 물론 이러한 특성은 개인적인 특성에 따라서 모두 나타나는 것은 아니며 그 정도에서도 차이가 있을 수 있다.

- 의사소통의 형태가 매우 독특하고 언어적 장애가 존재한다. 아예 말을 하지 않거나 시선을 마주치는 것을 극히 싫어하는 등, 말 이외의 의사소통에서도 장애를 보인다.
- 대인관계를 제대로 형성하지 못한다. 자폐아는 다른 사람의 기분이나 존재에 대해 개의치 않는다. 다른 사람이 아프거나 다쳐도 별로 상관하지 않으며, 사회적인 놀이를 하지 못하고, 또래들과 어울리지도 못한다.
- 환경의 변화를 싫어하는 강박적인 요구로 인해 행동이나 관심의 폭이 극도로 좁다. 예컨대, 엄마 손을 붙잡고 시장에 갈 때도 늘 똑같은 길로만 가려고 한다.
- 지능발달이 지연된다. 일반적으로 자폐아의 3분의 1만이 정상지능이다.
- 이상한 자세나 행동을 취한다. 예컨대 흥분하면 팔을 흔들거나, 껑충껑충 뛰거나, 발끝으로 걷기도 한다.
- 자폐아동은 생물보다는 무생물에게 강한 매력을 느낀다.
- 기분이 수시로 바뀐다. 따라서 이유 없이 웃거나 울기도 한다. 감정을 못느끼거나 두려움이 없어 보일 때도 있다. 혹은 별것이 아닌데도 지나치게 두려워하기도 한다.
- 변칙적이기도 하지만 고립된 장소에서는 훌륭한 인지적 잠재력을 발휘하기도 한다.
- 편식이 심하거나 음료수를 지나치게 마시거나 놀라면서 밤에 자주 깬다.
- 기계적 암기력이 좋다.

Ⅳ. 나오며

지금까지 장애개념의 변화, 우리나라 장애의 정의와 종류, 발달장애의 의미와 원인·특성 등에 대해서 살펴보았다. 발달장애인은 일반적으로 다른 장애인에 비해 도움이 더 많이 필요한 경우가 많다. 따라서 자칫하면 당사자의 욕구와 결정이 아닌 다른 사람, 특히 지원인의 판단에 따라 중요한 결정이 이루어질 가능성이 높다고 할 것이다. 그러나 현재 장애인 복지 분야를 중심으로 제기되고 있는 것은 '장애인의 선택과 참여'를 강조하고 있다. 이것은 발달장애인에 대해서도 결코 예외가 될 수 없다. 발달장애인들이 자신의 의견을 피력하고 견해를 밝히지 못하는 것이 아니라, 지원인 등이 그들의 주장과 의견을 이해하지 못하는 것이라고 보는 것이 정확한 표현일 것이다. 이러한 원칙을 먼저 염두에 두고 판단하는 것이 장애인, 특히 발달장애인에 대한 이해를 높이는 첫걸음이 될 것이다.

참고문헌

권선진 외. 2001. 장애우복지론. 나눔의집.
김미옥. 2003. 장애인복지실천론. 나남.
김용득·김진우·유동철 편. 2007. 한국장애인복지의 이해. 인간과 복지.
김용득 편. 2012. 장애와 사회복지. EM커뮤니티.
김치훈. 2012. "발달장애인 사회복지서비스 제도의 현황 및 정책제언". 발달장애인 지원
    대책과 권리보장을 위한 토론회 자료집. 한국장애인단체총연맹. pp.46~63.
미국 지적장애 및 발달장애학회(AAIDD) 용어와 분류에 대한 특별위원회. 박승희·김수
    연·장혜성·나수현 역. 2011. 지적장애 : 정의, 분류 및 지원체계. 교육과학사
신은경 외. 2013. 장애인기본법 제정에 관한 연구. 한국DPI.
신현석. 2013. 장애인복지론. 공동체.
오혜경. 1999. 장애인 사회복지 실천. 아시아미디어리서치.
유동철. 2013. 인권관점에서 보는 장애인복지. 학지사.

이세영. 2012. "발달장애인 정책 전반 및 향후 과제 : 일본". 세계장애동향. 2012년 5호(통권 8호). pp.11~15

임종호 · 이영미 · 이은미. 2010. 장애인복지론. 학지사.

조수철 외 29인. 2011. 자폐장애. 학지사.

조용남 · 정성진. 2009. 서울시 발달장애인 지원정책 수립을 위한 연구. 서울특별시의회.

장애인직업안정연구원 편집부. 2013. "해외발달장애인 관련 법 및 지원책과 우리나라의 발달장애인법 제정에 대한 시사점". 장애인, 삶과 노동. vol.21. pp.13~16.

한국장애인개발원. 2011. 발달장애인의 서비스 욕구와 시장분석 : 발달장애 영유아를 중심으로. 한국장애인개발원.

Helen L. Atherton, and Debbie J. Crickmore (Ed.). 2012. Learning Disabilities: Toward Inclusion. Churchill Livingstone.

http://wwwhourei.mhlw.go.jp/hourei/html/hourei/contents.html

참고 전국 장애인 (유형 등급) 연황

(2012년 12월 기준: 명)

장애유형	1급 남	1급 여	1급 합계	2급 남	2급 여	2급 합계	3급 남	3급 여	3급 합계	4급 남	4급 여	4급 합계	5급 남	5급 여	5급 합계	6급 남	6급 여	6급 합계	합계
지체	24,595	12,313	36,908	47,973	26,601	74,574	108,753	55,106	163,859	122,994	137,363	260,357	202,249	190,482	392,731	259,256	134,446	393,702	1,322,131
시각	16,848	16,287	33,135	3,795	3,947	7,742	6,455	6,295	12,750	6,988	6,739	13,727	11,702	9,481	21,183	105,027	59,000	164,027	252,564
청각	3,698	3,000	6,698	24,904	22,181	47,085	24,685	19,190	43,875	31,489	25,667	57,156	34,344	29,872	64,216	22,909	16,650	39,559	258,589
언어	61	30	91	1,149	616	1,765	5,558	1,882	7,440	6,034	2,407	8,441	3	1	4	2	0	2	17,743
지적	29,330	19,922	49,252	34,777	24,151	58,928	40,663	24,413	65,076	0	1	1	0	0	0	0	0	0	173,257
뇌병변	31,169	28,503	59,672	31,998	28,205	60,203	36,340	26,013	62,353	19,386	12,309	31,695	15,633	8,799	24,432	13,345	6,097	19,442	257,797
자폐성	7,153	1,467	8,620	4,822	806	5,628	2,395	263	2,658	0	0	0	0	0	0	0	0	0	16,906
정신	1,980	1,702	3,682	19,135	15,922	35,057	28,772	27,115	55,887	1	5	6	1	2	3	2	1	3	94,638
신장	2,145	1,137	3,282	25,855	20,193	46,048	32	20	52	296	164	460	7,912	5,680	13,592	0	0	0	63,434
심장	150	84	234	604	433	1,037	3,773	2,256	6,029	18	4	22	288	131	419	1	2	3	7,744
호흡기	1,576	582	2,158	2,787	815	3,602	6,209	1,880	8,089	2	0	2	13	15	28	0	0	0	13,879
간	262	67	329	496	137	633	626	174	800	144	29	173	4,791	1,862	6,653	0	0	0	8,588
안면	59	43	102	232	182	414	553	373	926	719	525	1,244	9	12	21	1	1	2	2,709
장루.요루	8	1	9	79	40	119	558	250	808	3,777	1,931	5,708	3,859	2,871	6,730	0	0	0	13,374
간질	60	52	112	288	205	493	982	822	1,804	2,953	2,444	5,397	0	0	0	0	0	0	7,806
합계	119,094	85,190	204,284	198,894	144,434	343,328	266,354	166,052	432,406	194,801	189,588	384,389	280,804	249,208	530,012	400,543	216,197	616,740	2,511,159

※ 자료 : 보건복지부 홈페이지

제3장
정상화 이념의 성과와 미래

김 용 득 (성공회대학교)

1. 왜 정상화 인가?

우리나라에서도 발달장애인의 삶과 서비스를 논할 때 사회적 모델과 자립생활을 이야기한다. 신체장애인을 중심으로 장애에 대한 사회적 책임과 장애 당사자주의를 표방하는 사회이론이 가장 소외된 장애영역인 발달장애 영역에도 관통하게 되었다는 점에서 고무적인 일이라 할 수 있다. 이런 분위기의 영향으로 우리나라 발달장애인 서비스 영역에서 정상화 이론은 어느새 진부한 이론으로 치부되는 것 같다. 장애인복지 영역에서 보면 장애에 대한 사회적 모델, 장애인의 자립생활 등이 유행하는 단어가 되어 있고, 연수나 세미나 주제도 이런 신 개념들에 집중되어 있는 것으로 보인다. 그렇다면 정상화이론을 낡은 것으로 치부하는 것이 옳은 것인가?

우리나라에서 정상화이론이 소개된 시기는 1970년대 후반에서 1980년대로 볼 수 있다. 그 당시 우리에게 정상화는 '선진국에서나 가능한 일'이라고 생각했던 것 같다. 그리고 20년 이상이 지난 지금에 와서는 이미 케케묵은 옛 것으로 치부하는 것 같다. 이 시점에서 우리 실천 현장의 서비스에서 정상화가 어느 정도 실천되고 있는지 질문해 볼 필요가 있다. 정상화의 몇 가지 원칙에 비추어 보면 우리나라 발달장애인 서비스 현장은 정상화에 부합하지 않는 면을 너무나 많이 가지고 있는 것으로 보인다. 지역사회에서 분리된 시설, 개인의 개성을 존중받기 어려울 정도의 큰 규모, 연령에 맞지 않는 프로그램 활동, 의료 중심주의의 만연, 발달장애인의 자기결정 능력에 대한 회의 등이 그 예라고 할 수 있다.

지난 30년 동안 우리나라 장애관련 서적들에서 가장 자주 등장했던 용어는 '정상화'일 것이다. 그러나 발달장애인 복지서비스 현장 실무자들이 구체적으로 이해하고, 고민할 수 있는 수준으로 논의된 적은 없었던 것 같다. 물론 정상화 이론이 발달장애인 서비스 현장을 견인하는 유일한 이론이라고 주장하지는 않는다. 그러나 거의 20년 동안 우리에게 너무나 익숙하게 사용되었던 '정상화 이념'이라는 것이 아직도 실천 현장에서 일하는 사람들에게 구체적으로 소개 되거나, 이를 토대로 우리 방식의 대안적인 실천방법을 모색하는 고민의 영역으로 흡수되는 경험을 가지지 못했던 점은 안타까운 일이다.

본 장에서는 발달장애인서비스를 주도하는 대표적인 이념으로 정상화 이념을 설정하고자 한다. 정상화 이념이 제기되고, 세계적으로 확산되고, 발달장애인의 서비스 현장에 영향을 미치고, 다양한 모습으로 변화되는 양상 등을 다룸으로써 다시 한 번 정상화 이념을 숙고 하고자 한다. 이를 위하여 본 장에서 다루려고 하는 내용은 다음 두 가지이다.

첫째, 정상화 이념의 기원, 내용, 변화 등과 관련된 정상화 이념의 실체를 알아보는 것이다. 둘째, 정상화 이념이 다양한 서비스 실천에서 어떻게 적용되었고, 어떤 영향을 미쳤는지를 보는 것이다.

2. 정상화 이념의 기원과 변화

1) 장애이념으로서의 정상화 이념의 지위

정상화 이념은 지적장애인을 비롯한 사회적 약자들을 비인간적으로 처우한 사실에 대한 사회적인 반성과 각성에서 출발하였다. 그러나 정상화 이념은 비정상적인 사람을 정상적으로 만드는 '주류사회에 소수자를 일방적으로 맞추도록 하는 보수적인 접근'이라는 비판에 직면하기도 했다. 이런 비판은 주로 사회적 모델이나 자립생활 운동과 같은 더 최근의 움직임에 동의하는 사람들이 제기하고 있다. 그렇다면 정상화 이념, 사회적 모델, 자립생활운동은 어떤 관계에 있는가? 이들은 서로 적대적인가? 이에 대한 해답은 다음 그림이 잘 설명해 준다.

정상화 이념은 산업혁명과 산업화시기에 극에 달했던 우생학, 적자생존의 법칙 등의 영향으로 사회로부터 집단적으로 배제되었던 지적장애인의 인간적 권리를 회복시키려는 사회운동이었다. 이 이념의 출현은 1, 2차 세계전쟁을 거치면서 장애에 대한 사회적 책임론이 제기되었고, 이런 공간을 통해서 사회적 약자에 대한 사회적 처우가 달라져야 한다는 점에 대한 각성이 이루어졌다는 점과 연결된다. 정상화 이념은 이런 사회적 분위기의 변화에 기반하여 사회로부터 가장 심각한 배제를 받고 있던 발달장애인의 사회적 처우에 대한 문제제기에서 출발하였다.

시기 / 변화	산업혁명과 산업화 (18세기 후반)	1차 세계대전 (1914) 2차 세계대전 (1939)	세계인권선언 (1948)	〈1980년대 이후〉
사회적 담론의 변화	• 노동 의무 • 적자생존 • 우생학 • 노동미약자의 분리	• 전쟁 부상 장애인의 처우 • 장애에 대한 사회적 책임론	• 인권에 대한 각성 • 장애인 인권에 대한 각성	■ 정상화이론의 확장 • 정상화 이념의 확산(북유럽) • Ordinary Life, Valuing People 등의 등장(영국 등) • Social Role Valorization의 등장(미국, 캐나다, 호주 등) • PASSING[1] 등의 정상화 평가도구 개발
장애에 대한 구체적 결과	• 장애인의 분리 • 특히, 지적 장애인의 분리	• 장애 문제에 대한 새로운 시각 제기	• 정상화이념의 등장 • 지적장애인 권리선언(1971) • 장애인인권선언 (1975)	■ 당사자주의의 등장 • 사회적 모델의 등장 • 자립생활 모델의 등장

영향 ⇒

그림1 정상화이념의 등장과 이후의 변화

---

1) Program Analysis of Service Systems' Implementation of Normalization Goals의 약어임.

정상화 이념, 사회적 모델, 자립생활 운동과의 관계에서 또 하나의 질문이 제기될 수 있다. 장애에 관련된 여러 가지 담론 또는 신념들 가운데 발달장애인 서비스를 주도하는 이념은 무엇인가? 각 이념이나 이론들의 기원을 보면 정상화 이념은 발달장애인에 대한 비인간적 처우에 대항하여 발달장애인의 부모들과 전문가들이 중심이 되어 제기한 사회운동이다. 사회적 모델과 자립생활운동은 신체장애를 가지고 있는 장애당사자들이 장애를 둘러싼 물리적, 사회적 장벽을 제거하기 위하여 정립한 사회운동의 틀이다.

이처럼 각 이념과 이론들은 그 기원에서는 서로 다른 구체적인 문제의식을 표방하였다. 어떤 이념이나 이론은 시간이 지나면서 스스로의 설명력을 확장하려는 본능이 작동하게 된다. 정상화 이념은 초기 발달장애인 문제를 중심으로 제기되었지만, 이제는 정신장애, 신체장애, 노인문제, 아동문제 등을 포괄하는 이념으로 확장되어 있다. 마찬가지로 사회적 모델과 자립생활운동도 초기에 신체장애인들을 중심으로 제기되었지만 이제는 발달장애와 정신장애 등의 모든 장애분야를 포괄하는 흐름으로 발전하였다. 그래서 현재 시점에서 발달장애 영역을 중심으로 보면 정상화 이념, 사회적 모델, 자립생활 운동이 모두 서비스 실천을 주도하는 중심축으로 경합하거나 협력하고 있다고 볼 수 있다. 이런 점은 발달장애인 서비스 실천의 방법을 다양하게 하고, 발달장애인의 자기주도성을 높인다는 점에서 매우 중요하다.

그러나 발달장애인을 지원하는 서비스 전문가들이 어떤 입장에서 어떤 역할을 할 것인가에 대한 문제를 고민할 때 정상화 이념이 가지는 뚜렷한 장점이 있다. 왜냐하면 정상화 이념은 스스로를 주장하거나 자기의 이해를 명확히 표현하는데 어려움이 있는 사람들에게 사회의 환경은 어떠해야 하며, 이들이 정상적인 사회구성원으로서의 생활을 유지하는데 어떤 지속적인 도움이 제공되어야 하는가를 구체적으로 천명하고 있기 때문이다. 이런 점에서 정상화 이념은 발달장애인 서비스와 발달장애인을 돕는 전문가의 역할과 관련하여 가장 풍부한 논의를 제공하는 유용성이 있다.

2) 정상화 이념의 성립과 변화

19세기 말부터 20세기 초반 동안에 장애인은 사회적 질환의 주요원천으로 간주되었으며, 이런 관점은 당시를 지배했던 사회진화론과 관련이 있다. 장애인을 원조하는 사람들은 우생학을 교육받았고, 장애인들을 영원히 격리시키는 것이 용인되었다. 당시의 상식은 장애인은 부도덕하고 사회로부터 격리될 필요성이 있는 사람들로 묘사하였다. 강제적 불임이 일반적으로 행해졌고, 시설 수용이 강제되었으며, 지적장애를 가진 여성들은 성병의 전달자로 인식되었다.

산업화 이후 생산력이 떨어지는 장애인은 다른 사람들의 생산에 방해가 되기 때문에 시설 또는 의료기관에 분리되어 보호, 치료를 받아야하는 존재가 되었다. 보호시설의 형태는 대규모 수용방식을 취하고 있었으며, 장애인을 효과적으로 통제하고 기득권층의 안정을 위하여 수용, 격리하는 목적이었다. 또한 치료 서비스가 제공되는 경우에도 장애인은 병자 역할(sick role)을 하게 되는데, 질병의 특성과 장애 정도에 따라 정상적인 사회활동과 책임을 박탈당하였다. 장애는 비정상적이고 바람직하지 못한 상태이며, 영구적으로 다른 사람에게 의존해야 하는 존재로 규정되었다. 이런 의존적 상황의 지속은 장애인 스스로 자신의 문제에 자주적으로 대처하는 능력을 약화시켰고, 사회적 책임 주체에서 제외되도록 함으로써 장애인은 사회와 분리되었다. 더구나 역할의 손상이 지속됨에 따라 장애인은 나태한 존재로 평가되었고, 그 결과 장애인들은 가치하락을 통해 일종의 하급시민으로 인식되었으며, 어떤 역할도 할 수 없는 아이와 같은 지위를 부여받았다.

정상화이론은 1960년대 스칸디나비아 지역을 중심으로 발달장애인의 비장상적 생활환경에 대한 문제제기에서 출발하였다. 정상화 이념은 개인의 성장과 발달에서 정상적인 발달경험, 인생주기에서의 선택의 자유, 정상적인 이웃과 같이하는 정상적인 가정에서의 삶, 지역사회에 통합되어 있는 삶 등을 강조하면서 시설보호에 반대한다(김용득, 2012). 처음으로 정상화 이념을 공포한 덴마크의 Bank-Mikkelsen(1919-1991)이 일관되게 주장해 온 중심사상은 발달장애인과 장애를 가지지 않은 시민은 평등한 인간이라는 점이다. 이와 함께 장애인만을 대상으로 하는 법률은 장애인을 시민사회로부터 분리시키는 결과를 초대하기 때문에 특별법을 폐지하고 일반시민과 같이 일반법으로 원조를 받아야 한다는 점을 강조하였다. 그는 정상화 원리에 대해서 다음과 같이 설명하였다(성명옥 역, 2004).

"정상화 원리 그 자체는 장애인도 비장애인과 같은 권리와 의무를 가져야 하는 것 이외의 어떠한 표현도 추가되지 않는다. 정상화는 지적장애인을 이른바 비장애인으로 만드는 것을 목표로 하는 것이 아니라, 그들이 가지고 있는 장애를 함께 수용하는 것으로 이들에게 정상적인(normal) 생활조건을 제공하는 것을 말한다. 즉 최대한 능력을 개발할 수 있도록 장애인 개개인의 욕구에 적절한 처우나 교육 또는 훈련을 포함하여 다른 모든 시민에게 주어지는 것과 동일한 조건을 제공하는 것을 의미한다."

그렇다면, 여기서 동일한 조건, 보통의 조건을 제공한다는 것은 어떤 의미인가? 덴마크의 Bank-Mikkelsen은 그의 논문 'The principle of normalization(1976)'에서 주거, 일, 여가라는 세 가지 조건에 대한 기본적인 내용을 정비하는 것을 의미한다고 하였다(성명옥 역, 2004).

"주거의 경우 아동은 성인이 되기까지 부모와 함께 생활하는 것이 보통의 조건이다. 그리고 발달장애인도 성인이 되면 부모의 집을 떠나서 자립할 수 있는 조건이 주어져야 한다. 일과 관련해서는 발달장애아동도 일을 준비하는 과정인 교육을 받을 권리가 보장되어야 한다. 성인 발달장애인도 다른 사람들과 마찬가지로 일을 해서 임금을 받는 다른 시민과 같은 권리를 가져야 한다. 여가에 대해서는 발달장애인들도 다른 시민과 같이 여가시간을 가지고, 다른 모든 시민에게 열려있는 레크리에이션 활동에 참가하는 것이 당연한 것으로 인식되어야 한다."

전체적으로 보면 정상화 이념은 인권과 일탈이론의 혼합을 통해서 도출된 것으로 볼 수 있다. 스칸디나비아 모델에서는 인권 개념이 강조된다. 스웨덴의 Nirje(1980)의 정의는 이를 잘 표현하고 있다.

"정상화 원리는 모든 지적장애인들에게 사회의 통상적인 환경과 삶의 방식에 최대한 근접하게 생활양식과 일상을 경험할 수 있도록 하는 것을 의미한다."

이와 함께 Nirje는 정상화 이념이 지향하는 구체적인 목표를 다음과 같이 제시하였다(성명옥 역, 2004). 첫째, 사생활을 존중받으면서, 다양한 활동 및 상호책임이 요구되는 매일의 일상적인(normal) 생활리듬을 유지하고, 가정에서 생활하면서 통학이나 통근을 할 수 있고, 일주일의 생활리듬을 통해서 자연스럽게 지역사회와 교류할 수 있고, 일 년 동안의 일상적인 생활리듬을 통해서 주기적으로 지역사회에서 주최하는 다양한 행사들에 참여할 수 있어야 한다. 둘째, 인생을 살아가면서 각 생애주기에 맞는 성장을 경험할 기회를 가져야 한다. 셋째, 발달장애인의 무언의 요구나 다양한 형태의 자기결정의 표현들이 존중받아야 한다. 넷째, 지역사회에서 이성간의 관계는 분리되지 않고 협동하는 관계이어야 한다. 다섯째, 다른 시민과 같은 경제적인 수준이 보장되어야 한다. 여섯째, 정상적이고 일반적인 환경수준이 보장되어야 한다. 일곱째, 부모나 직원의 환경도 정상적이고 일반적이어야 한다.

북유럽에서 등장한 정상화 이념은 1970년을 전후로 Wolfensberger[2])에 의해 미국에 소개되었다. 그는 자신의 저서(Wolfensberger, 1972)에서 정상화 이념을 다음과 같이 표현하였다.

"가능한 문화적으로 가치를 부여받을 수 있는 수단을 이용하여, 최대한 문화적으로 가치를 인정받을 수 있도록 인간의 행동과 특성을 확립하고 유지하는 것이다."

Wolfensberger는 정상화 이념을 실현하는 과정으로 어떤 방법이 사용되는가를 중시하였으며, 이러한 관점을 '문화적으로 가치를 인정받을 수 있는 수단'으로 표현하였다. 그는 '일탈(deviancy)'이라는 사회학적 개념을 사용하여 정상화 이념을 사회과학 이론의 수준으로 체계화 하는데 기여했다는 긍정적인 평가와 함께 한편으로는 독특한 개념을 많이 사용하여 정상화 이념을 난해하게 했다는 비판도 받아왔다(성명옥 역, 2004).

Wolfensberger가 1983년을 전후하여 '정상화'라는 개념을 대신하여 '사회적 역할의 가치화(Social Role Valorization)'라는 개념을 사용하게 된 것도 '정상화'라는 개념이

---

2) Wolfensberger는 1934년 독일에서 태어나 1950년 미국으로 이주했다. 1962년 넷슈빌의 조지피바디 교육대학에서 심리학과 특수교육학 박사학위를 취득했다.

오해받기 쉬운 개념이라는 이유와 장애인이 가지고 있는 인간으로서의 고유한 가치를 소중히 여겨야 한다는 것을 주장하기 위해서이다(성명옥 역, 2004). Wolfensberger는 사회적 역할의 가치화라는 개념을 통해서 서비스가 정상화라는 목표를 달성하는데 얼마나 기여하는가를 평가하는 도구인 PASSING(Program Analysis of Services Systems' implementation of Normalization Goals)을 개발하여 발달장애인을 포함한 대인서비스 종사자들의 훈련자료로 사용하였다.

영국에서 정상화이념이 독자적인 표현으로 발표된 것은 1980년의 Towell 등이 간행한 '보통생활(ordinary life)'에서이다(성명옥 역, 2004). 여기서 '보통생활'이란 발달장애인도 도심에 있는 보통주택에서 살고, 보통사람들과 같은 선택의 기회를 가지며, 지역사회의 사람들과 평등하게 생활하는 것을 말한다. 이 책이 간행되고 난 후 '보통생활'은 장애를 가진 사람들을 위한 서비스의 목표가 되었다. '보통생활'의 거주 조건은 '보통주택'이다.

스칸디나비아에서 처음 제기된 정상화 이념과 Wolfensberger 등을 통해서 미국에서 사회적 역할의 가치화로 표방된 정상화 이념은 공히 인권 관점과 일탈이론을 토대로 구축되었다. 그리고 스칸디나비아의 전통적인 정상화는 인권 관점에 더 충실하다면, 문화적인 측면을 강조한 미국식의 정상화는 일탈이론에 더 많이 의존하고 있는 것으로 볼 수 있다. 정상화 이념은 세계 각지에서 조금씩 다른 모습으로 발달장애인의 삶의 조건을 개선하는데 기여하였다. 이 이념은 탈시설화, 지역사회 중심의 서비스로의 전환, 그룹홈과 같은 소규모 거주서비스, 보통의 지역사회에 있는 보통의 주거, 분리되지 않고 지역사회에 통합되어 있는 교육, 보건, 여가 등의 서비스, 여가 중심의 평생교육, 사회통합 등의 구체적인 실천이 도출되는 기반을 제공하였다(Walmsley, 2001).

이와 함께 정상화 이념은 서비스가 전달되는 과정에도 적용된다. 발달장애인에 대한 대인서비스는 서비스를 제공하는 지원자와 서비스를 받는 발달장애인과의 관계를 통해서 전달된다. 이 관계는 도움을 필요로 하는 자와 도움을 제공하는 자와의 만남이기 때문에 근본적으로 평등하기 어렵다. 정상화 이념은 이러한 '불평등한 관계'를 '평등한 관계'로 변화시키는 것을 가능하게 하는 원리이다.

3. 정상화 이념과 적용과 실천

1950년대부터 정상화 이념이 제기되었고, 1960년대와 1970년대에 이르러 정상화 이념을 실천하는 서비스들이 구체화되기 시작했다. 그리고 그 이후에도 다양한 영역에서, 다양한 명칭으로 정상화 이념을 실현하는 노력들이 계속되었다.

1) 서비스 제공을 위한 건물과 환경

사회복지서비스는 많은 경우 건물 안에서 제공된다. 또한 이 건물은 사회복지서비스들이 제공되거나 그것을 제공하는 방법에 영향을 준다. 다시 말하면 이 서비스가 대중에 어떻게 인식되는지, 대중들이 서비스 수령인을 어떻게 인식하는지, 그리고 서비스 수령인은 스스로를 어떻게 인식하는지에 영향을 미친다. 게다가 건물의 설계, 위치, 역사는 건물과 연관되는 모든 서비스의 성격과 특징, 그리고 지향점과 긴밀하게 상호작용한다(Wolfensberger, 1972).

다른 건물들과 마찬가지로 사회복지서비스 건물들은 많은 의미들을 표출한다. 그중 대표적인 것들이 기념물인 건물, 대중관계 매개물인 건물, 서비스 매개물인 건물이다. 첫째, 기념물은 정치가, 행정가, 유명인, 기금 기증자, 또는 이 기념 건축물을 통해서 정체성이나 불멸성을 달성하고 싶어 하는 사람에 의해 지어진 것일 수 있다. 이런 열망들이 인류에게 도움이 되기도 하지만, 때로는 그 열망 때문에 그 건물이 가지고 있는 공식적인 목적들이 훼손되는 경우가 많다. 예를 들어 기념물인 건물의 의미를 충족하기 위하여 서비스에 부적절한 장소에 건물이 세워지거나 기금이 너무 많아서 적절한 규모 이상으로 건물이 과도하게 커지거나 불필요한 장비를 많이 갖춘 건물이 되기도 한다. 둘째, 대중적 관계의 매개물로서의 건물은 대중으로부터 환호받기 위하여 혁신적인 설계를 하거나, 대중으로부터 후원을 받기 위해 초라하게 짓거나, 지역사회 사람들이 싫어한다는 이유로 외진 지역에 대규모 시설을 짓는 등의 동기로 만들어진 건물을 말한다. 이런 목적으로 지어진 건물은 이용하는 사람들에게 기본적인 수준의 편의조차 제공하지 못하는 경우가 많다. 셋째, 서비스 매개물로서의 건물은 서비스의 형태와 특성에 맞게 건물이 계획되는 경우를 말한다. 사회복지서비스 건물은 기본적으로 서비스 매개물로 계획되어야 한다.

건물과 환경이 누구의 편의를 반영하는가도 매우 중요한 고려사항이다. 사회복지서비스 건물이 만들어질 때 당연히 그 건물을 사용하는 이용자의 편의를 위해 설계되어야 한다. 그러나 많은 경우 다른 편의가 우선하는 경우도 많다. 먼저, 건축가나 건축회사의 편의를 위해 설계되기는 경우가 있다. 외관이 아름다운 모양으로 설계되었으나, 이용자의 편의성이 낮다면 이는 건축가의 편의가 우선한 것이다. 둘째, 지역사회의 편의가 우선되기도 한다. 예를 들어 기부자가 기부한 땅과 일자리를 필요로 하는 지역사회의 이해가 일치하는 곳에 서비스 건물들이 위치하는 경우가 많다. 이 경우 이용자가 이용하는데 불편하고, 적절한 역량을 갖춘 전문가를 고용하는데도 문제가 된다. 셋째, 직원들의 편의가 최우선으로 고려되는 경우이다. 직원들만을 위한 휴게실, 직원 사무실에만 있는 에어콘, 이용자들을 한 눈에 관찰할 수 있도록 한 직원의 자리배치 등이 그 예이다. 마지막으로 이용자의 편의를 우선적으로 고려한 경우이다. 실제 건물을 만들 때 이용자의 편의만을 고려할 수는 없을 것이다. 직원의 편의도 함께 고려해야 한다. 그러나 가장 중요한 것은 이용자의 편의이다.

정상화 이념은 사회복지서비스를 위한 건물과 환경이 이용하는 사람들의 사생활의 권리, 소유의 권리, 자유롭게 의사소통할 권리, 개별화의 권리 등을 존중하는데 기여할 수 있도록 만들어야 함을 강조한다. 건물과 환경이 이런 요건을 충족하는지를 판단하는 기준은 사회적 역할을 인정받는 보통 사람들이 가치가 절하된 사람들이 사용하는 건물을 같은 용도로 기꺼이 사용할 수 있는지 여부이다.

2) 거주서비스와 탈시설

1960년대 후반의 탈시설 운동은 정상화 이념을 기본원리로 하여 전개되었다. 1970년대의 탈시설 운동은 정상화원리에 따라 격리된 수용시설 대신에 지역사회에 만들어진 그룹홈을 지향하였다. 이와 함께 기존시설의 개선, 시민으로서의 권리실현을 지향하는 법적 운동, 권리선언 등 각종 권리실현 운동으로 발전해 나가게 되었다(성명옥역, 2004). 오천 명이 사는 시설이나, 다섯 명이 사는 지역사회 소규모 주거 공간 모두 거주서비스이다. 그렇다면 탈 시설의 대상이 되는 '시설'과 그렇지 않는 거주 장소는 어떤 기준으로 구분되는가? Goffman은 자신이 분석한 것을 '완전 시설(total institution)'이라고 이름을 붙였는데, 완전시설은 시설과 외부사이에 존재하는 장벽, 특히 '탈출을 가로막는 장벽(barriers to departure)'이라고 설명하였다(Goffman, 1961; Wolfensberger, 1972에서 재인용). 이 외에도 탈시설 대상으로서의 시설은 지역사회 주류로부터 분리된 시설, 거주하는 사람들의 개별성이 무시되고 획일성이 지배하는 공간, 거주자들의 자율성이 보장되지 못하는 환경을 지칭한다.

정상화 이념에서는 집단적인 거주서비스가 통합, 소규모, 주거기능의 분리, 전문화, 연속성 등의 요소들을 갖추고 있어야 함을 강조한다(Wolfensberger, 1972). 먼저, 거주서비스는 지역사회와 통합되어 있어야 한다. 상대적으로 고립된 지역, 대중들이 사는 중심가와는 멀리 떨어진 곳에 주거장소를 제공하는 경우가 많은데, 이는 분리이며 거주자들이 일상적인 활동에서 일반시민들과 섞일 수 있도록 할 것을 요구하는 통합에 위배되는 것이다. 두 번째 요건은 규모가 작아야 한다는 점이다. 대규모시설은 사회로부터의 고립, 거주하는 사람들의 태도와 행동의 시설화, 장기간 거주의 조장, 거주자들을 비인간적으로 만드는 관리방식 등의 문제가 있다. 그리고 통합이라는 목표를 달성하기 위해서도 규모는 작아야 한다. 왜냐하면 하나의 지역사회가 가치절하를 받은 사람들의 집단이 통합적으로 살아갈 수 있도록 흡수할 수 있는 능력에는 한계가 있기 때문이다. 셋째, 거주서비스는 주거를 제공하는 목적에 국한되어야 한다. 주거는 단지 주거의 기능만 해야 하며, 교육, 일, 치료, 레크리에이션 등의 활동은 일반사람들이 하는 것처럼 그 활동이 자연스럽게 일어나는 공간에서 해야 한다. 그래서 거주서비스에서는 주거 외에 서비스들이 적게 제공되어야 하며, 거주이외의 기능은 지역사회 자원과 서비스를 이용하도록 해야 한다. 넷째, 거주서비스는 전문화되어야 한다. 하나의 거주시설에서 다양한 연령층에게 서비스를 하거나, 서로 다른 장애를 가진 사람들에게 동일한 활동을 부과하거나, 거주하는 모든 사람들에게 치료서비스를 제공하는 것은 전문화에 위배된다. 거주서비스의 전문화는 곧 개별성이 최대한 존중되는 환경을 만든다는 의미이며, 소규모를 지향하게 된다. 다섯째, 서비스의 연속성이 확보되어야 한다. 소규모 주거 단위들을 전문화된 체계로 편성하기 위해서는 서로 다른 기능의 주거단위들을 옮겨 다닐 수 있다는 의미의 연속성과 거주시설에 살면서 지역사회의 다양한 서비스와 자원을 이용할 수 있다는 의미의 연속성을 모두 갖추는 것이 필요하다.

정상화 이념과 탈시설 운동이 지향하는 다섯 가지는 서로 긴밀히 연관되어 있다. 통합을 위해서는 분산과 전문화를 수반하는 소규모가 필요하며, 분산, 전문화, 소규모를 위해서는 주거 기능의 분리가 필요하다. 또 전문화는 사정이 달라졌을 때 다른 서비스로 옮겨갈 수 있는 연속성이 전제되어야 한다.

3) 중증 발달장애 및 중복장애인에 대한 서비스

정상화 이념은 삶의 조건과 일상에서의 보통의 생활을 요구하는 것이기 때문에 최중증의 발달장애인이나 중복장애인에게는 적용이 불가능하다는 의견이 있을 수 있다. 그러나 이는 사실과 다르다. 정상화 이념은 최중증의 장애인도 다양한 방법들을 집중적으로 시도한다면 보통의 삶의 조건에 근접할 수 있으며, 이런 방법들을 통칭해서 '활성화(activation)'라고 할 수 있다(Wolfensberger, 1972).

활성화에 포함될 수 있는 다양한 활동들에는 다음과 같은 것들이 있다. 첫째, 의료서비스이다. 발달장애인들에게는 보통사람들에게 필요한 수준만큼 의료서비스가 제공되지 않았다. 외과 수술이 필요한 중증 발달장애인의 경우에 비용이 많이 들어야 하면 이를 낭비라고 생각하는 경우가 있었다. 그리고 외과 수술 이후에 적응할 수 있는 재활치료에 대한 투자에도 상대적으로 인색하였다. 정상화 이념은 최중증의 발달장애인에게도 필요한 의료서비스가 적극적으로 제공되어야 하며, 이를 통해서 환경과 능력의 개선이 가능함을 강조한다. 둘째, 활동 지향적 서비스 내용이다. 최중증의 발달장애인을 위한 서비스는 활기찬 운동과 풍부한 활동이 포함되는 것이 중요하다. 여기에는 시도할 수 있는 다양한 운동 방법들, 음악이나 미술을 매개로 하는 활동, 야외 산책이나 여가활동 등이 있을 수 있다. 셋째, 조기개입 서비스이다. 어린 아동일수록 활성화하는 방법이 효과적이다. 그러나 중증의 발달장애아동에게는 조기개입에서 배제시키는 경향이 있었다. 그 이유로 '신변자립이 되지 않는다.', '배변훈련이 되어 있지 않다.', '개입을 흡수할 만큼의 인지능력이 되지 않는다.' 등의 어처구니없는 변명을 나열하는 경향이 있다. 2, 3세 때의 1년간의 집중적인 활성화가 8세 때의 2-3년과 같을 수 있으며, 12세가 넘으면 돌이키기 어려울 수도 있다. 넷째, 다양한 조건 자극(operant shaping)의 사용이다. 최중증의 발달장애인으로부터 바람직한 반응을 얻어내고, 그 반응을 최대한 일반화하기 위해서는 다양한 조건자극이 시도될 수 있다. 그리고 이 조건자극들은 사회의 통념과 연령이미지에 부합하는 정상적인 수단을 통해서 이루어져야 한다. 다섯째, 발달을 지원하는 도구들의 적극적인 활용이다. 과학기술의 발달로 신체적, 지적 발달을 지원하는 다양한 도구들이 개발되었다. 이들 도구들은 최중증의 발달장애인에게도 적극적으로 적용되어야 한다. 여섯째, 특별한 발달적 환경의 활용이다. 발달장애 아동의 감각 발달을 위하여 색깔과 조명이 특별히 잘 조화된 감각통합실과 같은 공간이 도움이 될 수 있다. 일곱째, 발달적 역할인식이다. 사회심리학자들이 입증한 중요한 사실은 사람들은 일반적으로 자신에게 부과된 사회적 역할을 수행한다는 것이다. 중증의 발달장애인에게도 구체적이고 적극적인 역할이 부과되어야 한다.

정상화 이념은 이들 다양한 활성화 수단들을 적극적으로 활용하여 함을 주장한다. 각 활성화 장치들은 개인에게 적합하게 개별화되어 적용되어야 하며, 여러 가지 활성화 수단들이 그물망처럼 연결되는 것이 중요하다. 이런 서비스가 되지 않는 이유는 돈이 부족하기 때문이 아니라 이념이 빈곤하기 때문이다(Wolfensberger, 1972).

4) 직업능력의 개발

정상화 이념은 발달장애인의 직업능력도 일반적인 사람들과 동일한 환경과 방법으로 개발되어야 함을 주장한다. 노동자는 노동자 같은 옷을 입을 것으로 기대되고, 스스로 노동자로서 일한다. 노동자는 자신이 생산하거나 종사한 일의 대가로 임금을 받으며, 생산성의 증가에 따라 더 많은 보상을 받는다. 그러나 발달장애인은 일터에서도 '클라이언트'로 불리어진다. 실제 산업현장에서는 클라이언트를 고용할 의사는 전혀 없다. 만약 이 클라이언트가 노동자로서 풍부한 경험을 가지려면 작업장은 일반적인 노동자들이 있는 회사와 같거나 인접한 건물에 위치해야 한다.

발달장애인의 작업장에서 일하는 전문가들은 발달장애인을 노동자로 대하기보다는 치료의 대상으로 보는 경우가 많다. 이런 치료지향적인 방향으로의 직원의 전문화는 두 가지 부정적 결과를 가져오게 된다. 첫째, 작업장의 기능을 왜곡하게 된다. 작업장에 치료적인 특성을 부여하고, 정상적인 경험인 일의 가치를 소멸시키거나 감소시킨다. 둘째, 일의 중요성으로부터 관심을 빗나가게 하고, 다양한 일을 제공해야 할 필요로부터 관심을 돌리게 한다.

작업장이 일의 경험을 제공하고 정상화를 위한 기회로 기능하려면 다음의 요소들이 고려되어야 한다(Wolfensberger, 1972). 첫째, 일은 실제적이어야 한다. 무료하게 시간을 때우기 위해서 하는 일, 성과 없이 손을 놀리는 수준의 일 등은 모두 경쟁력과 현실성이 떨어지는 일이다. 가장 좋은 방법은 다른 노동자들과의 관계 속에서, 실제적인 일을 하는 실제 상황에서 시간을 보내는 것이다. 둘째, 노동자들의 다양한 흥미와 요구를 충족시킬 수 있을 만큼 일의 종류는 일정 수준 이상 복잡하고 다양해야 한다. 이는 더 높은 단계로 도전할 수 있게 해주는 요소가 된다. 셋째, 정상적인 인센티브가 주어져야 한다. 더 많은 일 또는 더 난이도가 높은 일을 하는 경우에 더 많은 임금이 지불되어야 한다. 넷째, 작업장에서 만든 물건을 자선에 호소해서 판매해서는 안 된다. 이는 물건을 만드는 사람들의 자존감을 훼손하기 때문이다.

일의 일상성과 리듬, 일의 과제, 일과 연관된 사회화 등은 정상화의 핵심적인 주제이다. 아침에 집을 떠나 버스를 타고, 출근부에 도장을 찌고, 커피를 마시면서 동료들과 애기를 나누고, 점심을 먹고, 일을 끝내고 집으로 돌아오고, 한 달 일하고 월급을 받는 것은 한 사람의 이미지를 정상적으로 유지하는데 매우 중요하다. 일하지 않고 의존하는 것을 비난하면서도 발달장애인에게 일할 수 있는 기회를 제공하는 데는 인색하다. 일반 노동시장에서 일자리를 제공할 수 없는 상황이라면 정부에서 발달장애인의 일자리를 마련하여야 한다. 발달장애인에게 실제적인 일의 기회가 주어지지 않는다면 성인기 이전의 발달을 위한 노력과 투자는 그 의미가 심각하게 퇴색될 수밖에 없다.

5) 자기결정

Nirje는 '자기결정의 권리(The right to self-determination)'라는 1972년의 논문에서 발달장애인 자기주장의 중요성을 강조하여 다음과 같이 주장하였다(성명옥 역, 2004).

> "발달장애인 자기주장 실현의 길을 만들어 낼 수 있다면, 이것은 정상화 이념에 부합하는 것으로서 지금까지 무시되어 온 측면을 실현하게 될 것이다. 발달장애인은 자신을 위해서 주장하지 못하는 장애 중에서도 가장 큰 장애를 가진 사람들이다. 이들이 자기주장을 하기 시작하면 어떻게 될 것인가? 전문가, 발달장애인, 또한 이들의 부모뿐만 아니라 사회의 다른 그룹에게도 큰 영향을 미칠 것이다. 또한 이것은 말없는 자들의 주장을 지지하게 되고, 가치가 박탈된 사람들이나 장애를 가진 사람들의 주장을 존중하게 될 것이다."

자기주장 능력을 향상하는 방법으로 다양한 형태의 훈련 프로그램을 생각해 볼 수 있다. 특수교육의 교과과정이나 거주시설에서 제공하는 서비스의 목표는 공히 사회적으로 능력을 인정받는 성인이 되게 하는 것이고, 또 가능한 한 개별적으로 독립할 수 있도록 돕는 것이다. 자신감을 갖고 성인으로 성장하기 위해서는 지역사회의 실제 상황에서 다양하고 반복적이고 건설적인 경험을 제공하는 사회훈련 프로그램이 필수적이다. 이런 사회훈련으로 세 가지를 생각해 볼 수 있다(Wolfensberger, 1972).

첫째, 전 생애에 걸쳐서 평생교육 프로그램에 참여할 수 있도록 하는 것이다. 학교교육을 마친 발달장애인이 낮 시간을 의미 있게 보낼 수 있는 기회를 가지지 못하면 사람들로부터 소외되고, 스스로 위축될 것이다. 따라서 일할 수 있는 기회와 함께 평생교육 차원에서 일상생활에 필요한 읽기와 셈하기 등의 학습, 외국어, 사회, 음악, 미술 등 다양한 프로그램에 참여할 기회를 가져야 한다. 그리고 식당, 극장, 영화관, 수영장, 도서관, 박물관 등을 이용하는데 필요한 실제적인 훈련을 통해서 스스로 적응할 수 있도록 지원하여야 한다. 발달장애인에게 평생교육 프로그램은 지역사회의 사회활동과 여가시간에 충분히 참여하는 것을 어렵게 만드는 다양한 장벽을 극복하는 방법을 발달장애인에게 가르치기 위한 것이다. 이를 통해서 발달장애인은 지역에서 참여할 수 있는 사회 활동에 대해 원하는 것을 표현할 수 있고 또 참여할 수 있게 될 것이다.

둘째, 클럽활동을 통하여 선택과 자기결정을 경험하는 방법이다. 발달장애인들에게 제공되는 여가프로그램은 계속 확대되어 왔지만, 발달장애인 스스로 프로그램을 기획하거나 관리하는 일은 흔치 않았다. 발달장애인과 이들을 돕는 성인으로 구성되는 30, 40명이 넘지 않는 규모의 클럽활동을 통해서 회장, 대표, 회계 등의 역할을 경험하면서, 자기결정의 경험을 풍부하게 하는 방법이 가능하다. 이런 클럽활동을 통해 자신들의 선택권과 이익을 확장하고, 우정을 다지면서 다른 사람들의 문제와 이익을 함께 공유함으로써 도움을 받고 자신의 존엄성을 새롭게 자각하는 경험을 할 수 있을 것이다.

셋째, 의회절차를 경험할 수 있는 기회를 가지는 것이다. 모임에서 적절한 역할을 하기 위해서는 토론하고, 결정하는 과정에 관련된 기본적인 규칙, 집행부를 선출하는 선거, 조직의 재정을 관리하고 통제하는 방법 등에 관련된 능력이 필요하다. 발달장애인에게도 모임을 구성하고, 모임의 규칙을 정하고, 모임의 대표를 선출하고, 모임의 주장을 제기하는 등의 훈련과 경험이 필요하다. 이를 통해서 실제적인 사회적 상호작용을 더 긴밀하게 하고 다양한 자조모임을 만들고 운영하는 것이 가능해질 것이다.

4. 정상화이념은 미래에도 유효한가?

정상화 이념은 지난 40여 년 동안 다양한 분야에서 다양한 방식으로 표현되었다. 발달장애 영역에서 출발해서 정신장애와 신체장애 영역까지 적용의 범위를 확대하였다.

또한 비인간적인 거주시설의 조건에 대한 강력한 이의제기에서 출발해서 교육, 고용, 사회복지서비스까지를 포괄하는 분야로까지 확장되었다. 북유럽에서 탄생하여 서유럽, 북미, 호주 등의 세계전역에 그 영향력을 확대하였다.

정상화 이념은 세계적으로 일정한 동질성을 공유하고 있지만, 지역에 따라 약간씩 다른 모습을 보여준다(Culham and Nind, 2003). 정상화라는 단어를 처음으로 사용한 덴마크의 Bank-Mikkelson은 '정상화이념은 지적장애인들이 주택, 교육, 여가생활 등의 생활환경에서 최대한 정상적인 조건에 있도록 하는 일이며, 또한 지적장애인들이 다른 일반 시민과 동등하게 법적 권리와 인간으로서의 권리를 가지도록 하는 것'이라고 하였다. 정상화 이념을 정교하게 발전시킨 스웨덴의 Nirje는 '정상화이념은 성, 연령, 문화적 차이에 적합한 일상의 리듬을 유지하도록 하는 것이며, 사회가 바람직하지 못한 것으로 생각하는 지적장애인들의 행동을 변화시키는 일과 함께 사회가 지적장애인의 다른 행동에 대하여 좀 더 수용적이 되도록 하는 일도 포함한다.'고 하였다.

Bank-Mikkelson과 Nirje이 주장한 정상화이념은 평등과 인권을 우선적으로 강조하였으며, 발달장애인의 사회통합에 대한 관심은 상대적으로 후순위였다고 할 수 있다. 이에 대하여 Wolfensberger는 Bank-Mikkelson과 Nirje의 모델은 평등과 권리에 과도하게 집착함으로써, 성과에서는 비효과적이라고 주장하였다. 그는 발달장애인에 대한 분리가 해소되고 그들의 다른 사람들과의 접촉이 이루어지지 않는다면 진정한 정상화, 통합, 평등은 달성하기 어렵기 때문에 가치절하(devaluation)에 관심을 집중하여야 한다고 하였다. Wolfensberger는 스칸디나비아식의 정상화 모델에다 미국의 사회-정치이념에 기반을 둔 시민권 운동을 가미하여 새로운 이해를 시도하였다(Culham and Nind, 2003). 스칸디나비아모델과 북미 모델은 공히 발달장애인들이 대규모 시설에서 분리되어 생활하는 체제를 강력히 비판하였다.

정상화이념은 지적장애인 분야의 사고와 실천에서 압도적으로 강력한 위치를 점하게 되면서, 오랫동안 비판을 제기하는 사람이 거의 없었다. 그러나 Wolfensberger가 제안한 모델에 대해서는 학계뿐만 아니라 현장으로부터도 상당한 비판이 제기되었다(Culham and Nind, 2003). 이런 비판은 주로 장애의 원인은 개인의 결함에 있는 것이 아니라 사회가 만드는 장벽에 있다고 보는 사회적 모델의 출현과 함께 제기되었으며, 사회적 모델의 확장에 따라 비판의 강도도 높아졌다. 이런 비판의 핵심은 정상화이념은 '개인의 차이를 정상화 하려고 한다.'는 것이다.

스칸디나비아의 정상화 이념과 Wolfensberger의 사회적 역할의 가치화(Social Role Valorization)를 지지하는 사람들은 이 이념이 지난 40년 동안 지대한 성과를 만들었다고 주장한다. 그리고 가치절하를 받은 사람들을 사회에 통합시키는데 성공적이었기 때문에 교육과 사회적 서비스의 핵심적인 도구로 여전히 사용되고 있다고 주장한다. 이들의 주장처럼 정상화 이념이 발달장애인의 삶이 '정상적인 방식'으로 달라지도록 하는데 큰 영향을 미쳤다는 점을 부인하기는 어렵다. 지난 40년간의 성과를 부인하는 것은 아니지만, 현재 시점에서 이루어지고 있는 변화는 충분한 것인가? 이런 변화는 만족스러운 수준인가? 정상화 이념의 성과로 확연히 비정상적인 환경은 개선되었으나, 이것이 발달장애인들의 결정과 선택에 의한 것이었는가, 아니면 정상화 이념에 위배되는 것들을 제거하는 전문가들의 일방적인 조치의 결과였는가? 그 동안의 성과에도 불구하고, 과연 발달장애인과 전문가와의 관계에서 전문가의 배타적 결정권한은 얼마나 달라졌는가?

정상화 이념은 분리를 극복하고 지역사회 중심으로 서비스를 전환하는 데 크게 기여한 뚜렷한 성과가 인정되는 흐름이다. 그러나 1980년대 이후 장애에 관련된 생각을 크게 변화시킨 사회적 모델과 자립생활운동의 영향으로 중대한 비판에 직면해 있다. 그럼에도 불구하고, 정상화 이념은 발달장애인 서비스에 대한 연구와 실천에 주는 지혜는 매우 중요하다. Wolfensberger의 SRV(Social Role Valorization), PASS(Program Analysis of Service System), PASSING(Program Analysis of Service Systems' Implementation of Normalization Goals) 등에 대한 강력한 비판에도 불구하고, 실천현장을 변화시키는데 유용한 도구라는 점까지 부정하기는 어렵다. O'Brien(1987)의 Life Style Planning, PCP(Person Centered Planning) 등도 마찬가지로 서비스 현장에서의 유용성은 매우 높은 것으로 평가되고 있다. 이런 점에서 정상화 이념의 향후 과제는 그 간의 구체적인 성과들을 사회적 장애요소와 당사자의 자기결정을 강조하는 최근의 흐름과 어떻게 더 부합되는 방향으로 발전시킬 것인가로 요약될 수 있을 것이다.

참고문헌

김용득, 2012. 장애와 사회복지. EM커뮤니티.

성명옥 역. 2004. 정상화 원리의 연구: 서구의 이론과 실천. 니카조모 야스오 저. 창지사.

Bank-Mikkelsen, N. E. 1976. "The principle of normalization." *FLASH*(Denmark), 39: 25-36

Cocks, E. 2001. "Normalisation and social role valorization: guidance for human service development." *Hong Kong Psychiatry*, 11(1): 12-16.

Culham, A. and Nind, M. 2003. "Deconstructing normalisation: clearing the way for inclusion." *Journal of Intellectual & Developmental Disability*, 28(1): 65-78.

Goffman, E. 1961. *Asylums*. NY: Anchor.

Nirje, B. 1972. "The right to self-determination." in W. Wolfensberger. *The principal of normalization in human services*, Toronto: National Institute on Mental Retardation.

Nirje, B. 1980. "The normalisation principle.", in R. J. Flynn & K. E. Nitsch (Eds) *Normalisation, integration and community Services*. Baltimore: University Park Press.

O'Brien, J. 1987. *A framework for accomplishment*. Decatur: Responsive Systems Associates.

Walmsley, J. 2001. "Normalisation, emancipatory research and inclusive research in learning disability." *Disability & Society*, 16(2): 187-205.

Wolfensberger W. 1972. *The principal of normalization in human services*, Toronto: National Institute on Mental Retardation.

Wolfensberger W. 1983. PASSING: *Normalization criteria and rating manual(2ed.)*. NY: Community Newset.

Wolfensberger W. 1992. *A brief introduction to social role valorization. 2nd edition*. NY: Syracuse.

제4장
장애연구에의 발달장애인의 배제 및 참여

김 진 우 (덕성여자대학교)

1. 서론

흔히 학문적 글쓰기는 오랜 정규 교육과정을 거쳐 일정한 자격요건을 갖춘 자들의 전유물이라고 간주되어지고 있다. 아울러 학문적 엄격성은 전체 연구과정에서 과학적인 연구절차를 설계하고 이를 준수하려는 연구자의 숙련된 경험과 원칙에서 우러나온다고 믿는다. 어떤 하자로 인해 전체적인 연구방법의 과학성이 훼손되는 일이 발생하지 않도록 사려깊은 주의를 필요로 한다.

한편, 우리 사회의 장애인은 비장애인에 비해 그 능력이 부족한 사람으로 간주된다. 신체적 · 정신적인 손상으로 인해 일상생활에서 어려움을 겪고 있으며 사회활동에서 불이익을 받는다는 연역적 사고에 익숙해 있다.

그러므로 학문적 글쓰기를 하는 과정에 장애인이 포섭되기는 대단히 어려운 것으로 간주되었다. 또 엄격한 연구절차를 설계하여 적용하면 '저기에 있는 진리(truth)를 건져 올릴 수 있을 것'이라는 믿음에 전문가적 지위가 갖는 분석력이 필요하다고 생각해 왔다. 그 결과 많은 경우에는 연구과정에서 장애인은 배제되는 경험을 하게 되었고 그

경험이 반복되면 당연한 것으로 받아들여지게 되고 그러한 사회적 분위기는 일종의 연구설계 문화로 형성되어 배제의 악순환은 피할 수 없게 된다.

하지만 장애인들은 이러한 불이익을 운명으로 받아들이거나 포기와 좌절의 역사에 머물러 있지 않았다. 보다 나은 삶을 위한 다양한 주장에서부터 변화하지 않는 사회를 움직이기 위해 목숨까지 내놓는 절박한 투쟁으로 점철되어져 온 것이 지난 20여년의 세월이었다. 그 결과 장애 및 장애인을 바라보는 사회적 시선이 많이 달라졌다. 장애가 자신에게 주어진 운명이고 여러 가지 사회적 불이익은 근본적으로 자신이 갖고 있는 신체적·정신적 손상에서 기인한다는 사고에서 벗어나, 그러한 손상으로 인해 생겨나는 추가적인 욕구를 사회가 적절하게 해소하지 못함에 따라 형평성이 와해되고 인권이 보장되지 못하게 되었다고 이해하기에 이르렀다. 다수가 소수에 대해 가하는 사회적 억압이며 생산성에 기초한 자본제 작동방식에 따른 낙오자로 낙인찍는 과정에서의 희생자로 남겨진다는 것을 인식하게 된 것이다.

이러한 인식변화는 정상화, 차별금지, 장애에 대한 사회적 책임 등 지향이념의 변화와 맞물린다. 정상화는 삶의 모든 국면에서 제한적이고 부분적이며 파편적으로 장애인을 다루어 온 사회제도와 문화의 부조리를 진단하고 이를 혁신시키는 잣대의 역할을 수행해 오고 있다. 아울러 여러 지향이념 중에서 사회적 모델 또한 장애에 대한 사회적 분위기를 전환시키는데 주요한 영향력을 행사해 온 것은 주지의 사실이다. 사회적 모델은 일정한 형태의 손상을 가진 사람으로 간주되는 사람들이 직면하는 경제적, 환경적 그리고 문화적 장벽에 초점을 둔다. 이러한 것들에는 접근하기 어려운 교육 정보 및 소통체계와 근로환경, 부적절한 장애급여, 차별적인 건강 및 사회지지서비스, 접근불가능한 교통 주택 그리고 공공건물과 부속물들, 그리고 영화 TV 그리고 신문 등 미디어에서 부정적인 이미지를 통해 장애인을 평가절하하는 것 등을 포괄한다.

그렇다면 장애에 대한 사회적 책임에의 사회적 공감대가 넓어졌다면 신체적·정신적 손상에의 집착에 머물러 있어서 그동안 배제의 역사 속에 갇혀 있었던 속박에서 벗어날 수 있지 않을까? 그저 조사의 대상으로 머무는 것에서 벗어나 연구과정에 다양한 역할을 맡을 수 있는 가능성이 새롭게 제시될 수 있지 않을까?

외국에서는 이미 참여적 연구(Participatory Research), 해방적 연구(Emancipatory Research) 및 포섭적 연구(Inclusive Research) 등으로 관련 논의(Oliver, 1992; Zarb, 1992; French and Swain, 1997)가 활발하게 전개되고 있다. 특히 발달장애인의 연구 과정에서 참여 이슈를 전체적인 논의의 흐름속에서 특정하게 제기될 수 있는 각종 쟁점들을 논하는 연구들이 지속적으로 제시되고 있다(Chappell, 2000; Gilbert, 2004). 아울러 발달장애인이 연구과정에 다양한 역할을 수행하면서 참여한 실제 연구들도 진행된 바 있는데, 공동연구자(Mark, 1997), 면접자(Williams, 1999), 조언자(Atkinson and Williams, 1990; Stalker, 1998), 생애 역사가(life historians)(Rolph, 2000), 자서전 작가(Atkinson and Walmsley, 1999) 등이 그러하다.

이러한 외국의 유용한 논의들과 실제 연구 사례들이 상당히 존재함에도 불구하고 우리나라에는 아직까지 이러한 논의들이 자세하게 소개되어 있지 못하다. 김진우 (2008)에서는 Walmsley(2001)의 논의를 바탕으로 참여적 연구와 해방적 연구에 대한 소개와 개념적 구분 정도에 그치고 있어, 연구과정에서 발달장애인을 포함시키려고 할 때 어떤 점들이 사전에 고려되어야 하는지 등에 대한 구체적인 내용이 우리나라에 소개될 필요가 있다.

최근의 연구동향을 살펴보면 발달장애인이 연구참여자로 역할하는데까지는 이르렀 다(Kim, 2005; 송남영, 2013)고 보여진다. 그러므로 이 글에서는 한 걸음 더 나아가 참여적 연구의 성격을 온전히 구현한다거나 해방적 연구를 시도하려고 할 때 참고할만 한 내용을 정리하는데 그 목적이 있다. 먼저 참여적연구와 해방적 연구가 어떤 맥락에서 논의되어져 왔는지를 살펴보고, 향후 발달장애인의 인권과 지향이념의 실현을 위해 연구분야에서 정책화시켜야 하는 것이 무엇인지를 모색해 보고자 한다.

2. 장애연구에서의 장애인 배제적 과정

연구과정에서 피지배집단, 사회취약계층을 포섭하려는 노력은 비단 장애분야 뿐만 아니라 다양한 계층에서 변화·발전해 왔다. 흑인연구에서도 흑인연구자가 당사자가 되어 자신의 삶을 연구하는 자기기술지접근(Autoethnography)이 그러하고 흑인사회 문화에 대한 다양한 연구가 진행되었다. 여성분야도 마찬가지다. 다양한 시각에서 접근하는 페미니즘의 스펙트럼은 여성연구에서의 여성당사자의 역할을 새롭게 조명하고 자신의 삶을 조망해 보고자 하는 연구들이 대폭 늘어났다. 장애연구 분야도 마찬가지다. 전문가의 추측에 기반한 설문조사를 통해 얻어진 객관화된 데이터가 장애인 당사자가 일상생활에서 겪는 경험과 상당한 거리가 있으며 많은 샘플 수에 기초한 양적 연구의 결과는 사회를 변혁시키는데 결정적인 영향력을 행사할 것이라는 단순한 믿음과 순진한 생각은 이후 지속적으로 비판받아져 왔다.

다른 연구와 마찬가지로, 장애연구는 수행된 연구과정과 그 결과뿐만 아니라 이를 뒷받침하는 가정(assumption) 모두 많은 경우에서 실증주의에 기초해 왔다는 것을 알 수 있다. 이러한 지배적 흐름은 다음과 같은 두 가지 문제를 내포하고 있다고 간주되었다. 첫째는 장애에 대한 경험이 매우 심각하게 왜곡되어 있다는 점, 둘째는 사회공학적인 입장에서 연구와 사회변화 사이의 연결을 상대적으로 단순하고 합리적이라고 간주한다는 점이다.

첫 번째에 관하여, 장애연구가 불행하게도 실증주의 사회연구에 고착되어 있는 방법론적 개인주의(methodological individualism)를 뒤흔들지는 못했다는 비판과 연결되어 있다. 즉, 장애에 대해 연구는 장애인들이 직면한 문제가 그들의 개별적인 손상(impairments)에 의해 생겨난 것으로 간주하는 '장애에 대한 개인적 모델'을 강화시키는 결과를 가져왔다는 것이다. 그 결과 장애의 문제가 사회에 의해 생겨나고 그것이 위치한 사회적 제약에 의해, 장애인에 의해 규정된 욕구를 인정하는데 실패한 것이라고 하는 장애인 자신들의 설명과 그간의 장애연구를 통해 접근하는 방식의 관점이 전혀 다른 패러다임에 기초해 있고, 실제 장애인들이 살아가는 삶의 내용이 정확하게 반영되어 있지 못하는 한계를 노정하고 있다는 것이다.

두 번째와 관련해서는, 연구함의와 정책변화 사이의 관계에 문제가 없다고 간주하는 것이 과연 옳은지에 관해서이다. 주어진 사실을 가지고 정부는 행동하고 또 그에 따라 보다 나은 방향으로 변화가 일어날 것이라고 하는 '사회공학적 접근(social engineering approach)은 사회변화를 이끌어내지 못했다는 폭넓은 비판에서 자유로울 수 없었다. 예를 들어, 영국에서 20년 동안 이 접근법에 의해 전국장애소득조사가 수도 없이 진행되면서 모든 국민들이 동의하는 장애인의 숫자와 빈곤의 범위를 밝혀왔지만 전국장애소득은 20년전 캠페인을 벌이던 때와 크게 다르지 않다(Disability Alliance, 1989; Oliver, 1992에서 재인용)고 한다.

Abberley(1992)는 장애인 분야 연구의 대부분이 '장애인이 겪는 어려움은 자신이 갖고 있는 부적절성에서 기인한다'는 견해에 장애인들을 고착시키기 때문에 억압적인 성격을 띤다고 보았다. 그는 정부에 의해 수행되는 인구 센서스 및 설문조사(Office of Population Censuses and Surveys: OPCS) 보고서를 비난하는데 그 이유는 불가피하게 정치적인 것을 탈정치화하려고 한다거나 설문조사나 인터뷰를 할 때 장애인으로서는 상상하기 어려운 질문들을 한다거나 허울뿐인 객관성(spurious objectivity)을 붙들고 있기 때문이라고 한다.

3. 장애연구에서의 참여적 연구와 해방적 연구

1) 참여적 연구 패러다임

참여적 연구는 질적연구방법론의 발전에 기반해 있다. 장애연구에서의 이 방법론은 통상 연구자와 연구참여자간의 전통적인 위계질서를 깨고자 하는 비장애인 연구자에 의해 발전되어져 왔다. 연구방법 용어로 '연구대상(research subjects)'에서 '연구참여자(research participants)'로 변화한 것을 통해서도 이를 읽을 수 있다. 발달장애를 가진 자에 대한 연구의 초점도 의료 및 행동연구로부터의 관심을 벗어나 발달장애인이 자신의 생활과 경험에 대해 이야기하는 바를 들어주는데 연구 등으로 다양화되고 있다. 이에 따라 참여적 연구는 연구참여자 자신의 관점에서 우러나온 경험과 감정 그리고 견해에 대해 성찰하고 탐구하며 이를 확산시키는데 그 목적을 둔다.

이러한 패러다임의 변화는 적어도 부분적으로는 정책, 서비스 그리고 전문가적 실천에서의 보다 광범위한 변화를 반영한 것이라고 볼 수 있다. 발달장애인과 함께 하는 참여적 접근의 성장은 정상화와 커뮤니티 케어 정책으로의 중심축 이동과 무관하지 않다. 이러한 트렌드는 이용자 참여, 시민권 그리고 소비자 참여의 발전을 포괄하는 사회의 폭넓은 변화와 연결되어 있다(Zarb, 1995).

참여적 연구는 연구참여자의 생활과 경험에 대한 자료를 단순하게 취합하는 그 이상이다. Zarb(1992)는 참여연구가 진정성을 가지려면 장애인들이 연구의 설계, 실행 및 평가에 참여되어야 하고 연구자는 단지 장애인을 연구과정에 참여시키는 것이 아니라 장애인에 대해 직접적으로 책임져야 한다고 보고 있다. 그러므로 장애연구는 장애인에 '대한' 연구가 아니라 장애인과 '함께'하는 연구라는 것이다. 연구과정은 서비스 이용자의 견해와 의견을 반영함으로써 전문가적인 정책과 실천에 영향을 미치는 과정일 뿐만 아니라 연구참여자에 대한 변화와 역량강화의 잠재적 원천으로서 간주되어야 한다고 본다.

이러한 참여적 연구에 대해 Cocks and Cockram(1995)은 그 특징으로 아래의 내용을 들고 있다. 첫째, 연구문제는 장애인 또는 비장애연구자에 의해 확인될 수 있고, 그 사람이 장애인 지지층의 관심을 유발시킬 수 있어야 한다. 둘째, 장애인과 연구자는 연구문제에 대한 협력적 분석작업을 '함께'수행한다. 셋째, 장애인, 연구자와 그 밖의 전문가들에 의해 연대가 형성되어야 하며, 그러한 연대는 장애인에 의한 '통제와 우선적인 이해관심'에 기초해야 한다는 것이다.

이러한 참여적 연구 패러다임에서의 진행된 연구 사례를 보면, 공동연구자(Mark, 1997), 면접자(Williams, 1999), 조언자(Atkinson and Williams, 1990; Stalker, 1998), 생애 역사가(life historians)(Rolph, 2000), 자서전 작가(Atkinson and Walmsley, 1999) 등이 있다.

2) 참여적 연구 패러다임에 대한 비판적 입장

참여적 연구는 실증주의적 패러다임에서 벗어나 해석주의에 입각한 다양한 연구를 수행해 내는데 큰 역할을 수행했다고 평가할 수 있다. 하지만, 장애인 자신에게 있어서의 장애의 의미를 드러내려고 한 반면, 아래와 같은 면을 극복하지 못한 한계를 내포하고 있다는 비판을 받아 왔다.

(1) 연구생산에의 사회적 관계(Social Relation of Research Production) 변혁 실패

참여적 연구에서는 근본적으로 연구생산에의 사회적 관계를 변화시킬 수 없다. 아울러 또 다른 한편으로는 '연구의 착취모델(the rape model of research)'이라고 볼 수 있다. 왜냐하면 장애에 대한 경험을 취함으로써 연구자만 혜택을 받는 반면 장애인은 그러한 혜택에서 일정한 거리밖에 있으며 아울러 앞으로 수행할 연구주제는 연구를 시작하기 전과 똑같은 사회적 상황에서 벗어나지를 못하고 있기 때문이다.

Thomas and Parry의 연구와 French의 연구 그 어디에서도 연구참여자가 아젠다를 설정하거나, 연구계획을 수립하거나, 집필작업을 담당하거나 연구결과가 어디에 누구에게 배포되어야 하는지를 결정하지 못했다. 이는 장애인이 전혀 통제력을 발휘하지 못했고 연구생산에의 사회적 관계는 여전히 변화되지 않은 채 남아 있다는 것을 의미하며 이는 실제 연구에서 참여적 연구 패러다임이 갖는 한계를 여실히 보여주는 것으로 이해될 수 있다.

(2) 해석주의 패러다임은 정책변화에 직결되기 어렵다는 점

질적연구는 일반화를 목적으로 하지 않는다. 양적연구와의 경계에 위치한 질적연구에서 일반화의 가능성을 주장하지만 정책입안가가 이러한 질적연구를 통해 정책변화의 직접적 시그널로 받아들이는 경우는 거의 없다. 국민들을 설득할 수 있는 객관적인 통계치를 통해 정책변화의 필요성을, 아울러 소요예산규모나 정책대상으로 포섭될 규모를 추정하게 된다.

그런 맥락에서 보면, 질적연구에 기반한 해석주의 패러다임의 참여적 연구에서는 연구와 정책형성간에 직접적이고 명백한 관계를 밝히기가 어렵다. 정책형성의 필요성을 알려주고 정책결정자가 결정하는 바에 대한 배경을 제공해 줄 수는 있어도 특정한 해답을 주기는 어렵다. 다만, 해답을 찾는데 어떤 질문해야 하는지 등 일정 범위내에서 긍정적 역할을 담당한다고 볼 수 있다. 그러므로 물론 그 나름대로의 의미는 있지만 물질적 조건에의 즉각적인 개선을 제안하는데는 영향을 미치지는 못한다고 볼 수 있다.

3) 해방적 연구 패러다임

해방적 연구 패러다임은 과학적 방법을 통해 절대적 지식을 추구한다는 사회과학의 실증주의적 관점을 조금씩 거부하는데서, 그리고 종래의 해석주의가 특정한 역사적 그리고 사회적 상황 내에서 유용한 사회 지식을 생성한다는 몽환적 입장에서 벗어나는데서 조금씩 발전하기 시작했다.

해방적 연구는 그 이름에서부터 알 수 있듯이 어떤 차원에서든지 간에 보여지는 사회적 억압에 맞서 대항함으로써 보다 나은 세상을 이끌어 내는데 활력을 주는 것과 관련되어 있다(Oliver, 1992). 해방적 연구는 장애운동의 성장과 사회적 모델의 발전에 그 뿌리를 두고 있다(French and Swain, 1997: 27). 이러한 해방적 연구는 참여적 연구와는 달리 그 자체가 연구방법론에 해당하지는 않는다. 오히려 자신의 삶을 결정짓는 의사결정과정을 통제하기 위한 장애인의 투쟁의 일부로 이해될 수 있다. 그러므로 연구과정에서 장애인이 단순히 참여하는데 그치는 것이 아니라 연구질문 형성에서부터 연구결과의 배포에 이르기까지의 전체 연구과정을 장애인이 통제해야 한다고 주장하고 있다.

해방적 연구 패러다임은 연구주체의 역량강화와 역량강화를 위한 주된 테크닉을 통해 상호호혜성을 격려하게 된다.

해방적 연구 패러다임은 장애인들을 어떻게 역량강화시킬 것인가 보다는 장애인들이 자신을 역량강화시키기로 했고 또 이러한 과정을 구현하기 위해 연구가 무엇을 할 수 있는지를 고민하는 것이다. 이는 또 연구생산에의 사회적 관계가 근본적으로 변화되는 것을 전제한다. 연구자는 어떻게 그들의 지식과 기술을 연구주체의 처분에 맡길 것인지 고민해야 한다. 아울러 연구대상이 자신을 이해하도록 돕기 보다는 연구주제와 관련된 생생한 경험을 장애인이 이해하는데 도움을 줄 수 있어야 한다.

이를 달리 표현하면 이렇게 서술될 수 있다. 조사되어야 할 것은 장애인이 아니라 비장애인 사회이다. '통합'을 위해 장애인과 비장애인을 교육시키는 것이 아니라 '제도적인 장애주의(institutional disablism)'에 대항해서 투쟁하기 위해 필요한 것들이다. 나아가 장애관계를 연구하는 것이 아니라 장애주의(Disablism)가 연구되어야 한다(Oliver, 1992: 112)는 것이다.

Oliver(1992)와 Zarb(1992)는 해방적 연구는 장애인의 삶을 개선시키는 도구로 사용되어야 하며, 연구자가 되는 장애인에게 더 큰 기회가 되어야 하고, 연구자는 자신의 작업과 관련하여 성찰적 자세를 취해야 한다며, 장애인단체가 공동책임을 지고 기여자의 역할을 수행해야 하며 연구자금 제공자가 되어야 한다고 보고 있다.

Stone and Priestley(1996)는 장애인이나 그들의 조직이 연구 위계에서 정점에 위치해야 해방적 연구라고 볼 수 있다고 하면서 아래와 같이 해방적 연구를 정리하고 있다. 해방적 연구는 ①연구생산에의 인식론적 기초로서 사회적 모델을 채택하고, ②객관성(Objectivity)에 대한 요구는 자기 해방을 위한 장애인 투쟁에의 정치적인 헌신 여부와 정도로 승화되어야 하며, ③연구를 수행할 때 그 연구가 장애인의 자기 역량강화 또는 장애인에 대한 장애장벽 해소에 실질적으로 기여하는지를 꼼꼼히 짚어가면서 연구를 수행하려는 의지가 담보되어야 하며, ④장애인과 장애인조직에 대한 완전한 책임성을 보장하려는 연구생산과정에의 통제권의 진보가 있어야 하며, ⑤개인적인 것(the personal)을 정치적인 것(the political)으로 그 목소리에 힘을 실어주고 개인적 경험을 정치적 공통성으로 집합화시키려는 노력을 견지하며, ⑥자료 수집 및 분석에서 장애인의 변화하는 욕구에 부응하는 다양한 방법을 채택하려는 의지 등을 내포해야 한다고 보고 있다.

해방적 연구는 참여적 연구를 뛰어넘어 장애인에게 연구과정에 대한 완전한 통제권을 부여함으로써 연구생산에의 사회적 관계를 변화시켜 한 걸음 더 나아가려고 한다. 이러한 해방적 연구의 두 가지 핵심적 요소는 역량강화와 상호호혜성이다. Barnes(1992)는 해방적 연구는 장애를 창출하는 구조와 과정에 대한 체계적인 탈신비화에 관한 것이라고 한다. 아울러 장애인의 역량강화를 위해 연구집단과 장애인간의 의미있는 대화를 구축하는 것이다. 이를 실행하기 위해 연구자는 어떻게 하면 자신의 지식과 기술을 장애인의 처분에 맡길 수 있는지를 배워야 한다고 주장하고 있다.

해방적 연구의 과정과 생산물은 장애인에 의해 그들의 해방을 성취하기 위해 나아가는 도구로 사용될 수 있다. 그러므로 해방적 연구는 교육과 정치적 행동의 형태를 띠게 된다. 그렇다고 해방적 연구라는 것이 연구자가 자신의 지식과 기술을 장애인과 그들의 조직의 처분(요구)에 맡기는 것이 핵심이지, 반드시 그 연구자가 손상(impairments)을 가져야 하는 것은 아니다(Barton, 2005: 321).

이러한 해방적 접근이 참여적 접근과 어떻게 다른지에 대해서 Walmsley(2001: 196)는 아래 〈표1〉과 같이 정리하고 있다.

표1 장애연구에 있어서 양 접근의 비교

	참여적 접근방법	해방적 접근방법
연구방법론	현상학적(연구주체의 경험 내부로 들어가기)	정치적 행동으로서의 연구 질적, 양적 연구 포괄
이데올로기	특정한 것은 없으나 정상화(normalization) 또는 장애에 대한 사회적 모델	장애에 대한 사회적 모델 채택 장애인에게 실질적인 혜택을 줄 수 있는 연구 수행
누가 통제권을 갖나?	자료수집과정에 있어서의 장애인과 협력관계에 있는 연구자	연구질문 형성과정에서부터 연구결과 배포까지 모든 국면에서 장애인
연구자의 역할	연구주제와 관련하여 전문성을 함께 공유할 수 있는 전문가. 때로는 조언가/지원자	장애인에 대한 책임을 지는 전문가
연구주제	장애인의 삶과 관련된 이슈	변화를 추진할 수 있는 적절한 경로를 탐색하고 명확하게 하는 주제
책임성	연구자금 제공자에 대한 책임성	장애인과 그들의 단체(기관)에 대한 책임성

※ 자료: Walmsley(2001)

4) 해방적 연구 패러다임에 대한 비판적 입장

해방적 연구는 실증주의 연구의 장애인 배제적 성격 및 해석주의 연구의 내재적 한계를 극복하려는 노력의 산물이라는 점에서 매우 긍정적이다. 하지만 그 지향 가치의 우수성에도 불구하고 실제 연구과정에 해방적 연구 패러다임을 적용할 때 생기는 문제점을 제대로 해소하지 않는다면 그 의미는 반감될 수밖에 없다. 그러므로 해방적 연구 패러다임이 연구실천과정에서 생겨날 수 있는 문제점들은 하나하나 곱씹어볼 필요가 있는데 Stone and Priestley(1996)는 해방적 연구에 따라 실제 연구를 진행할 때 수반되는 방법론적 어려움을 아래와 같이 제시하고 있다. 첫째, 통제권을 이양하는 것과 학문적인 통합성(personal and academic integrity)을 유지하는 것 사이의 모순이다. 둘째, 장애인과 그들의 조직이 장애연구를 담당하면 모든 것이 다 잘 될 것이라는 가정(Assumption)에 문제가 있다. 셋째, 장애인은 "뭘 알고 있는 사람"으로 전문성을 부여하는 반면, 비장애인은 '연구자로서의 전문성'으로 받아들인다는 점이다. 넷째, 사회적 모델 내에서 사회적 억압의 명제앞에서 장애인 개개인의 경험이 사장되는 지점과 연구과정에서 장애인의 구체적인 삶의 억압적 경험을 드러내는 것 사이에 긴장이 있다는 것이다. 다섯째, 연구가 실제적으로 기여하는 부분은 좀 더 넓은 맥락에서 이루어진다고 보면, 개개인의 삶을 변형시키지 않는 것이 '좋은 연구'의 유일한 기준이 되기는 어렵다는 인식이다.

연구재정의 독립성 보장 가능여부도 쟁점이 될 수 있다. 정부나 연구자금지원기관에서는 연구의 헤게모니를 장애인에게 넘기는 것을 완전히 받아들이기는 어렵다. 즉, 해방적 연구에 기초한 연구가 신청되었을 때 연구자금을 배정하는 것이 쉽지 않다는 것이다. 결국은 연구생산에의 사회적 과정은 담보할 수 있어도 물질적 과정은 변혁시키기는 힘들다는 점에서 연구과정의 핵심개념에 있어서 완벽한 해방적 연구가 성립되기는 어렵다고 볼 수 있다. 한편, Shakespeare(1996)는 해방적 연구가 연구참여자를 역량강화시키는데 일정한 한계가 있음을 지적하면서 그렇다 하더라도 연구가 여론지형에 영향을 줄 수 있는 주요한 한 요인이 될 수는 있다고 보고 있다.

나아가서는 해방적 연구가 문제가 아니라 참여적이든 해방적이든 간에 연구과정에의 배제적 패러다임을 어떻게 바꾸어 장애인들을 포섭할 것인지 그 자체가 중요한 과제인 것처럼 보인다. French and Swain(1997: 29-30)은 오히려 참여적 연구나 해방적 연구로 전환하는 그 자체의 어려움을 밝히고 있다. 첫째, 여전히 장애에 대한 개인적 모델이 위력을 떨치고 있다는 것이다. 정부나 공공연구기관에서 발주되는 연구에서는 장애에 대하여 개인모델에 입각해 있고 주로 양적연구에 치우쳐져 있다. 정부에 의한 OPCS 서베이와 왕립국가맹인원에 의한 서베이가 그러하다고 한다. 장애인에 대한 급여를, 예를 들어 장애생활수당의 경우에도, 지급하기 위해 실시하는 설문조사에서도 장애인이 갖고 있는 손상으로 인해 발생했다고 짐작하는 제약(limitations)에 초점을 두는, 개인별 접근에 기초해 있다. 일부 연구에서는 질적연구에 기반해 있지만 대다수는 그렇지 않아 대부분의 장애에 대한 연구는 실증주의 전통에 속해 있고 객관적이고 비정치적이어야 하는데 목표를 두고 있다. 둘째, 연구과정에 접근하는데 따른 장벽을 들 수 있다. 장애인들은 조사 도구나 방법에 있어서 장애인이 갖고 있는 욕구를 이해·수용하지 못해서 연구과정으로부터 배제되는 경우가 많다. 시각장애가 있음에도 불구하고 많은 경우 해당 정보가 그들에게 매우 밀접한 관련이 있음에도 불구하고 아주 작은 글씨로 쓰여져 있는 경우가 예외적인 경우라고 볼 수 없다. 마찬가지로 소통에의 어려움을 겪고 있는 장애인들도 연구과정에서 배제되기는 마찬가지다. 셋째는 장애를 야기시키는 권력구조를 들 수 있다. 참여연구나 해방연구를 채택하는 것이 쉽지 않은데 그 이유중의 하나로 연구주제를 결정할 수 있는 연구자금지원기관에 의해 부과되는 제약을 들 수 있다. 연구자든 장애인이든 '연구생산에의 물질적 관계'에 대한 통제력을 발휘할 수 있는 경우는 별로 없다. 장애연구는 일반적으로 보건당국, 사회서비스국, 자선기관 그리고 정부부처에 의해 이루어지는데 이들은 모두 장애에 대한 개인적 모델에 입각한 기관들이다. 이들은 장애인들이 자신들의 영향력이나 권력을 증진시키는 연구를 하는데 자금을 지원하는데 인색하다. 그들은 양적연구결과를 요구하며 연구결과 또한 학술적 목적에 따른 발간에 국한하려고 한다. 설사 자금이 지원된다 하더라도 현재의 제도적인 철학, 시스템 또는 실천에 도전하는 내용이라면 연구는 중단될 수도 있다는 것이다.

그러므로 French and Swain(1997)은 참여적 연구이건 해방적 연구이건 간에 사전에 짚고 넘어가야 할 문제로서 질문되어져야 할 것으로 '연구가 장애인들의 삶을 형성하는 의사결정과정에 대해 장애인의 통제력을 증진시키는가?, 연구가 장애인 자신의 관심을 언급하는 것인가?, 연구가 기회평등과 완전한 참여민주주의를 실현하기 위해 억압에 맞서고 장벽을 철폐하는데 투쟁하는 장애인들을 지지하는 것인가?'를 제시하고 있다.

4. 발달장애인에의 참여적 및 해방적 연구의 의미

얼마 전까지만 해도 발달장애인에 대한 연구에서는 발달장애인이 자신의 견해를 질문받기 보다는 검사받고(tested) 숫자가 세어지고(counted) 관찰당하고(observed), 분석당하고, 기술당하고(described) 종종 병리학적으로 다루어지는 유전학, 심리학, 교육학, 의학조사 등에서 지배적으로 다루어져 왔다(Walmsley, 2001). 그러한 흐름에서 1960년대와 1970년대에 스칸디나비아와 미국에서 발전해 온 개념인 정상화 이념 및 영국에서 부각된 장애에 대한 사회적 모델이 제시되면서 발달장애인의 연구과정에의 참여가 매우 주요하게 부각되기 시작하였다.

정상화는 20세기 초 서유럽, 북미 및 호주에서 정신적 결함의 문제라고 인식된 것에 대해 탁월한 해결책으로 제시되었던 대규모 수용시설에서 열악한 환경에 대응하기 위해 개발되었다. 정상화 이념은 정신장애인의 참여 없이 비장애 학술가와 전문가에 의해 발전되었으며 그들에게 이론형성과정에 대해 알려주지 않았다는 비판을 받아 왔다. 그러나 그 당시 발달장애인의 목소리가 전세계적으로 제대로 드러나지 않았던 점을 감안한다면 비장애 옹호자의 노력없이 어떻게 그러한 이념을 세계 널리 퍼뜨릴 수 있었을 것인지를 상상하기란 쉽지 않다. 왜냐하면 1970년대 당시 영국 등 서구국가에서는 발달장애인들이 교육을 받을 수 없었고 간행물에 대한 접근성도 보장되지 않는 상황이었기 때문이다. 그러므로 정상화가 표방하는 변화에 대한 영향력은 발달장애가 없는 사람들에 의해 이루어졌다는 점을 인정해야 한다. 이는 흑인에 의한 시민운동과 차이가 있다는 점을 보여주고 있다. 즉, 어떤 사회적 변혁을 꿈꾸고 이를 실현하고 또 실현여부를 점검해 나가는 주체가 당사자인 흑인에 의해 이루어질 수 있지만 발달장애 영역에서는 그와 다를 수 밖에 없다는 한계를 지닌다(Walmsley, 2001: 190).

참여적 연구방법의 성장은 발달장애연구에서 흥미로운 발전으로 이어져 연구과정에 발달장애인이 참여할 더 많은 기회를 제공해 주고 있다. 해석적 사회학이나 정상화의 개념에 의해 이루어지는 연구들과 같이 참여적 연구는 발달장애인의 삶을 개선시키려고 노력하는 마음이 따뜻하고 헌신적인 연구자에 의해 이루어지고 있다. 그러나 참여적 연구에서는 발달장애인을 대신해서 라기 보다는 발달장애인과 파트너십을 이루면서 수행된다. 참여적 연구의 목표는 성취가능한 것으로 세팅된다. 이러한 참여적 연구는 해방적 방법론에 근거하여 연구와 정치적 행동을 연결시키려는 시도에 대해 전통적인 방식으로 연구자금을 지원해 주던 기관들을 불편하게 만들지는 않는다(Chappell, 2000). Goodley(1997)는 자조집단에서 촉진자의 역할을 수행하는 비장애인의 역할이 참여적 연구와 일맥상통한다는 것을 언급하고 있다. 이러한 점이 해방적 접근보다는 참여적 접근이 발달장애분야에서 더 인기가 있는 이유가 될 수 있다.

그러나 발달장애인에게 있어서는 학문세계와의 관계가 매우 다양하게 펼쳐진다. 그들은 교육체계의 배타적이고 경쟁적인 속성 때문에 차별을 당하거나 또는 교육적인 성공을 위해서 필요하다고 간주되는 지적 기술을 발달장애인들은 가지고 있지 않다고 생각되었기 때문에 고등교육기관으로부터 배제되어져 왔다. 더군다나 발달장애에 대한 사회조사에서의 방법론적 전통은 비장애 학술가의 중요한 역할에 대해 제도화시켜 온 것이다.

그렇다고 해서 발달장애인이 연구를 할 수 없다는 것은 아니다. 그러나 그럴 때에도 비장애연구자의 도움이 필요하다는 것이다. 하지만 이 때에도 논쟁은 발생된다. 발달장애인이 연구과정에서 연구집단에서 수용가능한 방법으로 현장경험을 옮겨 담기 위해서 비장애동료가 필요하다면, 발달장애인연구자와 비장애연구자간의 논의가 어떻게 통합될 수 있을 것인가, 비장애 연구자가 연구과정에서 지배적인 역할을 떠안는 것을 어떻게 막을 것인가? 이러한 질문들에 대한 대답은 간단하지 않다(Chappell, 2000: 41).

한편, 연구과정에서 비장애인의 역할은 여전히 중요하다고 할 수 있다. Atkinson, Jackson and Walmsley(1997)가 언급한 바와 같이, 발달장애인은 글로 적혀진 것에 대해 접근성이 낮고 때로는 구어로 말해진 것에 대해서도 매우 힘들어 한다. 만약 발달장애인이 연구를 수행하기 위해 도움이 필요하다면 비장애인이 수행해야 하는 역할이 보다 중요한 의미를 지니게 될 수도 있다.

그렇다면 과연 발달장애 연구 또는 발달장애인과 사회적 모델에 기반한 해방적 연구가 선택적 친화력을 갖고 있는가에 대해서는 의문인데 그 이유는 아래와 같다.

첫째, 사회적 모델이 손상에 대한 논의를 배타시한다는 것이다. 손상에 초점을 맞추다보면 결국 논의의 초점은 흐려지고 심리적인 것으로 귀착된다는 것을 우려하기 때문이다. 그러나 이러한 관점은 사회적 모델 내에서도 문화적 또는 포스트모던적인 관점에서 바라보면 또 다른 비판을 피할 수 없다. 이들은 사회적 억압이라는 주제가 변혁의 초점이자 시발점으로 자리매김되어야 한다는 사회적 모델의 기본적인 전제에 대해서는 받아들지만, 억압의 과정적 측면에서 손상에 대한 사회적 경험에 대해 설명하지 못하면 논점이나 장애인의 삶을 정확하게 포착하지 못하게 된다는 점에서 비판의 여지가 있다.

둘째, 사회적 모델은 연구과정을 장애인이 통제해야 한다고 고집하는데 어려움이 따른다. Atkinson, Jackson and Walmsley(1997)는 발달장애의 특성은 연구과정의 지적수요에 대해 특정한 어려움이 따르고, 많은 경우 글로 작성된 것이나 이야기되어진 내용에 대해 거의 접근이 불가능하거나 아예 불가능하다. 그러므로 연구과정에 관여하는 것은 헌신적인 비발달장애인과의 연대의 발전을 의미하며 그러한 연대는 해방적 연구보다는 참여적 연구에 의해 보다 내실있게 진행될 수 있다고 보는 것이다(Chappell, 2000; Walmsley, 2001).

2) 양 연구 패러다임의 적절성 논의: Inclusive Research 등장

Stalker(1998L6)는 참여적 및 해방적 패러다임은 핵심 3가지 신념을 공유한다고 보고 있다. 첫째는 연구자가 전문가이고 장애인은 단순히 연구의 객체라는 상황은 핵심적인 불평등을 온존시킨다는 시각이 갖는 비판적 관점이다. 둘째는 장애인들은 자신의 삶에 영향을 미치는 연구에 관여될 그리고 함께 논의할 권리를 갖고 있다는 점이다. 셋째는 장애인의 연구과정에의 관여(Involvement)는 연구의 질과 내용의 타당성을 제고시킨다는 점이다. 이러한 점에서 참여적 연구와 해방적 연구는 보완적(complementary)이라고 보아야 하며, 실제 연구과정에서 이러한 주요 논점들이 어떻게 구현되는가가 매우 중요하게 된다.

5. 장애연구에의 발달장애인 참여과정[1] (Gilbert, 2004)

1) 시작단계

발달장애인과 함께 하는 장애연구에서의 시작단계 핵심은 연구의 방향을 결정하는 연구질문을 구성하는 것이다. 이러한 연구질문을 형성하는데 발달장애인이 관여하는 것이 목표라고 한다면 초기연구과정에서 참여와 관련하여 제기될 수 있는 이슈들은 무엇인가에 대한 이해가 선행되어야 한다. Stalker(1998)는 시작단계에서의 접근성을 논하면서 풀어야 할 과제 3가지를 기술하고 있다. 여기에는 ①다양한 기관과 윤리위원회로부터 동의를 얻는 것, ②쉽든 어렵든 접근할 수 있는 전문가와 향후 진행과정에 대해 협상하는 것, ③어떤 형태로든지간에 참여할 수 있는 발달장애인과 만나는 것이 포함된다.

Walmsley(1995)는 시작단계에서 연구자와 발달장애인이 함께 연구를 진행함에 있

---

1) 아래에서의 장애연구에의 발달장애인 참여과정은 Gilbert(2004)의 내용을 요약하면서 집필 당시 발달장애인 L씨와 함께 공동연구과정에서의 경험을 바탕으로 구성한 내용이다.

어 필요한, 또 제기될 수 있는 다양한 조건들에 대해 기꺼이 이야기할 수 있어야 한다고 본다. Rogers(1999)는 차 한 잔 하면서 당사자와 그를 돕는 자가 함께 만나는 것을 제안하면서 다른 한편으로는 연구종료 이후에도 친분관계를 기대하게 만드는 부분에 있어서는 조심스러워야 한다는 점을 언급하고 있다. Burke et al.(2003)는 색다르게 접근하는데 컨프런스를 열어서 연구에의 참여에 관심있는지를 물어보는 것을 제안하고 있다. 이는 발달장애인의 광범위한 연구참여의 논의 폭을 넓히고 연구참여에 대한 공론의 장을 통해 다양한 논의들을 이끌어 낸다는 장점 있다. Williams(1999)는 연구가 어떤 의미를 갖는지에 대한 공유된 이해를 갖기 위해 초기단계를 잘 활용하는 것이 얼마나 중요한지에 대해 강조한 바 있다.

2) 연구과정에 발달장애인의 관여를 발전시키는 것

많은 연구가 참여를 고양시키는데 집단과정을 사용하는 것을 기술하고 있다 (Stalker, 1998; Williams, 1999; Booth and Booth, 2003). 연구자는 그 모임이 형식적인 것이든, 포카스그룹이건, 토의하는 자리이건 간에 그 과정을 촉진시키는 핵심적인 역할을 담당한다. Stalker(1998)는 머리를 환기시키고 자유롭게 토론하는 것이 중요하다는 것을 강조한다. 참여가 중요하다는 것을 비발달장애연구자가 확신을 가질 수 있도록 지지하는 것이 필요하다고 하면서, Burke et al.(2003)에서는 소통의 수단으로 상징을 사용하는 정보와 아젠다를 생산하는데 프로페셔널한 전문성을 강조한다. 그렇게 함으로써 기존의 문헌검토를 뛰어넘어 발달장애인으로 하여금 문서에의 접근성을 제고시키게 된다. Williams(1999)는 참여에의 또 다른 측면을 제시하고 있는데 발달장애인을 공동연구자(jointed researchers)로 세우는 것까지 제안하고 있다.

3) 자료 수집 및 분석

연구과정에서 발달장애인과 함께 자료를 수집하고 분석하는 단계는 매우 힘든 과정이다. 발달장애인을 인터뷰하는 것은 타당성과 관련하여 많은 도전을 제기하게 된다. 그러나 관리할 수 있는 패턴을 발견할 수 있다는 점을 간과해서는 안된다. 발달장애인은 대화구조에서 상대방의 질문에 동조하는 경향이 있으며 다양한 선택이 주어지더라도 마지막 것을 고르기 쉽고, 쉽게 'Yes'라고 한다(Stalker, 1998). 이는 발달장애인들은 개개인의 의견이 없다기 보다는 다른 사람이 자신을 통제하는데 더 익숙하기 때문에 질문에 대해 수동적으로 수긍하고 대등한 이야기의 주체로서 응대하려는 생각을 갖기 힘들다. 또한 전통적인 접근방법과 달리 발달장애인에 의해 경험되어진 다양한 손상의 범위는 같은 연구라도 다양한 개인에 대해 다양한 접근이 필요하다는 것을 보여준다(Booth and Booth, 2003).

한편, 일반적인 연구와 달리 인터뷰과정에서 발달장애인연구에서는 다른 방식이 적용되어야 하는 것도 있다. 일반적으로는 반구조화 또는 비구조화된 인터뷰가 실시되고 이를 통해 연구참여자의 풍부한 이야기를 포섭할 수 있는 기회를 만드는 것이 매우 중요하다. 하지만 발달장애인이 관여할 때는 그렇지 않다. 개방형 질문은 피하는 게 좋으며(Booth and Booth, 1996), 직접적인 질문이 좋다. 때로는 응답의 일관성을 보기 위해 같은 질문을 다양한 방법으로 제시하는 것도 필요하다. 동시에 인터뷰 하는 사람을 복수로 하여 상호참조하는 것도 방법이다. 이러한 모든 방법들은 삼각화와 연구참여자의 응답의 타당성을 높이는 방법이다.

한편, Goodley(1996)는 연구참여자가 진실을 이야기하고 있는지에 대한 질문은 핵심에서 벗어난 것이라고 주장한다. 오히려 더 중요한 질문은 왜 그들이 그러한 방식으로 이야기하는가 이다.

4) 자료 배포

참여연구과정에서 생기는 기대는 관여한 장애인들이 연구결과에 대해 모두 접근가능하고 또 그것들을 소장할 수 있어야 한다는 것이다. 그렇게 되기 위해서는 심볼, 그림, 오디오테잎 및 비디오 테잎, 그리고 위에서 이야기한 집단과정의 사용은 접근성과 배포성을 높인다. 이는 연구가 연구자의 역량강화에 초점에 국한하는 것이 아니라 연구결과에 대한 발달장애인의 이해를 증진하는데까지 연구의 책임성, 연구결과의 활용성에서 고려해야 한다는 것이다. 즉, 연구과정에서는 발달장애인이 연구주체로서 다양한 역할을 수행하고 아울러 여러 발달장애인들이 연구참여자로서 연구주제에 대한 자기 삶 드러내기를 통해 기여하였는데, 그렇게 모여진 헌신을 기반으로 한 연구결과가 비장애연구자나 관련 전문가들의 전속물이 된다면 연구참여자는 연구결과물로부터 역량강화되는 기회를 놓치게 되는 것이다. 나아가서는 발달장애인에 대한 정보제공의 중요성을 강조하면서도 정작 연구결과물에 대해서는 핵심내용을 발달장애인에게 전달하는 과정에 인색하게 되는 모순을 낳게 된다. 그러므로 연구결과에 대한 자료를 발달장애인이 이해하기 쉬운 내용으로 만들어서 연구참여자뿐만 아니라 일반 발달장애인에게도 그 내용을 적절하게 알리는 것은 매우 중요하다.

6. 결론

배제와 억압의 역사, 그에 따른 의미있는 역할수행에서의 소외 등이 발달장애인에게 주어진 운명으로 간주되었다면 이제는 포용(inclusion)와 역량강화의 방향과 이를 구체화하기 위한 노력들이 강조되고 있다. 배제된 역사만큼 발달장애인이 주체적인 삶을 살아가는데 그 노하우를 쌓을 기회를 원천적으로 봉쇄당해 왔다면, 이제는 서툴더라도 삶의 주역 역할을 배당받아 실제 실행해 보아야 한다.

연구분야에서도 마찬가지다. 발달장애로 인해 겪는 어려움이 연구과정에서의 장벽처럼 다가오지만 손상에 따른 욕구를 비장애연구자가 적절하게 보완하면서 최대한 당사자의 주체성을 살리는 방향으로 연구가 진행되고 그 과정에서 경험하는 연구진행에의 노하우를 최대한 발달장애인들이 공유할 필요가 있다.

물론 단독연구보다는 매우 힘든 과정에 직면하겠지만 때로는 비장애연구자가 미처 감안하지 못했던 부분에 대한 보완적 역할을 오히려 발달장애연구자가 수행할 수 있다는 점에서 연구자간에 긍정적 영향을 방향이 반드시 일방적이라고 말하기는 어렵다. 발달장애인에 대한 인터뷰 등에서 발달장애연구자의 역할은 '어떻게 질문할 것인지, 그러한 질문에 대한 대답에 대해 어떻게 추가적인 질문을 할 것인지'에 대한 노하우가 사전연구(pilot study)에서 쌓인다면 수집자료가 보다 풍부하게 모아질 수 있다.

그런 면에서 우리나라에서도 다양한 공동연구가 시도될 필요가 있다. 미지의 세계에서 패러다임을 전환하여 개척을 해야 하는 단계에서는 많은 것이 부족하고 서툴 수 있다. 하지만 계속되는 연구에서의 축적된 경험과 공유된 지식은 발달장애인들의 의미있는 역할수행에의 국면을 보다 넓히는 계기가 마련될 것이라고 본다.

참고문헌

송남영. 2013. 중증 지적장애인의 의사소통 전략에 관한 사례연구: 장애인보호작업장을 중심으로. 박사학위논문. 성공회대학교.

Abberley, P. 1992 'Counting Us Out: a discussion of the OPCS disability surveys', *Disability, Handicap and Society* 7(2): 139-55.

Atkinson D., Jackson M. & Walmsley J. (1997) Forgotten Lives. Kidderminster, BILD.

Atkinson, D. and Williams, F. (Eds) 1990. *Know Me As I Am: an anthology of prose, poetry and art by people with learning difficulties*. Seven oaks: Hodder and Stoughton.

Atkinson, D. and Walmsley, L. 1999. "Using autobiographical approaches with people with learning difficulties." *Disability and Society* 14(2): 203-216.

Barnes, C. 1992 'Qualitative Research: valuable or irrelevant?' Disability Handicap and Society 7 (2): 115-24.

Barton, L. 2005. Emancipatory research and disabled people: some observations and questions. *Educational Review*, 57(3). 317-327.

Booth T. & Booth W. (1996) Sounds of silence: narrative research with inarticulate subjects. *Disability and Society* 11 (1), 55-69.

Booth T. & Booth W. (2003) In the frame: photovoice and mothers with learning difficulties. *Disability and Society* 18 (4), 431–442.

Burke A., McMillan J., Cummins L.,*et al.*(2003) Setting up participatory research: a discussion of the initial stages. *British Journal of Learning Disabilities* 31 , 65–69.

Chappell, A. (2000) Emergence of participatory methodology in learning difficulty research: understanding the context, *British Journal of Learning Disabilities*, 28(1), pp. 38-43.

Cocks, E. and Cockram, J. 1995. "The participatory research paradigm and intellectual disability." *Mental Handicap Research* 8: 25-37.

Disability Alliance. (1989) Poverty and Disability: breaking the link. London: Disability Alliance.

French, S. and Swain, J. 1997. Changing Disability Research: Participating and Emancipatory Research with Disabled People. 83(1). 26-32.

Gilbert, T. (2004). Involving People with Learning Disabilities in research: issues and possibilities. *Health and Social Care in the Community*. 12(4). 298-308.

Goodley D. (1996) Tales of hidden Lives: a critical examination of life history research with people who have learning difficulties. *Disability and Society* 11 (3), 333–348.

Goodley, D., 2001, Learning Difficulties', the Social Model of Disability and Impairment: challenging epistemologies, *Disability and Society*, 16(2), pp 207-231.

Kim, J. 2005. *Discrimination Against People with Learning Disabilities in the Labour Market in South Korea*. PhD Thesis, The University of Birmingham.

Marks, D., 1999, Dimensions of Oppression: theorizing the embodied subject, *Disability and Society*, 14(5), pp. 611-626.

Oliver, M. (1992) Changing the Social Relations of Research Production, *Disability, Handicap, and Society*, 7 (2): 101-115.

Rogers J. (1999) Trying to get it right: undertaking research involving people with learning difficulties. *Disability and Society* 14 (4), 421–433.

Rolph S. (2000) The history of community care for people with learning difficulties in Norfolk 1930–1980. Unpublished PhD Thesis, Milton Keynes, Open University.

Shakespeare, T. (1996). Rules of engagement: Doing disability research. *Disability and Society*. 11(1). 115-119.

Stalker, K. 1998. "Some ethical and methodological issues in research with people with learning difficulties." *Disability and Society* 13(1): 5-19.

Stone, M. and Priestley, M. 1996. Parasites, Pawns and partners: disability research and the role of non-disabled researchers. British Journal of Sociology. 47(4). 699-716.

Walmsley J. (1995) Helping ourselves. *Community Care* 1–7 June, 26–27.

Walmsley, J., 2001, Normalisation, Emancipatory Research and Inclusive Research in Learning Disability, *Disability and Society*, 16(2) pp. 187-205.

Williams, V. 1999. "Researching together.", *British Journal of Learning Disabilities* 27(1): 48-51.

Zarb, G. (1992) On the road to Damascus:first steps towards changing the social relations of research production, *Disability, Handicap and Society*, 7(2), pp. 125-138.

Zarb, G. (1995). Modelling the social model of disability. *Critical Public Health*. 6(2). 21-29.

제 2 부

발달장애인 지원서비스 패러다임 변화

제5장
정보제공과 의사소통

김 진 우 (덕성여자대학교)

1. 서론

발달장애인에게 정보제공과 의사소통은 사회참여에의 전제조건이 될 만큼 중요하다. 정보가 제대로 제공되지 않고 의미 있는 상대자로서 소통의 주체가 되지 못한다면 아무리 장애인복지정책이 발전한다 하더라도 주체가 아니라 객체로 살 수 밖에 없다.

최근 장애에 대한 사회적 책임, 차별금지, 이용자 참여, 자립지원 등 다양한 이념적 지향이나 서비스 실천원리들이 제시되지만 자세히 들여다보면 발달장애인에게 그러한 내용들이 어떤 영향을 미치고 있는지, 어떤 실효성을 지니고 있는지에 대한 비판적 분석이 부족하다. 어쩌면 정보는 제대로 제공되고 있으며 의사소통에는 문제가 없는 상태를 전제하고 논의하는 것들이 많다. 그러나 현실은 어떠한가? 그러한 전제가 현실로 이루어지고 있는 현장은 그리 많지 않다.

학교 정규교육에서, 고용현장에서, 각종 공공기관 이용과정에서, 심지어는 일부 복지관련 기관에서도 발달장애라고 하는 손상(impairment)이 주는 의미와 그에 따른 부가적 지원의 내용들에 대해 미처 생각하지 못하는 경우가 많다. 또 발달장애인이 정책

집행 및 서비스 제공과정에서 적극적인 주체가 될 수 있도록 지원하는 환경이 조성되어 있지 못한 현실에 우리는 살고 있다 해도 과언이 아니다.

그러므로 우리 사회는 발달장애인정책의 가장 기본이 되는 정보제공과 의사소통지원에 대해 최우선적으로 신경을 쓸 필요가 있다. 그럼에도 불구하고 이제까지의 정보제공 및 의사소통 지원정책은 시·청각장애인 위주였음을 부인할 수 없다. 그러므로 이제부터라도 발달장애인의 눈높이에 맞는 관련 정책 개발 및 실천현장 지원 도구 개발이 필요하다. 하지만 제도적으로나 실천적으로 이에 대한 사안의 심각성을 잘 인지 못하고 있으며 연구는 이제 태동하는 단계라고 보여 진다. 이런 맥락에서 이 글에서는 발달장애인에 대한 정보제공 및 의사소통 지원확대를 위한 그간의 노력과 향후 정책적 및 실천적 대안을 모색해 보고자 한다.

2. 발달장애인과 의사소통

1) 의사소통의 중요성

상징적 상호작용론자들은 사람이 살아가는 것을 상징을 매개로 한 상호간 의사소통의 과정으로 설명한다. 나아가 이들은 상징뿐만 아니라 언어적, 비언어적 메시지를 주고받는 과정에서 상대방의 의미를 이해하고 이에 대해 반응하는 총체적 과정이 사회를 구성한다고 본다. 예를 들면, 우리가 살아가면서 의도하는 바를 말하고, 상대방에게 말할 기회를 주고, 경청하고, 상대가 던진 내용에 대해 생각하고 이에 대해 반응하며, 또 이를 받아들이는 것이 흔히 사람이 살아가는 기본단위의 과정이고 이러한 관계가 무수히 많이 이루어지는 가운데 서로간의 암묵적 합의가 중요한 역할을 하게 된다는 것이다.

의사소통은 좁게는 말하는 사람이 자신의 메시지를 부호화하여(encoding) 상대방에게 전달하고 상대방은 그러한 부호를 다시 풀어서(decoding) 그 의미를 자신의 것으로 이해하는 것을 의미한다. 그러나 현실세계에서의 의사소통은 그렇게 간단하지만은 않다. 의사소통은 사람이 매개되어 있는 가장 복잡한 활동이며 가장 기본적인(fundamental) 사항에 속한다. 그것은 단지 듣고 말하는데 그치는 것이 아니라 사고(思考), 반응 및 행동을 내포하며 이야기되어지는 말(words)뿐만 아니라 문법(문장구조), 그 말에 부여하는 의미를 포괄하고 있다. 언어적 의사소통을 구성하는 세 가지는 단어, 문장구조, 말해지는 음정높이(tone)라고 한다. 이 세 가지는 말하는 상황과 상대방에 따라 다르게 나타난다. 예를 들면, 어떤 남자가 자기 직장동료에게 이야기하는 것과 자신의 어린 자녀와 대화하는 것은 다를 수밖에 없다는 것이다.

언어적 의사소통뿐만 아니라 비언어적 의사소통도 매우 중요하다. 첫째는 경직적이라든가, 위협적이라고 하는 등의 자세(posture)가 있으며, 둘째는 상대방의 개인적 공간을 존중 또는 침범하는 것, 각각의 경우에 있어서의 어느 정도 대화 상대자로부터 거리를 두어야 하는지 등 공간활용(space)에 관한 것이 있으며, 셋째는 주어진 공간 내에서 어떻게, 얼마나 자주 그리고 많이 몸을 움직이는지 등 몸 위치(body position)에 관한 것, 넷째는 손과 팔을 어떻게 움직이는지에 관한 제스처, 마지막으로 얼마나 오래 그리고 자주 눈 맞춤을 하는지 등이 비언어적 의사소통에 포함된다. 아울러 풍자(innuendo), 아이러니 또는 냉소적 표현 등 농담 속에 담겨진 숨겨진 메시지를 읽어야 하는 것도 사람간의 소통에 있어 주요하게 고려되어야 한다(Bredley, 2003).

그렇다면 지적장애인이 의사소통의 상대자로서 어떻게 이해되고 있을까? 의사소통이 어렵다면 왜 그런가? 어렵다고 판단하는 근거는 무엇이고, 그러한 상황에서 우리들은 어떤 노력을 기울여 왔으며 어떻게 해야 하는가? 이러한 문제의식에 기초하여 아래에서는 우선 지적장애인의 의사소통과 관련된 고정된 관념에 대해 비판적으로 살펴보고, 지적장애인 의사소통의 중요성에 대한 이론적 배경, 지적장애인 의사소통 관련 쟁점, 지적장애인 의사소통을 활성화하기 위한 몇 가지 조언에 대해 살펴보고자 한다.

2) 지적장애인 의사소통에 대한 지배적 통념

(1) 중증장애인과 의사소통

인간다움을 구성하는 핵심적인 요소로 다른 사람과 생각, 아이디어, 감정 등을 교류하는 것을 들 수 있다. 그만큼 다른 사람과 연결할 수 있는 능력의 중요성은 아무리 강조해도 지나침이 없다. 헬렌 켈러는 시각과 청각 중, 만약 둘 다는 아니지만 어느 한 쪽이라도 회복된다면 "어느 쪽을 원하느냐"는 질문에 서슴없이 "듣고 싶다"고 했다고 한다. 그녀는 이어서 "보지 못하면 사물로부터 멀어지게 되지만, 듣지 못하면 사람으로부터 멀어지게 된다"라고 말했다고 한다. 흔히 중증 또는 중복 장애인들은 사회주류로부터의 이러한 분리의 문제에 노출되어 있다. 미국 연방법률에서는 중증장애인을 정의하기를 '신체적, 정신적 또는 정서적 문제가 심각해서 사회에의 유용하고 의미있는 참여와 자아실현을 위해서는 자신의 잠재능력을 충분히 극대화하도록 특수교육 및 사회, 심리, 의료서비스를 고도로 필요로 하는 사람'이라고 정의하고 있다. 그리고 많은 중증장애인들은 자신의 주위에 있는 사람들과 의사소통함에 있어 심각한 어려움을 경험하고 있다고 한다(Siegel and Wetherby, 2000).

(2) 지적장애인 의사소통에 대한 기존 태도 비판

① 지적장애인에 대한 부정적 통념

지적능력의 결여 또는 일상생활 적응에의 애로 등 지적장애인에 대한 부정적인 편견과 통념은 우리나라 뿐만 아니라 서구 사회에서도 통용되었는데, 이를 극복하기 위한 다양한 연구 또한 지속적으로 이루어져 왔다. Townsend(1969)는 지능검사가 제한된 분야의 능력을 측정하는 것으로서 이러한 검사가 특정한 계급이나 문화적·종족적 집단을 차별하는데 활용된 바를 지적하였으며, Kurtz(1981: 14)는 '지적장애인처럼 행동하는 것은 곧 제2의 천성이 될 수 있다'는 것을 언급하면서 사회적 낙인이 오히려 지적장애를 고착시킬 수 있음을 경고하고 있다. 한편, 장애인의 의존성을 강조하는 사회질서 속에서의 사회적 무능은 Barnes(1990)가 지적한 것처럼 국가의 가부장적인 역할의 반영에 지나지 않는다고 볼 수 있다. 즉, 특별한 관심과 돌봄을 받기 위해 수용될 수 있는 무능력의 수준은 가족, 동료집단, 지역사회와 관료사회의 인식과 인내의 범위에 의존하게 된다는 것이다. Koegel(1986)은 지적장애인이 어린아이로 남아있고(절대 성인기에 접어들 수 없다), 그들은 모두 같고(동질적 집단), 그들의 손상은 모든 행동에 영향을 미치고, 그들은 우리보다 더 다르다고 하는 사회의 지배적인 가정(假定)이 가져올 폐해를 지적하고 있다. 사회적 부적응도 마찬가지다. 가족구성원을 상실했을 때조차도 지적장애인이 슬픔을 밖으로 표현하는 것은 심리학자나 요양보호사에 의해 '문제행동'으로 간주되어 왔다. 슬픔에 뒤따르는 어떠한 행동상의 변화도 지적장애인이 갖고 있는 원초적인 진단에 기인한다고 보았다. 그러한 문제들로 인해 흔히 지적장애인은 의사소통능력이 결여되어 있고 지역사회로부터 격리되어져야 한다고 생각되었던 것이다.

② 지적장애인의 의사소통능력에 대한 통념 극복노력

얼마 전만 하더라도 신체적 장애를 함께 가지고 있는 중증 지적장애인과 같은 사람은 '의사소통을 할 수 없는' 존재로 간주되어져 왔다. 물론 다행스럽게도 요즘에는 그렇게 생각하는 것이 훨씬 줄어들었지만 흔히 장애인복지 종사자들로부터 "그이는 의사소통을 할 수 없어요!"라고 말하는 것을 종종 듣는다. 그러나 그러한 종사자들도 사실은 그 당사자인 장애인과 의사소통을 하고 있다. 즉, 당사자가 울거나 소리를 지를 때 반응하며, 그의 행동과 얼굴 표정을 보고 메시지를 해석하고 있는 것이다. 그 당사자는 말은 할 수 없어도 자신이 맞닥뜨린 상황에 대해 부정적인 감정을 매우 분명하게 표출하고 있는 것이다. 우리의 대부분이 그렇듯이 언어적 수단을 통한 의사소통은 그 당사자가 하기 힘들지만 비언어적 행동을 통해서는 의심의 여지없이 의사소통을 하고 있는 것이다.

그러므로 지적장애인 전체를 집단으로 묶어 의사소통능력에 대해 획일적으로 판단하는 것은 개별적 차이를 간과하는 것이라는 점에서 지양되어야 한다. 일반법에서는 모든 사람들은 자신들을 위해 의사를 결정할 수 있는 능력이 있다고 하면서 장애인에게는 반대의 논리를 적용하고 있다. 즉, 장애인은 자신이 의사결정을 할 수 있다는 것을 '증명하도록 요구받는다'는 것이다. 이에 따라 정신적으로 판단하기 어려워 의사결정을 내리기 힘들다고 일방적으로 여겨지는 지적장애인은 지침 마련·적용, 모니터링 등 정당한 이의제기 절차가 결여되어 있음에도 불구하고 '지적장애인의 이익을 위하여' 내리는 대체적(代替的) 결정과정에서 종속적인 위치에 놓이게 될 수밖에 없는 것이다(Morris, 2004: 431).

또한, 의사소통능력 부족의 원인을 당사자에게 국한시키는 것은 비판적인 관점에서 재구조화될 필요가 있다. 즉, 지적장애인이 자신의 의사소통능력을 좀 더 개발시킬 수 있음에도 불구하고 사회는 그러한 개발기회를 박탈해 왔는데, 그러한 결과로 나타난 지적장애인의 의사소통능력을 박탈자 자신인 사회가 정한 기준과 잣대로 '부족하거나 없다'고 평가하는 것은 본말이 전도된 것이다. 즉, 지적장애인은 자신의 의사소통능력을 향상시키는데 일상생활에서, 교육과정에서 늘 소외되어져 왔고, 이후 정보습득능력이 부족하다는 이유로 사회가 새로운 정보를 이들에게 제공하는데 소극적이었고, 그 결과 지적장애인은 점차 급변하는 사회세계의 주요한 정보를 따라잡는데 지체하게 된 것이다. 그러므로 지적장애인에 대한 고착화된 부정적 낙인은 그들로 하여금 소통과정에서 소극적이게 만들고 대화에 적극적인 태도를 취할 수 없게 만든 사회의 억압적 과정에 기인한다고 볼 수 있다.

다행스럽게도, 최근 지적장애인의 장애연구과정에의 참여를 둘러싼 쟁점을 지적장애인의 의사소통능력, 진술의 진실성, 감춰진 삶을 중심으로 고찰하여 이들의 연구과정에의 참여가 가능하며 또 바람직하므로 종전의 배제 패러다임에서 참여 패러다임으로의 전환 필요성을 강조하는 연구도 이루어지고 있다(김진우, 2008a). 즉, 지적장애인에 대하여 배제적 및 집단적 판단에 기초하는 것이 아니라 개별적이면서도 전체를 포괄하는 판단에 따라 이루어져야 할 필요가 있다.

3. 정부 및 사회의 정보제공과 의사소통 지원에의 노력 및 한계

1) 정책적 노력 및 한계

우리나라에서 발달장애인은 그동안 의사소통능력이 부족하거나 미약해서 자신의 의사를 정확하게 전달하기 어렵고 따라서 표현된 내용의 사실여부에 대한 확증이 어려워 의미있는 내용의 전달자로서 역할하기 힘들다고 이해되어져 오고 있다(변용찬 외, 2001; 변용찬 외, 2006; 장창엽 외, 2001, 최종길, 2002)[1]. 뿐만 아니라 장애인실태조사 등 각종 실태조사와 정부연구용역에서 발달장애인은 연구참여자에서 제외되어져 온 실정이다. 이로 인해 발달장애인들은 삶에 중요한 영향을 미칠 수 있는 의사결정 과정에서 당사자가 배제되거나 타인을 통한 대리적 과정으로 이뤄져 발달장애인의 정보접근권, 자기결정권의 심각한 제약으로 차별이라는 주장이 제기되어져 왔다.

하지만 정부차원의 발달장애인의 의사소통 특성과 지원을 위한 체계적인 연구는 아직까지 이루어지지 않고 있으며 의사소통 능력 제고를 위한 각종 도구 사용, 문서작성 등의 구체적인 방안을 제시하고 있지 못하고 있는 상황이다. 또한 법 제(개)정, 정책 수립 및 집행과정에서의 발달장애인 의사소통 지원을 위한 제도설계 및 법 제정 및 개정이 미흡하다는 지적이 제기되고 있다.

하지만 최근 장애인 본인의 참여와 선택, 그리고 결정, 자립이 장애인 정책 및 서비스의 주요한 방향으로 설정되면서 발달장애인들의 의사소통에 대한 사회적 관심이 증대되고 있어, 발달장애인 의사소통과 관련된 법·제도 개선과 연구, 세부적 실행방법 마련이 요구되는 실정이다. 지금까지 우리나라에서 발달장애인에 대한 의사소통지원 정책은 부재한 상태. 정부에서 실시하는 각종 조사에서 조차도 발달장애인의 의사소통을 지원하여 최대한 그들의 의사를 이끌어 내려는 노력이 이루어지지 않았던 점을

---

1) 대부분의 연구에서 발달장애인을 포함한 여러 장애종별에서 의사소통이 어려운 경우 직원이나 부모에 대한 인터뷰를 통해 발달장애인 등에 대한 면접으로 갈음하거나, 면접자가 자기기입식으로 기재하였다. 즉, 발달장애인에 대한 인터뷰 과정에서 생겨날 수 있는 어려움들을 극복할 수 있는 방안들을 고안하기 보다는 실무적인 어려움을 이유로 발달장애인 등을 연구과정에서 배제했던 것이다. 신체적·정신적 손상으로 인해 생겨나는 다양한 욕구에 대해 사회가 적절한 대응을 하지 못해 발생하는 사회적 배제가 장애라는 사회적 모델의 입장에서 보면, 발달장애인을 연구과정에 포함시키려는 개념과 구체적 노력이 당시 우리나라에는 강구되지 않았던 것으로 판단된다.

미루어 볼 때 정책부재는 당연한 것처럼 느껴진다.

물론 장애인차별금지및권리구제등에관한법률이 있고 또 여기에서 의사소통에 관한 조문이 존재하지만 발달장애인에게는 실질적인 조문이 되지 못하고 있다(장애인차별금지 및 권리구제에 관한 법률 제23조(의사소통에서의 국가 및 지방자치단체의 의무) 관련 내용 참조). 더 나아가서는 장애인차별금지법 자체가 발달장애인에게는 무용지물일 수 있다는 것이다. 〈표1〉은 장차법에서 장애인에 대한 차별을 금지함에 있어 장애인 당사자 자신의 의사를 표현하는 것을 전제로 한 관련조항들을 정리한 것이다. 일반원칙으로서 다른 장애인과 마찬가지로 자기결정권과 선택권2)을 가지며 각 차별영역에서 정당한 편의를 제공해 주도록 요구할 수 있다. 아울러 소극적으로는 발달장애인 본인의 동의를 얻도록 하고 있고 적극적으로는 장애인 스스로 인식하고 작성할 수 있는 서식의 제작 및 제공을 요구하거나 가족·가정 및 복지시설에서 자신이 표명한 의사에 반하여 역할 강요 및 의사결정과정에서의 배제 등을 할 수 없도록 하고 있다. 그러나 중요한 것은 우리 사회가 발달장애인의 의사를 존중해주고 인정해 주지 않을 뿐만 아니라 발달장애인이 자기결정권을 행사할 수 있는 법적 절차가 마련되어 있지 않아 '자신의 의사에 따라 스스로 선택하고 결정할 수 없는' 구조에 갇혀 있다는 것이다. 그런 점에서 발달장애인에 대한 의사소통 지원이 실효성있게 이루어지지 않으면 장애인차별금지법은 존재가치가 없게 된다는 것은 매우 치명적인 입법적 오류에 해당한다고 볼 수 있다(김진우, 2008b).

---

2) 자기결정권 및 선택권(제7조)을 규정하는 것과 관련하여, 법 제정과정에서 동 내용 자체의 포함여부에 대해서는 정부나 민간단체 간에 이견은 없었다. 다만, 정부에서는 판단능력이 미숙한 장애아동이나 발달장애인 또는 정신장애인의 경우 이 조항 적용시 자기결정권을 실행할 수 있는 능력이 있다고 볼 수 없어 문제의 소지가 있다고 주장하였다. 이에 대하여 장추련에서는 모든 발달장애인이나 정신장애인이 자신의 의사표현능력을 상실하고 있다고 보기 어렵고 아울러 장애 정도에 따라 의사소통능력, 자기주장능력이 다를 수 있으며 이의 적절한 행사를 위해 주위의 도움을 어떻게 적절히 배려할 것인지가 보다 중요하다고 주장하였다. 이러한 양 측의 입장이 논의과정에서 대립되었으나 합의안에서는 현행 장차법 제7조제1항에서와 같이 '자신의 생활 전반에 관하여 자신의 의사에 따라 스스로 선택하고 결정할 권리를 가진다'라고 규정하게 되었다(김광이·박종운, 2007).

표1 자기 의사표현에 기초한 장애인차별금지법 조항 및 그 내용

관계	관련 조항	내 용
일반 원칙	제7조 (자기결정권및선택권)	① 장애인은 자신의 생활 전반에 관하여 **자신의 의사에 따라** 스스로 선택하고 결정할 권리를 가진다. ② 장애인은 장애인 아닌 사람과 **동등한 선택권을 보장받기 위하여 필요한 서비스와 정보를** 제공 받을 권리를 가진다.
	제11조(고용), 제14조(교육), 제21조(정보통신·의사소통), 제33조(장애여성)	동 조(條)들의 정당한 편의제공 관련
소극적	제22조 (개인정보보호)	① 장애인의 개인정보는 반드시 **본인의 동의하에** 수집되어야 하고, 당해 개인정보에 대한 무단접근이나 오·남용으로부터 안전하여야 한다. ③ 장애아동이나 **정신장애인 등 본인의 동의를 얻기 어려운 장애인**에 있어서 당해 장애인의 개인정보의 수집·이용·제공 등에 관련된 **동의행위를 대리하는 자는 「민법」의 규정을 준용한다.**
적극적	제13조 (차별금지)	③ 교육책임자는 당해 교육기관에 재학 중인 **장애인** 및 그 보호자가 제14조제1항 각 호의 **편의 제공을 요청할 때** 정당한 사유 없이 이를 거절하여서는 아니 된다.
	제26조 (사법·행정절차 및 서비스 제공에 있어서의 차별금지)	⑤ 공공기관 및 그 소속원은 장애인이 사법·행정절차 및 서비스에 참여하기 위하여 **장애인 스스로 인식하고 작성할 수 있는 서식의 제작 및 제공 등 정당한 편의 제공을 요구할 경우** 이를 거부하거나 임의로 집행함으로써 장애인에게 불이익을 주어서는 아니 된다.
	제30조 (가족·가정·복지시설 등에서의 차별금지)	① 가족·가정 및 복지시설 등의 구성원은 **장애인의 의사에 반하여** 과중한 역할을 강요하거나 장애를 이유로 정당한 사유 없이 의사결정과정에서 장애인을 배제하여서는 아니 된다. ② 가족·가정 및 복지시설 등의 구성원은 정당한 사유 없이 **장애인의 의사에 반하여** 장애인의 외모 또는 신체를 공개하여서는 아니 된다.

특히 발달장애인(지적+자폐)의 경우 의사소통이 어려운데 비장애인은 자신들의 방식으로 의사소통을 강요하고, 여의치 않으면 대화를 단절하고 의미생성자로 간주하지 않음으로 인해 이들에 대한 인권침해시 조사과정에서도 이들과 의사소통을 할 수 있는 기본구조가 부재하다. 조사 자체에서 애로가 발생하거나 당사자가 아닌 직원의 진

술에 의존하는 문제가 부가적으로 제기될 가능성을 잉태하고 있다. 나아가서는 모든 정보로부터 일정 정도 차단당하고 자신을 의미있는 대화의 상대자로 삼아주지 않기 때문에 나타나는 자기존중감 저하 등은 더욱더 의사소통 구조를 폐쇄적으로 가져가게 하는 2차적 요인으로 작용할 가능성이 있다.

발달장애인의 실질적인 의사소통 증진을 위한 전제조건인 것은 이들에 대한 정보제 공이 원활하게 이루어져야 하나 현실에서는 이들의 의사소통능력에 대해 회의적인 사회적 시각과 통념으로 인해 오히려 비장애인에 비해 더 부족한 정보가 제공되고 있는 실정이다.

2) 실천·연구에서의 노력 및 한계

연구·실천분야에서도 우리나라에서 많은 노력이 그동안 경주되어져 왔다. 장애인 거주시설 서비스 이용과정에서 발달장애인이 주체적 입장에서 서비스 이용 여부 및 내용을 판단할 수 있도록 지원해 주는 연구(김진우·송남영·권미영, 2009), 장애인이 형사절차상에 있어 피해자 또는 피의자로 경찰서를 찾거나 경찰에 의해 조사를 받게 되는 경우 어떻게 대응해야 하는지, 동반자없이 병의원을 이용하게 될 때의 의사소통 지원 및 지하철 역사 내에서 벌어질 수 있는 여러 곤란한 상황에 직면하게 될 때의 의 사소통지원 도구를 개발한 연구(김진우·송남영·부성은, 2011) 등이 있다. 이러한 연구를 통해 각각의 상황에 맞는 그림카드를 개발하고 긴급상황에서 도움이 될 수 있 도록 자신의 기본적인 정보와 의료서비스 이용정보를 담고 있는 I-Card의 중요성과 작 성방법이 개발되기도 하였다[3].

사회서비스 실천현장에서 장애인이 이용할 수 있는 서비스가 보다 다양해지고 있는 데 모두 신청주의에 기반해 있다. 사회서비스가 신설되거나 변경되더라도 이에 대한

---

3) I-Card는 영국에서 Communication Passport라고 불리는 것을 한국에 소개하는 과정에서 '나(I)를 소개하는 정보 (Information)를 담고 있어 당사자와 상대방의 상호소통(Interactive)을 돕는 도구'라는 의미에서 'I-Card'라고 명칭을 바꾸었 다. I-Card 제작 및 활용방법 등에 대한 상세한 내용은 김진우·송남영·부성은(2011), 김진우·송남영(2014)을 참고하 시기 바란다.

정보를 발달장애인 당사자에게 적절하게 제공하지 않는다면 무용지물에 그치고 만다는 점에서 당사자의 신청권을 실효적으로 보장하기 위해서는 관련 정보를 발달장애의 특성을 고려한 정보제공방식으로 변형시켜 알려줄 필요가 있다. 그런 의미에서 발달장애인에 대한 정보제공과 의사소통지원은 발달장애인이 각종 복지시책 이용에의 주체적이고 적극적인 입장을 견지할 수 있는 토대를 제공해 준다.

그러나 이제까지 연구되어진 분야는 매우 제한적인 반면, 정보제공 및 의사소통지원은 발달장애인의 제반 삶의 국면에 모두 필요하다고 보면 패러다임 전환을 시도하고 있으나 여전히 장애특성을 고려한 정보제공 및 의사소통지원은 제대로 이루어지지 못하고 있는 실정이라 해도 과언이 아니다.

4. 정보제공 및 의사소통지원의 제도화를 위한 대안

1) 연구사업 수행

우선적으로는 발달장애인 의사소통의 중요성에 대한 사회적 공감대를 확산하고 관련 정책의 개발추진을 위해서는 우선 발달장애인 의사소통 지원 실태 조사를 실시할 필요가 있다. 이는 발달장애인의 의사소통 특성과 지원방안 기초연구, 발달장애인 의사소통지원에 대한 외국 사례 연구, 발달장애인 의사소통 능력 제고를 위한 보완대체 의사소통 방안 연구, 발달장애인 의사소통 지원을 위한 법제도 개선 방안 연구, 입법·사법·행정과정에서의 의사소통 지원 매뉴얼 개발 연구 등이 포함될 수 있다. 아울러 이를 뒷받침하는 연구로서 발달장애인이 의사소통하는 다양한 방식에 대한 이해를 도모하고 이를 기초로 비장애인이 그러한 발달장애인 개개인에 대해 어떻게 의사소통해야 하는지에 대한 풍부하고도 다양한 연구가 진행될 필요가 있다.

2) 법·제도 개선

발달장애인에게 정보접근권과 자기결정 보장을 위한 자료 및 서식 작성 지침을 개발하는 것이 필요한데, 청각 보조자료, 읽기쉬운 버전의 글 작성 등이 여기에 해당하며 이와 관련된 관련 법이 개정되어야 할 것이다. 즉, 장애인차별금지법에서는 발달장애인 의사소통 지원관련 내용이, 장애인복지법에서는 장애인관련 정책 제공시 발달장애인에 대한 정보제공방식에 대한 규정이, 사회복지사업법에서는 사회복지시설 평가시 발달장애인 의사확인방법 등에 대한 세부내용에 대한 보완이 필요하며 아울러 각종 소송관련, 직업, 교육, 문화 등 발달장애인의 삶에 영향을 미치는 관련 법 들에서의 관련 규정들의 개정 또한 함께 검토되어야 한다.

3) 발달장애인 의사소통 지원 지침 및 도구 개발·보급

우선 발달장애인 의사소통 능력 제고를 위한 도구 개발 사업을 추진해야 할 것이다. AAC(보완대체의사소통) 도구 개발 보급(그림의사소통보드, 음성구동장치, 컴퓨터를 활용한 의사소통 도구 등), Communication Passport(영국, 한국 I_CARD), 의사소통 지원보드(지하철, 경찰서, 소방서, 병원 등 보급 활용, 일본) 등을 참고하여 한국형 의사소통 도구가 개발되어야 한다.

또 발달장애인 스스로 인식, 작성할 수 있는 서식 개발 및 보급이 필요하다. 현재 다양한 장애인복지서비스가 개발·확충되고 있으나 그러한 서비스의 확대내용이 발달장애인에게 그들이 소화할 수 있는 적절한 의사소통방법으로 전환되어 설명되고 있지 못하는 현실은 그들의 의사소통능력이 제한적이고 그들의 의사소통내용에 대한 신뢰성과 확신을 주지 못하기 때문이다. 그러나 그러한 정보제공의 제한은 정보소화력을 낮출 뿐만 아니라 제공되지 않은 정보가 연역적으로 또 다른 정보와 관련이 될 때 연차적, 지속적으로 정보이해력은 낮아질 수밖에 없으며 정보화사회에서의 낙오자가 되는 것이 현실이다. 그 결과 많은 지원정책이 개발·추진되더라도 이를 알 수 없어 적절한 서비스 이용을 선택하지 못하게 되고 그로 인해 신체적 장애를 가진 사람들에 비해 정책 변화의 흐름을 이해하거나 서비스를 신청하는데 있어 상대적으로 불리하게 위치하게 된다. 그러므로 서비스 신청권의 실효성을 확보하기 위해 정부가 제공하는 각종 정보의 수준 낮추기기 요구된다. 이러한 사항들을 추진하기 위해서는 발달장애인의 의사 확인을 위한 각종 소통 지원 자료 개발 및 보급이 필요하다.

4) 상기의 과제를 추진하기 위해 발달장애인에 대한 정보제공 필수적

이러한 의사소통 지원정책의 전제는 발달장애인 또한 정부정책의 고객으로서 주요한 정보를 적절한 형태로 전달받아야 하는 법적 주체로 간주되어야 한다. 그렇게 됨으로써 정부의 주요 장애정책에 대해 발달장애인이 이해하기 쉬운 버전으로 정부정책 설명자료를 별도로 제작·배포하고 홈페이지에 게재할 수 있는 제도적 장치가 마련될 필요가 있다.

이와 관련하여, 주목해야 할 것은 어떻게 이해하기 쉬운 버전을 만들 수 있는가이다. 물론 현재까지의 연구를 통해 이해하기 쉬운 짧은 글과 그림·사진 등 시각적 자료를 통해 내용이해의 보조적 역할을 강조한 바 있다. 그러나 여기에서 한 단계 더 나아가 '짧은 글'을 어떻게 작성할 것인가이다. 수사학적 문구나 긴 글, 복합문장과 이중부정은 단문과 직설적인 내용으로 바꾸는 것이 필요한데, '어떻게 적는 글이 가장 바람직한가'에 대한 깊이있는 연구나 사회적 합의가 없다. 그러므로 정보제공의 기본적 틀을 마련하기 위해서는 외국의 작성원칙을 참고하되, 어문학적으로 영어와 한글의 어순과 표현방법이 다르기 때문에 우리 방식에서의 쉬운 글적기의 표준을 장애인복지 전문가, 발달장애전문가 그리고 국어학자들이 함께하는 공동연구가 절실하다.

5. 글을 맺으며

그간 우리 사회에서는 발달장애인에 대한 정보제공과 의사소통 지원 확대를 위한 노력이 지속되었다. 그러나 아직까지 코페르니쿠스적인 전환적 성격의 패러다임 전환이 이루어졌다기 보다는 이에 대한 중요성에 대한 공감대가 서서히 확대되고 있는 과정에 있다고 볼 수 있다. 확실한 것 중의 하나는 발달장애인정책의 핵심에는 이들에 대한 정보제공과 의사소통지원이라는 것을 거듭 확인되고 있다는 점이다 이들에 대한 지원이 없이는 많은 정책들이 개발되어도 정작 발달장애인을 타자화시킬 수밖에 없음을 알게 되는 것이다.

나아가 정보제공과 의사소통지원이라는 소극성에서 벗어나 보다 적극적으로 관련 법률의 개정 및 실천차원에서 발달장애인의 의견을 묻고 소통하고 그 내용과 결과에 따른 정책입안 및 정책 피드백이 되는 시스템과 환경을 조성해야 한다.

그러므로 이를 위해서는 우선적으로 발달장애인에 대한 정보제공의 중요성과 의사소통 지원의 필요성에 대한 전반적인 인식을 변환시킬 수 있는 적극적인 홍보전략 및 구체적인 행동지침을 마련, 보급해야 하는 시점이라는 점을 정책적으로, 실천적으로 명확하게 부각해야 할 필요가 있다고 본다.

참고문헌

김광이 · 박종운. 2007. "장애인차별금지법 제정사와 쟁점". 장애인차별금지실천연대. 『우리가 가는 길이 역사다: 시작에서 끝까지』. 젊은 기획. 150-197.

김진우. 2008a. "장애연구에의 지적장애인의 참여를 둘러싼 쟁점에 대한 고찰". 『한국사회복지학』. 60(3). 83-106.

김진우. 2008b. "지적장애인 관점에서의 장애인차별금지법에 대한 비판적 고찰". 『사회복지정책』. 35. 169-195.

김진우 · 송남영. 2010. "지적장애인과의 의사소통 증진에의 쟁점 이해".『한국사회복지질적연구』. 4(2). 5-31.

김진우 · 송남영 · 권미영. 2009. "지적장애인 의사소통 지원".『장애인거주시설 서비스 최저기준 적용 매뉴얼 2』. 성공회대학교 사회복지연구소 · 한국장애인복지시설협회.

김진우 · 송남영 · 부성은. 2011. "지적장애인 의사소통 증진".『장애인거주시설 서비스 최저기준 적용 매뉴얼 6』. 덕성여자대학교 산학협력단 · 한국장애인복지시설협회.

김진우 · 송남영. 2014.『아이카드(자기소개 카드) 작성 매뉴얼』. 한국지적장애인복지협회.

남구현 외. 2005.『장애인생활시설 생활인 인권상황 실태조사』. 국가인권위원회.

변용찬 외. 2001.『2000년도 장애인 실태조사』. 한국보건사회연구원.

변용찬 외, 2006.『2005년도 장애인실태조사』, 한국보건사회연구원.

장창엽 외. 2001.『2000년 장애인근로자 실태조사』. 한국장애인고용촉진공단.

최종길. 2002. "지적장애인 개인적인 특징이 지원고용에 미치는 영향에 관한 연구".『직업재활활연구』10(2): 93-122.

Antaki, C., Young, N. and Finlay, M. 2002. "Shaping Clients' Answers: departures from neutrality in care-staff interviews with people with a learning disability." *Disability and Society* 17(4): 435-455.

Barnes, C. 1990. The Cabbage Syndrome: *The Social Construction of Dependence*. London: The Palmer Press.

Bredley, A. 2003. Foundation in care: Understand Positive Communication - Supporting the certificates in Working with people who have Learning Disabilities, BILD.

Brawn, F., Gothelf, C., Guess, D. and Lehr, D. 1998. Self-Determination for individuals with the most severe disabilities: Moving beyond the chimera. *Journal of the Association for Persons with Severe Handicaps*. 23(1). 17-26.

Bunning, K., Porter, J. and Morgan, M. 2007. See What I Mean - Guideline to aid understanding of communication by people with severe and propound learning disabilities, BILD.

Clarke, C., Lhussier, M, Minto, C., Gibb, C. and Perini, T. 2005. "Paradoxes, locations and the need for social coherence: a qualitative study of living with a learning difficulty." *Disability and Society* 20(4): 405-419.

Hutchby, I. and Wooffitt, R. 1998. *Conversation Analysis*. Cambridge: Polity Press.

Koegel, P. 1986. You are what you drink: evidence of socialised incompetence in the life of a mildly retarded adult. in Langness, L. and Levine, H.(eds) *Culture and Retardation*. Kluwer: D. Reidel Publishing Company.

Kurtz, R. 1981. The sociological approach to mental retardation. in Brechin, A., Liddiard, P. and Swain, J. (eds) *Handicap in a Social World*. Kent: Hodder and Stoughton in association with the Open University Press.

Kvale, S. 1996. *InterViews-An Introduction to Qualitative Research Interviewing*. London: Sage.

Lewis, A. 2002. "Accessing, through research interviewing, the views of children with difficulties in learning." *Support for Learning* 17(3): 110-116.

Morris, J. 2004. "Independent living and community care: a disempowering framework." *Disability and Society*. 19(5): 427-442.

Psathas, G. and Anderson, T. 1990. "The 'Practices' of Transcription in Conversation Analysis." *Semiotica* 78: 75-99.

Rapley, M. and Antaki, C. 1996. "A Conversation Analysis of the 'Acquiescence' of People with Learning Disabilities." *Journal of Comminity and Applied Psychology* 6: 207-227.

Siegel, E. and Wetherby, A. 2000. Nonsymbolic communication. in M. E. Snell and Brown (Eds) Upper Saddle River. NJ: Merrill.

Townsend, P. 1969. Foreword in Morris, P. (eds) *Put Away: A Sociological Study of Institution for the Mentally Retarded*. London: Routledge and Kegan Paul.

Wolfensberger, W. 1975. The origin and nature of our institutional models. Syracuse, NY: Human Policy Press.

제6장
자기결정[1)]

이 복 실 (한국장애인개발원)

1. 서론

우리는 살아가면서 순간순간 필요한 선택과 결정을 하게 된다. 일상에서 맞닥뜨리는 내 문제에 다른 사람이 개입하거나 강요하면 매우 불쾌해하고 심지어 화를 내기도 한다. 그 결정이 항상 옳고 최선이 아니라도 선택과 결정은 온전히 나의 몫이요 당연한 권리라고 여기기 때문이다. 자기결정은 다른 사람이나 외부의 영향 없이 본인의 뜻에 따라 선택하고 결정하는 것을 말한다. 따라서 스스로 결정한다는 것은 개인의 욕구를 표현하는 것이며, 인간의 기본적인 권리요, 자율권을 행사하는 것이라 할 수 있다.

자기결정의 의미와 중요성에도 불구하고 발달장애인은 스스로 선택하고 결정하는 것이 어렵거나 불가능하다고 간주되는 대표적인 집단이다. 모두에게 당연한 기본권인

---

1) 2013년 7월부터 성년후견제가 실시되고 있다. 성년후견제는 가정법원의 결정 또는 후견계약을 통해 선임된 후견인이 정신적 능력의 제약으로 의사결정과 권리주장이 어려운 발달장애인, 정신장애인, 치매노인 등의 재산관리 및 일상생활과 관련된 신상보호를 지원하는 제도이다. 성년후견제도의 시행에서 주요 쟁점은 자기결정권을 보장하기 위한 체계를 어떻게 구축하는가이다. 본 장은 실천현장을 배경으로 자기결정에 대한 서비스 제공자의 이해를 돕고 지원과정에서 자기결정을 어떻게 향상시킬 것인가를 설명하는 데 주요한 목적을 두고 있다. 따라서 현재 시행 중인 성년후견제는 발달장애인의 자기결정을 향상시키기 위한 실천적 측면에 대한 내용과 성격을 달리하므로 포함시키지 않았다.

선택과 결정을 발달장애인의 권리로서 인정하기보다는 능력을 기준으로 평가하려는 경향이 강했지만 이에 대해 공식적으로 문제가 제기된 경우는 많지 않았다. 이처럼 사람들은 발달장애인의 결정 능력에 의구심을 가져왔으며 심지어 발달장애인은 스스로 결정한다는 것에 전혀 관심이 없거나 특별한 의미도 부여하지 않을 거라고 여기기도 한다. 그러나 이는 상당한 착각임을 보여준 인상적인 연구가 있다.

발달장애인은 자기결정을 어떻게 이해하고 있는지를 파악하기 위해 캐나다, 중국, 라틴아메리카, 미국, 스페인 등의 5개국 연구자들은 서비스 이용자 778명, 가족 491명, 서비스 제공자 773명 등 총 2,000여명을 대상으로 연구를 수행하였다. 연구자들은 삶의 질 영역을 감정적 복지, 대인관계, 물리적 복지, 개인적 발달, 신체적 복지, 자기결정, 사회적 통합, 권리 등 8개로 분류하고 참여자 집단 간 인식을 비교하였다(Schalock et al., 2005). 그 결과, 서비스 이용자들은 삶의 질을 판단하는 요인 중 자기결정을 가장 높게, 가족과 서비스 제공자들은 가장 낮게 인식하는 것으로 조사되었다. 일반적으로 가족이나 서비스 제공자들은 발달장애인과 함께 하는 시간이 많으므로 비교적 당사자의 욕구와 생각을 잘 이해할 것으로 여겨졌기 때문에 놀라운 결과가 아닐 수 없다. 해당 연구는 실천현장의 서비스 제공자와 서비스 이용자의 인식에 명백하게 차이가 있을 수 있음을 입증하고 자기결정에 대한 비당사자들의 관심을 환기시켰다는 점에서 의의가 크다.

자기결정은 발달장애인의 자립을 실현하기 위한 전제이자 가장 기본적인 요건이라 할 수 있다. 서구사회에서는 삶의 질과의 관련성에서 출발하여 자기결정에 관한 연구가 수십 년 동안 지속되어 왔으며, 21세기에 서비스 제공기관이 달성해야 할 대표적인 서비스 혁신으로 강조되기도 했다(Loon & Hove, 2001). 이에 비해 국내에서는 발달장애인의 자기결정에 대한 중요성과 필요성이 공감하는 수준에 그치고 공론화되지 못했으며 논의가 본격화된 것은 비교적 최근이다. 자립과 함께 발달장애인의 선택과 결정권, 지역사회 참여 및 권익옹호 등이 쟁점화 되었으며 특히 서비스 이용자의 거주조건에 따른 자기결정이 강조되고 있다. 예를 들면, 거주시설의 경우 다수가 제한된 공간에서 함께 생활하며 일정한 규칙을 따른다는 특성상 기본권에 제약이 가해지고 자기결정권이 침해당할 여지가 높다(임성택, 2012). 따라서 다양한 실천현장에서 발달장애인의 자기결정을 보장할 수 있는 여건을 마련하고 결정 수준을 향상시킬 수 있게 지원하기란 결코 쉽지 않은 과제일 것이다.

서비스 제공자는 시간과 공간을 공유하며 상호작용하는 과정에서 발달장애인이 스스로 결정하도록 하는 데 상당한 영향을 끼치게 된다. 실천현장의 서비스 제공자가 자기결정을 어떻게 해석하고 어떤 태도를 가지고 지원하는가에 따라 서비스 이용자의 경험이 달라질 수 있으므로 그들의 역할은 매우 중요하다. 그러나 발달장애인의 자기결정이 실천적 차원에서 세부적으로 다루어지지 못한 실정이라 현장의 서비스 제공자들은 어느 수준에서 어떻게 서비스를 제공해야 할 것인가와 관련하여 많은 고민을 안고 있다. 본 장에서는 발달장애인을 지원하는 서비스 제공자의 이해를 돕기 위해 자기결정의 의미, 자기결정의 쟁점화 배경과 과정, 자기결정의 개념적 틀거리를 제공한 주요 이론 및 자기결정에 영향을 미치는 요인과 지원방법 등을 살펴볼 것이다.

2. 발달장애인에게 자기결정이 갖는 의미

발달장애인의 자기결정이 주목을 받게 된 배경에는 다음과 같은 요인들이 중요하게 작용하고 있다.

첫째, 정상화 원칙과 사회적 모델을 주축으로 한 패러다임의 변화에 근거한다. 정상화 원칙은 발달장애인의 선택, 바램, 희망 등에 기초한 일상성을 강조하며 자기결정을 세계적으로 공론화시키는 데 큰 기여를 하였다. 또한 장애가 개인이 아닌 사회적 차원에서 다루어져야 함을 중시하는 사회적 모델은 당사자의 참여와 결정뿐만 아니라 사회가 서비스 이용자에게 적합한 환경을 갖출 것을 중시한다. 자기결정의 중요성을 최초로 제기한 Nirje(1972)는 장애와 관련한 어떠한 정의나 이념보다도 발달장애인의 자기결정이 우선적으로 실현되어야 한다고 강조한 바 있다.

둘째, 용어변경과 인식개선에 기초하고 있다. 정신지체라는 용어가 주류사회로의 참여를 제한하며 무기력한 이미지를 유발한다는 지적에 따라 지적장애로 대체되었다[2]. 지적장애는 적절한 지원을 제공받게 되면 특정 영역에서 당사자가 기능을 획득할 수 있음을 중시하고 있는데 발달장애인이 스스로 결정하는 능력도 이와 비슷한 맥락으로 이해된다. 용어변경은 장애에 대한 비장애인의 이해를 확장시켰으며 실천현장에서의 다면적 지원을 보편화시킨 중요한 개념적 배경이 되었다.

셋째, 삶의 질을 확보하기 위한 기반으로 강조된다. 자기결정은 삶의 질을 구성하는 핵심요소이자 일종의 해방(Loon & Hove, 2001)으로 인식되기도 한다. 삶의 질에 대한 관심이 증가함에 따라 발달장애인의 삶의 질을 높이기 위한 차원에서 당사자가 욕구와 선호를 표현할 수 있도록 적극적으로 지지할 것과 개별적 특성에 부합되는 지원이 강조되었으며 자기결정의 의미와 중요성을 확장시키는 데 결정적으로 기여하였다.

철학적 측면에서 자기결정은 실존과 관련된 개념이지만 실제적 측면에서 자기결정은 누구와 살 것인가, 어디에서 살 것인가, 여가시간에 무엇을 할 것인가, 어떤 직업을 선택할 것인가 등과 같은 일상생활과 밀접하게 관련되어 있다(Mary et al., 2005). 자기결정적이란 일상에서 발생하는 일이나 특정 문제에 대해 자신의 목소리를 내는 것이다. 스스로 결정하고 책임을 지는 과정은 인간의 발달단계에서 주요한 과업이며 이는 발달장애인에게도 동일하게 적용된다. 따라서 자신이 주체적으로 판단하고 결정하는데 어려움을 겪는 발달장애인에게 개별적 특성과 상황에 적합한 지원이 제공된다는 것은 권리를 보장하기 위한 형평성 차원에서 타당하고 당연하다고 하겠다. 만약 발달장애인의 일상이 타인이나 사회적 환경에 의해 통제된다면 사회복지이념으로 강조되는 당사자의 주체적 권리가 상실될 우려가 커진다.

한편, 발달장애인에게 자기결정이란 개인의 존엄성을 보장하는 차원에서도 의미가 크다. 자기결정은 당사자의 경험을 중시한다는 점에서 Perske(1972)가 주장한 위험감수권(the dignity of risk) 맥락과 유사해 보인다. 위험감수권의 기본원칙은 위험을 감

---

2) 전미정신지체협회는(AAMR) 정신지체(mental retardation)가 개인의 다양한 필요와 특성을 무시하며 주류사회에의 참여를 제한하며 무능력, 무기력의 이미지를 야기한다는 점에서 지적장애(intellectual disabilities)를 사용하기로 결정하였다. 그 결과 2007년 1월 1일부터 학회이름을 미국지적 및 발달장애학회(American Association on the intellectual & Developmental Disabilities ; AAIDD)로 개칭하였다.

수하고 어떤 시도를 한다는 것이다. 즉 발달장애인은 어느 정도 위험이 예견되더라도 직접 도전함으로써 실수에 대처하는 방법도 배우게 되고 당사자의 발전도 기대할 수 있다. 이 때 주의할 점은 위험감수를 강조하는 것과 무모함을 부추기는 것은 엄연히 다르다는 점이다. 실천현장의 서비스 제공자들이 빈번하게 저지르는 실수 중 하나는 발달장애인의 안전과 보호를 지나치게 염려한 나머지 그들이 결정할 수 있는 기회를 박탈하는 것이다. 위험감수권의 목적은 발달장애인이 도전할 수 있도록 적절한 방식으로 지원하고 기회를 최대한 제공하여 궁극적으로 스스로 결정하는 능력을 향상시키는 것이다. 발달장애인들이 스스로 결정하는 과정에서 예기치 못한 위험에 처할 수도 있다. 그러나 부적절한 결정을 할 수 있다는 우려 때문에 결정 기회를 차단하거나 부정하는 것은 구성원으로서의 지역사회 활동에 참여할 권리와 심각하게 모순된다 (Guess et al., 2008).

요약하면, 발달장애인의 자기결정이 중요한 이유는 첫째, 스스로 결정함으로써 자신을 잘 대변하고 인권을 보호할 수 있으며 둘째, 사회적 통합과 참여를 촉진시키는 중요한 수단이 되고 셋째, 자기존중과 임파워먼트에 필요한 조건을 충족시킬 수 있으며 넷째, 성인기 발달단계의 주요 과업인 자립을 실현할 수 있게 되고 다섯째, 삶의 질 향상도 가능하기 때문이다. 이는 서비스 제공자가 실천현장에서 발달장애인의 자기결정을 적극적으로 지원해야 하는 명분이자 주요 목적이기도 하다.

3. 자기결정 쟁점화 과정과 주요 가치

1) 자기결정 개념화 과정

자기결정은 인간이 이성을 사용할 것을 주장한 18세기 계몽주의에 철학적 기반을 두고 있다(Major, 2000). 계몽주의는 모든 행동은 이전 사건의 결과라는 철학적 결정주의와 인간은 절대적으로 신의 통제아래 있다는 신학적 결정주 원칙에 반기를 들고 인간의 능력을 제기하였다. 인간의 사유능력은 Locke에 의해 처음으로 주장되었다. 17세기 Locke는 '행동은 개인의 생각에서 비롯되며 지성은 개인의 기호에 따라 작동된다'고 주장함으로써 자기결정의 기본 요소인 인간의 자유의지를 강조하였다. 이후 결정주의는 인간의 행동을 결정짓는 요인을 분석하는 것으로 점차 확장되었다.

20세기에 접어들면서 과학발전과 새로운 이론의 등장으로 인간행동의 원인, 상호작용, 결과에 대한 해석 등의 연구가 심리학과 생물학 등의 분야를 중심으로 이루어졌다. 특히 20세기 중반 심리학이론은 자기결정에 관한 논의를 체계화시키는 데 결정적으로 기여했다. 일반적으로 자기결정은 국가적·정치적 또는 집단적 자기결정(collective self-determination)과 개별적 자기결정(personal self-determination) 두 차원으로 분류된다. 집단적 자기결정은 정치적 주장에 대한 권리, 이념, 원칙 등으로 개별적 자기결정은 행동에 대한 동기, 능력, 특성 등으로 개념화된다.

개별적 자기결정은 1940년대 초 개인심리학 분야의 발달과 함께 등장하였다. 개별적 자기결정은 심리학자들이 수립한 이론에 기초하고 있으며, 특수교육과 사회복지분야에서 가치지향적인 개념으로 확장되었다. 1960년대 장애인들을 중심으로 대두된 자기결정은 1970년대와 1980년대 권익옹호운동을 거쳐, 1990년대 미국 특수교육 영역에서 관심을 갖기 시작하였다. 자기결정에 대한 특수교육은 장애학생이 학교를 마친 후 성공적인 성인기로 전환할 수 있도록 연계하는 과정에서 상당한 진전을 이루어냈다. 자기결정은 시민권, 역량강화, 자기옹호 등 권리 차원에서 출발하였으나 삶의 질과의 관련성을 규명한 경험적 연구들이 등장하면서 교수법, 개입 및 성과 차원에서 강조되었다. 자기결정의 발달 과정은 〈표 1〉과 같다.

표1 자기결정의 개념화 과정

시대순	주요 내용
1683	로크는 행동이란 인간 사고의 결과이며, 자유의지와 신념에 의한 것임을 주장함
1918. 1. 8.	2차 세계대전 이후 윌슨은 세계평화를 목적으로 하는 "14개 핵심" 연설을 통해 전쟁에서 패배한 국가들의 자기결정 기회를 강조 : 자기결정 용어를 대중화시킴
1890~1930s	성격심리학의 등장으로 인간행동의 심리학적 탐구를 위한 이론적 기초가 마련됨
1920s	사회사업영역에서 개별적 자기결정 원칙에 기반한 실천 가치를 구축함
1970s	정상화원칙의 보편적 적용에 의해 발달장애서비스 원칙이 변화함, 자립이념 강조됨
1990s	자기결정 관련 개념 및 연구문헌 본격적으로 등장함

2) 사회복지실천과 자기결정

사회복지서비스 실천에서 자기결정은 권리와 가치로서 중시된다. 자기결정은 무엇보다 클라이언트의 권리에 중점을 두고 있으며, 20세기 초 사회사업에서 모든 서비스가 어떻게 제공되어야 하는지를 설명하는 원칙이기도 하다. 또한 자기결정은 인간의 존엄을 실현하기 위한 수단이자 내재적 가치로서 사회복지 실천의 핵심이다(김기덕, 2002). 자기결정전미협회(The National Office of Self-Determination)는 자기결정의 기본 원칙으로 자유(freedom), 권한(authority), 지원(support), 책임(responsibiity)을 규정하였다(오혜경, 2006). 자기결정전미협회는 4가지 원칙이 조화를 이룰 때 최적의 자기결정이 가능하다고 여겼으며, 사회복지사는 이러한 원칙을 실현시키는 데 기여해야 한다고 주장하였다.

사회복지실천에서 자기결정의 본질은 자율적인 삶을 살도록 하는 것이다. 실천현장에서 자기결정을 최대한 보장하려면 사회복지사는 당사자의 특성과 개별성을 고려하여 지원해야 한다. 무엇보다 사회복지사는 클라이언트가 자기결정권을 실현할 수 있도록 당사자의 능력과 주변 환경을 감안하여 가능한 허용적인 분위기를 만들어 주고 당사자를 지지하는 것이 중요하다. 발달장애인의 자기결정을 지원하는 과정에서 사회복지사는 어떠한 압력이나 영향을 끼쳐서도 안 된다는 소극적인 의무와 서비스 이용자가 결정하는 데 필요한 정보와 대안을 제공해야 한다는 적극적인 의무가 있다. 초기에는 외부의 간섭을 배제하는 소극적 측면이, 최근에는 지원의 다양성을 강조하는 적극적 측면이 보다 중시되고 있다.

한편, 자기결정은 사회복지원칙으로서 클라이언트의 존엄(dignity)과 자유의 존중이라는 차원에서 매우 중요하다. 그러나 클라이언트의 자기결정은 어떠한 상황에서든 반드시 지켜져야 하는 절대적 원칙이나 권리가 아닌, 특정 상황이나 클라이언트의 여건에 따라 자기결정 범위와 수행이 윤리적으로 정당하게 축소되거나 제한될 수 있는 조건부규범이라고 할 수 있다(김기덕, 2002).

3) 장애영역과 자기결정

장애영역에서 자기결정은 Nirje(1972)에 의해 최초로 제기되었다. Nirje는 인간의 존엄과 자기결정을 동일시하였으며 발달장애인이 스스로 결정하는 권리를 중시하였다. 그러나 자기결정의 중요성과 강조에도 불구하고 현실적으로 이를 충족시키기는 만만치 않다. Nirje의 인용구는 발달장애인의 자기결정에 관한 고민을 사실적으로 보여주고 있다.

'정상화 원칙의 가장 중요한 측면은 인간에게 부여된 존중을 경험하는 것이다. 이를 위해서는 장애인의 선택, 바램, 소망, 열망 등이 충분히 고려되어야 한다. 그러나 발달장애인이 가족이나 친구, 기관에게 자신의 의견을 주장하기가 쉽지 않다. 어쨌든 자기결정은 장애인에게 어렵고도 중요한 여정이다.'

자기결정은 자율성이 존중되어야 가치가 있다. 자율성은 선택 및 지원을 당사자가 주도한다는 의미에서 타율성과 구별된다. 타율적 삶이란 타인의 지나친 간섭이나 무관심 등으로 인해 자신의 의지와 욕구에 부합하지 못한 채 선택권과 결정권이 위협받는 것이다(이경준, 2005). 제반 서비스가 제공되는 과정에서 발달장애인의 자율적인 삶이 보장되지 못한다면 발달장애인의 불만족은 높아지고, 자기결정은 불가능해지며 그 결과 수동적, 무관심, 문제행동 등의 반응이 나타날 수 있다. 실례로 Stancliffe(2001)은 시설에 거주하는 발달장애인의 결정 기회가 부족한 이유로 시설 요인, 실천가요인, 거주자 요인 등 세 가지를 지적하였다. 먼저, 단체생활의 구속, 일방향적 서비스 전달구조, 자원과 선택범위의 제약 등을 포함한 시설 요인 다음으로, 발달장애인이 부정적인 결정을 내리면 해당 결정을 무시하는 실천가 요인 마지막으로, 의사결정에 필요한 기술을 습득할 권리나 학습할 수 있는 인지의 한계 등을 포함한 거주자 요인이다. Loon과 Hover(2001)는 자기결정을 '발달장애인이 일상에서 기본적인 결정을 스스로 하고 자신이 살고 싶은 곳에서 살도록 지원하는 것'으로 정의하였으며 보호(care)가 아닌 생활지원(supported living)을 강조하였다. 또한 서비스 이용자가 주거를 선택한 경우에는 도전적 행동이 줄어들거나 사라졌으며 당사자의 욕구도 명확해지고 지원도 훨씬 효과적으로 제공된다고 강조하였다.

장애영역에서 자기결정의 핵심은 장애인 스스로 일상에서 주도권을 가지고 직접 선택하고 결정하는 권리의 보장과 실현이다. 여기에는 쉬는 시간에 무엇을 할지, 무엇을 입을지 등 단순한 결정(minor decision)과 어디에서 살고, 무슨 일을 할지 등 복잡한 결정(major decision) 모두 해당된다. 만약 자기결정을 반드시 스스로 해야 하는 것으로 오해하거나 엄격하게 해석한다면 이는 발달장애인의 자기결정이 불가능하다고 판단내리는 요인이 될 수 있다. 자기결정을 이론적으로 정립하는데 기여한 Wehmeyer는 바로 이 점을 지적하면서 발달장애인의 자기결정을 개념화할 때는 융통성이 필요하다고 강조하였다.

서비스 제공자는 서비스 이용자의 욕구를 충분히 고려하여 다양한 의사소통 방식을 활용하여 사전에 결정될 내용을 명확하게 설명한 다음 당사자의 동의를 구하는 방식으로도 자기결정은 실현될 수 있다. 이와 같은 방식은 의사소통이 어렵거나 인지능력에 제한이 있는 발달장애인의 자기결정을 향상시킬 수 있는 현실적이고 유용한 대안이다. 또한 일상생활의 통제나 관리의 주체가 전문가에서 당사자로 전환되는 과정이자 방법이라 하겠다.

아래 내용은 Nirje(1972)의 지원에 힘입어 발달장애인 자조그룹이 자체적으로 논의를 거쳐 제안한 것이다. 서비스 이용자들은 서비스를 제공받는 과정에서 자기결정 범위로 존중되고 반영되기를 원하는 당사자의 바램을 나열하였다. 수십 년 전 발달장애인 당사자의 외침이 현재에도 유효해 보인다.

- 우리는 내 집에서 살기를 원한다.
- 우리는 어린아이처럼 다루어지기를 원치 않는다.
- 우리는 직장에 다니면서 휴가를 선택하기를 원한다.
- 우리가 받는 교육에 대해 영향력을 가지기를 원한다.
- 일에 대한 우리의 능력이 장애로 인해 평가절하 되지 않기를 원한다.
- 우리의 장애와 관련된 취업에 대해 보다 많은 정보를 원한다.
- 우리는 여가시간에 동년배 비장애인과 같이 어울리고 싶다.
- 전문가들이 우리 문제를 논의할 때 우리도 함께 하기를 원한다.

---

4. 자기결정을 설명하는 대표 이론

1) 기능이론

Wehmeyer 외(1996)에 의해 개발된 기능이론은 자기결정의 개념과 체계를 설명한 대표적인 이론이다. 기능이론은 행동이 발생하게 된 동기에 초점을 두는 성격심리학에 기초하고 있으며 인식, 태도, 능력 등과 같은 발달장애인의 개별적 특성이 자기결정 수준에 매우 영향을 끼치게 된다는 점에서 개인적 요인을 강조한다. Wehmeyer는 자기결정을 '불필요한 외부의 영향이나 개입 없이 삶의 질과 관련된 선택과 결정을 하며, 일상에서 행위유발자(casual agent)로 행동하는 능력과 태도'로 정의하고 있다. 행위유발자는 일상적인 사건들을 발생시키는 개인이나 사물의 영향력을 의미하며 다른 사람이 사건을 발생시키는 것을 반대하고 개인의 주도성을 강조하는 기능이론의 주요 개념이다.

기능이론에서 자기결정은 자율적이며(autonomy), 자기규제가 가능하고(self-regulation), 심리적으로 권한강화되며(psychological empowerment), 자아실현(self-realization)이라는 4가지 자기결정적 행동으로 구체화된다. 따라서 개인적 수준에서 이러한 자기결정적 행동

수준을 최대한 강화시키는 것이 관건이다. Wehmeyer 외(1996)는 기능이론을 토대로 〔그림 1〕 의 자기결정에 영향을 끼치는 제반 요소를 포함한 기능모델을 개발하였다.

　기능이론의 특징은 발달장애인의 병리나 결함이 아닌 개인의 능력에 집중하는 것이다. 기능이론에서는 결정 수준에 영향을 미치는 환경적 요인도 중시하나 당사자의 능력, 태도, 심리적 속성 등 개별적 특성을 훨씬 강조한다. 이러한 원칙에 따라 기능이론은 어떤 방식으로든 발달장애인의 능력을 최대한 향상시키는 것에 중점을 두고 있다. 또한 서비스 이용자를 적절하게 지원하기 위해서는 서비스 제공자가 장애인의 특성을 이해하고 효과성을 높일 수 있는 교육과 훈련 등의 기법을 잘 파악할 것을 요구한다.

　발달장애인의 자기결정 논의를 체계화 시키는 데 상당히 기여한 기능이론은 오랫동안 연구자들로부터 많은 관심과 주목을 받아왔다. 발달장애인의 자기결정이 강조되던 초기에는 기능이론에 관심이 집중되어 당사자의 능력을 향상시키기 위한 방법들이 다양하게 모색되었으나 차츰 환경이 강조되기 시작하였다. 무엇보다 기능이론은 자기결정 이론의 생성과 발전의 토대를 했다는 점에 기여하였다.

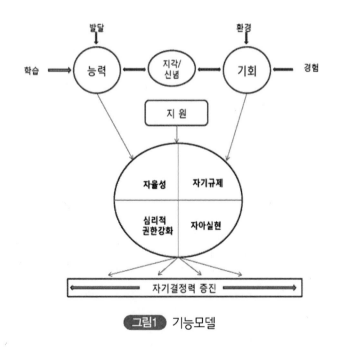

그림1 기능모델

2) 생태학이론

자기결정 체계를 설명하는 대표적인 또 하나의 이론으로 생태학이론을 들 수 있다. 생태학이론은 개인의 특성 뿐만 아니라 당사자를 둘러싼 환경적 맥락을 같이 본다. 따라서 자기결정을 향상시키기 위해서는 발달장애인의 개별적 특성과 생활하고 일하는 제반 여건을 모두 고려할 것을 강조한다. Abery와 Stancliffe(1996)는 생태계구조 이론에 기초하여 생태학이론을 정립하였다. 생태계구조이론은 개인과 환경은 지속적인 상호작용을 통해 변화하므로 환경에 대한 이해 없이는 개인의 미래를 예측할 수 없다고 주장한다. 생태학이론의 연구자들은 자기결정을 개인이 중요하다고 여기는 영역에 대한 통제의 정도로 정의하였고 이를 토대로 발달장애인의 자기결정을 설명하는 생태학적 틀을 개발하였다. 생태학이론에서 자기결정은 개인이 통제력을 행사하는 정도, 통제력을 발휘하기를 바라는 정도, 중요하다고 여기는 정도 등이 포함되므로 생태학적 삼자모델(Tripartite ecological model)이라고 불리기도 한다.

Abery와 Stancliffe는 자기결정에 필요한 지적장애인의 능력을 기술, 지식, 태도로 범주화하였으며, 개인의 능력은 환경체계들과 지속적으로 상호작용하는 과정에서 발달한다고 강조하였다. 생태학이론에서는 개인과 상호작용하며 영향을 미치는 네 가지 환경체계인 미시, 중간, 외부, 거시체계가 중시되며 특히 미시체계의 역할을 강조한다. 미시체계는 발달장애인의 일상과 가장 밀착된 공간이며 대면적(face to face) 상호작용이 이루어지는 곳이다. 따라서 발달장애인이 생활하거나 일하는 공간의 물리적 여건과 서비스가 제공되는 방식은 자기결정 수준에 영향을 끼치는 주요 요인이다. 〔그림 2〕는 자기결정의 생태학적 과정에 관한 설명을 도식화한 것이다.

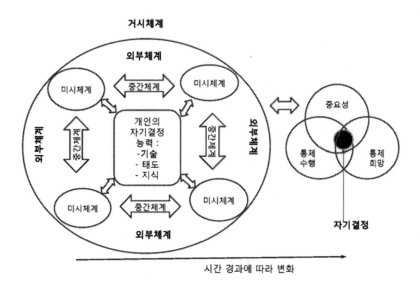

그림2 생태학모델의 자기결정 과정

생태학이론은 자기결정 논의를 개인적 차원에서 환경적 차원으로 확대시키는 데 기여했다고 평가되고 있다. 또한 개인을 둘러싼 환경체계 간 상호작용을 강조하므로 자기결정의 수행 여부를 당사자의 책임으로 돌리기보다는 서비스 제공기관의 환경과 지원을 보다 중시한다는 점에서 의미가 있다. 선택이나 결정 기회 및 기술 등의 적절한 지원이 제공된다면 발달장애인들도 충분히 자기결정 할 수 있다는 Arc[3]의 주장은 서비스 이용자가 스스로 결정할 수 있는 제반 여건을 갖추어야 할 기관의 역할을 제시하고 있다.

3) 평등기회이론

Mithaug(1996)가 제안한 평등기회이론(equality opportunity theory)은 '사람은 자기결정권이 있다', '사회에는 결정능력이 부족한 사람이 있다', '어떤 사람은 능력이 부

---

3) Arc(Association for Retarded Citizens of the United States)는 1950년대 설립되어 미국 내 730개의 지부와 14만 회원으로 구성된, 지적장애인과 발달장애인 및 가족들을 위한 최대 옹호조직이다.

족하여 결정기회도 갖지 못한다', '결정 기회는 불평등하게 제공되고 있다', '사회는 자기능력을 향상시킬 수 있는 결정기회를 제공해야 한다'는 5가지 관점에 기반하고 있다. 선택하고 결정하는 기회란 발달장애인에게 힘을 주고(Guess et al., 2008), 자기결정 수준을 향상시키며(Wehmeyer and Bolding, 2001), 지역사회와 통합하는 데 기여한다(Karr, 2009). 그러나 오랫동안 발달장애인은 자기결정이 불가능한 것으로 인식되어 기회가 충분히 보장되지 못한 것이 사실이다. Mithaug는 이러한 문제를 극복하기 위해 사회적 차원에서 발달장애인에게 결정 기회를 마련하는 것이 가장 필요하다고 주장하였다.

평등기회이론은 기회가 보장되지 않는다면 차츰 무기력해지고 자율성을 상실하게 된다는 점에서 학습된 무기력(learned helpless)과 유사하다. 예를 들면, 일상에서 가족이나 서비스 제공자가 대신 결정해주고 반복되면 막상 당사자에게 결정할 기회가 주어져도 선택이나 결정을 못하게 된다. 이러한 경험이 되풀이되면 발달장애인의 무기력증이 점차 강화된다는 것이다. Seligman(1975)은 거주시설에서 생활하는 장애인의 무기력을 예방하기 위해서는 '식사 메뉴나 커텐의 선택, 관람할 영화, 잠잘 시간' 등을 결정할 때 반드시 당사자가 직접 참여해야 한다고 강조하였다. Wehmeyer와 Metzler(1995)가 전국의 성인 발달장애인 4,544명을 대상으로 한 조사에서 참여자 66%는 '어디에서 살 것인지를 결정할 수 없고', 88%는 '지원교사를 선택할 수 없고', 77%는 '룸메이트를 선택할 수 없고', 56%는 '직업을 결정할 기회가 없다'고 나타났다. 또한 발달장애인들은 '무엇을 입을지, 언제 잠자러 갈지, 언제 일어날지'등 사소한 결정(minor decision)과 '언제 결혼할지, 어떤 직업을 택할지' 등 중요한 결정(major decision) 모두 제한받는 것으로 조사되었다. 평등기회이론은 지적장애인의 자기결정을 향상시킬 수 있는 중요한 방법은 결정할 기회를 보장하는 것이며 장애여부와 상관없이 기회가 평등하게 주어져야 하고 사회적 수준에서 보장하고 책임져야 할 것을 강조한다.

5. 자기결정에 영향을 미치는 주요 요인

발달장애인의 자기결정에 영향을 미치는 요인은 개인과 환경 두 가지 측면으로 분류된다. 자기결정이 이론적으로 자리매김하던 초기에는 서비스 이용자의 개별적 특성이 강조되었으나 차츰 어떤 환경에서 생활하고, 일하고, 여가시간을 보내는지가 훨씬 중요하게 다루어지고 있다.

개인적 요인은 성별, 연령 그리고 인지능력 등이 논의되고 있다. 이러한 요인들은 자기결정적 행동이라는 성격상 서비스 이용자의 특성과 능력 및 관심사가 결정 수준에 영향을 끼칠 것이라는 점에서 많은 연구자들의 주목을 받아왔다. 성별의 경우 발달장애 여성이 남성에 비해 자기결정 수준이 높을 것이라는 주장과 이에 상반되거나 양자는 아무런 관련성이 없다는 결과도 있다. 또한 나이가 들수록 여러 가지 경험이 축적되어 자기결정 수준도 높아지거나 연령과 자기결정은 무관하다는 결과도 모두 제시되고 있다.

한편, 발달장애인의 지능과 지식 등 인지도 주요 요인이다. 서구에서는 지능(IQ)이 발달장애인의 자기결정과 영향을 미치는 주요 요인으로 인식되어 자기결정을 촉진시키기 위한 훈련과 교육 등의 학습지원이 중요하게 제기되었으나 지능과 자기결정은 전혀 관련이 없다는 연구결과도 있다(Lota et al., 2007). 개인적 요인의 경우 자기결정 영향 요인에 대한 결과가 일관되지 않거나 일부 연구의 경우 당사자가 아닌 발달장애인의 보호자나 서비스 제공자를 대상으로 조사가 실시되어 타당성의 문제가 제기되기도 하였다.

다음으로, 환경적 요인은 거주의 물리적 여건, 기회, 서비스 제공인력 등 세 가지 측면으로 구분된다. 물리적 환경에는 거주유형, 시설규모, 공동공간(unit) 등이 포함된다. 연구자들의 관심이 가장 많은 것은 거주유형이다. 거주유형에 따라 자기결정, 자율성에서 유의미한 차이가 있는 것으로 나타났다. 특히 대다수의 연구결과, 소규모이고 일반가정과 유사한 구조일수록 지적장애인의 결정 기회가 많아져 자기결정 수준이 높아지나 대규모일수록 자기결정에 부정적인 영향을 끼치는 것으로 조사되었다. 공동공간(unit)의 경우 Abery와 Stancliffe(2003)는 종단연구를 통해 거주인 수와 자기결정의 관련성을 밝혀냈으며, 6~10명 보다는 1~5명이 함께 생활할 때 거주인이 훨씬 긍정적이며 자기결정 수준도 높다는 결과가 제시된 바 있다. 환경을 중시한 연구자들은 공통적으로 더 작고, 보다 독립적이고, 덜 구속적인 거주환경을 지지하였다. 이는 '발달장애인의 삶의 방식이나 일상적인 여건이 최대한 보편적인 환경과 방식에 가깝게 되어야만 자기결정하기 쉬울 것'이라는 Nirje(1972)의 주장을 일관되게 지지하고 있다.

다음으로 기회 요인이다. 기회는 물리적 여건을 의미하는 거주유형의 특성과 밀접하게 관련이 있는 것으로 조사되었다. 일반적으로 발달장애인의 거주환경에 따라 기회 수준에 차이가 있으며 그 결과 서비스 이용자의 자기결정 수준에도 지대한 영향을 끼칠 수 있다. 예를 들면, 공동생활과 집단규칙 등 특성상 생활시설은 다른 거주유형에 비해 발달장애인을 과보호하며 지나치게 구조화 되어 당사자가 결정할 수 있는 기회를 많이 제한될 수 있다. 한편, 서비스 이용자에게 적절한 기회를 보장하기 위해서는 서비스 제공자들의 인식과 태도가 먼저 재검토되어야 한다고 강조되었다(Loon and Hover, 2001).

마지막으로 서비스를 제공하는 인력이다. 실천현장을 배경으로 일상에서 서비스 이용자를 지원하는 서비스 제공자의 자기결정의 중요성과 필요성에 대한 이해수준과 자세가 발달장애인에게 매우 중요하게 작용한다. Hahn(1994)은 거주시설의 직원들이 주로 안전에 치중하여 발달장애인의 삶을 질을 고려하지 못하거나 자기결정을 허용하지 않음을 신랄하게 지적하였다. 그러나 이러한 지적은 서비스 제공과정에서 여전히 제약요인으로 나타났다. Wong과 Wong(2008)은 홍콩 생활시설의 서비스 제공자들은 발달장애인의 결정 능력에 의구심을 가지고 있으며 거주인은 무조건 순종해야 한다고 인식하고 있으므로 먼저 이러한 사고를 극복하라고 지적하였다.

연구자들에 따르면, 서비스 제공자들은 발달장애인의 보호와 권리 보장이라는 상반된 원칙과 관련하여 실천현장에서 심각한 딜레마를 경험하고 있음을 우려하였다. 서비스 이용자의 권리를 강조할 것인가 아니면 안전을 보다 중시해야 할 것인가는 서비스를 제공하는 과정에서 해결하기 어려운 문제이다. 이는 기관의 운영철학과 정책과도 무관하지 않다. 기관에서 강조되는 가치와 원칙은 실제로 서비스가 제공되는 방식과 서비스 제공자에게 영향을 끼치므로 발달장애인의 자기결정에서 중시되고 있다.

6. 실천현장에서 자기결정 지원방안

선택과 자기결정은 독립적인 성인의 삶에서 중요한 기준이다. 또한 선택하고 결정할 수 있는 기회는 개인의 능력발달과 밀접한 관련성을 가지고 있다(Kozma, 2009). 기회의 중요성은 자기결정의 개념과 체계를 설명하는 세 가지 이론에서 공통적으로 뒷받침되고 있다. 따라서 자기결정을 향상시키는 최선이자 바람직한 방식은 발달장애인이 스스로 선택하고 결정하는 기회를 최대한 많이 마련하는 것이다. 이와 같은 지원을 일상화시키기 위해서는 서비스 접근방식에서 변화가 필요하다. 즉 제공되는 서비스가 특정한 프로그램이나 사업 위주로 편성되는 것이 아니라 일상에서 서비스 이용자의 기회와 체험을 강조하는 방식으로 바뀌어야 한다. 한 예로 개별적 특성과 거주환경이 자기결정 수준에 미치는 영향을 기회가 완전매개한 연구결과(이복실, 2012)는 다른 요건이 충족되더라고 선택하고 결정하는 기회가 보장되지 못한다면 발달장애인의 자기결정은 실현시키기 어려움을 입증하였다.

그러므로 발달장애인에게 기회를 최대한 많이 마련하는 것은 모든 실천현장의 서비스 제공자에게 핵심 과제라 하겠다. 선택하고 결정할 기회의 마련에는 발달장애인이 이해하기 쉬운 방식으로 다양한 정보나 지식을 제공하는 것과 심리적인 측면의 격려와 지지 등도 포함된다. 또한 서비스 이용자가 선호하고 편안해하는 의사소통 방법을 모색할 것과 결정이 필요한 상황에서 서비스 제공자는 재촉하거나 강요하지 않고 발달장애인이 충분히 살펴보고 생각할 수 있는 시간을 보장하는 여유까지도 해당된다.

실천현장은 서비스 이용자의 일상이 유지되고 서비스 제공자와의 관계가 형성되는 공간이다. 거주시설 서비스 제공자들은 발달장애인의 능력과 의사소통의 한계로 인해 다른 현장에 비해 훨씬 많은 윤리적 딜레마를 겪고 있는 것도 사실이다(Major, 2000). 발달장애인의 자기결정 관련 논의에서 반드시 고려될 부분은 의사소통이다. 서비스 이용자가 특정 사항을 충분히 이해하지 못하고 그들의 의사가 반영되지 못한 상황에서는 해당 결정의 진정성을 확신하기 어려우며 참여가 보장되지 못한 자기결정은 의미가 반감된다.

서비스 제공자의 역할과 중요성을 고려할 때, 발달장애인의 자기결정에 대한 서비스 제공자의 인식과 이해는 서비스 지원방식, 기회, 자기결정 수준 그리고 독립적인 삶에까지 매우 영향을 끼치게 된다. 따라서 서비스 이용자의 선택과 자기결정 자유를 보장하기 위해서는 서비스 제공자의 철학이나 가치에 대한 성찰이 반드시 전제되어야 하며 창의적이고 유연하게 대응하는 노력과 시도들이 병행되어야 할 것이다.

한편, 발달장애인의 자기결정과 관련하여 가장 보편적인 오해는 자기결정을 단순히 선택하는 것, 스스로 해야 하는 것, 통제하는 것으로 여기는 것이다(Wehmeyer, 2005). 자기결정 이론가들은 서비스 제공자들이 이와 같은 편견이나 오해를 극복할 때 효과적이고 합리적인 지원이 가능하다고 강조하였다. 이러한 오해를 고집할 경우 결국 발달장애인의 자기결정은 불가능한 것으로 판단되기 때문이다.

장애학에서 자기결정 이데올로기는 '의사결정과 통제의 중심'에 위치한다(Tower, 1994). 이 때 자기결정이란 직접적인 행동뿐만 아니라 전문가의 개입을 차단하거나 최소화시키는 당사자의 능력까지 포함된다. 확장된 자기결정 개념을 적용하기 위해 서비스 제공자들이 기억할 것은 첫째, 전문가 주도의 전통적 패러다임에 기반한 기관의 정책이나 절차 등의 제공방식은 서비스 이용자가 스스로 결정하는 데 요구되는 자율성을 감소시킨다는 것이다. 기본적으로 서비스 이용자 주도의 대인서비스란 삶에서 진정한 전문가란 바로 당사자라는 것을 인정해야 한다. 이러한 개념이 수용될 때 서비스 제공자들은 서비스 이용자를 단순히 서비스 수혜자로 도식화하는 것으로부터 자유로울 수 있다. 둘째, 자기결정은 자신의 권리 뿐만 아니라 목표를 설정하고 자신이 무엇을 원하고 필요로 하는지를 파악하고 결정하는 능력까지 포함된다. 따라서 자기결정을 효과적으로 지원하기 위해서는 서비스 이용자의 욕구와 바램 등을 충분히 이해해야 한다. 결정에 필요한 지식과 기술을 익히는 것도 필요하다. 셋째, 발달장애인의 개별적 특성과 욕구에 부합하도록 자기결정 방법을 정확하게 전달하는 기술과 교수법을 익혀야 한다.

실천현장을 배경으로 활용도를 높이는 목적에 근거하여 서비스 제공자가 자기결정 기술을 지원하는 직접적이고 명백한 방법은 다음 세 가지이다(Carl et al., 2012).

- 모델링(modeling)
- 피드백(feedback)
- 기회제공과 연습(opportunity and practice)

첫 번째 방법은 선택이나 결정해야 할 특정 상황을 가정하고 직접 연습하는 모델링이다. 예를 들면 현재 공간을 시장이나 옷 가게로 설정하고 먼저 서비스 제공자가 구매하는 과정을 시연한 다음 발달장애인이 자신에게 필요한 속옷이나 코트를 선택하거나 결정하게 한다. 두 번째 방법은 발달장애인이 선택한 옷이나 물품에 대해 서비스 제공자가 바로 적절한 피드백을 주어야 한다. 예를 들면, 옷을 고른 이유를 묻고 추운 겨울이기 때문에 얇은 것보다는 두꺼운 쟈켓을 구매하는 것이 바람직하다고 설명한다. 마지막으로 일상에서 선택하고 결정하는 기회를 최대한 마련하여 자주 연습하게 한다. 가령, 거주환경이나 이용시설 주변의 편의점이나 마트에서 물건의 위치를 묻고, 고르고, 계산하는 과정을 자주 연습하다 보면 대형 마트나 백화점에서도 위축되지 않고 자신 있게 구매할 수 있다.

이처럼 발달장애인의 자기결정 수준을 향상시키기 위해서는 습득한 구매 기술을 일상적이고 실제 환경에서 반복적으로 연습할 수 있는 기회제공이 관건이다. 위에 언급한 세 가지 방법은 선택과 결정을 지원하는 과정에서 학습에 활용할 수 있는 효과적이고 비교적 쉬운 절차이다. 이 과정이 어느 정도 익숙해지면 일상에서 접하는 문제해결이나 서비스 종류의 선택이나 대인 간 갈등 또는 직업을 선택하는 상황 등에 다양하게 적용할 수 있다.

발달장애인에게 기회가 주어진다는 것은 단지 체험 그 자체만을 의미하지 않는다. 기회를 통해 발달장애인은 일상생활에 대한 자신의 권리를 인식하게 되고, 스스로의 선택과 행동에 대해 자신감이 생겨나게 된다는 점에서 보다 큰 의의가 있다. 발달장애인이 일상에서 사소한 결정(minor decision)을 빈번하게 경험하다 보면 차츰 중요한 결정(major decision)의 내용도 이해하게 되고 합리적인 결정도 기대할 수 있을 것이다.

다음 〔그림 3〕은 서비스를 받는 이용자가 자신에게 필요한 지원을 주도적으로 결정하는 7단계를 제시한 것이다. 자기주도형 지원은 이용자를 고정된 서비스에 맞추는 방식이 아니라 개인의 능력과 욕구에 기초한 지원을 중시한다. 또한 발달장애인의 삶과 지역사회에 부합하도록 지원을 적절하게 구성해 나가는 것까지도 포함된다. 따라서 자기주도형 지원모델은 발달장애인이 선택하고 결정하는 과정에 적용될 수 있다. 자기주도형 지원에서 강조하듯이 실천현장의 서비스 제공자들이 주안점을 둘 것은 해당 지원이 궁극적으로 서비스 이용자의 자기결정 능력을 향상시킬 수 있어야 하며, 발달장애인으로 하여금 다양한 유형의 선택과 결정 기회를 접하도록 실천현장의 물리적·심리적 여건을 지속적으로 만들어 가는 것이다.

단계	과 업	적용 방식
1	욕구를 지원하기 (wants support)	서비스 이용자가 원하는 지원을 이해하기
2	자원을 파악하기 (identify resources)	활용 가능한 주변 자원을 모두 찾아보기
3	계획하기 (make a plan)	어떤 방식으로 지원할것인지를 구상하기
4	행동을 결정하기 (decide to act)	서비스 이용자의 행동을 함께 고민하기
5	지원을 조직하기 (organize support)	방식, 자금, 통제 등을 적절하게 조직하기
6	삶 변화시키기 (change life)	삶을 변화시키고 향상시키기 위해 지원하기
7	재고하기 (reflect)	무엇을 배웠는지 어떤 변화가 필요한지 생각하기

※ 출처 : Duffy S., 2010. 재구성

그림3 자기주도적 지원 7단계

7. 결론

장애인의 자기결정권은 대표적인 국제법과 국내법에서 각 각 강조되고 있다. 국제법인 장애인권리협약 전문과 제3조에는 '장애인이 스스로 선택할 자유를 포함하여 장애인 개인의 자율 및 자립의 중요성을 인정하며, 장애인은 자신과 직접적으로 관련이 있는 정책 및 프로그램을 포함한 의사결정 과정에 적극적으로 참여할 수 있는 기회를 가져야 한다'는 것이다. 국내법인 장애인 차별금지 및 권리구제에 관한 법률의 제7조에는 '장애인은 자신의 생활 전반에 관하여 자신의 의사에 따라 스스로 선택하고 결정할 권리를 가진다'고 명시되어 있다. 그러나 이와 같은 법적 근거와 권리에도 불구하고 일상에서 발달장애인의 자기결정을 실현하기란 사실 쉽지 않다.

발달장애인의 자기결정을 지원하는 주요 요건이자 최선의 방법은 모든 환경 즉 직장, 집, 학교, 지역사회 등의 다양한 실천현장에서 선택과 결정 기회를 많이 제공하는 것이다. 자기결정 경험을 통해 서비스 이용자는 일상의 활동범위를 넓힐 수 있고, 생활의 관리능력도 향상시킬 수 있으며, 지역에 분포되어 있는 각종 자원에 접근하고 참여하는 것을 기대할 수 있으므로 궁극적으로 감정적 · 물질적 · 신체적 복지를 충족할 수 있다.

발달장애인의 자기결정을 둘러싼 쟁점에서 가장 경계할 점은 자기결정의 중요성과 필요성이 단지 추상적인 차원이나 이념적인 주장에 그치는 것이다. 발달장애인의 자기결정은 일상에서 자연스럽고 익숙하게 실현되어야 하며 이 과정에서 가장 기여할 수 있는 대상이 바로 실천현장의 서비스 제공자들이다. 일상에서 서비스 제공자의 태도나 자세는 서비스 이용자에게 직접적인 영향을 끼치게 된다. 그러므로 서비스 제공자가 서비스 이용자의 욕구와 특성에 부합하는 지원을 제공하려면 발달장애인의 자기결정에 대한 진지한 성찰과 고민이 필요하다. 즉 스스로 결정한다는 것이 어떤 의미인지, 왜 필요한지를 명확히 인식하고 일상의 소소한 활동부터 단계적으로 그리고 적극적으로 지원해 나가야 한다. 정상화가 강조되던 초기에 Perske(1972)는 서비스 제공자가 지향해야 할 철학과 가치를 강조한 바 있다. 아래 인용구는 서비스 제공자들이 발달장애인의 제반 능력보다는 권리에 관심을 가져야 할 이유를 분명하게 말해 주고 있다.

　"과보호란 표면적으로는 친절해 보일 수 있으나 실제로는 사악할 수 있다. 과보호는 발달장애인이 무언가 해 낼 수 있는 것을 방해한다. 우리는 보통 어려운 과정을 통해 배움을 얻게 되며 시도할 기회도 주어지게 된다. 특별한 욕구를 가진 사람들에게도 이러한 기회는 마찬가지로 필요하다. 우리가 살고 있는 세계가 항상 안전이 보장되거나 예측이 가능한 것은 아니다. 우리는 일상에서 매순간 위험에 처할 수 있는 상황에 맞닥뜨릴 수 있다. 이것이 진짜 세상이다....

　살면서 겪게 되는 위험을 장애인이 경험할 수 없도록 하는 것은 그들을 심각하게 무능화시키는 것이다. 과거에 우리는 그러한 기회를 차단하는데 주력하였지만 이제는 적절한 기회를 제공하도록 노력해야 한다. 안전에만 갇아두는 것은 그들의 존엄을 심각하게 훼손하는 것이다"

　요약하면, 발달장애인의 자기결정을 실현하기 위한 전제조건은 서비스 제공자가 당사자의 결정 능력과 가능성에 대해 동의하고 확신하는 것이다. 이와 동시에 발달장애인이 생활하고 일하고 여가를 보내는 공간에서 보다 많이 선택하고 통제할 수 있도록 일상 환경을 바꾸어 나가고 무엇보다 당사자의 소통할 수 있는 방법을 적극 개발해야 한다.

참고문헌

김기덕. 2002. 《사회복지의 윤리학》, 나눔의 집

이경준. 2005. "장애인의 자기결정과 보장원리",『재활복지』, 9(2) : 114-141.

오혜경. 2006. "사회복지실천에서의 자기결정권과 자기결정권의 제한."《인간연구》 11(11): 220-235.

이복실. 2012. 거주시설 성인 지적장애인의 자기결정 요인 연구 - 기회의 매개효과를 중심으로 - . 성공회대학교 박사학위논문.

임성택. 2012. "장애인생활시설에서의 인권침해, 그 현황과 대책",『저스티스』, 128: 7-59.

Abery, B., and Stancliffe, R., 1996. "The ecology of self-determination", 111-146, in *Self-Determination across the Life Span: Independence and Choice for People with Disabilities*, edited by Sands, D. J., and Wehmeyer, M. L., Baltimore: Paul H. Brookes.

Abery, B., and Stancliffe, R., 2003, "An ecological theory of self-determination: theoretical foundation", 25-42, in *Theory in Self-Determination: Foundations for Educational Practice*, edited by Wehmeyer, M. L., Abery, B. H., Mithaug, D. E., Garner, N. W., Stancliffe, R. J., and Charles C., Thomas.

Carl F. C., Cynthia B., Laura J., Tamar H., 2012. Advising through self-determination -an information guide for advisors- U. S. Department of Health and Human Services Administration for Community Living Administration on Intellectual and Developmental disabilities

Duffy, S., 2010. Personalisation in mental health. Center for Welfare Reform. Sheffield.

Guess, D., Benson, H. A., and Causey, E. S., 2008. "Concepts and issues related to choice making and autonomy among persons with severe disabilities", *Research and Practice for Persons with Severe Disabilities*, 33(1-2): 75-81.

Hahn, M., 1994. "Selbstbestimmung im leben, auch fuer Menschen mit giestiger Behinderung", *Geistige Behinderung*, 33(2): 81-94.

Karr, V. L., 2009. "International perspectives of persons with disabilities on human rights, self-determination and quality of life", Dissertation in Columbia University.

Kozma, A. V. 2009. Outcome in different residential settings for people with intellectual disability: A Systematic review. American association on intellectual and developmental disabilities, 114(3), 193-222

Loon, J. V., and Hove, G. V., 2001. "Emancipation and self-determination of people with learning disability and down-sizing institutional care", Disability and Society, 16(2) : 233-254.

Major, E. 2000. Self determination and the disabled adult. The social work practice, 9, 9-16

Mary, B. S., James, R. P., and Shannon, H. K., 2005. *Mental Retardation: An Introduction to Intellectual Disability (7th Edition)*, Pearson.

Mithaug, D. E. 1996. Equal Opportunity Theory. Thousand oaks, CA: Sage Publication

Nirje, B. 1972. The right to self-determination. In wolfensberger(ed.) *Normalization: The principle of normalization(pp. 176-200)*. Toronto : National Institute on Mental Retardation.

Nota, L. Ferrari, S. Soresi & M. Wehmeyer 2007. Self-determination, social abilities and the quality of life of people with intellectual disability. *Journal of Intellectual Disability Research*. 51(11): 850-865.

Perske, R. 1972. The diginity of risk. In wolfensberger(ed.) *Normalization: The principle of normalization in human services(pp. 194-200)*. Toronto : National Institute on Mental Retardation. Schalock R., Verdugo M., Jenaro C., Wang M., Wehmeyer M. and Lachapelle Y. 2005. "Across-cultural study of core quality of life domains and indicators: an exploratory analysis". American Journal on Mental Retardation 110: 298-311.

Seligman, M. E. P., 1975. *Helplessness : On Depression, Development and Death*, Sanfrancisco : Freeman.

Stancliffe, R. J., 2001. "Living with support in the community : predictors of choice and self-determination". *Mental retardation and developmental disabilities research review* 7: 91-98.

Tower, K. D. 1994. Consumer-centered social work practice : Restorting client self-determination. Social work, 39, 101-106

Wehmeyer M. L. 2005. Self-determination and individuals with severe disabilities : re-examing meaning and misinterpertations. Research & practice for persons with severe disabilities. 30(3), 113-120p

Wehmeyer M. L., and Bolding N., 2001."Enhanced self-determination of adults with intellectual disability as an outcomes of moving to community-based work or living environments", *Journal of Intellectual Disability Research*, 45(5): 371-383.

Wehmeyer, M. L., Kelchner, K., and Richards, S., 1996, "Essential characterstics of self determined behavior of individuals with mental retardation", *American Journal on Mental Retardation*, 100(6): 632-642.

Wehmeyer, M. L., and Metzler, C. A., 1995, "How self-determined are people with mental retardation? the national consumer survey", *Mental Retardation*, 33(2) : 111-119.

Wong, P. K. S., and Wong, D. F. K., 2008. "Enchancing staff attitudes, knowledge and skills in supporting the self-determination of the adults with intellectual disability in residental settings in the Hong Kong", *Journal of Intellectual Disability*, 52(3): 230-243.

http://www.thearc.org

제7장
지적장애인의 자조 및 자조집단

윤 재 영 (삼육대학교)

1. 서론

스스로에 대한 통치권을 가지려는 인간의 노력은 중세이후 지속되어 왔으며 스스로를 다스리는 자신의 권한을 찾으려는 시민의 정치적 노력은 장애인의 당사자운동에 영향을 미쳤다. 미국 캘리포니아 버클리 대학에서 정치학을 공부했던 에드 로버츠는 '억압에 대한 분노는 창의적 에너지를 만들어내는 연료'라 말하며 자립생활운동을 끌어내었으며, 미국의 대표적인 자립생활센터, 어세스리빙의 제임스 촬든은 자신의 유명한 책 "Nothing about us without us"에서 '스스로의 힘을 획득해하거나 창조해 나가는 과정'을 장애인의 억압을 풀어내는 열쇠로 강조하고 있다.

이러한 장애인당사자들의 철학과 운동의 원리에는 자조(self-help 혹은 peer support)가 깊이 뿌리하고 있으며 장애인당사자의 이같은 입장과 행동은 20세기 말 포스트모더니즘의 조류를 타고 급격히 퍼져나가 장애의 개념과 장애인복지서비스의 목적 그리고 방법까지도 바꾸어놓고 있다. 국내의 경우에도, 장애의 사회적 모델과 반억압적 실천을 지향하는 전문가들의 지지를 받으며 이러한 자조의 원리는 장애인 당사자 운동을 넘어 장애인복지서비스의 전달체계에 크게 영향을 미치고 있다.

현재 중증신체장애인들을 중심으로 운영되고 있는 전국 150여개에 달하는 자립생활센터는 기존의 전문적인 장애인복지서비서의 대안으로 활동보조서비스를 비롯하여 동료상담과 동료옹호 그리고 동료간의 자립생활기술훈련서비스 등을 제공하는 통로가 되고 있다. 장애인 동료 간의 직접적인 서비스 제공은 장애인복지서비스의 기존 전달체계인 전문가 중심의 장애인복지관에 영향을 미치고 있을 뿐만 아니라, 상대적으로 보다 더 억압받고 있는 더욱 취약한 장애인 계층에 지속적으로 자조의 원리를 전달하고 있다.

이러한 흐름 속에서 국내의 발달장애인 자조집단은 독자적인 형태보다는 장애인복지관이나 자립생활센터를 중심으로 형성되어지고 있다. 장애인복지관의 경우 대개 직업재활서비스를 거쳐 취업한 사람들의 친목 모임이 많으며, 신문, 사진 등의 문화 생산 활동을 하는 자조집단도 형성되고 있다. 자립생활센터의 경우에는 미국과 일본의 피플퍼스트 운동과 연계되어 발달장애인들의 자조모임이 구성되고 있다.

발달장애인의 자조집단 형성은 그동안 자기결정과 당사자의 의견이라는 측면에서 외면당했던 이들에게 적극적인 권리를 회복시키고자 하는 시도이다. 자조집단은 원칙적으로 전문가에 의해서 작위적으로 운영되는 프로그램이 아니며 한 인간으로서 그리고 한 시민으로서 발달장애인 개인의 권리 실현의 장이 되어야 한다. 하지만 아직까지 발달장애인의 자조집단은 이들에게 억압적인 사회구조를 변화시키고 자신들의 권리를 지켜낼 만큼 세력화되지 못하였으며 대개는 경계선에 있는 소수 당사자들이 주도하는 형편이여서 장애인복지현장에서 이들 자조집단에 대한 적절한 지원이 필요하다.

발달장애인의 자조 또는 자조집단에 대한 지원은 특정 단체나 기관에 의해 이루어지는 것이 아니다. 다만 발달장애인의 자조집단에 대한 이해와 필요성을 깊이 인식하고 이들의 자기결정권과 선택권에 대해 분명한 확신을 갖는다면 누구라도 훌륭한 지원자가 될 수 있을 것이다(이미정, 2012). 이에 본 장에서는 자조와 자조집단에 대한 이해, 발달장애인 자조집단의 성격과 형태, 그리고 자조집단에 대한 지원에 대해 기술하도록 하겠다.

2. 자조와 자조집단에 대한 이해

자조는 소비자주의와 이용자통제라는 두 지향점 모두에서 활용되는 방법으로, 개인주의와 집합주의의 이데올로기 실현에 대한 모호성을 안고 있다. 가끔은 우파의 도구가 되기도 하고 좌파의 실천방법으로 추앙받기도 한다. 우리나라의 경우도 실용적 사고에 바탕으로 둔 사회운동으로 근면 및 협동과 함께 '자조'는 활용되었다. 하지만 장애인운동이 소비자주의 이데올로기에 도전하기 위한 참여적 접근 방법으로 자조를 언급할 때는 자신들의 권리를 찾기 위한 통제권(rights to control)으로 피력된다.

자조는 "개인적 이익이나 상호 이익의 관점에서 사람들이 함께 하거나 그들의 경험과 문제를 나누는 과정, 집단 및 조직"으로 정의될 수 있다(Adams, 2007). 자조운동은 여성운동모임(Female Improvement)에서부터 익명의 알코올중독자 모임(Alcoholics Anonymous)에 이르는 아주 다양한 집단을 아우르고 있는 운동이며, 자조조직은 이미 설립된 대인서비스기관을 보조하는 혹은 이에 대한 실효성 있는 대안으로 기능하는 상호원조집단을 의미한다. 자조집단은 대개 다른 사회조직이 깊게 다루지 않는 문제와 욕구에 천착한다.

자조는 사실 상부상조의 정신으로 이는 인간 본질에 해당하는 특성이다. 국부론의 저자 아담 스미스도 인간성에 내재되어 있는 교환성향을 인간만이 가지고 있는 본능으로 설명하면서 '인간은 항상 다른 동포의 도움을 필요로 한다.'고 하였다. 그러므로 자조는 사회정책에 대한 개인주의적 견해와 기존 체제에 대한 반동을 꾀하는 진보에 이르는 다양한 시각을 모두 아우를 수 있다.

영국의 로버트 애덤스(Adams, 2007: 43)는 자조는 좀 더 활동적이고, 소비자 중심적이고, 비공식적이며, 열려 있고, 값싸면서도 품질이 좋은 것이라고 말한 가트너와 리스만의 견해를 "전문가가 아닌 것"으로 함축하면서, 자조는 구체성, 주관성, 경험과 직관을 강조하는 것으로, 전문가의 초연함, 관점, 반영, 체계적 지식 및 이해와 대조되는 측면이 있다고 분석하였다. 더불어 자조에 얽힌 여섯 가지 순환적 주제를 자기옹호, 자기관리, 임파워먼트, 협력 그리고 공통경험으로 정리하였다(Adams, 2007).

먼저, 자기 자신을 대변하는 과정인 자기옹호는 본질적으로 자조활동이다. 자기옹호를 한다는 것은 전통적인 시각에서 클라이언트였던 자가 서비스를 제공하는 실천가가 되는 것을 의미한다. 옹호는 대체로 권리가 침해됨으로 나타나는 차별 상황에서 이루어지게 되며 그 결과는 임파워먼트로 나타나게 된다.

둘째, 스스로 감당할 수 있다는 자기관리(self-management)에 대한 자신감은 자조의 근간이 된다. 자신에게 닥친 문제를 집단적으로 혹은 개인적으로 해결할 수 있다는 자기 확신이 자조와 자조활동의 근저에 자리하고 있다. 자기 혹은 자기집단의 잠재력과 가능성에 대한 분명한 신념이 필요하다. 더불어 자신들의 집단과 네트워크를 관리할 수 있을 때 자조는 성립된다.

셋째, 자조와 관련한 모든 일들은 사실 임파워먼트를 지향하는 것이다. 자기 스스로 문제를 해결하기 위한 과정은 결국 스스로를 임파워먼트 하는 효과를 내게 한다. 임파워먼트를 원하는 사람은 누구라도 자신의 상황에 대한 통제력을 증진시키고자 한다는 원칙에 대해 신념을 잃지 않아야 한다.

넷째, 실질적으로 자조의 주도성은 협력을 통해 나오는 경우가 많다. 개인주의에 입각한 자조활동은 일정한 한계를 갖게 되며 대체로 자조는 상부상조와 협력보호를 강조하지 않을 수 없게 한다. 이러한 협력은 민주주의와 조직 내 힘의 평등 속에서 이루어지는 의사결정과정에서 나타나게 된다.

다섯째, 자조 집단이나 조직은 그 구성원들이 가지고 있는 공통된 경험을 토대로 시작되는 경우가 많다. 이는 그들이 함께 해결하고자 하는 이슈나 문제를 자조 집단이나 조직 안에서 공유할 수 있는 조건이 된다. 공통된 경험의 유무로 인하여 자조집단은 전문가와 당사자, 치료자와 클라이언트를 경계지우기도 한다. 공통 경험이라는 자조의 특성으로 인하여 자조집단이나 조직은 반전문가주의를 표방하며 전문가의 활동에 비판적 입장을 견지는 경향을 갖게 된다. 하지만 이러한 입장이 반드시 전문가와의 관계를 거부하는 것은 아니다.

자조를 둘러싼 이와 같은 주제들은 자연스럽게 자조집단의 기능이나 범주로 그 논의를 확장하게 한다. 자조집단은 대체로 치료적 활동, 사회적 활동, 교육적 활동, 지역사회운동 그리고 연구조사 활동 등 다섯 가지 기능상의 활동을 하게 되는데, 이들 활동이 연구, 교육 그리고 캠페인 등 보조적인 기능에 머무를 때 보다는 직접적인 서비스를 제공하는 기능을 하게 될 때 자조집단이 비교적 안정되게 자리를 잡는 경향이 생긴다. 하지만 욕구에 의한 접근보다는 권리를 지향하는 활동을 끌어내는 역량 있는 지역사회운동 집단도 의미 있는 역할을 하게 된다(Adams, 207: 123).

이러한 측면에서 볼 때, 자조집단은 '문제 해결'에서 '자기 개발' 그리고 나아가 '의식화'에 이르기까지 폭넓은 스펙트럼을 가지고 있다. 우리에게 잘 알려진 익명의 알코올중독자 모임, 음주문제가 있는 사람의 가족이나 친지를 위한 모임, 발달장애인 부모 모임, 치매환자 가족 모임, 자조 치료집단, HIV나 AIDS 희생자와 같이 낙인을 경험하는 사람들을 위한 집단 등은 '문제 해결'에 초점을 맞춘 대표적인 자조집단이다.

국내의 장애인 자립생활센터에서 집단 동료상담 이후 주로 결성하는 동료상담 자조집단의 경우는 문제에 초점을 둔 자조집단과 자기개발 집단의 특성을 모두 가지고 있으나 장애의 사회적 모델에 준해 활동하고 있는 국내 자립생활센터의 접근방식을 고려할 때 '자기개발'에 초점을 맞춘 자조집단으로 해석하는 것이 타당할 것으로 보인다.

'의식화'에 초점을 두는 자조집단은 개인의 이익보다는 사회의 변화에 좀 더 많은 관심을 보이는 자조집단이다. 이러한 집단은 교육을 통해 개인의 잠재력을 깨우는 데 많은 노력을 기울리게 된다. 어떤 고난이나 역경과 질병 등을 극복한 사람들로 구성된 생존자 집단과 자기옹호집단이 이러한 의식화 집단의 좋은 예이다. 좀 더 창의적인 방법을 통해 자조를 증진시키는 장애인 당사자나 부모 등으로 구성된 다양한 협동조합은 의식화에 초점을 둔 자조집단으로 성장할 수 있는 가능성이 있다.

3. 국내 발달장애인 자조집단의 성격과 형태

지적장애인 자조집단은 장애인 자립생활 이론과 자기결정 훈련 이론 중에 어떤 이론에 근거하느냐에 따라 문제의 접근 방법, 성격, 구성, 추구하는 가치 등이 달라질 수 있다. 장애인 자립생활 이론에 근거할 때, 장애의 원인은 사회 환경이 된다. 다시 말해, 사람의 지적 수준을 유일하고 획일적인 기준으로 삼아 비정상인을 낙인찍어 구분하는 사회 구조가 문제의 원인이다. 따라서 이러한 입장에서 자조집단의 성격은 주로 상호 지지와 집단 저항 활동을 통해 사회변화를 추구하고 전문가나 지원자보다 발달장애인 당사자의 권한에 근거하게 되며 집단의 주 구성원은 경증 발달장애인이 된다.

자기결정 훈련 이론에 근거하여 지적장애인 자조집단을 접근하면 문제의 원인을 주류 집단의 구성원들보다 떨어지는 의사표현 능력과 자기주장 능력으로 보며, 타인에게 피해를 주지 않는 범위 내에서 생활할 수 있도록 개인의 변화 및 성장을 주로 추구하게 된다. 이러한 성격을 가진 발달장애인 자조집단의 구성원들은 주로 중증 발달장애인이며 자조집단 내에서 장애인 당사자보다 전문가나 지원자의 권한이 더 중요하게 작용한다.

표1 발달장애인 자조집단의 성격 구분

구 분	장애인 자립생활	자기결정 훈련
문제의 접근 방법	사회환경 및 구조의 문제	개인의 문제
자조집단의 성격	외부 저항적 집단	내부 저항적 집단
구성	경증 발달장애인 중심	중증 발달장애인 중심
집단에서의 권한	발달장애인 당사자 중심	전문가 및 지원자 중심
추구하는 가치	사회변화	개인 변화 및 성장

국내의 발달장애인 자조집단은 아직까지 독자적인 집단이기 보다는 대부분 장애인 복지관 등과 같은 사회복지시설에서 파생되어 구성된 자조모임들이다. 이들 자조모임들은 대체로 장애인복지관에 그 뿌리를 두고 주로 '사회적 활동'을 하고 있으며 일부는 권익옹호와 같은 '지역사회운동'을 하는 경우도 있다. 또한 최근에는 몇몇의 장애

인자립생활센터를 중심으로 지적장애인 자조모임이 생겨나고 있으나 현재까지 국내 발달장애인 자조집단의 성격은 자기결정 훈련에 배경을 두고 있는 것으로 보인다.

2013년 2월에 서울지역 23개 장애인복지관들이 모여 발달장애인 자조집단 조직 및 지원을 위하여 「발달장애인권익지원연대」를 구성하였으며 2013년 10월 서울지역 장애인복지관들을 대상으로 발달장애인 자조모임 현황 및 욕구조사가 진행되었다. 조사에 참여한 19개 장애인복지관 중 9곳에서 발달장애인 자조집단이 활동하고 있는 것으로 나타났다. 이들 발달장애인 자조집단의 활동내용은 직업재활서비스를 거쳐 취업한 사람들의 친목 모임인 경우와 문화 생산 활동(신문, 사진 등)과 자발적인 권익옹호 운동 및 교육을 하는 기관이 3곳인 것으로 나타났다.

이들 9곳의 발달장애인 자조집단의 재정은 자조집단을 운영하는 기관의 사업비로 모두 충당되고 있으며, 진행 장소는 기관 내부가 가장 많았고, 다음으로 지역사회 야외 장소, 식당, 영화관, 볼링장, 야구장, 당구장 순이었다. 권익옹호 하는 자조모임은 교육 장소를 주로 이용했다. 자조모임을 실시하는 횟수와 소요 시간을 보면 월2회/회당 2시간이 가장 많았고, 그 다음은 주1회/ 회당 2시간, 세 번째는 분기별 1회/ 회당 1.5시간 순이었다.

지원자의 역할 중 가장 많은 업무는 중제로 나타났으며, 다음으로는 외부 강사 섭외, 활동의 방향성 제시, 참가자의 일정 조정 등과 같은 코디네이터의 업무, 기타로는 외부 활동 시 운전이나 장소 섭외, 물품 구매, 회계 업무 등을 지원하는 것으로 나타났다. 발달장애인 자조모임의 지원자는 발달장애인에 대한 감수성과 특성 및 의사표현 방식 등에 대한 이해를 갖추고, 발달장애인에 대한 신뢰와 상호존중을 바탕으로 기다릴 줄 알면서 자조모임 구성원의 시각에서 적절히 최소한으로 개입을 하며 자조활동을 지원하고 있는 것으로 보인다.

자조집단이 없는 기관 중에 당사자의 의견에 의해 자조모임을 구성하여 활동을 하고자 계획하고 있는 기관은 대체로 권익옹호 활동과 여가 활동을 주로 계획하고 있는 것으로 보인다. 물론 이들의 활동의 구체적인 내용에 있어서는 참가자의 의견을 반영하고자 하는 것으로 조사되었다.

표2 국내 발달장애인 자조모임의 형태

구 분	내 용
성 격	• 주로 내부 저항적 성격임 • 일부 자조모임은 경계급 발달장애인들로 구성되어 낮은 수준의 외부 저항적 성격을 띠고 있음.

주 요
활 동
	• 내부 저항적 성격 자조모임
	  직업재활 훈련 졸업생 취업자 친목 모임, 문화생산활동, 여가 활동, 친목활동
	• 외부 저항적 성격 자조모임
	  권익옹호 교육, 신문을 발간하고 지역사회에 배포하는 인식개선 활동, 지적장애인 당사자
	  대회, 「알기 쉬운 국제장애인권리협약」 발간

모 임 장 소	• 기관 내 교육장 • 식당, 볼링장, 야구장, 영화관, 당구장, 야외 장소
모 임 시 간	• 월 2회/ 회당 2시간이 가장 많음. • 주1회/회당 2시간이나 분기별 1회/ 회당 1.5시간 등도 있음.

조 직
방 식
	• 장애인복지관
	  – 직업재활 프로그램이나 주간보호 프로그램 이용자들의 동우회 방식
	  – 권익옹호 활동 자조모임처럼 특정 자조모임을 홍보하고 모집하는 방식
	• 장애인자립생활센터
	  – 활동보조서비스를 통해 자조모임 성원 모집
	  – 같은 지역의 장애인부모회를 통해 자조모임 성원 모집
	• 기타
	  – 지적장애인단체나 관련 기관에서 회원들로 자조모임 구성

지원자 역 할	• 기본적인 중재 업무 • 외부인들과의 소통 문제 해결 • 코디네이터 역할 • 외부 활동 지원
지원자 자 세	• 발달장애인에 대한 감수성과 의사소통에 대한 이해 • 발달장애인에 대한 신뢰와 존중 • 자조모임에 대한 적절한 개입

※ 발달장애인권익지원연대에서 2013년 10월에 실시한 자조모임 현황 조사 결과를 정리함.

4. 자조집단에 대한 지원

스스로를 다스리는 자신의 권한을 찾으려는 시민의 정치적 노력은 장애인 당사자의 자조운동의 배경이 되며, 장애인의 자조운동은 사회적 억압에서 벗어나 자기 자신을 스스로를 통제하는 자립(independence)을 이루는 일을 그 궁극적인 목적으로 삼게 된다. 발달장애인에게 있어서 자립은 신체장애인의 자립과는 다소 차이가 있는 개념으로 보다 상대적이며 과정 중심적으로 이해된다.

Stancliffe와 Lakin(2007)은 발달장애인의 자립의 성공을, "24시간 케어 상태로 돌아가지 않는 것"(not returning to full-time care)으로 정의하면서 이들의 반 자립생활(semi-independent living)을 지원생활(supported independent living)로 언급하고 이들의 자립을 위해 가장 필요한 것 중에 하나로 비공식적인 혹은 자연적인 지원을 아우르는 개별 지원 서클(circles of support)의 구성을 강조한다. 여기서 지원 서클이란 특정한 발달장애인 개인이 자신의 인생의 목적을 달성할 수 있도록 지원하는 조직화된 집단적 의무(commitment)를 가진 사람들의 집단을 말한다.

이러한 시각에서 볼 때 발달장애인의 자조집단은 발달장애인 개인에게 매우 중요한 지원 서클의 한 부분이 되어야 하며, 장애인복지실천 현장의 전문가는 자조집단 모델에 대한 이해를 바탕으로 자조집단과의 적절한 관계를 수립하고 발달장애인의 자립을 위해 지원자로서의 역할을 충실히 수행할 수 있어야 한다.

1) 자조집단 모델

Rothman(2003)은 장애인복지실천을 위해 장애인당사자 집단(disability community)을 지원하는 모델로 자조집단모델(self-help group model)을 언급하고 있다. 특정한 경험, 문제, 욕구를 가진 개인은 이러한 문제나 관심을 나누고자 하는 다른 사람들로부터 효과적인 지지와 지원을 받을 수 있는데, 자조집단은 지속적인 동료지지를 제공하므로 개인의 욕구를 해결하고 자원을 제공하며 어려움에 대응하는 기술을 가르치는 데 매우 효과적이라는 것이다.

자조집단은 특정한 문제나 관심에 집중하게 되므로 이를 다루는 국·내외 다른 조직의 후원을 받고 있는 것이 보통이다. 이는 다양한 수준에서 이루어지는 자조조직 간의 동료지원을 의미하는 것으로 자조집단의 본질적인 특성을 반영하는 것으로 이해할 수 있다. 보통의 경우 상위의 보다 더 큰 자조조직이 자조집단의 합법성을 인정해주며 이들 집단들 간에 연결고리가 되어주기도 한다. 이러한 상위의 자조조직은 초기 자금을 지원하기도 하고 지도자 훈련 프로그램을 제공하기도 하며 조직의 구조와 기능에 대한 지침을 제시하기도 한다.

그렇지만 각각의 자조집단은 매우 독특하며 개별적인 집단의 목적과 설립 취지를 가지고 있다. 대체로 자조집단은 열려 있으나 그 구성원의 자격을 규정하기도 한다. 구성원의 가입 시기는 특정되어 있지 않는 것이 보통이며 모임의 참여를 의무화하지는 않는 경우가 많아서 참으로 다양한 형태의 자조집단이 존재할 수 있다. 자조집단은 공식적인 서비스와 병행될 수도 있고 이를 보완할 수도 있으므로 다양성을 확보할 수 있는 좋은 기제이다(Adams, 2007: 122).

앞에서 언급한 바와 같이 자조집단의 목표는 대체로 임파워먼트를 통한 참가자들의 자립에 있으므로 이들의 강점과 역량 그리고 개인적 가치를 강화시키는데 자조집단 모델은 상당히 효과적인 것으로 많은 연구에서 보고되고 있다(DuBois and Miley, 2013: 101). 따라서 장애인복지관을 포함하여 거의 대부분의 장애인복지서비스 제공 조직에서는 특정한 관심을 가지고 있는 장애인 개인이 적절한 자조집단에 접근할 수 있도록 지원하는 일에 관심을 갖게 된다.

장애인복지실천현장에 있는 사회복지사들을 비롯한 전문가들은 사회복지서비스 이용자집단과 함께 일하는 방법을 배워야 한다. 이는 장애인복지서비스 현장의 민주화를 향한 움직임에 대응하는 것이다. 장애인복지현장에 등장하는 여러 자조집단들은 자신들이 받고 있는 서비스에 대해 때때로 매우 비판적인 자세를 가지고 있으며 때로는 혁신적인 아이디어를 제시하기도 한다. 물론 아직까지 전문가집단과 비교할 때 통제되고 정리되기 어려운 자조집단이 가지고 있는 독특한 장점에 대해 보다 더 면밀한 연구가 필요하다(DuBois and Miley, 2013).

하지만 자조집단은 장애인복지의 중요한 자원으로 생기 있고, 에너지가 충만하며, 창의적인 힘을 가지고 있다. 따라서 이를 통해 장애인복지서비스 전달체계에 추진력이 생길 수 있으며 장애인복지 실천가들에게 배울 수 있는 기회를 제공해 준다.

2) 전문가와의 관계

발달장애인 자조집단은 장애인 당사자 성원들의 자율성을 최대한 존중하는 방식으로 이루어지고 있다. 당사자 성원들 중에 회장이 선출되어 회장이 회의를 진행하고 당사자들이 상호 논의와 민주적인 방식으로 의사결정을 하게 된다. 다만, 중증 지적장애인의 성원들이 많은 자조모임이나 권익옹호 기술 습득 등과 같은 특별한 목적을 갖는 자조모임들은 지원자로서 전문가의 역할 비중이 높아지기도 한다.

자조집단과 전문가의 관계는 전문가 역할의 특성에 따라, 세 가지로 구분해 볼 수 있다. 전문가의 역할이 필수적인 자조집단, 전문가의 활동이 촉진적인 자조집단, 그리고 전문가로부터 자율적인 자조집단이다. 이를 운전에 비유할 한다면, 전문가의 역할이 필수적인 자조집단은 전문가가 차의 운전대를 잡는 경우이며, 전문가의 활동이 촉진적인 상황은 운전하고 있는 자조집단의 구성원 옆에 전문가가 앉아서 동행하는 것을 말하고, 전문가로부터 자율적인 자조집단은 전문가 없이 자신들이 소유한 차를 스스로 운전하는 것을 의미한다. Adams(2007: 119)는 이를 다음과 같이 정리하였다.

전문가 역할의 특성	조직이 지원하는 자원	전문가의 리더십	전문가의 지지	전문가와 자조집단이 연결되는 예
필수적	모두/ 많이	직접적	정기적	서비스의 일환으로 활용 가능한 활동을 개발하고 시행함
촉진적	약간	간접적	간헐적	활동을 자극함
자율적	없음	없음	없음	사람들을 학습에 의뢰하거나 학습을 도입함

(1) 전문가의 역할이 필수적인 자조집단

전문가의 역할이 필수적인 자조의 유형은 자조집단이 사회복지기관에 뿌리를 두고 있음에도 불구하고 분명 이를 통해 자조의 의도와 목적을 구현하고 있기 때문에 사실은 다소 역설적이다. 이는 앞에서 언급한 우리나라 장애인복지관에서 비롯되고 있는 대부분의 발달장애인 자조모임과 사회복지사의 관계가 이러한 유형에 속한다고 할 수 있다.

전문가의 역할이 필수적인 자조집단의 경우에는 이 모임을 후원하고 있는 사회복지 조직에 소속된 실천가가 자조활동을 증진시키고 지지하며 직접 주도하게 된다. 사실 전문가를 필요로 하는 자조는 개념상의 모순이 있는 것으로 보인다. 하지만 서비스 이용자 혹은 입소자가 스스로 자신들의 활동 프로그램을 짜야 할 책임을 진다는 점에서 우리는 자조라는 명칭을 사용하게 되는 것이다. 장애인복지관에서 파생된 국내의 발달장애인 자조집단은 이러한 태생적 한계를 가지고 있으나 자조의 노선을 추구하고 있다.

(2) 전문가의 활동이 촉진적인 자조집단

이 유형의 자조집단은 전문가가 구성원을 모으는 일을 하거나 자조 활동이 일어날 만한 분위기를 만들어내는 역할을 하는 경우이다. 이와 같은 역할 속에서 전문가의 지지와 간접적인 리더십이 제공된다. 자조집단의 준비단계나 초기단계에서는 전문가가 제공할 수 있는 지식, 기술, 또는 자원이 어느 정도냐에 따라 당사자의 참여 여부가 결정될 수도 있기 때문에 전문가의 촉진적인 활동이 자조집단 초기에 제공되는 것이다.

특히 정서적인 면에서 어려움을 갖고 있는 발달장애인들의 경우, 지식, 기술, 자원이라는 형태로 전문가의 도움이 없다면 초기에 자조집단에 들어와 활동을 시작하기 힘든 것으로 알려져 이같은 유형의 자조집단이 필요한 것으로 보인다.

(3) 전문가로부터 자율적인 자조집단

이 유형의 자조집단은 전문가의 지원 없이 모든 것으로 해낼 수 있다는 점에서 다른 유형과 구분된다. 자조 활동의 과정에서 이들은 어떤 지지나 치료, 상담을 받지 않으므로 사회복지사의 클라이언트가 되는 경우가 발생하지 아니한다. 이러한 자조집단은 독자적으로 시작하여 조직화되고 자원을 모으며 운영되기 때문에 전문가와의 거리가 분명하다. 따라서 이들이 제기하는 이슈나 문제는 전문가들의 지원을 필요로 하는 다른 자조집단과는 차이가 있으며 이들은 대체로 의식화에 중점을 두고 장애운동을 통해 낙인에 저항하는 활동을 하게 된다.

3) 지원자의 역할

지원자는 촉진자로서 자조모임을 도와주는 사람을 의미한다. 최근에는 장애인복지
관과 자립생활센터 직원들로 구성된「지적장애인 지원자 육성모임(좋은지원)」이 결
성되어 자조활동 지원자 육성을 위한 세미나와 연구 활동 등을 진행하고 있을 정도로
발달장애인의 자조에서는 지원자의 역할이 중요하다. 발달장애인을 위한 좋은 지원은
사회적 억압과 가해로부터 발달장애인을 구원해 내려는 직접적인 노력이기 보다는 스
스로 힘을 얻을 수 있도록 촉진하는 일이다.

한국지적장애인복지협회(2013)에서는 발달장애인들이 직접 읽고 활용할 수 있는
"우리들의 자조모임 이렇게 해봅시다"는 쉬운 책자를 발간하였다. 이 책자에서는 자조
모임을 운영하는데 필요한 다양한 정보[1]를 제공하고 있는데, 그중 자조집단을 지원하
는 지원자를 잘 설명해주고 있다. 자조모임을 도와주는 지원자는 발달장애인 부모, 가
족 그리고 복지관이나 자립생활센터 직원 등 누구나 될 수 있으며 모임의 구성원들이
스스로 선택할 수도 있다. 물론 장애인 당사자도 지원자가 될 수 있다.

지원자는 자조모임과 활동에 필요한 정보를 알려주는 일, 모임 운영에 어려운 부분
(회의 진행 방법, 의사소통 방법 등)을 도와주는 일 그리고 자조모임의 구성원들이 하
기에 까다로운 회의장소 예약, 회비통장 관리 그리고 회의록 작성 등과 같은 일을 도와
줄 수 있다. 하지만 지원자는 자신의 의견을 어떠한 형태로라도 강요하지 말아야 하며
모임에서 최소한의 발언을 해야 하고 모임의 운영에 대한 조언도 가능한 줄여야한다.
좋은 지원자는 발달장애인 당사자의 자율적인 활동을 끝까지 지켜봐주는 지원자이다.

자조모임에 참여하는 발달장애인 당사자들은 지원자에 대해 다음과 같은 의견을 가
지고 있는 것으로 나타났다(한국지적장애인복지협회, 2013: 79).

첫째, 회원의 비밀에 관한 애기는 하지 않으면 좋겠다.
둘째, 자원자가 위에 서는 것은 곤란하다. 다시 말해, 지원자가 장애인보다 우선시

---

1) 이 책자에서는 자조모임의 의미, 자조모임을 하는 이유, 자조모임을 위한 준비, 회원 모집, 자조모임의 시작, 회원의 권리와
의무, 회의하기, 활동하기, 회비관리하기, 지원자와 함께 하기 등의 내용을 발달장애인이 이해하기 쉽도록 설명해주고 있다.

되는 것은 곤란하다.

셋째, 지원자가 말을 너무 많이 하지 않으면 좋겠다.

넷째, 지원자가 마음대로 결정을 내리지 않았으면 좋겠다.

다섯째, 지원자가 말을 빨리하는 것은 곤란하다.

여섯째, 우리들이 결정한 일에 대하여 참견하지 않으면 좋겠다.

일곱째, 곤란해 하고 있을 때, 주저하지 말고 도와주면 좋겠다.

여덟째, 우리들 이야기에 끼어들지 않고 기다려 줘야 한다.

아홉째, 우리를 어린아이 취급하지 않으면 좋겠다.

자조는 서비스를 전달하는 사람이 아니라 서비스를 이용하는 사람들의 상황에 전적으로 뿌리는 둔 것이기에 발달장애인 자조집단과 촉진적 관계를 가지고 있는 장애인복지실천 전문가는 가능한 그리고 최대한 자조모임 참가자들의 활동을 '지켜봐'줄 수 있어야 하겠다.

5. 결론 및 전망

자조는 발달장애인 당사자의 임파워먼트와 자립을 향한 당사자운동의 분명한 원칙과 철학을 견지하고 있다. 그렇지만 자조는 보수와 진보 모두에서 자신들의 사상에 입각하여 이해되고 활용될 수 있다. 장애인복지실천현장에서도 자조는 자립생활의 가치와 자기결정 훈련의 맥락 모두에서 접근되면 실천가능하다. 장애인복지실천 전문가는 가능한 좌우 모든 형태의 자조와 자조집단을 장애인복지실천의 자원으로 아우를 수 있어야 한다.

이들 통해 장애인복지현장의 사회복지전문가들은 자신들의 새로운 전문성을 유감없이 발휘할 수 있어야 한다. 자조의 촉매자로서 장애인복지실천 전문가들은 자조집단에 참가한 발달장애인들을 끝까지 지켜봐주는 지원자로서 역할을 수행하므로 발달장애인의 이익을 최대한으로 옹호할 수 있어야 할 것이다.

앞에서 살펴본 바와 같이, 국내 지적장애인 자조 집단의 상황은 아직 준비 단계로서 앞으로 발달장애인 당사자의 다양한 자조 활동과 여러 지원자들의 적절한 지원이 향후 더욱 필요하다.

무엇보다도, 발달장애인 당사자 리더가 발굴되어야 하며 이들을 중심으로 실질적인 당사자 그룹이 형성되어야 한다. 이러한 바람은 발달장애인 자조집단의 지도자로 성장한 국내·외 장애인 당사자들과의 실제적인 교류를 통해 현실화될 수 있다. 국내의 초기 자립생활 활동가의 성장 과정을 보더라도 신체장애인 동료들 간의 교류가 자조 집단의 리더 육성에 무엇보다도 효과적이었으며, 이러한 동료 간의 교류를 통한 자조 집단 리더의 양성은 자조의 원리와도 부합되는 것이다.

둘째, 지적장애인 당사자 리더 발굴과 당사자 그룹 형성을 위한 기관들의 지원과 협력이다. 발달장애인 당사자들은 대부분 특수교육기관이나 장애인복지관 그리고 거주 시설의 이용자들이다. 따라서 발달장애인 당사자 리더 발굴과 당사자 그룹 형성을 위해서는 각 조직의 울타리를 벗어나 발달장애인 당사자들 간에 교류가 이루어지도록 다양한 자리가 마련되어야 한다. 더불어 관련 전문가들 간에도 협업을 통해 이에 대한 연구와 실천이 이루어져야 한다.

발달장애인 자조집단 구성 및 지원을 위한 장애인복지관들 간의 연대와 협력의 구심점이 되고 있는 발달장애인권익지원연대의 결성과 발달장애인 자조모임 지원자 육성을 위한 지적장애인 지원자 육성모임(좋은지원)은 이러한 협력과 지원의 위한 좋은 시도라 여겨진다.

셋째, 발달장애인 자조집단 지원자에 대한 교육과 육성이 이루어져야 함과 아울러 지원자의 역할에 대한 가이드라인이 제시될 필요가 있겠다. 자조집단 참가자의 구성에 따라 그리고 자조집단의 활동 내용에 따라 지원자 역할과 범위를 적절히 제시할 수 있는 실천적 연구가 이루어진다면 발달장애인 자조집단의 활성화에 크게 기여할 것으로 보인다. 나아가 발달장애인에 대한 감수성과 의사소통, 발달장애인과의 신뢰 관계

구축 그리고 자조모임에 대한 적절한 개입 등의 능력을 고려한 발달장애인 자조집단 지원자의 자격에 대한 논의도 가능할 것이다.

다양한 실천현장에서 다원화된 역할이 요구되는 장애인복지실천현장의 전문가들에게 현 시점에서는 패러다임마저도 뛰어 넘는 종합적인 역할이 요구되고 있다. 전문가 주도의 패러다임뿐만 아니라 이용자(혹은 클라이언트) 중심 패러다임 그리고 당사자 주도 패러다임 모두에서 조화롭게 자신들의 역할을 해낼 수 있는 진정한 전문성이 요구되고 있는 시대이다.

발달장애인 자조집단과 함께 일하는 사회복지실천가의 진정한 전문성은 지금까지 사용되어 온 논리적이고 기계적인 접근에서 비롯되지 않을 것으로 보인다. 이는 장애인 당사자가 처해있는 맥락에서 이들의 개인적인 경험과 특수한 지식을 인정하고 보다 실제적이고 도덕적인 요소들에서 모색되어야 할 것으로 보인다(고미영, 2009: 70)

참고문헌

고미영, 2009, 『구성주의 사회복지실천 기술론』, 집문당.

지적장애인복지협회, 2013, 『우리들의 자조모임 이렇게 해 봅시다』.

이미정, 2012, "발달장애인 자조그룹 이해와 쟁점", 2012년 한국장애인복지학회 춘계학술대회 자료집: 57-74.

최명민 역. 2007. 『임파워먼트와 사회복지실천』, Adams, R., 2003, Social Work and Empowerment, 나남.

DuBois, B. and Miley, K., 2013, Social Work: an empowering profession, Pearson.

Stancliffe, R., and Lakin, C., 2007, "Independent Living", 429-447, in Handbook of Developmental Disabilities, edited by Odom, S. L., Horner, R. H., Snell, M. E., and Blacher, J., NY: The Guilford Press.

Rothman, J., 2003, Social Work Practice: across disability, Pearson.

제8장
권익옹호

이 동 석 (성공회대학교 사회복지연구소)

1. 서론

다양한 문헌에서 사회복지사의 역할을 상담자, 중재자, 촉진자, 중개자 등으로 묘사함과 더불어 옹호자로서의 역할도 강조하고 있다. 또한 장애인복지관의 업무지침에도 옹호팀이 하나의 조직으로 자리잡게 되었고, 거주시설에도 인권지킴이단이 만들어지고 있고, 각 지역의 조례에 의해 장애인인권센터가 경쟁적으로 만들어지고 있다. 이처럼 권익옹호 활동이 사회복지 영역의 큰 흐름이 되고 있다. 그런데 만약 장애인이 추운날씨임에도 보호시설입소를 거부하고 다리 밑에서 노숙하며 살겠다고 하고, 지역 군청의 사례관리자는 동사(凍死) 등의 피해를 막기 위해 시설입소를 강제하려고 할 때, 어떤 기관에 있던 옹호자는 어떻게 하여야 할 것인가? 결론적으로 옹호자는 장애인에게 가능한 대안의 장단점 등 충분한 정보를 주고, 장애인이 선택 결정하게 하고, 최종 결정이 내려지면 그 결정이 실행될 수 있도록 주장·실천하여야 한다.

그런데 현재 발달장애인과 관련된 우리 현장은 어떠한가? 발달장애인의 자기결정 능력이 떨어진다는 이유로 그들의 바람을 들으려 하지 않고, 최선의 이익 추정에 근거하여 서비스 제공자가 의사결정을 대신한다.[1] 심지어 발달장애인에게 필요한 최선의 이익을 자의적으로 판단하고 왜곡하기도 한다. 이런 실천에 대한 반성과 장애인의 권익향상과 자기결정에 근거한 자립생활을 강조하는 세계적 추세에 따라 최근 들어 우리나라의 장애인복지서비스현장에서도 성인 발달장애인을 대상으로 자립생활훈련, 자기주장훈련, 여가활동 동아리, 학습 동아리, 서비스 자치회, 주말 활동 집단 등의 다양한 명칭으로 자기결정과 자기옹호를 표방하는 집단 및 프로그램들이 만들어지고 있다. 또한 일부 복지관 등에서 시민옹호 등과 같은 외부 옹호도 실시하고 있고, 각종 인권센터 등에서 인권침해에 대한 권리구제 및 지원을 실시하고 있다.

그러나 이를 운영하는 전문가들은 권익옹호 활동과 관련된 적절한 준비나 훈련의 기회를 가지지 못해왔고, 당장 준비나 훈련을 시도하려고 해도 충분한 자료나 자원이 부족한 것이 현실이다. 또한 기존 문헌들도 구체적으로 어떻게 실천해야 하는지 제시해주지 못하고 있다. 이에 따라 본장에서는 권익옹호 실천을 위한 준비와 개발을 위해 권익옹호의 개념, 유형, 구조, 과정 등에 대해 설명할 것이다.

2. 권익옹호의 개념[2]

권익옹호(advocacy)는 자신 또는 누군가를 위해 큰소리로 말하는 것(speak up for)을 의미한다. 조금 더 확장하면 누군가가 목소리를 높이도록 하는 모든 일련의 행위를 말하는 것이다. 우리나라의 사회복지대백과사전에서는 권익옹호의 개념을 "사회정의를 확보·유지하기 위한 목적에서 하나 이상의 개인이나 집단 또는 지역사회를 대신해서 일련의 조치를 직접 주장, 방어, 개입, 지지, 추천하는 행위"로 정의하고 있다(이

---

1) 당사자의 선택을 존중하는 자기결정권은 UN장애인권리협약 및 국내의 장애인차별금지및권리구제에관한법률에 명시되어 있으며, 반면 서비스 제공자 등이 최우선 가치로 두기 쉬운 최선의 이익은 아동권리협약 3조에 명시 되어 있는 권리이다. 즉, 자기결정권은 당사자가 주장하는 권리이고, 최선의 이익은 타인에 의해 규정되고 추정되는 것에 근거하여 이뤄지는 경우가 많고, 아동과 같이 의사능력이 결여되어 있다는 전제하에 이뤄지는 것이다.

2) 2장부터 5장까지의 본문은 2012년 사)한국장애인복지관협회의 연구사업 보고서인 "장애인복지관의 지적장애인 권익옹호 실천방안 연구"(연구참여: 김용득·윤재영·이동석·이호선·김재훈)의 내용을 요약·정리한 것이다.

문국 외 역, 1999). 또한 영국의 2002년 옹호헌장은 "옹호는 누군가 자신이 원하는 것을 말하고, 권리를 확보하고, 이익을 표현하고, 필요한 서비스를 얻도록 돕는 조치를 취하는 것이다. 옹호인 및 옹호 체계는 그들이 지원하고 편을 들어야 하는 사람들과 협력관계를 이루어 일을 해 나간다. 사회적 포용(social inclusion), 평등, 사회정의를 증진시키는 것을 목적으로 한다."고 밝히고 있다.

이 외에도 조금씩 표현이 다른 다양한 정의들이 존재하지만, 사회복지분야의 권익옹호에 대한 정의들은 대체로 다음과 같은 합의가 이루어져 있다고 할 수 있다. 첫째, 권익옹호의 목적을 사회정의, 권리실현 등과 같은 사회복지 실천의 목적과 동일하게 두고 있다는 것, 둘째, 권익옹호를 하는 대상은 스스로 자신을 변호하기 어려운 사회적 취약계층으로 정의함으로써 사회복지 이용자와 동일하게 두고 있다는 것, 셋째, 권익옹호 활동의 범주를 권리옹호 대상자의 일상생활 지원을 위한 정보제공에서부터 사회 환경을 변화시키기 위한 입법·정책 활동, 나아가 사회행동까지를 포괄하고 있다는 것이다(강희설, 2010).

결국 권익옹호는 모든 사람은 존경되고 경청되어질 권리, 개인의 삶에 영향을 미치는 의사결정에 참여할 권리, 미래에 대한 꿈과 계획을 가질 권리, 동일 지역에 사는 다른 사람들과 동일한 기회와 기여의 가능성을 가질 권리 등이 있다는 원칙에 근거하여, 다른 사람에 의해 취약해졌기 때문에 위험에 처한 사람을 보호하는 활동 및 사회가 들으려 하지 않는 사람들을 위해, 또한 그들과 함께, 그들이 자신들의 견해를 표현하고 자신의 결정을 할 수 있도록 하는 활동을 의미한다고 볼 수 있다.

궁극적으로 발달장애인에게도 옹호는 다른 사람들을 대할 때의 수준과 동일한 존엄성을 갖고 장애인을 대우하는 것에 관한 것이다(Garbutt, 2012). 그러나 전통적으로 다른 사람들이 발달장애인들의 삶을 통제해 왔고, 그들을 위한 결정을 해 왔다. 이런 일들은 선의를 가진 가족이나 전문가들에 의해 행해져 왔다. 그러나 결과는 발달장애인들이 자신들의 삶에 대해 영향력을 행사하는 것을 방해해 왔다. 이런 일이 어떤 집단에게 발생하면, 다시 통제권을 갖는 것은 쉽지 않다. 상황을 뒤로 돌릴 수 있는 힘을 가지고 있지 않기 때문에, 또 역량약화의 부정적 순환이 이미 작동하고 있기 때문이다. 권익옹호는 의존의 이런 순환과정을 깨는 하나의 방법이고, 사람들에게 그들의 삶에 대한 자율권을 다시 주는 활동이다. 그들에게 일어났으면 좋을 것들에 대해 말할 기회를 제공하고, 그들이 그들의 목표를 이룰 수 있도록 지원함으로써 가능해지는 것이다. 반복적으로 이런 활동은 증가하는 역량강화의 선 순환과정을 발전시킬 것이다. 따라서 특별히 발달장애인들에게 권익옹호 서비스가 필요한 이유는 다음과 같다. 첫째, 어떤 발달장애인들은 일반 언어와 같은 일상적인 의사소통 도구를 사용하지 않는다. 따라서 그들이 원하는 것을 다른 사람이 확실히 알도록 하기 위해 자신을 대변해줄 옹호인이 필요하다. 둘째, 어떤 사람은 사람들 앞에서 당당히 말할 만큼 확신에 차거나 마음이 편하지 않을 수 있고, 누군가 다른 사람이 그들을 대신해 말해주는 것을 선호할 수 있다. 셋째, 많은 경우 사람들은 그들이 경청되어지는 것을 확인하기 위해 추가적인 도움이 필요한 경우도 있다. 이 경우 경험 많고 훈련받은 옹호인이 다른 사람들에게 이런 도움을 촉구하는데 도움을 줄 수 있다. 넷째, 어떤 사람은 정보에 기반한 결정과 선택을 하는데 필요한 인생의 깊은 경험 또는 지식을 가지고 있지 못할 수도 있다. 따라서 그들에게 무엇이 가능한지에 대해 그들이 이해할 수 있도록 누군가가 도와주는 것을 필요로 한다.

3. 권익옹호의 유형(form)

권익옹호 실천이 역동적으로 발전하고 있는 영·미에서 지난 30년 이상 권익옹호의 다양한 유형이 발전하고 있다(Boylan & Dalrymple, 2009). 옹호 서비스를 필요로 하는 사람들은 다양하며, 지원에 대한 욕구도 다양하기 때문이다. 이런 다양한 권익옹호 유형의 특성을 보다 선명하게 하기 위해 학자들은 몇 가지 기준을 가지고 권익옹호 유형들을 구분하고 있다.[3] 다양한 분류방법이 존재하지만 대부분의 경우 행위주체에 따

---

3) 가장 흔히 사용되는 권익옹호 유형 구분의 기준들은 권익옹호를 행하는 주체, 옹호 서비스에 대한 금전적 보상 여부, 옹호 서비스의 지속시간 등이다(강희설, 2010).

라 두 가지 방식으로 분류하고 있다. '자신 스스로의 권익옹호'에는 자기옹호와 집단 옹호가 해당되며, '외부로부터의 권익옹호'에는 시민 옹호, 동료 옹호, 독립적인 전문가 옹호, 단기 옹호, 법률 옹호, 비지시적 옹호, 전자 옹호 등이 포함된다. 옹호 방법 및 기술이 발전함에 따라 점점 더 다양한 옹호의 유형이 나타나고 있으므로 이외에도 다른 유형이 있을 수 있다. 그러나 현재까지 영국과 미국 등에서 명명되어진 옹호의 유형은 대부분 이 구분에 포함되어 있다.

1) 자신 스스로의 권익옹호

(1) 자기옹호(self-advocacy)

MIND(1992)에 따르면 자기옹호는 '개인이나 집단이 자신들의 욕구와 이익을 위하여 스스로 어떤 일에 대하여 주장하거나 실행하는 과정'이다. BILD(2007)는 자기옹호를 '자기 자신의 의사를 주장하는 것'으로 정의하고 있다. 또한 대표적인 발달장애인 자기옹호 조직인 피플퍼스트(People First)(1996)는 자기옹호를 '자신을 위해 발언하고 일어서기, 자신의 권리를 위해 일어서기, 선택하기, 독립적으로 되기, 스스로 책임지기'로 정의하고 있다. 자신이 직접 권리를 지킬 수 있고 다양한 역량강화를 이룰 수 있다는 측면에서, 자기옹호는 권익옹호의 형태 중 가장 만족할 만한 형태로 여겨진다(BILD, 2002).

이런 정의의 측면에서 보면 생존해 있는 모든 인간은 자기옹호자들(self-advocates)이다. 상점에 가서 구매를 하거나, 음식점에서 식사를 하는 등의 사회생활에서 불편한 일이 생기면 이의 시정을 요구하는 활동이 자기옹호활동이라고 할 수 있을 것이다. 대부분의 사람들이 하는 행동이고, 많은 발달장애인들도 자신의 의견을 말하는데 익숙하다. 그러나 가끔 다른 사람들에게 자신들의 말을 하고 이해하도록 하여 설득하는데 어려움을 겪을 수 있다. 이런 경우 타인이 옹호를 해주는 것이 아니라 타인이 지원자나 촉진자의 역할을 하고 장애인 본인이 직접 옹호할 수 있다면 자기옹호가 되는 것이다.

지원자나 촉진자의 역할을 하는 타인은 옹호인일 수도 있고, 비슷한 경험을 하고 있는 장애인 집단일 수도 있다. 자기옹호를 지원하는 집단은 대부분 발달장애인 당사자들에 의해 운영된다. 자기옹호 집단은 서비스를 이용하는 사람들의 집단이거나 특정 분야에 같은 이익을 공유하거나 서비스가 운영되는 방식에 영향을 미치기 위해 함께 일하는 집단이다. 집단 구성원들은 스스로 회의를 위한 의제를 선정하고, 의사결정과 선택을 한다. 집단은 사람들이 자신들의 의사를 더 잘 주장할 수 있도록 서로를 지원하고, 새로운 기술을 배우고, 자존감을 높이게 하는 중요한 수단이 된다. 이처럼 자기옹호는 발달장애인들이 운영하고 관리하는 집단에서 가장 일반적으로 인식되는 옹호의 한 유형이다. 가끔 자기옹호 집단은 읽기, 쓰기, 이해를 돕기 위한 설명 등에 대한 지원과 같은 실제적인 문제를 해결하기 위해 비장애인인 지원자나 촉진자를 이용할 수도 있다.

(2) 집단옹호

옹호를 필요로 하는 문제 중에는 개인적인 문제이지만 그 문제를 다른 사람들도 비슷하게 경험하는 문제들이 많이 있다. 따라서 옹호를 통한 개인적인 문제해결보다는 비슷한 경험을 하고 있는 사람들과 함께 집단적으로 옹호활동을 하여 문제를 쉽게 해결할 수 있는 경우가 있다. 또한 인식개선, 제도개선 등처럼 개인적인 옹호활동으로는 해결이 쉽지 않고 집단적인 옹호활동이 필요한 경우도 많이 있다.

따라서 스스로의 권익옹호는 초점을 어디에 두느냐와 옹호가 포괄하는 범위를 어디까지로 보느냐 등에 따라 개인적인 자기옹호와 집단적인 집단옹호로 구분할 수 있다. 개인적 자기옹호는 자신에 대한 권리인식과 억제된 권리를 회복하기 위해 고용, 거주지역, 사회 지원 시스템 등과 같은 자신의 관심사에 몰두하는 것이고, 집단적 자기옹호는 일반 장애인들과 장애인 집단의 공통적인 관심사에 함께 몰두하는 것을 의미한다(강희설, 2010). 따라서 자기 스스로의 옹호에 대한 이해의 폭을 넓히기 위해 개인차원을 강조하는 경우와 집단차원을 강조하는 경우를 구분하여, 개인차원을 강조하는 경우를 자기옹호로, 집단차원을 강조하는 경우를 집단옹호로 정의할 수 있다.

집단옹호에서는 옹호를 옹호 운동, 시민권리 운동, 신사회 운동 등과 같이 운동으로 정의하는 경향이 높다. 미네소타 대학의 사회통합연구소에서 발표한 자기옹호를 정의한 글에서도 집단옹호의 구성 요소를 정치적 행동에 참여하기, 우리 자신의 위치를 정의하기, 변화를 위한 연합을 구축하기, 장애인의 삶과 이슈에 대해 지역사회 리더로 참여하기, 장애에 대한 여론에 긍정적 영향 미치기, 지방정부위원회 태스크 포스 등 장애인서비스 체계에 참여하기 등으로 정의하고 있다.

집단옹호는 자기옹호와는 상당히 다른 기술과 다른 활동을 포함한다. 자기옹호 기술과 활동보다는 지역사회 운동의 기술과 활동에 더 가깝다. 지역의 장애인에게 더 많은 자원을 할당하고, 더 좋은 환경을 만들기 위해 전문가와 정치인에게 압력 넣기, 제도 또는 인식 개선을 위한 홍보 활동 등에 더 집중한다(Brandon, 1995). 발달장애인을 위한 집단옹호는 권리를 개선하고 사회구조를 개선하기 위하여 발달장애인들과 함께 목소리를 내는 것이다. 이런 식으로 집단옹호는 사회적 모델을 따르고, 발달장애인들이 직면하고 있는 장애를 만드는 환경과 태도에 집중한다(Garbutt, 2012). 이처럼 집단옹호의 관심이 되는 문제는 개인의 문제보다는 일반적이고 광범위한 문제들이다.

2) 외부로부터의 권익옹호

(1) 시민 옹호(citizen advocacy)

시민옹호는 발달장애인과 같이 독립적으로 자신의 주장을 효과적으로 전달하지 못하는 사람들을 돕기 위한 활동에서 비롯되었다. 네덜란드, 미국, 스칸디나비아 국가들에서 발달하기 시작했는데, 현재는 권익옹호 서비스를 실시하는 대부분의 국가에서 독자적인 정체성을 확립한 것으로 보인다(Bateman, 1995). 시민옹호는 질병이나 장애로 인하여 사회적 배제나 불공정한 처우를 받는 사람과 일반시민이 협력관계를 발전 유지시키면서 형성된다. 다른 사람을 위한 옹호인으로 활동할 수 있는 자발적인 역량을 가진 사람들이 모집되어 시민 옹호인이 되는 것이고, 시민 옹호인은 옹호 체계의 직원들에 의해 지원받고, 감독되고, 훈련을 받는다. 이용자와의 관계가 발전해 감에 따라 시민 옹호인은 옹호가 필요한 사람의 선택, 바람, 이익을 이해하고, 이에 반응하고, 이를 대변하는 활동을 자신의 일처럼 수행하게 된다. 옹호를 필요로 하는 사람은 선택, 바람과 결정이 무시되는 위험에 처해져 있으며, 그것들을 제대로 알고 효과적으로 실행하기 위해서 도움을 필요로 하는 사람이고, 시민옹호인은 옹호를 필요로 하는 사람을 지원하고, 그를 위해 당당히 말할 수 있는 자발적인 일반적인 시민이다.

시민옹호는 시민 옹호인과 이용자 간의 협력관계(partnership)가 중요한 요소가 되며, 많은 경우 시민 옹호인과 이용자 사이의 일대일 관계에서 진행된다. 시민옹호 협력관계는 어느 한쪽에 권력과 통제권이 존재하는 것이 아닌 동등한 관계이며, 각자의 개인적 능력과 인성의 가치를 존중하는 관계이다. 옹호 서비스 실천에서는 이런 협력을 하나의 단위로 여겨야 한다. 예를 들어, 이용자가 확실한 거부의사를 표시하지 않는 한, 이용자가 초대되어진 모임에 시민옹호인도 함께 참석하도록 초청되어야만 한다. 또한 둘 간의 옹호관계를 조정하는 옹호체계의 직원은, 시민 옹호인과 이용자 모두 일반적인 이익을 공유하고 공통점을 가질 수 있도록 협력관계의 짝을 맞추도록 노력하여야 한다.

시민옹호는 전문가 또는 보호자에 의한 서비스 공급과정에서 이용자의 권리가 훼손되는 상황에서 발전하기 시작했다. 예를 들면, 부모나 시설 종사자들이 종종 발달장애인의 의복에 관련하여 억압적이고 시대에 뒤진 견해를 갖고 있을 수도 있다. 다른 사람에 의하여 인상이 결정되는 사람에게는 너무나 중요한 일이다. 이럴 경우 발달장애인과 관계를 형성하고 있던 시민옹호인은 발달장애인의 의견을 받아들여 부모나 시설 종사자에게 부당함을 주장할 수 있다. 이처럼 시민옹호인은 겉보기에는 일상적이고 평범한 일에 관심을 갖는다. 시민옹호인은 사람들이 자신의 의견을 표현하게 하는 것을 돕고, 결국 그들이 완전한 시민이 되도록 돕는 것이다. 시민옹호인은 발달장애인과 일상적인 많은 것들을 할 수 있는데, 개인적인 문제를 다루는 것을 돕거나, 사례회의에서 대리를 하거나, 개인의 삶의 계획에서 변화를 주장하거나, 부모의 반대에도 불구하고 결혼할 수 있도록 커플을 돕는 행동을 할 수 있다.

시민옹호의 강점은 서비스 밖에 있는 독립적인 사람을 임명한다는 것이다. 시민옹호 모델은 선택과 개인의 노력을 강조하는 장기간의 관계형성을 통해, 개인과 그가 살고 있는 지역사회 사이의 연결을 다시 확립하는 것을 돕는다. 시민옹호인은 어떤 개인이 선택하는 것을 도울 것이고, 필요한 경우 그 사람의 희망사항을 알아내고 선택사항을 조사한 후에 회의나 의사결정 과정에서 그 사람을 대신하여 주장할 수도 있다. 이런 일은 수화통역사의 역할과 비슷한데, 수화통역사는 조언을 주는 것이 아니라, 복잡한 정보를 더 다루기 쉬운 형태로 바꾸고, 다른 방식으로 의사소통하는 사람을 위한 목소리를 제공하는 역할을 한다. 대부분의 시민옹호 체계는 주요 서비스 체계의 외부에서, 자원활동과 지역사회의 영역 내에서 작동한다. 따라서 지속가능한 자금의 유입이 부족한 어려움이 생기기도 한다.

(2) 동료 옹호(peer advocacy)

동료옹호는 옹호인과 옹호를 받는 사람이 비슷한 경험, 어려움, 차별을 공유하고 있는 경우에 가능하다(BILD, 2007). 옹호인은 자신과 비슷한 어려움이나 차별을 경험했거나 경험하고 있는 다른 사람들을 위해 주장을 하고 행동을 하게 된다. 아동보호시설에 위탁된 아동이나 장기보호시설, 주간보호시설에 참여하는 정신장애인 또는 발달장애인 등이 동료 옹호에 적합하다.

동료옹호는 과거 발달장애인들이 분리되어 시설에 살았기 때문에 그들 사이에서 발생한 옹호 유형이다. 그들은 지역사회와 격리되어 있었기 때문에, 동료 시설거주인 외에 그들을 옹호해 줄 사람은 없었다. 발달장애인들이 시민의 권리와 의무를 인식함에 따라, 그들 대부분은 서로서로를 위해 당당히 말을 하게 되었다. 양측 상대방이 모두 지적장애를 가지고 비슷한 경험을 했다는 점을 제외하면 필연적으로 시민옹호와 같은 것이다.

동료옹호는 주간센터, 거주시설, 병동 같은 환경에서 자연스럽게 일어날 수 있다. 동료옹호를 할 수 있는 일차적인 자격은 장애 또는 서비스 이용에 대한 그들 자신의 경험이다. 한 사람이 상대방(counterpart)보다 더 주장을 잘 할 수 있다고 느끼고, 공통 이익 때문에 연대감을 느낄 때 동료옹호 관계는 발생한다. 옹호 관계는 상호 지지와 역량강화에 근거하는데, 옹호활동의 결과로 참여한 사람들 간에 친밀한 관계가 발전되고, 사안에 대한 특별한 통찰력을 얻을 수 있게 된다.

(3) 독립적인 전문가 옹호(independent professional advocacy)

독립적인 전문가 옹호는 지역의 독립적인 옹호 기관에 속해있는 유급의 옹호인에 의해 행해지는 옹호이다. 이 옹호유형은 종종 위기옹호(crisis advocacy), 문제중심 옹호(issue-based advocacy), 사례옹호(casework advocacy), 단기옹호(short-term advocacy) 등으로 불려진다. 그러나 실제 상황은 반드시 위기상황은 아니고, 해결될 필요가 있는 하나 또는 몇 개의 문제에 접근한다는 것을 의미하는 것이다. 문제에는 새로운 집에 대한 선택, 장기 입원 병원으로부터의 퇴원, 개인 재정에 대한 관리, 사법 체계에의 연루, 적절한 건강 및 사회서비스에의 접근 등이 포함된다. 일반적으로 옹호 관계는 문제가 본격적으로 착수되어 해결되면 즉시 종료된다.

기관에 속하면서 전문적인 훈련을 받은 옹호인이 독립적인 전문가 옹호의 대부분을 실행하지만, 특정 문제에 관련된 특정 경험을 필요로 하는 어떤 상황에서는 더 경험이 많은 자원활동가가 이 역할을 맡을 수도 있다. 이 경우 자원활동 옹호인은 옹호 관리자로부터 정기적인 지휘(supervision)와 지원을 받는다. 전문 옹호인은 동시에 몇 명의 이용자들과 일을 할 수 있기 때문에 더 많은 사람들이 옹호 지원을 받을 수 있다. 또 이 옹호유형은 더 전문적인 것처럼 보이기 때문에, 서비스 공급자들과 직원으로부터 더 많은 신임을 받고 있다.

(4) 법률 옹호(legal advocacy)

자기옹호나 시민옹호 등의 옹호활동이 성과가 없거나 또는 법적 다툼의 여지가 있는 경우에 선택할 수 있다. 변호사나 법적 훈련을 받은 자가 발달장애인, 정신장애인 등과 같은 약자의 권리행사나 보호를 원조하기 위하여 행하는 광범위한 수단이나 활동을 의미한다. 즉 현행 법 하에서 의뢰자의 이익을 지키기 위한 비공식적 설득활동, 법률 제·개정 활동, 행정 처리에 대한 대리대행, 민사·형사 법정에서의 대리, 법령에 기초한 감시활동 등을 포함한다. 이 유형은 권익옹호의 가장 전통적인 유형이라고 할 수 있으며, 대체로 계약에 기초하여 재정적 관계를 수반한다.

(5) 비지시적 옹호(non-directed or non-instructed advocacy)

보다 최근에 인식되고 있는 옹호의 형태가 비지시적(non-directed or non-instructed) 옹호이다(Boyland & Dalrymple, 2009). 비지시적이라는 용어는 옹호의 역할을 고려해보면 논쟁의 여지가 많은 것이다. 기본적으로 옹호는 이용자의 지시에 따르는 것을 원칙으로 하는 것이다. 따라서 옹호인에게 지시를 할 수 없는 사람을 지원하기 위해 고안된 어떤 옹호 유형도 문제가 있다는 것을 의미한다. 그러나 중증의 발달장애인, 치매 환자 등은 다른 사람에게 그들이 원하는 것이 무엇인지 이해시키고, 의사소통하는데 어려움이 있을 수 있다. 그들이 개념을 이해하는데 한계가 있기 때문일 수도 있고, 그들의 희망사항을 다른 사람들이 이해하지 못하기 때문일 수도 있다. 그럼에도 의사소통이 잘 안 된다는 점 때문에 권익옹호를 받을 수 있는 기회가 제한되어서는 안 된다. 결국 옹호의 원칙에는 벗어나지만 이 옹호 방법을 지지하는 논리적 근거는, 의사소통 방식을 해석하기 어렵거나 역량이 부족한 사람들이 현실에서 분명 존재하며, 이들도 의사결정자에 의해 고려되어지는 견해와 선호를 가질 권리가 있다는 것이다.

이름에서 알 수 있듯이 이 형태의 옹호에서는 이용자가 직접 자신의 견해를 표현하지 않는다. 오히려 옹호인은 장애인의 삶에서 중요한 사람(key person)으로부터의 요구에 반응하고 그들의 견해와 선택이 어떤 것인지를 평가한다. 옹호인은 서비스 제공과 개인 권리에 대한 지식을 얻기 위해 훈련을 받으며, 특정 전략과 옹호 기술에 경험을 갖고 있어야 한다. 옹호인은 의사소통에는 다양한 방법들이 있음을 인정하고, 우선 서비스 이용자들이 다른 사람들과의 의사소통을 어떻게 하려고 하는지에 대해 이해하려고 노력해야 한다. 옹호인 본인 및 이용자의 의사소통 훈련은 옹호인에게 우선사항이 되어야 한다. 이와 같은 통합적이고 책임성 있는 노력이 있어야만 비지시적 옹호를 할 수 있는 책무를 부여받을 수 있을 것이다(BILD, 2007).

비지시적 옹호는 이용자의 지시를 받을 수 없지만 이용자의 지시를 받고자 하고 이해하고자 하는 노력이 있다면 잘 작동할 수 있을 것이다. 예를 들어, 말을 못하고 눈으로 일정 부분 의사소통을 하는 장애인이 있는 경우, 옹호인이 장애인의 바람과 견해를 아무리 이해하려고 노력해도 이해할 수 없을 때, 옹호인은 "이 눈의 움직임이 무엇을 의미하는지 명확히 알 수 없어요. 그래서 지금 인권 접근법을 취할 겁니다."라고 말할 수 있을 것이다. 그럼에도 옹호인은 이 장애인의 의사소통 스타일에 관해 더 많이 연구하여 눈의 움직임이 무엇을 말하는지 알기 위한 노력을 더 해야 한다. 그래서 비지시적 접근법에 지속적으로 의존할 필요가 없게 만들어야 한다.

(6) 전자 옹호(electronic advocacy, e-advocacy, net-activism)

전자 옹호는 최근에 발전된 것으로, 다른 형태의 옹호를 대신하기 보다는 보완하는 역할을 하는 목적이 있다. 또한 앞으로 점점 발전 가능성이 높은 유형인데, 인터넷을 통해 옹호를 알게 되고, 옹호 서비스도 처음부터 인터넷 등 전자적으로 접근한 개인에게는 매우 강력한 옹호 방법이 될 것이다. 요사이 장애인들의 인터넷 사용과 활용도가 늘어남에 따라 전자옹호는 장애인에게 유용한 방법으로 인식되고 있다. 장애인과 옹호인은 이메일, 문자 메시지, 다양한 전자적 방식으로 의사소통을 한다.

4. 권익옹호의 구조 이해

사회복지 분야에서 권익옹호의 내용은 준 법률적(quasi-legal) 수준에서부터 매우 개인적인 수준에 이르기까지 다양하다. 또 문제의 정도에 따라서 구조적인(hard) 문제에 대한 옹호유형에서부터 미시적인(soft) 유형에 이르기까지 다양하게 존재한다. 따라서 사회복지에서 권익옹호 활동은 다양한 상황에서 다양한 요구에 대처하기 때문에 활동 유형도 다양하게 묘사될 수 있다.

권익옹호 실천은 주로 옹호가 필요한 문제에 집중하는 경향이 있다. 그러나 권익옹호는 지속적으로 응급조치(band-aid)만 할 것이 아니라, 정책이 형성되는 거시적 차원에서 정부에 대한 의견개진 및 압력을 통해 구조적 변화를 일으켜서 옹호를 필요로 하는 사례가 없어지도록 하는 실천도 필요하다. 따라서 권익옹호의 표적이 되는 문제가 어떤 것인가에 따라 발생한 문제의 해결에 초점을 맞추는 문제중심 모델과 구조적인 변화를 요구하는 체계적 모델로 구분할 수 있다.

옹호 서비스에 대한 이용자 참여와 결정수준의 정도에 따라 전문가 주도형과 장애인 자기주도형이 있다. 권익옹호 실천은 이용자인 장애인을 어떻게 규정하는지에 따라 수동적 모델과 적극적 모델로 구분할 수 있다. 수동적 모델은 장애인을 수동적이고 지원과 보호가 필요한 개인으로 보는 것이고, 적극적 모델은 장애인을 시민이면서 적극적인 참여자로 보는 것이다. 이 관점은 인권의 실천을 보호에 중점을 둘 것인지, 역량강화와 적극적인 참여에 중점을 둘 것인지에 따라 구분하는 관점과도 동일한 것이다.

1) 문제중심 모델과 체계적 모델(issue-based and systemic model)

문제중심 옹호(issue-based advocacy)는 개인 또는 가족과 같은 소집단을 위한 옹호 활동을 하는 것으로, 문제가 발생했을 경우 문제 해결을 위한 활동을 하는 것이다. 체계적 옹호(systemic advocacy)는 조금 더 큰 집단과 함께 과업을 실천하는 것으로, 법률, 정책, 실천과 관련된 구조적인 변화를 목표로 한다.

그러나 변화를 촉진하려는 어떤 실천에서도, 개별적인 수준의 문제 중심 옹호와 체계적 수준에서의 옹호는 필연적으로 서로 연관되어 있다. 문제중심 상황의 상당 부분은 해결을 시도하려고 하여도 현재의 법률, 정책 등 현재 체계 내에서는 해결이 가능하지 못한 경우도 있다. 장애인이 경험하는 많은 문제들의 근원적 원인이 체계적이기 때문이다. 이런 상황으로부터 체계적 옹호 활동을 위한 정보를 수집할 수 있고, 어떤 체계적 변화가 필요한지를 알아낼 수 있다. 이에 따라 체계적 옹호가 실천되면, 체계적 옹호 활동에 따라 체계의 변화가 생기고, 이런 체계의 변화는 개별적 옹호가 필요한 문제를 감소시키거나, 문제중심 옹호 실천의 해결방안을 제시할 수 있게 된다.

따라서 문제중심 옹호와 체계적 옹호는 서로 구분되어 실천되는 것이 아니라 서로 연관되어 있으며 상호작용하는 것이다. 그렇다고 해서 한 기관이 문제중심 옹호와 체계적 옹호 활동을 모두 할 필요는 없을 것이다. 한 기관에서 기관특성에 맞게 문제중심 옹호와 체계적 옹호 활동을 선택하여 실천할 수 있을 것이다.

2) 수동적 모델과 적극적 모델(Passive and active model)

장애인을 힘이 떨어지고 능력이 부족한 상태로 보면 장애인의 인권을 증진시키기 위해서는 장애인을 잘 보호하는 것이 필요하고, 장애인을 사회로부터 억압받는 존재로 규정하면 장애인 인권을 증진시키기 위해서는 장애인의 자율과 자기결정을 위한 기회를 더 늘릴 필요가 생긴다. 전자가 보호주의자(protectionist)의 관점이라면, 후자는 해방주의자(liberationist)의 관점이다. 이 구분방식은 장애인을 보는 관점과 관련이 되어 있으며, 두 옹호는 별개로 구분되는 것이 아니라 두 옹호 사이에 연속선이 존재하는 것으로 보아야 한다. 두 접근법은 장애인을 지원과 보호가 필요한 개인으로 볼 것인지, 아니면 장애인을 시민이면서 적극적인 참여자로 볼 것인지에 따라 수동적 옹호와 적극적 옹호로 구분하는 것이다.

수동적 옹호는 시민옹호에서처럼 옹호인이 누군가를 위해 대변하는 것이다. 이런 접근법은 주로 장애인을 보호(protection)하는데 관심을 갖는다. 이것은 권리에 대한 보호주의자(protectionist) 관점과 연결되어 있다. 적극적 옹호는 자기옹호의 경우처럼 자신을 대변하는 것이며, 의존적인 상황에 맞서고 장애인이 스스로 행동을 취할 수 있도록 역량강화 시키는 것에 관심이 있다. 이것은 권리에 대한 해방주의자(liberationist) 관점과 연결되어 있다.

5. 권익옹호의 수행 절차

옹호의 실천원칙을 충실히 따르면서 옹호를 효과적으로 수행하기 위해, 옹호인은 우선 수행절차 각 단계에 대해 명확히 인식해야 한다. 아울러 여러 단계에 걸쳐 공통적인 기술을 적용하거나 각 단계마다 필요한 다양한 수준 및 형태의 기술을 적절하게 적용할 수 있어야 한다. 이처럼 옹호의 수행절차를 구조적이고 일관된 방식으로 진행한다면 옹호인과 옹호를 받는 사람의 시간을 절약할 수 있다. 한 두 단계를 누락시키거나 해당 단계에 부적절한 기술을 적용하는 등 수행절차상의 착오가 발생하면, 옹호인의 노력에도 불구하고 결국 옹호를 성공적으로 달성하기 어려울 것이다. 한편 옹호는 근본적으로 옹호를 받는 사람, 옹호인, 상대방 세 측이 관여하는 상호작용의 과정이다. 이러한 상호과정의 절차에 대해 인식함으로써 옹호를 명확하게 하고 더욱 쉽게 이해할 수 있고 계량화할 수 있다. 또한 옹호를 받는 사람이 절차를 이해하도록 도움으로써 비밀을 없애고 모호함을 감소시켜 옹호를 받는 사람을 더욱 역량강화 시킬 수 있다.

Bateman(1995)은 옹호의 수행절차를 문제의 제시(Presentation of the problem), 정보 수집(Information-gathering), 법률 검토(Legal research), 해석 및 옹호이용인에게 환류(Interpretation and feedback to the client), 적극적인 협상과 옹호(Active negotiation and advocacy), 소송(Litigation) 등의 6단계로 구분하여 설명한다. 각 단계마다 소요시간이 정해져 있는 것은 아니며, 만족한 결과를 얻고자 한다면 기술들을 적절하게 혼합하여 사용하면서 각각의 단계를 진행해야 한다.

1) 문제의 제시

옹호의 수행절차의 첫 단계인 문제제시 단계는 옹호를 필요로 하는 문제가 제시되거나 옹호인에 의해 발견되는 지점이다. 이용자는 옹호가 필요한 문제를 제시할 것이다. 문제는 권리에 대한 명확한 거부일 수도 있고 위압적인 체계일 수도 있다. 때로는 이용자를 돕는 대인서비스 전문가의 업무로 인해서 문제가 나타날 수도 있다.

이용자들의 권리에 대한 거부가 만연되어 있는 문화적 특성 등에 따라 많은 이용자들은 자신들의 권리에 대한 인식이 낮을 수 있다. 따라서 다른 문제들에 가려져 있는 옹호 문제를 찾아내기 위해 또는 문제가 잘 표현되도록 하기 위해 옹호인은 효과적으로 인터뷰하고 경청하는 기술을 갖추어야 한다. 옹호에 의해 가장 잘 해결될 수 있는 문제인지를 구분할 수 있는 충분한 기술적 지식도 갖고 있어야 한다. 옹호를 필요치 않는 이슈나 문제들이 많은 경우에도 옹호의 필요성을 찾아내는 기술도 필요하다.

2) 정보 수집

옹호가 필요한 문제에 대한 인식이 이루어지면, 그 다음 정보수집 단계에서 관련 정보를 수집하고 옹호 이용자로부터 설명을 듣는다. 이 단계에서 상대방 또는 가해자로부터 정보를 수집하는 것 또한 중요하다. 상대방의 인식 및 사실에 대한 기억에 따라 옹호인이 전술을 바꿀 수도 있기 때문이다. 상대로부터 자료를 수집할 때, 옹호를 받는 사람에 관한 불리한 진술 또는 상대방의 편견, 우연, 좋지 않은 행위에 따라 표현되는 어떤 견해에 대해서도 주목하는 것이 중요하다. 이런 상대방의 견해는 상대방의 접근방식에 대한 부정확함을 증명하는데 매우 중요하게 사용된다. 한편 다른 사람으로부터 정보를 얻기 위해 옹호인이 옹호 이용자의 동의를 얻는 일은 필수적이다. 동의를 구하는 공식적인 문서작성은 당연한 일이다. 그러나 옹호인이 옹호를 받는 사람을 대신하여 행동하고 있다는 사실이 명백하다면 전화로 동의를 대신할 수도 있다. 신속한 옹호가 요구되는 경우 등 필요한 상황에서는 팩스로 동의를 구할 수도 있다. 필요한 정보의 형태는 사례마다 다르며 문제의 특성에 달려있다.

필요한 정보를 얻기 위해 단호하게 행동하는 것은 필요하지만, 공격적이 되어서는 안 된다. 옹호인이 질문을 하면 상대방은 방어적이 될 수도 있는데, 이런 방어성에 대처할 수 있는 효과적인 방법은 단호한 행동이다. 상대방이 적극적으로 옹호인의 정보 수집을 방해하는 경우도 있다. 이때는 더욱 강경한 접근이 필요할 것이다. 또한 이 단계에서는 창조적인 사고가 필요하다. 충분한 사실을 획득했더라도, 전문적인 의료 증거 또는 채권자의 재무기록으로부터 얻을 수 있는 구체적인 정보 등 더욱 자세한 것이 필요하다는 점은 명확하다. 한편 이 단계에서 옹호과정의 주요 흐름을 일목요연하게 정리하는 연대기를 구성하거나 골격지도(skeleton map)를 시작하면 된다.

3) 법률 검토

이 단계에서는 사실들을 법률, 정책, 절차 등의 원천과 비교해야 한다. 사실과 정보를 모으기 이전에 법률 검토를 수행하는 것은 불가능하다. 사실에 대한 수집이 충분치 않으면 문제를 잘못 조사할 수 있고 옹호의 효과도 저하되며 시간만 낭비하는 결과를 초래할 수 있다. 반면 법률검토 영역에 대한 옹호인의 지식이 훌륭할수록 더욱 성공적일 수 있다. 이 단계가 끝날 때까지 옹호인은 골격지도를 완성해야 하고, 문제의 유형, 가장 효과적인 접근법 또는 해결법, 옹호를 받는 사람을 위한 성공가능성, 관련 법률 및 사실적인 문제들, 사례에 있어서의 의견 등의 차이 등에 대해 판단해야만 한다. 이러한 판단을 바탕으로 옹호인은 실행계획을 수립할 수 있을 것이다.

4) 해석 및 옹호 이용인에게 환류

이전 단계에서 어떤 전략과 쟁점을 추구할지에 대한 판단이 섰다면, 이 단계에서 옹호인은 옹호를 받는 사람에게 환류를 주면서 진행된 방식에 대한 의견을 구해야 한다. 이 과정을 수행하지 못한다는 것은 옹호과정에 옹호를 받는 사람을 포함시키지 않고 있다는 의미이다. 이는 경험을 통해 옹호를 받는 사람이 배우고 동기화되고 역량강화될 가능성을 간과하는 것일 뿐만 아니라, 옹호인의 쟁점에 대한 해석이 옹호를 받는 사람의 해석과 다를 수 있고, 옹호를 받는 사람이 제안한 해결법을 따르고 싶지 않을 수도 있음을 예고하는 것이다. 게다가 옹호를 받는 사람으로부터 더 많은 정보가 필요할 수도 있다.

이후 문제해결의 일환으로 진행될 협상, 이의제기 등 행동의 과정들은 옹호를 받는 사람에게 다양한 수준의 위험을 줄 수 있으므로 조치를 취하기 전에 접근법에 대한 동의를 구해야 한다. 따라서 이 단계에서 올바른 인터뷰 기술들을 필요로 한다. 적절한 언어와 설명은 매우 중요하다. 아울러 자기관리 기술과도 연결되는데, 이 단계가 옹호의 각 부분 중 가장 기본적인 요소로 여겨지기 때문이다. 훌륭한 시간관리도 요구된다. 옳은 해결방안 또는 해석을 찾는데 창의적 사고도 필요하다. 글쓰기 기술도 상당히 필요한데, 어떤 경우 쟁점이나 실천과정을 글로 정리하여 옹호를 받는 사람에게 제공하는 것이 도움이 되기 때문이다.

5) 적극적인 협상과 옹호

옹호인이 옹호와 관련해 빈번하게 발생시키는 문제들은, 문제가 제시되는 즉시 상대방과 협상을 시작한다는 것이다. 결과적으로 옹호는 불만족스럽고 비효과적으로 될 수 있다. 이는 옹호인이 모든 사실을 알지 못한 채, 올바른 법률적 조사 없이, 옹호를 받는 사람의 완전한 동의 없이 행동했기 때문일 것이다. 이런 접근법은 좋지 않은 실천일 뿐만 아니라 옹호의 윤리 원칙과도 상충한다.

사용되는 접근법과 문제의 유형에 대해 명확해야 한다. 응급성, 중대성, 이용 가능한 해결방법, 문제의 구조의 정도, 전체 접근법을 이루고 있는 윤리적 원칙 등에 따라 적절한 행동 과정을 결정해야 할 것이다. 실천 단계에서 과정을 바꾸기 위해 상대와 협상할 수도 있고 상대를 설득하려 노력할 수도 있다. 단호한 주장 기술뿐만 아니라 '건설적인 공격(constructively channelled aggression)'이 필요할 수도 있다. 이때 말로 동의된 어떤 사항도 문서로 작성해야 한다. 이 단계에서 협상 기술을 충분히 사용해야 할 것이다.

경우에 따라 더 많은 조사가 필요할 수도 있다. 이 경우 옹호인은 이전 단계로 돌아갔다가 다시 돌아올 필요가 있다. 명확하고 구조화된 접근법에 대한 필요성과 최선의 결론에 이르기 위해 순차적으로 생각하고 행동할 필요성을 명심해야 한다. 급하게 준비 없이 나오는 반응은 대부분 효과적이지 못하다.

6) 소송

대인서비스 전문가들에 의한 옹호에 있어, 소송은 법원에서의 행동만으로 국한되지 않는다. 소송에는 옴부즈맨, 이의제기, 또는 사례회의 등에 문제를 넘기는 것도 포함된다. 이 과정에서의 독특한 특징은 상대방과 대화를 하기 보다는 중재자의 검토를 수반한다는 점이다. 소송은 위압적이고 법률 형식에 구애되는 것처럼 보이고, 실제 그런 면도 있지만, 이전에 얻어진 결과가 만족스럽지 못하다면 필연적인 것이다. 이 옹호의 단계에서는 일반적인 대인서비스 전문가보다는 조금 더 전문적인 기술을 가진 사람이 일을 맡을 수도 있다.

6. 결론

권익옹호는 학대 등의 피해가 발생했을 때 구제하는 조치도 중요하지만, 실생활에서 억울한 일이 발생하지 않도록 장애인의 편을 들어주는 활동도 필요하다. 특히 발달장애인을 위한 활동이 많이 필요하다. 그러면 이 활동을 누가, 어디서 하느냐의 문제가 생기는데, 새롭게 옹호센터를 만들어서 활동하는 방법도 있고, 지역에서 적절한 기관이 기능을 맡는 방안이 있을 수 있다. 새롭게 옹호센터를 만드는 것은 재정, 인력 등에서 문제가 있기 때문에 기존 기관을 활용하는 방안이 적합할 것으로 보인다. 그렇다면 장애인복지관을 포함한 기관은 어떻게 권익옹호 활동을 할 것인가? 크게 두 가지로 나눌 수 있다. 일상적 옹호와 독립적 옹호로 구분할 수 있다(김용득·윤재영·이동석·이호선·김재훈, 2013). 일상적 옹호는 기관의 모든 직원이 옹호서비스의 주체가 되도록 하는 것을 목표로 한다. 따라서 일상적 옹호에 대한 교육 내용은 장애인복지관서비스의 큰 틀을 이동시키는 것을 목표로 한다고 할 수 있다. 옹호라는 것이 특별한 서비스가 아니라 발달장애인에 대한 모든 서비스를 옹호의 관점에서 접근할 수 있다는 신념을 기관 전체가 공유하는 것이 중요하다. 이런 점에 기초하여 기관의 모든 직원이 권익옹호의 개념과 실천방법을 초보적인 수준에서 이해할 수 있는 교육을 받는 것이 필요할 것이다.

독립적 옹호는 장애인복지관 등의 기관의 권익옹호팀에 소속되거나 또는 권익옹호를 전담으로 하는 직무에 배치되어 옹호를 하는 것이다. 이 옹호를 하는 독립적 옹호인력은 옹호를 실제로 수행하면서 발달장애인과 잘 의사소통할 수 있어야 하며, 옹호의 전 과정을 진행할 수 있어야 한다. 그리고 옹호과정에서 부딪치게 되는 갈등과 법률적인 문제들에 대응할 수 있는 준비가 필요하다. 그렇다고 모든 기관이 현재 인권센터들이 하고 있는 일(옹호의 종류 중 전문가 옹호)들을 할 필요는 없다. 일부 거점 기관이 시행하면 되고, 대부분의 기관은 인권침해에 대한 권리구제 사업보다는 일상적인 삶속에서의 권익옹호를 어떻게 할 것인가를 고민해야 할 것이다. 이를 위해 개별 기관들은 옹호의 종류 중 자기옹호, 집단옹호, 시민옹호에 중점을 두어야 할 것으로 보인다.

한편 권익옹호를 하는 주체가 독립적으로, 즉 기관의 눈치에서 벗어나서 활동할 수 있는, 활동을 보장할 수 있는 조직적 장치가 고안되어야 한다. 장애인복지관, IL센터와 같은 서비스제공기관에서 과연 옹호를 수행할 수 있겠는가, 그리고 실제로는 서비스제공기관이 권리를 침해하는 가해자가 될 수도 있는데 기관내의 옹호조직이 장애인의 편에서 옹호를 할 수 있겠는가라는 의문이 제기될 수 있다. 이런 점을 극복할 수 있는 조직적 장치가 마련되어 옹호인력의 독립성과 위상을 보장할 수 있는 방안이 수립되어야 한다.

또한 개별 기관 차원의 옹호체계는 전국적인 옹호체계와 유기적으로 잘 결합되지 않으면 실효성 있는 옹호가 일어나기 어렵다. 전국적인 단위에서 발달장애인의 권익옹호체계를 어떻게 구축할 것인지, 그리고 이 체계에서 일선 지역사회에 깊숙이 들어가 있는 개별 기관이 어떤 역할을 할 것이며, 전국적인 수준의 전문옹호기관과는 어떤 네트워크를 구축할 것인지에 대한 검토가 필요하다.

학대 등의 피해구제 이후의 구체적인 프로그램개발도 필요하다. 옹호의 활동 중 상당부분은 피해나 학대를 받았거나 받을 위험에 직면해 있는 사람들과 지속적으로 접촉하는 활동이다. 이 과정에서 옹호서비스가 잘 진행되기 위해서는 학대에서 오는 분노를 조절하는 프로그램이나 학대의 상처를 치유할 수 있는 전문적 프로그램의 개발도 필요하다. 사기를 당했다면 통장을 관리하는 법, 돈을 사용하는 법에 대한 훈련이 필요하다. 이런 훈련이 이루어지지 않으면 다시 사기에 노출될 수밖에 없기 때문이다. 이 부분은 장애인복지관 등 서비스 기관이 가지고 있는 전문적 경험과 역량을 발휘할 수 있는 영역이라 할 수 있을 것이다.

변화를 가져온다는 것은 개인을 뛰어넘어 사회에서 억압받는 집단을 역량 강화하는 것이다. 개별적 문제중심 옹호도 중요하지만 여기에서 멈추어서는 안 되고 체계적 옹호를 발전시켜 궁극적인 장애인에 대한 억압을 없애려는 노력을 하여야 한다. 우리는 억압에 도전하기 위해 사회 구조, 사회 문화, 제도 등과 장애인간의 관계를 항상 생각해 볼 책임이 있다. 또한 억압에 도전하려고 하는 서비스에 의해서도 장애인이 지속적으로 억압될 수 있음을 상기해야 한다. 예를 들어 억압에 도전하기 위해 옹호를 하면서도 옹호인이 이런 억압관계에 대해 모르고, 옹호의 구조를 모른 상태에서 옹호 업무를 함으로써 오히려 장애인에 대한 억압을 더 강화할 수도 있다는 것이다. 비판적 실천가로서의 옹호인은 권력, 억압, 불평등의 개념들이 어떻게 개인 간의 관계와 구조적 관계를 결정하는지 잘 이해할 수 있어야 하며, 결과적으로 장애를 만드는 사회구조, 사회문화에 대한 도전을 해야 할 것이다.

참고문헌

강희설. 2010. "사회복지사의 지적장애인 자기 옹호 지원과정". 성공회대학교 박사학위 논문.
김용득 · 윤재영 · 이동석 · 이호선 · 김재훈. 2012. 『장애인복지관의 지적장애인 권익옹호 실천방안 연구』. 한국장애인복지관협회

김용득 · 윤재영 · 이동석 · 이호선 · 김재훈. 2013. 『장애인복지관의 지적 · 자폐장애인 권익옹호인 양성 체계 연구』. 한국장애인복지관협회

이문국 외 역, 1999. 『사회복지대백과사전』. National Association of Social Workers(NASW). 1995. Encyclopedia of Social Work. 서울: 나눔의 집.

Bateman, N. 1995. *Advocacy skills: a handbook for human service professionals*. Ashgate.

BILD. 2002. *Positive approaches to promoting advocacy*. BILD

BILD. 2007. *Good practice in advocacy and advocacy standards*. BILD

Boylan, J., J. Dalrymple. 2009, *Understanding advocacy for children and young people*. Berkshire: Open University Press.

Brandon, D., Brandon, A. and Brandon, T., 1995. *Advocacy: power to people with disabilities*. Birmingham: Venture Press.

Garbutt. R. 2012. "Advocacy". In: Atherton & Crickmore(Eds). *Learning disabilities: toward inclusion*. Churchill Livingstone Elsevier.

Llewellyn, P. and Northway. R. 2008. "The views and experiences of people with intellectual disabilities concerning advocacy-a focus group study." *Journal of intellectual disabilities* 12(3), 213-228.

MIND. 1992. *The MIND guide to advocacy: empowerment in action*. London: MIND Publications.

People First. 1996. *Speak out for equal rights workbook two*. London: Equal People Course Book.

제9장
학대와 보호

김 미 옥 (전북대학교)

1. 들어가며

최근 장애인의 권리, 선택, 자립 등이 강조되고 있다. 이는 이념적으로 사회적 모델 및 자립생활모델과 관련이 있으며, 장애인차별금지법의 제정 등으로 더욱 그 중요성이 커지고 있다. 특히, 최근 발달장애인법 제정 논의 등 우리 사회에서 발달장애인이 당면한 어려운 현실이 드러나면서, 다양한 장애유형 중 발달장애인의 권리 보호와 관련된 이슈 역시 제기되고 있다(김미옥, 2012). 국내 15유형의 다양한 장애인들이 모두 사회적 소수자로서 학대의 위험에 노출되어 있으나, 발달장애인은 그 특성상 더욱 더 다양한 세팅과 환경에서 심각한 학대와 방임의 위험에 직면해 있다. 이는 개인의 삶에 매우 심각한 영향을 주며, 권리를 침해하고, 다양한 정책과 실천의 서비스 기회를 제한하고 있다. 따라서 발달장애인과 일하는 서비스 제공자들이 학대의 위험성을 인지하고, 이를 예방·보호하고자 하는 노력이 필요하다.

그러나, 우리나라에서는 그동안 발달장애인의 학대와 관련한 학문적, 정책적, 실천적 접근이 거의 이루어지지 않은 상황이다. 매스컴 등을 통해 성학대 등 일부 학대 상황이 보도되어 그 심각성은 노출되어 있으나, 이에 대한 체계적인 접근은 매우 미약한 상황이다. 반면, 노인이나 아동분야에서는 이들을 학대로부터 보호하기 위한 학대예방매뉴얼 개발 및 배포, 관련 서비스 기관에서의 후속 조치 등이 지속되고 있다.

이러한 제반 상황을 살펴볼 때, 발달장애인과 관련된 학대의 개념, 범주, 실태 등을 살펴보고, 이를 통해 정책 및 실천현장에서 발달장애인을 학대로부터 보호할 수 있는 안전장치의 마련에 관한 보다 현실적인 대안 마련을 논의할 필요가 있다. 이에 이 장에서는 학대의 유형 및 발달장애인의 학대관련 실태를 알아보고, 학대의 원인 및 이로 인한 결과는 무엇인지, 그리고 관련 쟁점에 대해 살펴보고자 한다.

2. 학대의 유형 및 실태

일반적으로 학대는 다양하게 정의된다. 학대는 다른 사람에 의해 행해지는 인권 및 시민권에 대한 폭력(Atherton & Crickmore, 2012)으로, 학자에 따라 여러 유형이 제시된다. 그 중에서도 가장 일반적인 학대의 유형으로 성적 학대, 신체적 학대, 심리적 학대, 경제적 학대, 방임과 유기 등이 있다.

1) 학대의 유형

(1) 성적 학대(Sexual abuse)

성적 학대는 발달장애인에 대한 학대 중 가장 자주 언론에 보도되는 유형 중 하나이다. 특히, 지적장애 여성에 대한 성폭력 및 학대는 매우 빈번하게 발생되고 있다. 성적 학대는 성기나 기타의 신체적 접촉을 포함하여 강간, 성적 행위, 성기 노출, 자위행위, 성적 유희 등 가해자의 성적 충족을 목적으로 피해자에게 가해지는 신체적 접촉이나 상호작용으로 정의된다(이원숙, 2007). 성적 학대의 핵심이슈는 동의(consent)여부이다. Brown과 Turk(1992)은 발달장애와 같이 성적 행위에 대한 이해의 부족, 성적행위로 인한 잠재적 결과(임신 등)를 알지 못하는 경우는 단순히 언어적인 동의 여부에 의해 판단하는 것이 아니라 상황에 대한 충분한 이해 및 탐색이 필요함을 제시하고 있다.

(2) 신체적 학대(Physical abuse)

신체적 학대는 주먹질하기, 구타하기, 발로차기, 깨물기, 화상 입히기 혹은 다른 방식으로 피해자를 해침으로써 신체적 손상을 가하는 행동을 의미한다. 이는 작게는 찰과상이 발생하는 것일 수 있으나, 크게는 죽음을 유발할 수 있는 매우 심각한 위협이다. 신체적 학대의 지표로는 멍자국, 열상, 골절, 화상, 뇌손상, 내장손상 등이 있다(Kirst-Ashman & Hull, 2002: 220). 아동학대분야에서 신체적 학대는 보호자를 포함한 성인이 아동에게 신체 손상을 입히거나 또는 신체손상을 입도록 하는 모든 행위로 정의하고 있다(이원숙, 2007). 중앙노인보호전문기관에서는 신체적 학대의 구체적 행위로서, 때리기, 세게 치기, 꼬집기, 물건 집어던지기, 흉기로 위협하기, 강하게 누르기, 강하게 붙잡기, 난폭하게 다루기, 무리하게 먹이기, 신체 구속하기, 감금하기, 의자나 침대에 묶어두기, 불필요한 약물투여하기, 담배 등으로 화상 입히기 등으로 구체적인 예시를 제시하고 있다(www. noinboho. org). 발달장애인과 관련해서 신체적 학대가 명확히 정의되고 있지는 않으나, 아동이나 노인 학대에서 활용되는 정의와 유사한 지점에 있을 것이다.

(3) 심리적 학대(Psychological abuse)

심리적 학대는 정서적 학대 혹은 심리적 학대로 명명된다. 심리적 학대는 보호자나 양육자가 행하는 언어적·정서적 위협, 감금이나 억제 등 가학적인 행위이다. 심리적 학대에는 가두기(처벌의 수단으로 묶어 놓거나 매어 놓기 등을 통해 움직임을 제한하는 것), 언어적·정서적 공격(습관적인 비하, 모욕, 희생양 만들기, 지나치게 적대적이거나 거부적인 처우 및 다른 형태의 학대 즉, 구차, 성폭행, 유기 등의 위협), 기타 알려지지 않은 학대(다른 형태의 학대에서 구체화되지 않은 지나치게 처벌적·착취적·학대적 처우 혹은 구체화되지 않은 학대적 처우로서 음식, 주거, 수면 혹은 생필품의 제공을 의도적으로 유보하는 것 포함) 등이 있다(이원숙, 2007).

(4) 재정적 및 물질적 학대(Financial & material abuse)

재정적 및 물질적 학대는 장애인의 재산을 착취하는 것을 의미한다. 재정적 학대는 소액의 현금을 훔치는 것, 거스름돈을 적게 주는 것 등에서 부터 좀 더 넓은 범위에 이르기까지 다양하다. 노인학대 분야에서는 재정적 학대를 노인의 자산을 동의 없이 사용하거나 부당하게 착취하여 이용하는 행위 및 노동에 대한 합당한 보상을 제공하지 않는 행위로 정의하고 있다(www. noinboho. org). 발달장애인의 경우도 장애의 특성상 재정 관리를 타인이 하는 경우가 다수인 측면에서 의도하지 않게 재정적 및 물질적 학대의 대상이 될 가능성이 크다.

(5) 방임과 유기(Neglect & acts of omission)

방임은 기본적으로 발달장애인의 기본적 욕구가 충족되지 못한 상태를 의미한다. 이는 발달장애인이 스스로 기본적 욕구를 독립적으로 획득·유지·관리하는데 어려움이 있는데 기인한다. 방임과 유기는 보호제공자가 의료, 영양, 거주, 교육, 지도감독, 애정 혹은 관심의 영역에서 최소한의 적정 보호를 제공하지 않는 것을 말한다(Kirst-Ashman & Hull, 2002: 221). 아동학대에서는 방임을 신체적 방임, 교육적 방임, 정서적 방임으로 구분하고 있으며, 우리나라에서는 방임을 보호자가 아동에게 반복적인 아동양육과 보호를 소홀히 함으로써 아동의 정상적인 발달을 저해할 수 있는 모든 행위로, 유기를 성인의 보호감독을 받아야 하는 아동을 버리는 행위로 정의하고 있다(이원숙, 2007). 노인 학대에서는 방임에 해당하는 행위로서 식사와 물을 주지 않기, 약물을 불충분하게 투여하기, 치료를 받지 않게 하기(병원에 데리고 가지 않기), 청결 유지를 태만히 하기(옷 갈아입기, 기저귀 교환, 손톱깎기, 목욕 등), 노인에게 필요한 기구를 제공하지 않기, 와상 시 몸의 위치 변경을 태만히 하기, 사고를 당할 수 있는 위험한 상황에 처하게 하기 등을 예시하고 있다(www. noinboho. org). 발달장애인은 아동이나 노인과는 다르지만 사회적 보호가 필요한 측면에 유사한 특성이 있어, 두 분야의 방임과 유기의 특성을 참고할 필요가 있다.

(6) 차별적 학대(Discriminatory abuse)

개인의 인종, 성(gender), 장애, 성적 취향, 종교 등에 근거한 차별 역시 학대로 볼 수 있다(Atherton & Crickmore, 2012: 201). 이 유형은 학문적으로 학대의 유형으로 구분되지는 않으나, 영국의 'No secrets'에서는 이의 일종으로 시설 학대(institutional abuse)를 제시하고 있다. 이는 빈약한 혹은 나쁜 돌봄(care)이 반복될 경우 나타나는 것으로 더 심각한 문제의 지표가 될 수 있다. 이에 대해 Brown(2007)은 시설 서비스 자체가 학대의 유형은 아니지만, 빈약한 혹은 학대를 유발할 가능성이 있다고 본다. 예컨대, 이러한 요소들에는 나쁜 환경, 엄격하고 억압적인 일상, 이용자의 욕구 및 요구 방임, 도전적 행동에 대한 적절하지 않은 서비스 제공자의 반응 등이 있다.

2) 발달장애인 학대 관련 실태

발달장애인의 학대 실태를 파악할 수 있는 국내 연구는 거의 없다. 따라서 이장에서는 발달장애인의 학대관련 실태 파악을 위해 2011년도 장애인실태조사 결과를 살펴보았다. 이 조사에는 가족 내에서의 차별 및 폭력, 성학대와 관련된 실태만이 제시되고 있다.

(1) 가족 내에서의 학대 관련 실태

가족 내 차별 및 폭력 정도를 살펴보면, 지적장애인의 경우 자주 있다 7.3%, 가끔 있다 16.4%로 나타났으며, 자폐성장애의 경우 자주 있다 8.8%, 가끔 있다 10.8%인 것으로 조사되었다. 이를 전체 장애인의 비율과 비교해보면, 가족 내 차별 및 폭력 정도가 지적장애인 23.7%, 자폐성장애 19.6%, 전체장애 7.1%로 나타나서 상대적으로 발달장애인에 대한 가족 내 차별 및 폭력의 정도가 더 높음을 알 수 있다.

표1 가족 내 차별·폭력의 정도 (단위:%, 명)

구분	발달장애		전체 장애
	지적장애	자폐성장애	
자주 있다	7.3	8.8	1.5
가끔 있다	16.4	10.8	5.6
없다	76.3	80.3	92.9
계	100.0	100.0	100.0
전국추정수	153,332	16,238	2,600,126

※ 자료: 김성희 외(2011), 장애인실태조사, 보건복지부. 필자가 재구성함

　가족 내 차별 및 폭력의 유형으로 지적장애인은 언어폭력 69.4%, 정신적 폭력 10.8%, 방임 및 유기 9.2%, 신체적 폭력 8.6% 등의 순으로 조사되었으며, 전체장애인과 비교할 때, 언어폭력과 신체적 폭력의 비율이 더 높은 것으로 나타났다. 자폐성장애의 경우는 언어폭력 58.9%, 방임 및 유기 37.8%, 신체적 폭력 3.2%의 순으로 나타났으며, 이를 전체장애인과 비교할 때 방임 및 유기의 비율이 매우 높은 것을 알 수 있었다.

표2 가족 내 차별·폭력의 유형 (단위:%, 명)

구분	발달장애		전체 장애
	지적장애	자폐성장애	
언어폭력	69.4	58.9	53.6
정신적 폭력	10.8	0.0	24.4
신체적 폭력	8.6	3.2	7.3
성적 학대	0.8	0.0	0.2
방임 및 유기	9.2	37.8	10.1
경제적 폭력	1.3	0.0	4.4
기타	–	–	–
계	100.0	100.0	100.0
전국추정수	36,349	3,191	186,324

※ 자료: 김성희 외(2011), 장애인실태조사, 보건복지부. 필자가 재구성함

가족 내 차별 및 폭력의 주가해자로는 지적장애인 부모가 46.4%로 가장 높았으며, 형제자매 31.5%, 배우자 5.6%의 순이었다. 자폐성장애의 경우는 역시 부모가 67.8%로 가장 높았고, 조부모 21.8%로 나타났으며 배우자 및 형제자매는 주가해자라고 응답한 경우가 없는 것으로 조사되었다. 이러한 결과는 전체장애인과 비교할 때, 전체장애인의 주가해자로 배우자 37.7%, 형제자매 22.5%, 부모 17.2%, 자녀 22.5%와는 상이한 결과를 보여주는 것으로 상대적으로 발달장애인의 결혼 등이 다른 장애유형에 비하여 낮은 결과에 기인한 것으로 추정된다.

표3 가족 내 차별·폭력의 주가해자 (단위:%, 명)

구분	발달장애		전체 장애
	지적장애	자폐성장애	
배우자	5.6	0.0	37.7
부모	46.4	67.8	17.2
자녀(며느리,사위 포함)	3.1	0.0	14.8
형제자매	31.5	0.0	22.5
조부모	4.0	21.7	1.2
손자녀	0.0	0.0	0.8
배우자의 가족	6.1	0.0	4.4
기타	3.3	10.5	1.4
계	100.0	100.0	100.0
전국추정수	36,351	3,191	186,327

※ 자료: 김성희 외(2011), 장애인실태조사, 보건복지부, 필자가 재구성함

(2) 성학대 관련 실태

장애인실태조사(2011)에서는 성폭력과 관련해 성희롱, 성추행, 성폭력이 하나의 질문으로 조사되어 각각의 차이에 따른 실태를 알 수는 없었다. 이들을 하나의 범주로 구성하여 조사한 결과, 지적장애인 중 4.8%가 성희롱, 성추행, 성폭력 등의 경험을 하는 것으로 나타났으며, 이는 전체장애인 중 있음이라고 응답한 0.8%에 비해 높은 비율을 보여주고 있다. 자폐성장애의 경우는 성폭력 등과 관련된 경험이 없다고 응답하고

있다. 따라서 이후의 논의에서는 자폐성장애를 제외한 지적장애인 중심으로 살펴볼 것이다.

표4 성희롱, 성추행, 성폭력 경험 여부 (단위:%, 명)

구분	발달장애		전체 장애
	지적장애	자폐성장애	
있다	4.8	0	0.8
없다	95.2	100.0	99.2
계	100.0	100.0	100.0
전국추정수	153,352	16,238	2,611,126

※ 자료: 김성희 외(2011), 장애인실태조사, 보건복지부, 필자가 재구성함

지적장애인의 성희롱, 성추행, 성폭력의 시기는 아동기가 61.6%로 가장 높았으며 청년기 19.3%, 청소년기 13.1%, 영유아기 6.6%로 조사되었다. 주가해자로는 모르는 사람 30.8%, 이웃 28.5%, 복지인력 25.6%, 근친(가족) 11.0%의 순으로 나타났다. 그 대처방법으로는 그 자리에서 항의 32.9%, 몰라서 그냥 넘어감 25.6%, 참는다 23.1%, 진정 및 고발등의 조치는 18.4%로 조사되었다.

표5 지적장애인의 성희롱, 성추행, 성폭력의 경험 시기, 주가해자, 대처방법 (단위:%, 명)

경험시기		주가해자		대처방법	
영유아기(0~6세)	6.6	근친(가족)	11.0	무시한다	0.0
아동기(7~17세)	61.0	이웃	28.5	참는다	23.1
청소년기(18~24세)	13.1	먼친척	0.0	그 자리에서 항의한다	32.9
청년기(25~39세)	19.3	모르는 사람	30.8	진정/고발 등 조치	18.4
장년기(40~64세)	0.0	남자친구	4.1	몰라서 그냥 넘어감	25.6
노년기(65세 이상)	–	복지인력	25.6	기타	0.0
계	100.0	계	100.0	계	100.0
전국추정수	7,358	전국추정수	7,358	전국추정수	7,358

※ 자료: 김성희 외(2011), 장애인실태조사, 보건복지부, 필자가 재구성함

성학대와 관련한 주상담자로는 가족이 62.9%로 가장 많았으며, 상담을 하지 못한 경우도 31.5%나 되는 것으로 나타났다. 상담을 못한 이유로는 타인에게 알리기 싫어서가 73.3%로 가장 많았고, 정보부족은 13.6%로 조사되었다. 이와 관련하여 상담자 혹은 시설필요도와 관련하여 매우 필요하다 79.8%, 약간 필요하다 18.2%로 성학대관련 상담 필요성을 제기하고 있다.

표6 지적장애인의 성희롱, 성추행, 성폭력의 주상담자, 시설필요여부 (단위:%, 명)

주상담자		상담못한 이유		상담자 혹은 시설필요여부	
가족	62.9	정보부족	13.6	매우 필요하다	79.8
친척,친구, 이웃	0.	타인에게 알리기 싫어서	73.3	약간 필요하다	18.2
장애인 동료	–	효과가 없을 것같아서	–	약간 불필요하다	1.7
사회복지관련	5.6	경제적 부담때문	–	매우 불필요하다	0.3
못했음	31.5	가해자의 보복 두려움	–	–	–
기타	–	기타	13.1	–	–
계	100.0	계	100.0	계	100.0
전국추정수	7,359	전국추정수	7,358	전국추정수	153,332

※ 자료: 김성희 외(2011), 장애인실태조사, 보건복지부, 필자가 재구성함

3. 학대의 원인 및 결과

1) 학대의 원인

발달장애인은 학대의 위험에 노출되어 있는 대표적인 장애유형 중 하나이다. 왜 발달장애인들이 이러한 학대 및 방임에 노출될 수 밖에 없는가와 관련해서는 그 원인을 환경과의 관련성 하에서 탐색해야 한다. 이에 대해 Sobsey(1994)와 Hollomotz(2009)는 학대에 대한 생태학적 모델을 제시하고 있는데, 이는 학대의 피해자와 가해자의 관계 및 환경과의 관련성을 설명하는데 유용하다. 이 모델은 생태체계관점에서 제기된

미시, 외적, 거시체계의 개념을 활용하여 각 체계에 따른 학대와의 관련성을 설명하고 있다(Atherton & Crickmore, 2012: 203~205).

첫째, 미시체계(microsystem)는 피해자와 가해자 및 그들 사이의 관계와 관련된 것이다. 이는 다시 피해자 및 가해자와 관련된 요인으로 구분된다. 학대의 피해자로서 발달장애인과 관련된 위험요인에는 위험스런 혹은 학대상황을 파악하는 능력 부족, 학대상황을 보고하고 소통하는 어려움, 성교육 부족, 순종을 강요하는 문화 등이 있다. 그 중에서도 성교육은 그 자체로서 하나의 권리이면서 잠재적인 보호역할을 하나, 발달장애인들은 적절한 성교육을 받지 못함으로써 '아니오'라고 말해야 할 상황에서 그렇게 말하도록 배우지 못하는 경향이 있다. 또한 대부분의 서비스 상황에서 발달장애인은 그들이 지시받는 것과 동일하게 행동하도록 기대되는 경향이 있어서, 자신도 모르는 사이에 학대상황에서 가해자의 요구에 순응하도록 학습되는 측면이 있다. 따라서 서비스 과정에서 성교육과 자신의 의견을 정확히 표현하고 주장할 수 있도록 학습되어야 한다. 학대 가해자와 관련해서 Martin(1984)은 가해자 개인의 만족 때문에 고의적이고 악의적으로 학대를 하는 것으로 가정하고 있다(Atherton & Crickmore, 2012, 재인용). 그러나, 생태학적 모델에서는 개인의 행동이 단순히 개인의 만족에 기인한 것이 아니며 외적 요인과 관련되어 있음을 강조하고 환경 안에서 학대 가해자의 행동 역시 탐색되어야 한다고 본다.

둘째, 외적체계(exosystem)는 발달장애인이 생활하는 환경과 관련된 것이다. 발달장애인이 살고 있는 환경 그 자체는 학대의 위험에 노출할 수 있는 매우 중요한 요소이다. 따라서 발달장애인이 살고 있는 환경이 학대의 위험요소를 가지고 있는지를 정확히 사정하고 이에 대한 대응방안을 마련할 필요가 있다. 학대를 조장하는 서비스 문화와 환경의 핵심 요소들로는 다음과 같은 것들이 있다.

표7 학대를 조장하는 서비스 문화와 환경의 핵심요소

구분	내용
관리의 질	서비스 및 조직에서의 리더쉽이 부족하고, 서비스 제공자에 대한 수퍼비젼이 부족한 경우 학대상황에 노출될 위험이 커짐.
서비스 제공자의 기술과 역량	잘 훈련받고, 지식과 기술을 겸비한 서비스 제공자는 학대상황 혹은 공격적이나 도전적 행동을 이해하고 이에 적절히 대처하는 반면, 그렇지 않은 경우, 의도하지 않게 가해자가 되거나 학대를 행할 수 있음.
서비스 제공자의 태도와 행동	장애에 대한 서비스 제공자의 가치 및 태도는 행동에 영향을 줌. 즉 서비스 제공자의 장애에 대한 가치부여가 이용자 존중으로 나타남.
서비스 제공자 문화	서비스 제공자 집단 사이의 문화는 서비스에 대한 태도와 이용자에 대한 대응방식에 영향을 줌.
고립	지역사회로부터의 고립은 발달장애인에게 학대의 위험을 증가시킴

셋째, 거시체계(macrosystem)는 더 넓은 문화적 및 사회적 요인과 관련된 것이다. 예를 들어 우리 사회의 발달장애인에 대한 문화적 신념, 태도, 성차별주의 등은 발달장애인의 학대에 대한 처벌의 강도가 달라지는 기반이 될 수 있다.

2) 학대의 결과

발달장애인에 대한 가해자는 가족, 공식 기관의 서비스 제공자, 지역사회 이웃 등 다양하며, 여러 세팅과 맥락에서 발달장애인에 대한 학대가 발생하고 있다. 이 외에도 서비스 이용자 사이 즉, 동료 발달장애인에 의한 학대도 발생되고 있으나, 이는 간과되는 경향이 있다. 이러한 행동들은 단순히 발달장애인의 도전적인 행동 중 하나로 치부되어, 학대의 영향이나 결과로 나타나는 행동으로 보지 못하는 경우도 있다. 이는 유사한 행동에 대한 스티그마를 감소시키는 경향이 있으며, 그와 같은 행동에 대한 인지를 왜곡하거나 가볍게 하여 학대적 행동으로 인정하지 않고, 보고하지 않도록 한다 (Brown, 2003, Joyce, 2003). 따라서 서비스 이용자 사이에 학대의 이슈가 발생했을 때는 이를 도전적 행동의 일부로 간주하지 않고, 학대에 대한 명확한 인정을 통해 가해자와 피해자를 모두 보호할 필요가 있다. 발달장애인에게 학대가 발생했을 경우,

〈표8〉과 같은 변화들이 나타난다(O'Callagham 외, 2003; Sequeira 외, 2003). 이러한 변화들은 일반적으로 성학대시 가장 많이 나타난다.

표8 학대의 결과로 나타나는 변화들

발달장애인			가족
행동적 변화	정서적 변화	물리적 변화	
자해 도전적 행동 의사소통 중지 학대 장소 회피 성적 행동 혹은 학대 상황 재연	우울 공포 신호 눈물 증가 위축 환각 및 악몽	체중 감소	다른 사람들과 서비스에 대한 불신의 감정, 죄의식, 분노, 정신건강문제(우울 등), 개인 문제(알코올 중독, 배우자와 관계 문제)

학대로 인한 심각한 결과들은 모든 피해자에게 공통적으로 나타나는 현상은 아니며, 개인에 따라 그 영향이 다를 수 있다. 다만, 이러한 변화들 중 일부가 중복 혹은 반복되어 나타날 수 있으므로 서비스 제공자는 이를 잘 관찰하여 적절한 조치를 취할 필요가 있다.

4. 학대로부터의 보호

발달장애인은 학대에 매우 취약한 특성을 가진 위험집단 중 하나로 학대로부터 보호하는 체계를 구축할 필요가 있다. 이를 위해서는 학대 발생 사후에 적절한 지원체계를 구성하는 것도 중요하지만, 사전에 학대로 부터 보호하는 예방체계를 구축하는 것이 선행되어야 한다. 이와 관련하여 Brown(2003)은 학대를 예방하기 위해 활용할 수 있는 유용한 모델을 제시하고 있다. 이 모델은 크게 3단계의 대안으로 구성되어 있다. 첫째, 일차적 예방을 위한 대안으로 학대의 시작을 예방하고 위험을 감소시키는 것이다. 둘째, 이차적 예방을 위한 대안으로 학대를 신속히 확인하고 재발을 방지할 수 있도록 효율적으로 반응한다. 셋째, 삼차적 예방을 위한 대안으로 학대받은 개인을 지지하고 학대에 기인한 손상과 트라우마의 영향을 감소시키는 것이다(Atherton & Crickmore, 2012: 206~212). 각각의 구체적인 전략을 살펴보면 다음과 같다.

1) 일차적 예방 : 학대의 초기신호 확인하기

발달장애인의 학대를 일차적으로 예방하기 위해서는 크게 두가지 차원에서의 점검이 필요하다. 하나는 부적절한 서비스 제공자를 확인하는 것이다. 발달장애인들 역시 아동 및 위험에 처한 다른 성인들처럼, 보호 및 서비스를 제공하는 사람들로부터 학대를 당할 수 있다. 따라서 부적절한 서비스 제공자를 고용하지 않도록 하는 것이 필요하며, 예를 들어 성범죄 등이 있는지 여부 등을 고용 전 확인하는 절차들이 요청된다. 다른 하나는 학대의 '초기 신호'를 탐색하고 인지하는 것이다. 가능한 조기에 학대의 초기 신호에 대한 적절한 대응은 학대의 시작을 예방하고, 이용자를 보호하기 위해 가장 중요하다. 특히 학대와 관련하여 그 위험성이 많이 논의되는 거주서비스에서 학대의 초기신호들은 〈표9〉와 같다(Marsland 외, 2007).

표9 거주서비스에서의 학대의 초기 신호들

구분	내용
관리자 결정·태도·행동	• 관리자가 그 사안에 대해 책임지려 하지 않거나 결정하려고 하지 않음 • 관리자가 그 사안에 대해서비스 제공자 회의나 수퍼비젼을 하지 않음 • 관리자가 발달장애인과 일한 경험이 적거나 케어에 대한 이해도가 낮음
서비스 제공자 행동·태도	• 서비스 제공자가 전문적 방법으로 안전관련 행동을 관리하지 않음 • 다른 대안을 사용하기 전에 우선적으로 감금 등의 조치가 활용됨 • 서비스 제공자들이 발달장애인들을 비장애인과 구별하여 차별하거나 가치있는 사람으로 존중하지 않음 • 학대가 일어날 가능성에 대한 부인 혹은 관심이 부족함
발달장애인의 행동	• 이용자의 정서적 변화 표현(예, 위축, 눈물, 불안) • 동료 이용자를 해하거나 왕따시키거나 통제하려는 이용자
고립(소외)	• 외부전문가나 다른 외부로부터 사람들이 잘 오지 않은 경우

구분	내용
	• 외부전문가의 도움없이 서비스 제공자가 매우 복잡한 상황 (예. 공격성, 심각한 우울 등)을 관리하려고 하는 경우 • 중요한 회의를 매우 짧게 하고 끝나는 경우
서비스 디자인 · 배치 계획 및 위임	• 동의된 프로그램 혹은 계획이 수행되지 않음 • 이용자가 서로 사이가 나쁠 때 • 학대력이 있는 이용자가 다른 상처받기 쉬운 사람 곁에 배치될 때
기본 보호와 환경의 질	• 아프거나 혹은 특별한 욕구가 있는 이용자의 건강문제에 대해 빈약 혹은 부적절한 지지 • 이용자의 부적절한 혹은 위험한 행동변화에 대한 지원을 하지 않을 때 • 이용자를 위한 활동이 없거나 매우 부족할 때

2) 이차적 예방: 효과적으로 반응하기

우선적으로 학대를 예방하려고 노력하지만, 그럼에도 불구하고 학대가 발생한 경우에는 학대상황을 신속히 인정하고 효과적이고 적절한 행동을 해야 한다(Brown, 2003). 이를 위해서는 학대상황을 신속히 조사하고, 피해자를 지지하며, 학대가 다시 발생하지 않도록 방지하고, 학대로부터 다른 사람들을 보호해야 한다. 이를 위해 다음과 같은 핵심 이슈를 고려할 필요가 있다.

(1) 학대 인정하기

학대에 효과적으로 반응하기 위한 첫 번째 단계는 학대가 일어난 사실을 인정하는 것이다. 이는 발달장애인의 의견을 경청하는 것으로부터 시작된다. 이를 위해 다음과 같은 전략을 사용할 필요가 있다.

- 경청하기: 발달장애인의 얘기를 듣고, 믿어주기(다만, 이 때는 어떤 일이 일어났는지에 대해 자세히 질문해서는 안되며, 이는 이후 조사에서 해야 함)
- 설명하기: 당신이 앞으로 할 일들과 발달장애인이 일종의 비밀로 당신에게 얘기한 것을 지켜줄 수 없음을 설명하기
- 기록하기: 발달장애인이 말한 것을 그들이 사용한 단어로 기록하기

■ 행동하기: 보호에 관한 기관정책을 따르기. 즉시 관리자에게 보고하고, 당신이 들은 것을 의심이 가는 가해자와 논의하지 않기

학대상황을 폭로하는 것은 매우 스트레스를 받을 수 있는 경험이다(Joyce, 2003). 따라서 발달장애인들은 부정적인 감정과 경험을 표현하고 논의하도록 서비스 제공자로부터 격려될 필요가 있다. 다음과 같은 학대의 신호들이 나타날 때(ARC/NAPSAC, 1996), 관련된 서비스 제공자 및 가족들, 친구들은 주의 깊게 학대관련 상황을 탐색할 필요가 있다.

표10 학대의 신호 예시

구분	내용
행동적 변화	• 우울 • 갑작스러운 활동 위축 • 자해 • 왜곡된 수면 패턴
신체적 신호와 의학적 증상	• 손, 뺨을 맞거나 다리를 차인 것 같은 흔적들 • 골절 • 체중 감소 • 생식기 감염 및 성병 • 앉거나 걷기의 어려움
환경적 신호	• 찢어진 속옷 • 얼룩진 속옷
재정적 지표	• 갑작스러운 혹은 설명하기 어려운 지불 무능력 • 갑작스러운 혹은 설명하기 어려운 은행계좌로부터의 인출 • 수입/지출과 생활상태의 불균형
다른 사람들의 행동	• 개인적 변화에 대한 서비스 제공자의 행동 • 발달장애인이 동료와 얘기할 때 서비스 제공자의 비밀스럽고 방어적인 자세

(2) 학대에 반응하기

이 단계에서는 학대받은 피해자를 지지하고, 미래의 안전 보장을 위해 노력해야 할 필요가 있다. 학대를 보고하는 것은 때로 쉽지 않다. 동료이거나 상사의 학대 상황을

보게 되었을 때는 더욱 용기가 필요하다. 따라서 일단 학대가 보고되어, 조사과정이 진행되면, 사실을 확인하고 피해자의 욕구를 사정하며, 향후 행동을 결정함으로써 학대에 대해 적절한 조치를 취하고 반응할 수 있어야 한다.

(3) 행동 하기

학대가 발생했을 때, 어떻게 행동계획을 세워야 할지에 대한 단 하나의 해결책은 없다. 위에서 살펴본 것처럼 생태학적 관점을 가지고, 단순히 피해자와 가해자가 아닌 환경까지도 포괄적으로 탐색하고 조치하는 것이 필요하다. 따라서 학대상황에 대해 어떻게 대응할 것인지는 학대의 양상에 따라 모두 다르다. 다만, 일반적으로 다음과 같은 사항들이 점검되고 후속조치로서 취해질 수 있다. 우선은 서비스 제공자에 대한 교육과 훈련이 매우 중요하다. 발달장애인에 대한 서비스 제공자는 그 누구보다는 중요한 위치에 있다. 서비스 제공자 개인의 가치와 기술, 지식이 서비스의 질을 결정하는 중요한 요인이다. 이에 학대가 발생했을 때, 적절한 교육과 훈련과정을 통해 학대 상황이 재발되지 않도록 할 필요가 있으며, 학대의 가해자로 역할을 하지 않은 서비스 제공자에게도 예방을 위해 이러한 과정은 매우 중요할 수 있다. 둘째, 발달장애를 가진 다른 동료들의 학대로부터 개인을 어떻게 보호할 것인가가 계획될 필요가 있다. 때때로 거주시설 등에서도 동료 이용자로부터 폭력이나 학대 등의 위험을 가질 수 있다. 예컨대, 아동에 대한 학교에서의 왕따 등과 같이 거주시설에서도 왕따, 신체적 폭력, 성적 학대 등이 발생할 수 있다. 따라서 이러한 위험성을 가진 동료 이용자가 있을 경우, 보다 취약한 다른 이용자를 어떻게 보호할 것인지가 계획될 필요가 있다. 셋째, 학대가 발생했을 경우에 기존의 서비스를 일부 바꾸거나, 예를 들어 성별로 분화된 서비스를 실시하는 등의 전략을 활용하거나 새로운 서비스를 개발 혹은 계획하는 조치를 취할 수 있다. 마지막으로 기관 혹은 지역사회 내에서 학대가 발생하고, 이러한 상황을 개선하기 어렵다고 판단할 때는 새로운 서비스로 개별 이동을 검토할 수 있다. 다만, 학대 피해자를 학대가 일어난 장소로부터 즉각적으로 이동시키는 것이 반드시 좋은 것은 아님을 기억하고 신중히 접근할 필요가 있다. 모든 학대상황에서 반드시 필요한 것은 아니지만, 사안에 따라서는 법적 행동이 필요한 경우도 있다. 특히, 우리 사회에서 발달장애인의 진술은 신뢰받지 못하는 경향이 있어서, 의사소통과 관련된 도구(비디오 등) 등를 활용하여 발달장애인의 권리가 충분히 보호될 수 있도록 지원해야 한다.

3) 삼차적 예방: 정서적 지지와 사후지도

학대는 매우 심각한 외상적 경험이다. 대부분의 학대는 단회적이라기 보다는 장기적이고 반복적이 경향이 있어서, 학대에 노출된 발달장애인은 단순히 신체적 어려움 뿐 아니라 정서적으로 심각한 외상을 경험할 수 있다. 따라서 학대 발생과 관련된 적절한 조치도 필요하지만, 일차적으로 응급상황에 대한 안전망 조치가 마무리되면, 외상적 경험에 대한 치료가 필요하다. 또한 지속적인 사후지도를 통해 발달장애인이 학대의 후유증으로부터 완전히 벗어나서 정상적인 일상으로 복귀할 수 있도록 도울 필요가 있다. 이를 위해 정기적인 사후점검과 지도를 통해 발달장애인의 변화가 안정화되도록 지원해야만 한다.

5. 나가며

발달장애인은 학대의 위험상황에 노출된 가장 취약한 인구집단 중 하나일 것이다. 그러나, 그동안 우리 사회는 아동이나 노인 등의 학대 위험 집단에 대해서는 다양한 연구들과 정책적, 실천적 조치들이 취해져 왔으나, 장애와 학대, 그 중에서도 발달장애인의 학대는 방치되고 있는 실정이다. 최근 장애인의 권리가 강조되고, 사회적 포용(social inclusion)이 논의되면서 발달장애인이 지역사회의 한 구성원으로서 자립하여 살 수 있도록 하는 지원체계의 필요성이 논의되고 있다. 이러한 상황에서 발달장애인의 권리가 보호되고, 학대의 위험으로부터 적절한 안전 장치와 보호체계를 마련하는 것은 그 어느 때보다 필요하다. 따라서 정책적 안전 장치 뿐 아니라 발달장애인에게 서비스가 제공되는 실천현장에서 학대에 대한 민감성을 가지고 그 신호들에 대응할 수 있도록 교육되고 실천지침이 개발되어야 한다. 이에 발달장애인의 학대와 관련된 정책 및 실천적 쟁점들을 살펴보면 다음과 같다.

첫째, 발달장애인에게 있어 학대의 개념 및 특성 등이 정리될 필요가 있다. 앞서 언급한 바와 같이 아동 및 노인 분야에서는 학대의 정의 및 유형 등이 각 대상의 특성에 따라 구체적으로 정리되어 있다. 물론 발달장애인의 학대의 양상이 이와 유사할 수 있으나, 발달장애인의 특성이 아동 및 노인과 다르므로 그 특성을 반영한 정의 및 유형 정리, 그리고 예시 등이 논의될 필요가 있다. 이를 통해, 학대를 예방하는 실천을 하고자 할 때, 학대의 신호를 보다 분명히 인지할 수 있으며 교육을 통한 민감성을 확보할 수 있을 것이다.

둘째, 발달장애인에게 학대가 발생했을 때, 일차적으로 행할 수 있는 법적 조치 혹은 의뢰체계가 마련되어 있지 않다. 영국의 경우는 'No Secret'(DH 2000:6)이라는 매뉴얼을 통하여 발달장애인의 학대를 예방하고자 하는 정책적·실천적 노력을 기울이고 있다. 우리나라에서도 아동 및 노인의 경우는 별도의 서비스 기관에서 정책적으로 아동 및 노인의 학대 예방을 위한 노력을 하고 있다. 반면, 장애인의 경우는 사회적 차별의 대상으로 인식되고 있을 뿐 차별의 극단적 형태 중 하나인 학대에 대해서는 그 쟁점이 조명되거나 구체적인 서비스 전달체계, 실천 지침 등이 제시되지 못한 상황이다. 따라서 학대가 발생했을 경우, 어떠한 경로를 통해 학대 피해자를 보호하고 가해자를 처벌해야할지가 불분명하다. 따라서 향후에는 발달장애인에게 학대가 발생했을 때 적절한 조치를 취할 수 있는 지원체계의 마련이 필요하다.

셋째, 장애인과 관련된 정확한 학대실태조사가 이루어지지 않고 있다. 장애인실태조사(2011)에서 가족 내 폭력과 성희롱, 성학대 등이 포괄적으로 조사된 바 있으나, 이는 재가장애인을 대상으로 한 것일 뿐 아니라 장애인이 처한 다양한 학대상황을 정확히 파악하기에는 어려움이 있다. 특히, 성학대와 관련해서도 성희롱, 성추행, 성폭력을 하나의 질문으로 구성하여 조사함으로써 학대의 심각성에 따른 차이를 알 수가 없다. 즉, 성희롱, 성추행의 실태는 어떠한지, 성폭력은 어느 정도이며 주요 가해자 및 이후 대처과정은 어떠한지 등에 대한 정보가 전혀 없다. 다른 한편으로는 거주시설 장애인의 학대 관련 실태조사가 이루어지지 않음으로서 이들이 직면하는 다양한 학대관련 상황이 파악되지 않고 있다. 따라서 유기 및 방임을 포함한 학대관련실태조사를 통해, 발달장애인이 직면하고 있는 학대의 위험상황을 정확히 파악하고 이에 맞는 대안 마련이 요청된다.

넷째, 학대를 예방할 수 있는 실천 매뉴얼의 필요성이다. 위에서 살펴본 바와 같이 학대를 예방하기 위해서는 학대의 신호를 적절히 인지하고 효율적으로 반응할 수 있어야 한다. 그러나 발달장애인과 관련하여 권리는 이슈화된 반면 그 다른 측면인 학대는 충분히 강조되지 않음으로 인해서 어디까지를 학대 및 방임으로 인식해야 되는지가 분명하지 않다. 따라서 학대예방메뉴얼 개발 등을 통해 현장 실무자에 대한 교육이 선행되어야 한다. 또한 이용자 사이에서의 학대 등도 고려되어야 할 이슈이므로, 학대의 신호 등에 대한 충분한 인식이 필요하다.

마지막으로, 발달장애인의 학대와 관련되어 특히 고려되어야 할 것은 이들의 장애 특성을 고려해야 한다는 점이다. 따라서 학대관련교육에서도 알기쉬운 교육교재의 개발 등이 전제되어야 하며, 학대가 발생한 이후에 진술조력가 등의 지원체계를 통해 정확한 사실을 파악할 수 있도록 해야 할 것이다.

발달장애인들을 학대로부터 보호하기 위해서는 단순히 가해자와 피해자의 이분법적 시각으로 학대의 이슈를 조명해서는 어려움이 있다. 우리 사회의 장애에 대한 태도, 특히 발달장애인에 대한 왜곡된 인식의 개선은 발달장애인을 학대로부터 보호하기 위한 가장 중요한 첫 출발이 되어야 할 것이다. 이를 통해 발달장애인의 학대로부터의 보호가 단순히 일 개인의 차원이 아니라 사회적 소수자인 학대위험집단으로 인식되고, 개인 뿐 아니라 더 넓은 환경적, 문화적 요인 등의 관련성 하에서 인식되고 강조될 필요가 있다. 이를 통해 그 해결점과 대응방안 모색도 단순한 가해자 교육이나 처벌로부터 우리사회의 환경, 문화적 요인까지를 포괄적으로 고려하는 통합적 접근이 되어야 할 것이다.

참고문헌

김미옥 2012. "사회복지사의 지적장애인 서비스과정 참여에 관한 인식연구: 장애인거주시설 내의 참여를 중심으로 한 IPA분석", 사회복지연구 3(4): 369~394

김성희 외, 2011. "장애인실태조사", 보건복지부

이원숙, 2007. "가족복지론", 학지사

Association for Residential Care/ National Association for the Protection from Sexual Abuse of Adults and Children with learning disabilities(ARC/NAPSAC), 1996. It could never happen here! The prevention and treatment of sexual abuse of people with learning disabilities in residential settings. In: Churchill, J., Craft, A., Holding, A., Horrocks, C. (Eds), *ARC/NAPSAC*, Chesterfield/Nottingham.

Atherton, H. L & Crickmore, D. J. 2012. *Learning Disabilities Toward Inclusion,* Churchill Livingstorn.

Brown, H., 2003, *Safeguarding adults and children with disabilities against abuse*. Council of Europe Publishing, Strasbourg.

Brown, H., 2007. Editorial. *The Journal of Adult Protection*, 9: 2~5

Brown, H., & Turk, V., 1992, Difining sexual abuse as it affects adults with learning disabilities. *Mental Handicap*, 20: 44~55

Hollomotz, A., 2009. Beyond 'vulnerability': an ecological model approach to conceptualizing risk of sexual violence against people with learning disabilities. *British Journal of Social Work*, 39: 99~112

Joyce, T., 2003. An adult of investigations into allegations of abuse involving adults with intellectual disability. *Journal of Intellectual Disability*. 47: 606~616

Kirst-Ashman, K. K., & Hull, Jr., G. H. 2002, *Understanding Generalist Practice*(3rd eds), Brooks/Cole.

Marsland, D., Oakes, P., & White, C., 2007. Abuse in care? The identification of early indicators of the abuse of people with learning disabilities in residential settings. *The Journal of Adult Protection*, 9: 6~20

O'Callagham, A. C. Murphy, G., & Clare, I. C. H., 2003. *Symptons of abuse in adults with severe learning disabilities. Final report to the Department of Health. Tizard Centre*. University of

Kent, Canterbury.

Sequeira, H., Howlin, P. & Hollins, S., 2003. Psychological symptoms associated with sexual abuse in people with learning disabilities: case control study, *British Journal of Psychiatry*, 183: 451~456

Sobsey. D., 1994. Sexual abuse of individuals with intellectual disability. In: Craft, A. (Ed.), *Practice issues in sexulity and learning disabilities*. Routledge, Loden.

www. noinboho. org

제10장
발달장애와 정신건강

이 용 표 (가톨릭대학교)

1. 서론

발달장애인을 가까운 거리에서 돌보는 가족과 돌봄서비스 제공자들이 일상적으로 부딪치는 가장 어려운 문제들 중 하나는 즉각적으로 원인을 이해하기 어려운 정서적인 변화와 공격적이고 충동적인 형태로 나타나는 발달장애인의 행동적 문제들이다. 실제 이러한 정서적 변화와 행동들을 자주 경험하고 있을지라도 쉽게 이해하기 어렵고, 그것들을 적절하게 변화시키기도 어렵다. 특히 정서적 변화가 폭력적인 행동과 결합되어 신체적 공격, 자해, 파괴적 행동 등으로 나타나는 경우 주변사람들과 발달장애인 자신을 위험에 빠뜨릴 수 있을 뿐만 아니라 지속적인 보호부담을 가져다준다. 따라서 이러한 경험은 가족과 돌봄서비스 제공자들을 정신적, 육체적으로 소진시키는 가장 큰 원인 중 하나가 되고 있다.

이상심리학은 이러한 행동을 이상행동으로 개념화하면서 그것들을 야기시키는 심리적 요소를 규명하는 데에 초점을 두며, 특수교육영역에서는 행동의 사회적인 측면을 고려하여 도전적 행동으로 규정한다. 그리고 이상행동의 관점에서는 그 원인을 심리적 요소와 같은 정신건강문제로 이해하고 있으며, 이에 비하여 도전적 행동의 관점에서는 그 원인이 좀 더 다양하게 이해되고 있다. 도전적 행동은 정신건강문제 그 자체이거나 그로부터 파생되는 2차적인 형태로 이해되기도 하지만, 다른 한편으로는 발달장애인이 특정한 상황에서 적응하기 위한 행위로 이해하는 견해도 있다(Priest & Gibbs, 2004). 후자의 견해에 따르면 자신들의 의사소통에서의 제한을 극복하고 욕구를 해결하기 위한 행위로 이해될 수 있다. 그러나 현실적으로 이러한 행동들의 원인을 정신건강의 문제에서 연유하는 이상행동과 특정 상황에서의 적응적 행위로 구분하는 일은 용이한 작업이 아니다. 다만 정신건강문제와 도전적 행동이 결합되어 나타날 때 매우 큰 어려움에 처할 수 있다는 것은 분명하다.

자신이나 타인을 위험에 처하게 할 수준은 아니더라도 생활에서의 의욕 상실, 수면장애, 동료와의 갈등적 상황 빈발과 의심 등의 행동도 발달장애인을 돌보는 사람들에게는 큰 부담을 줄 수 있다. 이러한 행동변화는 일반적으로 정신건강문제의 존재를 의심해볼 수 있는 증표들이다. 그것은 정신건강문제를 가지고 있는 발달장애인이 도움을 요청하는 방식일 수 있다. 이러한 행동들이 잘 해결되지 못하는 경우 더 큰 위험상황이 초래될 수 있다. 더욱이 발달장애인 당사자들은 일반인들이 생각하지 못 하는 큰 고통 속에 살고 있을 가능성도 있다. 이러한 사실은 발달장애인들이 처해있는 고통이나 일반적이지 않은 행동들에 대하여 정신건강이라는 관점에서 조망하고 해결책을 모색해야할 필요성을 명백히 드러낸다.

많은 연구들은 발달장애인의 정신건강문제가 일반인구에 비하여 심각한 것으로 보고하고 있다. 먼저 지적장애를 가진 아동청소년의 정신건강문제를 살펴보면, Emerson(2003)은 11~15세 영국 아동 1만명을 넘게 조사한 연구에서 일반인구의 남자아동의 13%, 여자아동의 10%가 정신건강문제를 나타내는 데에 비하여 지적장애를 가진 아동은 어떤 형태의 정신건강 문제를 가질 위험확률이 동일 연령의 지적장애를 가지지 않은 아동들에 비하여 4배 정도로 유의미하게 높다고 하였다. 그리고 Stromme & Diseth(2000)은 노르웨이 아동대상 연구에서 중도의 지적장애를 가진 아동이 33%의 유병률을 보인 반면, 심각한 지적장애를 가진 아동에서는 42%로 증가한다는 것을 발견하였으며, Borthwick-Duffy(1994)는 12개의 아동 청소년 역학 연구를 검토한 결과 지적장애 아동의 정신질환 유병율은 10% 미만에서 80%의 범위 이며, 평균 45%라는 것을 발견하였다. 성인 지적장애인의 정신건강연구에서 Hemmings(2006)는 경증과 중도 지적장애를 가진 성인의 조현병 유병율은 일반인구보다 4~6배가 많은 1.3%에서 5.2%로 보고되고 있다고 하였다. 그리고 정서장애의 비율이 일반인구에 비하여 높게 보고되고 있으며(cooper et al, 2007), 불안장애도 마찬가지 이다(Turk et al, 2005). 노인 지적장애인의 경우도 치매뿐만 아니라 정서장애, 불안장애, 양극성장애 그리고 조현병이 일반인구보다 높게 보고되고 있다(Cooper & Holland, 2007).

실제 발달장애인의 정신건강문제를 사정하고 해결책을 모색하는 데에는 다음과 같은 상당한 어려움이 존재한다. 첫째, 발달장애인이 스스로 자신들의 문제를 인식하지 못할 수 있다. 자신에게 나타나는 증상이나 전조증상에 대해 경계심을 가지는 것이 어려울 수 있으며, 그것을 타인과의 의사소통을 통하여 적절한 도움을 요청하는 데에도 장벽이 존재한다. 둘째, 진단적 음영(Diagnostic Overshadowing)에 의하여 정신건강 상의 증상이나 전조증상들이 발달장애의 특성과 구분하기 어려운 경우가 빈번하다는 것이다. 예를 들어 지적장애인의 독백, 공상적 놀이, 빈약한 사회기술, 철회(withdrawal) 등은 조현병의 증상과 구별하기 어렵다. 이러한 어려움은 가족들이나 돌봄서비스 제공자들이 발달장애인의 정신건강상의 문제를 인식하고 해결책을 모색하는 데에 장벽으로 존재한다. 따라서 많은 행동상 문제들의 해결책을 모색함에 있어 어쩔 수 없는 발달장애의 문제로 포기하거나 좌절하게 만드는 결과를 초래할 수 있다.

발달장애인에 관한 논의에서 정신건강문제가 중요한 이유는 그들이 처한 어려움에 대한 이해를 높임으로써 해결될 수 있거나 완화시킬 수 있는 불행을 억제하고자 하는 노력의 단초를 얻을 수 있다는 것이다. 즉 발달장애인들의 행동적, 심리적 증상들의 원인을 이해함으로써 보다 주의깊게 관찰하고 적절한 돌봄을 제공할 수 있게 될 가능성이 높아질 수 있다는 것이다. 만약 그들의 부적응적 행동을 단순히 발달장애의 한 부분으로만 여긴다면 쉽사리 행동변화를 위한 노력들은 포기되거나 좌절될 수도 있다.

따라서 이 글에서는 지적장애인의 정신건강문제가 구체적으로 어떠한 형태로 나타나는지를 정신건강문제의 분류체계에 따라 살펴본다. 그리고 정신건강문제에 대한 접근방법을 정리하고 지적장애인을 중심으로 한 적절한 개입전략을 모색해보려고 한다.

2. 정신건강문제와 발달장애[1]

정신건강문제를 의미하는 포괄적인 개념은 mental disorder이다. 우리나라에서 이 용어는 '정신장애'로 번역되고 있다. 즉 정신건강문제를 가지고 있다고 하는 것은 정신장애가 나타나고 있다는 것으로 이해되는 것이다. 미국정신의학협회는 정신장애(mental disorder)를 아래와 같은 정의하고 있다.

> 정신장애는 .... 개인에게 발생하는 임상적으로 의미있는 행동적, 심리적 신드롬이나 패턴이고, 그것은 현재의 디스트레스 혹은 기능제약 혹은 현존하는 앓음(suffering), 죽음, 고통 그리고 기능제약의 증가된 위험 혹은 자유의 중요한 상실과 관련되어 있는 것이다.

위에서 정의된 '의미있는 행동적, 심리적 신드롬이나 패턴'을 이해하고, 표시하고, 다루기 위하여 정신의학자들은 ICD-10, DSM-IV와 같은 진단도구를 활용하고 있으며, 이는 보다 넓은 범위의 정신건강관련 서비스제공자들이 간단하게 의사소통하는 도구가 된다. 여기에 수록된 대부분의 정신건강문제는 단순히 정신병(psychosis)와 신경증(neurosis)라는 두 개의 큰 범주로 나눌 수 있다.

정신병은 당사자들이 자신의 상황에 대한 통찰력을 상실하고 감각적으로 실재에서 벗어나는 심각한 정신건강문제이다. 전형적인 증상은 망상(잘못된 믿음), 환청(잘못된 인지) 그리고 감정변화 등이다. 정신병은 원인에 따라 생리적 원인에 의한 기질적 정신병, 혹은 병인이 불확실한 기능적 정신병으로 다시 분류된다. 기질적 정신병의 예

---

1) 발달장애는 지적 장애와 자폐성장애를 포괄하는 개념이다. 그런데 일반적으로 자폐성장애는 그 자체로 정신건강문제라고 규정되고 있으므로 이 장에서는 주로 지적장애인의 정신건강문제에 초점을 두고 서술하였다.

는 치매이며, 기능적 정신병의 예는 조현병과 정서장애이다.

신경증은 자신이 그 문제를 해결할 수 없다고 하더라도 현실감을 가지고 있고 문제에 대한 통찰을 가지면서 나타나는 불안이 그 특징이다. 신경증은 자주 상실(loss), 부정적 생활변화, 스트레스를 주는 사건이 명백한 촉발요인이 된다. 개입은 회복을 빠르게 하지만 개입없이도 자주 해결된다. 신경증의 예로는 불안, 공포, 강박장애, 경증의 우울 등이 있다.

모든 정신건강문제가 이러한 분류체계에 잘 들어맞는 것은 아니다. 더욱이 이러한 분류체계에 맞지 않는 정신건강문제들이 개인이나 가족들의 정신건강에는 영향을 미친다. 이러한 문제에는 성격장애, 자폐와 같은 전반적인 발달장애, 섭식장애와 같은 행동적 문제 혹은 물질남용 등이 있다.

여기에서는 기분장애, 신경증과 스트레스관련 장애, 정신병적 장애/조현병, 기질적 장애/치매, 자폐증 등을 설명한다.

1) 기분장애

기분장애(mood(affective) disorder)는 개인의 정서상태가 비정상적으로 침울하거나 떠있는 경우에 나타난다. 가장 일반적인 기분장애는 우울이다. 어떤 사람들은 조중이나 경조증이 나타나기도 한다. 조중은 정서상태의 극단적이고 드라마틱한 상승이며 드문 편이나, 경조증은 자주 발견된다.

우울과 조중은 동일한 장애의 두가지 대조적인 현상이며, 중증 우울과 조중은 정서상태 연속체의 양쪽 끝에 있는 가장 극단적인 형태라고 할 수 있다. 두가지 장애 모두나 조울증을 경험하는 상태를 양극성 장애(bipolar disorder)라고 하며, 우울을 대부분 경험하는 경우는 반복성 혹은 단극성 우울이라 한다. 조중이나 조울증은 하나의 형태로 발생한다. 그러나 조중을 경험하는 대부분의 사람은 결국 우울로 발전하게 되는 경우가 흔히 나타난다.

(1) 우울

우울은 기간이나 심각성 혹은 두가지 모두 일반적인 정서상태의 범주를 벗어난 상태를 말한다. 모든 사람이 경험하는 정서상태의 일반적인 변화와 우울을 구분하는 것은 중요하다.

우울의 핵심적 증상은 지속적으로 나타나는 저조한 기분(mood)이다. 또한 우울은 자신에 대한 무가치감, 외부환경에 대한 부정적 생각 등과 같은 저조한 활력이나 부정적 신념이 일반적으로 나타난다. 신체적 증상으로는 피로, 수면의 변화, 에너지의 상실, 입맛과 체중 변화 등이 일반적이다. 특별히 수면과 관련하여 개인들이 잠이 드는 데에 별 어려움이 없다고 하더라도 일정하게 일찍 깨어나고 다시 수면을 취하기 어렵게 된다. 입맛과 관련해서는 입맛 상실에 따른 체중 감소가 가장 일반적이다.

정서적 증상으로는 매일의 정서 변화가 일반적이며, 저조한 기분은 하루의 특정 시간, 대개 이른 아침에 발생하는 것으로 알려져 있는데 그것은 이른 아침에 잠에서 깨어나게 되는 것과 관련된다. 일상생활에서의 흥미나 즐거움의 상실, 불안감, 성급함 등은 일반적인 정서적 경험이다. 행동적 증상은 활동에서의 흥미의 상실과 연관하여, 개인들은 일반적으로 일상의 사회적 상황에서 후퇴한다. 어떤 사람들은 움직임, 말, 동작 등의 느려짐과 같은 정신운동의 지체를 경험한다. 어떤 사람들은 이와 달리 흥분하거나 한 곳에 가만히 있는 것에 어려움을 가진다. 인지적 증상은 일반적으로 집중력 상실, 부정적 사고, 낮은 자존감, 죄의식, 절망 그리고 때때로 자살사고 등을 경험한다. 심각한 경우에는 망상적 사고가 나타난다.

많은 정신건강문제와 마찬가지로 기분장애(특히 우울)는 지적장애인들이 고위험 상황에 있음에도 불구하고 그들에게 잘 인식되지 못하고 있다. 유병율이 명확하지 않다고 하더라도 매년 3-8%의 지적 장애인들이 우울을 경험하고 있거나(Clarke, 1999) 더 높게 보고되고 있다. 특별히 다운신드롬을 가진 사람에게 우울증은 일반적이며 다른 지적장애에 비하여 3배 정도 높은 것으로 보고되고 있다(Priest & Gibbs, 2004).

지적장애인 우울 사정에서 지적 장애의 정도와 상관없이 수면장애와 우울한 정서가 일반적으로 나타나는 증상이다. 실제 경중의 지적장애를 가진 사람들에게 우울은 일반인구와 유사하다. 그러나 중도 지적장애인에게는 체중감소, 자해행위, 의사소통 감소, 슬프거나 무표정한 얼굴표정 그리고 사회적 고립 등이 특별히 알려져 있다(Priest & Gibbs, 2004). 심한 지적장애인들은 행동문제가 더욱 알려져 있으며, 구토, 실금, 대소변 못가림 등의 새로운 문제가 보고되고 있으며, 통곡, 비명, 짜증, 흥분, 분노, 자해, 사람이나 사물에 대한 공격적 행동, 과도한 수면 그리고 기술 상실 등이 우울의 증표가 되고 있다(Priest & Gibbs, 2004).

(2) 경조증/조증과 발달장애인

경조증이나 조증에서 당사자는 뜬 기분과 에너지 증가를 경험한다. 그러나 동시에 흥분을 경험한다. 그들은 말이 많아지고 무책임하고 무모한 생각들을 표현하며 그것을 실행하려고 하는데 돈이나 소유물을 낭비하거나 자신을 위험한 상황에 빠뜨리기도 한다. 그들은 자신이 큰 부자 혹은 위인과 관련이 있다고 믿는 과대망상을 표현하거나 대화에서 주제와 주제 사이를 건너뛰는 사고의 비행이 나타난다. 주의집중이 잘 되지 않으며 수면욕구가 감소한다. 그들은 자신감이 넘치지만 사실은 자타해의 심각한 위험에 처해있다.

일반인구와 마찬가지로 조증/준조증을 경험하는 지적장애인은 활동이 증가하는 경향을 가지기 쉽다. 그러나 그들은 아마 상쾌한 기분이기보다 흥분되고 공격적이기 쉽다. 중증 지적장애인들이 가진 많은 조증의 증상들은 직접 관찰하거나 서비스제공자로부터 확인하는 것은 가능하다. 이러한 증상에는 언어 증가, 수면 감소, 무모한 행동, 과대사고에 따른 자존감 증가 등을 포함한다(Priest & Gibbs, 2004). 조증 시기에는 그들이 먹고 자고 자신을 돌보는 것이 귀찮을 정도로 너무 바쁘기 때문에 신체적 욕구에 주의를 기울이는 것이 특별히 중요하다.

2) 신경증과 스트레스 관련 장애

신경증과 스트레스 관련 문제는 다양하게 확인되었는데, 가장 자주 발생하는 것은 불안장애, 강박장애 그리고 공포증이다.

(1) 일반적 불안장애

모든 사람은 시시각각 불안을 경험한다. 이것은 위협, 변화, 스트레스 그리고 혼돈 등에 대한 일반적인 적응적 반응이다. 이것은 실제적 혹은 가상적 위협을 예상하고 그 것에 직면하거나 회피하려는 정서적, 생리적 상태이다. 조금의 불안은 신체적, 지적 수행을 고양시키기 위해 필요하다고 볼 수 있다. 그러나 불안은 대부분 사람들이 쉽게 다루는 상황에서 발생하거나 일상활동에 장애를 초래할 때 문제로 인식될 수 있다.

불안장애는 신체적, 심리적 증상을 동반한 지속적이고 압도적인 걱정상태가 그 특 징이다. 초기증상은 자주 두통과 구토와 같은 신체증상이 나타난다. 불안과 관련된 다 른 신체증상은 입마름, 근육긴장, 땀, 가슴떨림, 현기증, 과호흡 등이 있다. 불안상태의 사람은 대개 잠드는데 어려움을 보인다. 심리적 증상은 소리에 대한 민감, 쉬지않음, 공포감, 반복적 불안사고 그리고 집중의 어려움 등이 있다.

일반인구와 마찬가지로 불안은 실제적이거나 인지된 위협과 스트레스에 대한 반응 이다. 지적장애인은 일반인구보다 더 높은 수준의 불안에 대한 스트레스 반응을 하고, 그것이 낮은 자존감과 관련된다는 몇몇 증거가 있다(Priest & Gibbs, 2004). 과업수행 에 익숙하지 않은 문제들은 큰 불안을 야기하고, 시설에 있거나 있었던 지적장애인들 은 더욱 큰 수준의 불안과 공포를 보인다고 생각된다(Priest & Gibbs, 2004). 특히 언 어로 자신의 스트레스를 전달할 수 없는 경우 쉬지않는 움직임, 쉬지않음, 파괴, 신체 공격 혹은 자해행위과 명백한 불안증상이다.

(2) 강박충동장애

강박충동장애는 사람이 강박을 경험하는 불안장애이며, 반갑지 않은 생각과 이미지, 반추 혹은 의심이 지속적으로 나타나는 것이다. 동시에 이것은 충동을 경험하는데, 충동은 어떤 행동이나 의식의 저항할 수 없는 절박함을 의미하며 불안을 감소시키려는 목적을 가진다. 이런 행동은 반복적이며 그 자체로 즐겁지 않지만 그것을 수행하는 데에 실패한다면 불안수준은 증가할 것이다.

손씻기가 가장 보편적인 일반인구와는 달리 지적장애인에게 흔한 강박행동은 질서짓기(ordering; 물건의 정렬과 셈하기)이다(Priest & Gibbs, 2004). 그리고 자해도 특징이 될 수 있다. 일반인구들은 적어도 충동적 행동을 수행하는 것에 때때로 저항하기도 하지만 지적장애인에게서는 최소한이거나 존재하지 않는다. 반면 타인의 충동을 억제하기 위한 행동시도는 불안을 증가시키고 공격성을 만들기도 한다.

3) 정신병적 장애: 조현병

조현병은 사람에게 현실감각을 상실시키고 의사소통이나 일상생활과 같은 기능의 손상을 경험하게 하는 사고, 인지, 정서 그리고 행동상의 장애이다. 사회적으로 박탈된 계급에서 높은 비율로 나타난다. 특히 노숙인들에게서 흔한데, 이것이 조현병이 원인인지 결과인지는 불분명하다.

조현병에는 두가지 증상이 있다. 하나는 급성증상과 관련된 양성증상인데 이는 그 존재가 병리적으로 다루어지며, 다른 하나는 이전의 기능수준의 소실을 의미하는 만성증상과 관련된 음성증상이다. 양성증상은 전형적으로 인지(환청), 신념(망상), 사고(사고장애) 등의 변화로 경험되며, 당사자는 개입과 치료가 필요한 명백한 질환이라는 인식이라는 갖지 못하는 통찰의 손상도 나타난다. 음성증상은 전형적으로 무각감, 부적절한 정서와 같은 정서의 변화 그리고 동기, 추진력, 에너지 등의 상실 그리고 무감각과 같은 행동적 변화를 예상할 수 있다. 결국 대화상실, 일상생활기술 상실, 완전한 사회적 철회 등이 나타난다. 동시에 당사자는 환각, 망상, 사고장애 등과 같은 양성증상을 계속 경험한다.

조현병 사정을 위해서는 가족이나 서비스제공자는 산만함, 과업에 집중하지 못함,

혼잣말, 의심 등과 같은 섬세한 사인을 찾아내는 기술을 가져야 한다. 지적 장애인 조현병의 초기 징표는 이상한 행동, 공격 혹은 사회적 철회이다(Priest & Gibbs, 2004).

4) 기질적 장애/치매

기질적 장애는 기질적 병인이 두뇌의 역기능을 초래하는 정신병이다. 대부분의 기질적 장애는 진전되고 지속되는 반면, 섬망(일시정신착란)은 감염, 알코올철회 혹은 약물중독 등과 같은 신체적 조건으로부터 발생하는 급성 두뇌손상이다. 섬망은 일반적으로 원인이 확인되거나 치료되기만 하면 진정된다. 그러나 치매는 기억, 언어, 지성 등과 같은 인지영역의 기능이 점차 악화되며, 더욱 고령의 사람들에게서 나타난다. 또한 정서, 행동, 성격 등에서 변화가 나타난다. 초기에 경험되는 변화 중 하나는 기억의 손상인데, 과거보다 최근의 것에 대한 상실이 가장 명확하게 나타난다. 그러나 주변사람들이 알게 되는 첫 번째 사인은 공격성, 땀흘림, 성적 억제의 어려움 등과 같은 부적절한 행동일 수 있다. 상황이 진전됨에 따라 주의나 집중력은 손상되며, 당사자는 장소나 사람에 대한 지남력을 상실하게 된다. 그래서 당사자는 불안해지고 짜증이 나며 우울해지기 쉽다. 더 나중의 단계에서는 사고의 혼란이 나타나고, 그러한 것들은 말의 내용이나 형태를 통하여 드러난다.

신체건강과 마찬가지로 지적장애 노인의 정신건강문제는 전체적으로 일반적 노인인구의 그것과 유사하다(Priest & Gibbs, 2004). 기억상실, 다른 인지장애 그리고 정서적 변화가 주요 형태이다. 초기에는 냉담, 철회, 낮시간의 졸음, 밤시간의 혼돈 그리고 일상생활과 자기관리기술의 상실 등이 나타내며, 나중에는 보행장애, 근경련증 그리고 발작 등이 나타난다(Priest & Gibbs, 2004).

5) 자폐증

자폐증는 별개의 질환이 아니라 광범위한 문제들을 압축한 복잡적인 특징들의 군집이다. 중요한 세가지 특징은 사회적 상호작용, 의사소통 그리고 행동 및 사고의 유연성에서의 장애이다. 자폐증을 가진 사람의 어려움을 Priest & Gibbs(2004)는 마음이론(Theory of Mind)에 따라 다음과 같이 설명한다.

다른 사람과 대화할 때 일반적인 사람들은 상대방의 생각을 추정하고, 이 추정으로부터 일정 정도의 정확성을 가지고 상대방의 행동과 생각 사이의 관련성을 예측할 수 있다. 이러한 추정을 위해 환경, 신체언어, 목소리, 이전 경험 등 다양한 정보들이 활용되며, 개인을 둘러싼 세계에 대한 종합적인 해석을 생성하기 위해 이를 모은다. 그리고 새로운 상황에 처했을 때 기존의 정보와 새로운 정보를 통합할 수 있다. 그러나 자폐증을 가진 사람은 개별적인 행동을 인지하고 분류하기는 하지만 현존하는 지식체계에 그것들을 통합시키지는 못한다. 따라서 자폐증의 핵심특징은 정보를 한데 모으고 그 정보의 의미를 찾는 데서 장애가 나타난다.

3. 정신건강문제에의 접근방법

현재 정신건강문제를 야기시키는 원인은 주로 생물학적 관점, 심리학적 관점 그리고 사회학적 관점에서 설명되고 있으며, 이들 관점을 통합하려는 절충주의적 관점도 존재한다. 즉 정신장애는 유전적이거나 생물적 측면에서만 설명되거나 심리적, 사회적 측면에서만 이해되기 어려운 복잡성을 가지고 있다. 다양한 접근방법은 정신건강문제를 야기시키는 원인에 관하여 각기 다른 관점을 취하고 있으며, 그 문제를 해결하기 위한 접근방법도 각각의 차별적 방법을 가지고 있다.

이러한 접근방법을 설명하기 전에 정신건강문제, 좀 더 구체적으로 정신장애에 관한 사회적 실천에 관한 역사적 과정을 정리하고자 한다. 왜냐하면 정신장애에 관한 사회적 실천의 역사는 특정 시기의 지배적인 권력과 그에 의해 형성된 규범을 반영하고 있으며, 현재의 접근방법에 어떤 식으로든 영향을 미치고 있기 때문이다. 또한 이러한 통시적 고찰은 현대 사회의 접근방법에 대한 보다 객관적인 시각과 비판적 의식을 가져다줄 수 있을 것이기 때문이다.

1) 정신건강패러다임과 사회적 실천의 역사

Priest & Gibbs(2004)는 정신장애에 관한 사회적 실천의 역사를 중세부터 19세기 초 그리고 프로이드 등장 이후의 시기로 나누어 설명하면서 19세기 초까지를 정신장애에 관한 초자연적 신념의 시대와 19세기 중반 이후를 전문적 치료의 시대로 구분한다. 이러한 관점은 정신장애인에 관한 사회적 실천을 진화론적 시각을 견지하고 있다. 즉 19세기 초까지 정신장애의 실재는 초자연적 힘으로 간주되었으며 악령 혹은 악마에 의한 빙의로 설명하였다. 이에 따라 그 해결방법도 육체적 고통을 가하거나 피를 흘리게 하는 방법이 주로 사용되었다. 19세기 중반 이후에는 정신장애인을 악마로 보는 시각은 상당히 완화되었으며 처치에서도 인도주의적 방식들이 나타났다. 20세기 들어 병원의 공급이 확대하고 해결방법도 상당히 치료적인 것으로 변화하였다. 이러한 변화의 근저에는 정신장애를 신체적 질병과 유사한 것으로 이해하는 질병모델이 자리잡고 있다.

시기구분에서는 유사하지만 정신장애에 관한 사회적 실천의 역사를 이해하는 상이한 관점으로는 푸코의 관점이 존재한다. 푸코는 그의 저작 '광기의 역사'에서 정신장애에 관한 사회적 실천의 역사를 중세에서 16세기초, 16세기 중반에서 19세기 초반 그리고 19세기 중반 이후로 제시하고 있다. 그의 시대분류는 Priest & Gibbs(2004)의 초자연적 신념의 시기를 다시 16세기 초반을 기점은 두 개의 시기로 분류하고 있는데, 이는 특정 시기의 지배적인 권력이 정신장애를 이해하고 처우하는 방식이 어떻게 변화했는지에 주목하려는 이유 때문이다.

종교적 권력이 지배적이었던 16세기 초반까지는 정신장애는 성/속의 개념 범주에서 이해되었는데, 정신장애인의 성스러운 영역에서 있었다. 즉 신의 처벌을 받았거나 신의 은총을 받은 사람이 정신장애인이었다. 따라서 이 시기의 정신장애에 관한 사회적 실천은 '광인들의 배'라는 상징적인 언어로 묘사되는데, 적극적으로 정신장애인에게 고통을 가하거나 처벌하는 대신 적당한 음식과 함께 배에 태워 그들을 격리하는 방식으로 사회적 배제가 이루어졌다. 그 이후 16세기 중반부터 19세기 초반까지는 대감금의 시대이다. 이 시기에 유럽의 지배적인 권력은 산업혁명을 주도하는 부르조아계급의 지지를 받는 절대왕정이었으며, 권력의 가장 큰 요구는 값싼 노동력의 제공이었다. 이러한 권력은 정신장애를 이성/비이성 혹은 도덕/비도덕의 이분법하에 재단함으로써 정신장애를 가진 사람은 비이성적이고 비도덕적인 사람으로 간주되었다. 정신장애에 대한 이러한 관점은 노동력이 빈약하거나 노동을 회피하는 것처럼 보이는 정신장애인에 대한 가혹한 감금과 학대를 가져오게 된다. 실제 이 시기는 유럽역사에서 가장 많은 사람이 노역장 혹은 구빈원에 감금된 시기였다. 정신장애인은 감금과 격리라는 방식으로 주류사회에서 배제된다. 프로이드의 정신분석이 주창된 19세기 중반 이후 정신의학은 군소화되었지만 인간의 일상생활 전반적인 영역에 관여하는 권력으로 나타난다. 이 권력은 정신장애를 정상/병의 이분법하에 이해한다. 정신장애인은 이제 노역장이나 구빈원으로부터 정신병원으로 감금장소가 이동하게 된다. 이러한 방식으로 정신장애인에 대한 사회적 배제는 지속된다.

2) 정신건강문제에의 접근방법

19세기 중반 이후 정신장애에 관한 사회적 실천은 정신장애를 질병으로 인식하고 치료적 접근을 중심으로 이루어지고 있다. 그것이 과학과 의학지식의 발전에 의해 주도되고 있을지라도 정신장애의 원인이 단순히 생물학적인 이유에 국한된 것이 아니라는 데에는 광범위한 지지가 있다. 현대사회에서 정신건강 혹은 정신장애에 관한 설명은 생물학, 심리학, 사회학 그리고 이를 절충한 모델들이 주요 접근방법이 되고 있다.

(1) 생물학 또는 질병 모델

생물학 또는 질병모델은 정신건강문제가 발생하는 원인을 유전, 뇌와 신경계의 생화학적 부조화 혹은 물리적 변화의 결과로 설명한다. 이러한 관점은 신체적 질병을 설명하는 방식과 정신건강문제를 이해하는 방식이 같다는 것을 의미한다. 정신의학적 진단은 보통 ICD-10(WHO, 1992) 혹은 DSM-IV(American Psychiatric Association

1994, 2000)와 같은 공식적인 분류체계에 따라 이루어지며, 치료방법은 물리적 혹은 화학적 수단을 사용한다. 주로 약물의 형태를 띤 화학물질, 전기치료 등이 사용된다.

정신건강문제들과 신체내의 물리적 혹은 화학적 변화들의 관련성이 잘 받아들여지고 있는 것처럼 보이지만, 실제적으로는 뇌의 구조와 기능 그리고 정신건강문제의 모든 범위와 관련된 직접적 인과관계가 명확하게 입증된 경우는 드물다. 그리고 약물치료는 그 유용성에 버금가는 부작용으로 인하여 정신건강문제가 있는 사람들에게 생활상의 어려움을 가져다주고 있다. 그리고 약물에 의한 증상의 완화에도 불구하고 정신장애가 있는 사람들이 이전 상태로 회복되는 경우는 드물다는 측면에서 정신장애에 관한 생의학적 설명은 많은 한계를 가지고 있다.

(2) 심리학적 모델들

심리학적 모델은 각각 모델특성에 따라 정신건강문제의 원인을 신체적 혹은 생물학적인 것이 아니라 아동기의 발달 및 경험, 학습 경험, 환경, 자기 개념, 사고와 감정 등에서 찾는다. 여기에서는 주요 심리학모델로서 정신역동모델, 행동모델, 인지모델 그리고 인본주의 모델을 설명한다.

가. 정신역동 모델

이 모델은 프로이드에 의하여 주창되었으며, 무의식의 개념을 통하여 인간 행동과 정신건강문제를 설명한다. 인간의 정신활동은 개인의식의 외부에서 발생하고 행동에 영향을 미치며, '증상'을 유발한다. 증상은 유아기의 경험과 관계에 뿌리를 둔 무의식 안의 창조와 파괴의 힘 간의 충돌 결과이다. 개인은 이러한 내부적 충돌을 인식하지 못할 수 있다. 왜냐하면 불안을 감소시키려는 억압 혹은 부정과 같은 방어기제가 작동하기 때문이다. 예를 들어, 어린 시절 중대한 트라우마와 학대를 경험한 사람은 경험에 대한 모든 기억을 무의식에 묻어두며, 어른이 되어서도 유쾌하지 못했던 기억에 대해 직면하지 못하고 다루지 못한다. 이때 방어기제가 효과적으로 작동하는데 실패를 하게 되면, 개인은 갈등, 불안 혹은 우울을 경험하게 된다.

정신역동모델의 치료방법은 무의식의 갈등을 해결하는 것을 목적으로 증상보다는 근본적인 문제에 직접적으로 접근하며, 개인 혹은 그룹 심리치료와 같은 '이야기 치료'를 포함하며, 예술 치료 혹은 싸이코드라마와 같은 치료의 형태들이 있다.

나. 행동주의 모델

이 모델은 인간의 모든 행동이 학습의 결과물로써 발생하고 환경적 요인이 행동에 영향을 미친다고 가정한다. 따라서 원하지 않는 증상 또는 행동은 부적응적인 학습과정을 통해 얻어진 습관으로 본다. 다시 말해서, 증상이 곧 문제이며, 재학습의 과정을 통해 증상을 제거하면 문제를 해결할 수 있다. 따라서 처치적 접근은 관찰 가능한 행동들의 변화에 초점을 둔다.

사회학습이론은 이러한 초기 학습 및 행동 이론의 확장이다. 이 이론에 따르면 행동은 다른 사람의 행동을 관찰 혹은 종종 모방함으로써 일어난다고 가정한다. 사람들의 행동은 역할모델로 설명되는 관찰 그리고 모방의 결과이다. 예를 들어, 다른 가족 구성원 중 한 명이 증상을 보이거나 불안, 우울 혹은 조현병으로 고통을 받고 있는 가족 환경에서 양육된 아이는 차례로 이러한 행동 혹은 사고 패턴을 취하게 된다고 본다.

다. 인지 모델

인지모델은 인간의 사고와 사고의 해석이 행동의 주요 결정요인이라고 본다. 인지모델에 따르면 인간의 행동은 그가 자신과 세상에 대해 어떻게 생각하는지에 의해 결정된다고 가정한다. 따라서 정신건강문제는 생각의 오류 혹은 편향이 발생하고 유지되는 것으로 설명할 수 있다. 즉 잘못되고 비논리적인 생각들이 정서적, 행동적 문제를 만들어 정신건강기능을 손상시킨다는 것이다. 따라서 치료의 목적은 잘못되거나 역기능적인 생각을 변화시키는 것이다. 치료적 접근은 현재 Aaron Beck(1989)에 의해 발전된 인지치료가 대표적이다.

라. 인본주의 모델

인본주의적 접근은 정신역동모델과 행동주의모델이 가진 결정주의에 대응하여 인간의 주체성이나 의지로서 인간행동과 경험을 설명하기 위한 대안적 모델이다. 즉 인간 행동을 무의식의 힘과 초기 경험으로 설명하는 정신역동모델의 무의식결정론과 환경의 외적 자극에 대한 반응으로 행동을 설명하는 행동주의의 환경결정론에 대항하는 관점이다.

Rogers(1961)는 인간이 건설적인 성장을 향해 나아가는 타고난 동기부여의 힘인 '자아실현 성향'을 가지고 있다는 Maslow의 관점을 지지하면서, 반기계적, 인간 본성에 대한 인간 중심의 관점을 취하였다. 인본주의적 관점에 따르면 정신건강문제는 인간의 성장과 자기실현에 대한 노력이 좌절된 결과로 설명할 수 있다. 이것은 환경적인 요인들 또는 다른 사람들에게 가치를 인정받지 못하는 것, 다른 사람들에게 부정적인 판단을 받는 것으로부터 기인한다. 개인이 정신건강문제를 일으키는 것으로 알려진 부정적 자기 개념, 부족한 자아상, 그리고 낮은 자존감을 발전시켜 나갈 수 있다.

인간중심 상담과 같은 인본주의적 치료 개입은 개인의 책임과 선택을 위한 개인의 능력 향상을 목표로 한다. 치료자보다 내담자를 전문가로 보며, 치료자는 단지 그들의 실제 자기가 될 수 있도록 개인의 목적 달성을 가능하도록 한다.

(3) 사회학적 모델

사회학적 모델은 정신건강문제의 원인을 개인이 위치한 사회환경 혹은 사회구조에서 찾는다. Durkheim은 사회적 요인들이 자살을 예측하는데 중요하며, 집단 내에서의 응집력의 정도와 개인이 느끼는 자살률에 영향을 미치는 집단 구성원의 규모를 보여주었다(Durkheim 1897). 개인들의 가치가 그들이 살고 있는 사회와 다르게 되면, 그들은 '아노미(anomie)'를 경험하거나 사회로부터 소외를 느끼고, 이러한 불쾌한 경험을 해결하기 위한 수단으로 자살을 선택하도록 그들을 이끈다.

사회적 요인들과 정신건강문제들과의 관계와 관련된 더 많은 예로써, Brown & Harris(1978)는 London borough에 거주하는 여성들의 연구에서 우울의 사회적 원인에 대한 범위를 발견했다고 주장했다. 이것들은 친밀과 신뢰의 부족, 낮은 사회적 계층 일원, 집밖에서 고용되지 못한 상황, 그리고 취학 전 아동을 집에서 돌봐야 하는 상황을 포함한다. 즉 정신건강문제와 실업, 빈곤, 낮은 사회계층, 그리고 낮은 사회적 지위가 관련성이 있다고 본다. 이러한 환경 속에 있는 사람들은 더 많은 삶의 스트레스를 경험하고 그들이 이겨낼 수 있도록 도와주거나 스트레스 요인들을 다루는 지지와 대처 기술을 거의 가지고 있지 않을 가능성이 높기 때문에 정신건강문제에 취약성을 드러내게 된다고 본다.

사회적 그리고 환경적 요인들에 의해 발생되는 문제들을 다루기 위해, 치료적 개입의 목적은 사회와 환경을 움직이게 하는 것이다. 사회에 근거한 치료 접근의 예들은 사회정신의학, 치료공동체, 그리고 가족치료 이다.

(4) 절충주의와 통합적인 접근

지적장애를 가진 사람에게 정신건강문제가 발생하는 원인을 찾고 적절한 해결방법을 모색하기 위해서는 전인적인 관점에서 문제를 이해하는 것이 중요하다. 정신건강에 관한 스트레스-취약성이론은 정신건강문제의 발생과 유지를 유전적, 생물학적 취약성과 사회환경적 스트레스와의 상호작용을 통해 설명한다. 실제 유전적 취약성을 가진 모든 사람에게 정신건강문제가 발생하는 것도 아니며, 유전적인 취약성이 존재하지 않는 경우에도 생활상의 높은 스트레스에 지속적으로 노출된다면 정신건강문제가 나타날 수 있다. 따라서 정신건강문제는 생물학적, 심리적 그리고 사회적 관점을 동시에 견지하면서 이들 간의 상호작용도 면밀히 관찰될 때 합리적인 해결방법을 찾을 수 있다.

생물학적인 측면에서 유전적 조건, 지적장애의 정도, 감각 혹은 의사소통의 문제, 성(gender) 등이 정신건강문제에 영향을 미칠 수 있는지 고려되어야 한다. 동시에 심리적 측면에서 지적장애인에게 영향을 미칠 수 있는 가족의 정신건강문제, 약물남용, 부정적 역할모델 그리고 징벌적 아동양육 등이 고려되어야 한다. 사회환경적 측면에서는 사회적 배제, 빈곤, 가족구성, 교육기회 제한, 지지체계 결손 등이 정신건강문제에 어떤 영향을 미칠 수 있는지 고려해야 한다. 이러한 관점으로 문제를 이해하게 된다면 해결을 위한 접근방법도 다양하게 주어질 수 있다. 예를 들어 인지치료 혹은 행동치료를 통합적으로 제공할 수 있는 것처럼 원인이 되는 요인들이 복잡한 상호작용에 의해 발생한다고 본다면, 조현병을 가진 사람들은 약물치료, 심리학적인 그리고 가족 개입의 조합으로 치료받을 수 있다.

3) 사례연구

> 김씨는 28세 여성으로 경증의 지적장애가 있다. 의사소통은 원활한 편이며, 70세의 어머니 그리고 곧 결혼하는 언니와 함께 살고 있다. 김씨는 주 5일 동안 장애인보호작업장에서 일하고 있으며, 가족 중에는 정신건강문제를 가진 사람이 없다.
> 최근 김씨에게는 행동의 변화가 나타났다. 자신의 방을 정리하거나 씻는 일을 하지 않는다. 그래서 외모의 단정함이 사라졌으며 보호작업시설의 동료들에 대한 불평이 많아지고 싸움을 하는 일도 벌어졌다.

정신건강문제에 관한 다양한 접근방법은 구체적으로 지적장애인을 이해하고 문제를 해결하는 데에 어떻게 활용될 수 있는가를 설명하기 위해 위의 사례를 토대로 기존의 지식들을 활용하는 방법을 알아본다. 사례를 전인적으로 이해하기 위해서는 특정한 이론이나 관점에 입각하기보다 전체적인 이론적 관점을 아우르는 절충주의 혹은 통합적 관점에 입각하여 살펴보는 것이 유익할 것이다. 따라서 김씨의 신체적인 측면, 심리적 요소, 생활환경 그리고 생활상의 사건 등이 정신건강문제의 발생에 어떻게 관련될 수 있는가 하는 다초점 접근이 권장된다.

위의 사례를 정신건강문제에 대한 다양한 접근방법을 중심으로 행동변화의 원인을 네가지 측면에서 살펴볼 수 있다. 첫째, 신체적 건강상태와 체중의 변화가 체크될 필요가 있다. 이러한 문제가 종종 자존감을 떨어뜨리는 원인으로 작용하여 정신건강문제를 발생시킬 수 있다. 만약 김씨가 항정신성약물을 복용하고 있다면 약물과 복부비만과의 관계와 같은 부작용 그리고 합병증에도 주의를 기울여야 한다.

둘째, 김씨의 심리적 측면이 사정되어야 한다. 즉 정신건강문제를 발생시킬 만한 심리적 문제를 가지고 있는지 조사할 필요가 있다. 김씨가 지적장애가 있다는 것에 대해 어떻게 느끼고, 이러한 것이 자존감과 여성성에 대한 확신에 어떤 영향을 미치는가하는 것이 탐색되어야 한다. 또한 고독감, 남자친구 없음, 결혼하지 못함 등이 정서적 고통과 내적 갈등을 만들고 있는지 확인해보아야 한다.

셋째, 생활환경에 대한 사정이 요구된다. 가사노동, 노모부양 등의 가중한 부담, 학대 관계의 존재 그리고 지속적 폭력 등과 같은 환경적 요인이 존재하지는 않는지 확인할 필요가 있다. 여성들에게서 과중한 가사노동이나 노인, 아동에 대한 부양부담은 우울의 중요한 원인이 되고 있다.

넷째, 정신건강에 영향을 미치는 생활상의 사건에 대한 조사가 필요하다. 즉 가족의 죽음이나 질병, 이별 등과 같은 요인들이 존재하는지 여부에 대한 확인이 필요하다. 이 경우 언니의 결혼은 이별을 예고하는 것이기 때문에 정신건강에 영향을 미칠 수 있다.

4. 지적장애인의 정신건강문제 개입전략

1) 정신건강문제를 예기할 수 있는 사인 혹은 증상들

지적장애인들에게 정신건강문제가 발생하면 여러 가지 사인 혹은 증상이 나타난다. 그 사인들은 다음과 같은 여섯 가지 카테고리로 분류할 수 있으며 그 외 비정형적인 형태로 나타날 수 있다(Taggart, 2012).

① 신체적(somatic)
② 정서적(emotional)
③ 행동적(behavioural)
④ 사고/인지적(thought/cognition/perception)
⑤ 주의/동기관련(attention or motivation)
⑥ 일상생활(activities of daily living/ADL)

다음의 〈표〉는 일반적으로 정신건강문제의 존재를 의심해볼 수 있는 사인이나 증상을 정리한 것이다. 이러한 사인이나 증상들이 다수 나타나는 경우 정신건강전문가에의 의뢰를 통해 엄밀한 사정과 진단을 받을 필요가 있다. 지적장애인을 돌보는 사람들이 전문가에게 의뢰하여 정확한 진단을 받기 위해서는 이러한 사인/증상들 중 어떠한 것들이 주로 나타나고 있는지 관찰하여 정보를 제공할 필요가 있다. 그리고 이러한 사인/증상들이 어느 정도의 기간 동안 나타나고 있는지도 진단을 위해 중요한 정보가 될 것이다.

표1 정신건강문제를 예기할 수 있는 사인 혹은 증상

신체적 사인/증상: 빠른 심장박동, 흐릿한 의식, 떨림, 근육 긴장, 현기증, 입마름, 위통, 메스꺼움과 구토
정서적 사인/증상: 가라앉음, 슬픔, 눈물, 급함, 좌절, 낮은 자존감, 자신감 부족
행동적 증상: 게으름, 식욕의 증가 혹은 감소에 따른 체중 변화, 수면의 증가 혹은 감소, 자해, 자살 계획, 무기력, 생기없음, 무관심
사고/인지적 사인/증상: 걱정, 불안, 긴장, 사고장애, 자해생각, 집중, 죄의식, 양심의 가책, 무가치, 무희망
주의/동기관련 사인/증상: 무기력, 철화, 생활상의 흥미 상실, 소극성, 일상사에의 무관심, 부주의
일상생활관련 사인/증상: 일상의 변화, 자기 및 외모관리 결여, 사회기술의 상실, 일과 가족 그리고 취미에의 흥미 상실
비정형적 사인/증상: 표정의 변화, 자기와 타인 깨물기, 치아 갈기, 반복적 손동작의 증가, 성적 행위의 증가, 자세 변화, 반응적 행동 결여, 발성의 증가 혹은 감소, 파괴적 행동, 손가락 깨물기, 자해행위, 흥분의 증가, 고함, 자연스러운 울음, 정형화된 행동, 불복종, 안심추구행동과 붙잡는 행위 증가

※ Taggart L, 2012, Mental health problems in people with learning disabilities p305에서 인용

2) 지적 장애인의 정신건강문제 사정 및 진단

(1) 사정 및 진단의 어려움

앞서 이야기한 것처럼 지적 장애인에 대한 정신건강문제의 사정에는 많은 어려움이 내재해있다. Sovner(1986)는 이러한 혼란을 발생시키는 4가지 영역을 정리해서 제시하고 있다. 첫째, 지적한계에 따른 곡해(intellectual distortion)이다. 이는 내면적인

감정들을 표현하거나 소통하는 능력을 제한하는 지적장애인의 낮은 기술과 기능에 기인한다. 이는 지적장애인과 임상전문가간의 직접적인 의사소통을 활용하는 진단도구의 효과성을 감소시키고, 임상전문가는 증상의 객관적 증거를 얻는데 어려움을 경험하게 된다.

둘째, 심리적 가면(psychological masking)이다. 삶의 경험은 경험이 제한된 지적장애인에게는 일반인에 나타나는 정신건강의 징후들이 의미 있게 나타나지 않을 수 있다. 시설에서 거주하거나 과보호하는 부모와 거주하는 지적장애인은 옷입기, 일상활동, 건강관리, 숙소와 같은 일상의 욕구가 그들에게 맞춰 제공되어 제한적인 삶의 경험만을 하게 된다. 따라서 사정을 하는 사람들은 지적장애인이 자신의 보호자의 삶의 경험과 행동을 흉내낼 수 있다는 점에 주의를 기울여야 하며, 그들이 실제 경험한 것보다 더 많은 삶의 경험이 나타날 수 있다.

셋째, 인식의 붕괴(cognitive disintegration)이다. 지적장애인의 불안이 견딜 수 없는 수준이 되면, 그것이 생각, 감정, 행동을 압도해버림으로써 사고과정에 혼란이 나타나는 것이다.

넷째, 기본적 과장(baseline exaggeration)이다. 이것은 원래 존재하는 지적장애의 결과로서 인지 결함과 부정적 행동의 증가를 설명하는 것을 의미한다. 즉 인지의 결함과 부정적 행동의 증대를 새로운 정신건강문제로 보기보다는 이전에 나타난 지적장애인의 문제행동에서 그 원인을 찾는다는 것이다.

이와 같이 지적장애인과 임상전문가 사이에 내재하는 사정(assessment)의 어려움을 완화시키기 위해서는 다양한 노력이 필요하다. 먼저 지적장애인들과의 새로운 의사소통 수단의 개발이 요구되며, 이를 위해 최근 거주시설 지적장애인의 인권교육에서 활용된 것과 같은 시청각자료를 통한 진단도구가 개발될 필요가 있다. 또한 임상전문가들의 지적장애인 이해 증진을 위한 노력이 요구된다. 즉 지적장애인의 정신건강문제를 야기시키는 생활환경 및 조건에 관한 연구물의 축적이 이루어져야 할 것이다. 또한 진단과정에서 세심한 주의와 고려가 더욱 요구된다.

(2) 정신건강문제와 도전적 행동

지적장애인의 정신건강문제 사정에 관한 또 하나의 중요한 이슈는 정신건강문제와 도전적 행동과의 관계에 관한 것이다. 이 문제가 중요한 이유는 정신건강의 관점에서 도전적 행동을 어떻게 이해하는가 하는 것이 지적장애인의 정신건강문제 유병율, 사정전략, 치료 및 개입 그리고 서비스내용에 중대한 영향을 미치기 때문이다. 도전적 행동은 그것이 가지는 사회적 영향과 행동변화의 사회적 필요성 때문에 형성된 사회적 구성체로 볼 수 있다. 즉 그 행위가 지적장애인 자신이나 주변사람들을 심각한 위험에 처하게 할 수 있고 폭력, 공격 그리고 반사회적 행동 등과 같은 수용하기 어려운 방식으로 표출되는 경우가 많기 때문에 사회적으로 제재를 가할 필요가 있는 행위들을 구성하게 되었다고 볼 수 있다.

Emerson et al(1999)은 정신건강문제가 도전적 행동과의 관계를 세가지 방식으로 접근하고 있다. 첫째, 도전적 행동은 비정형적인 정신장애의 현상으로 볼 수 있다. 지적장애인의 지속적인 자해행위는 강박증의 반복적이고 의례적인 행동와 유사성을 가지고 있다. 둘째, 도전적 행동은 정신건강문제의 2차적 발현일 수 있다. 우울상태로 고통받고 있는 심각한 지적장애인은 정서적 스트레스를 표현하는 수단으로서 공격적일 수 있고 흥분을 나타낼 수 있다. 셋째, 정신건강문제는 지적장애인이 특정 상황에 적응하기 위해 도전적 행동을 발전시킨다는 측면에서 기능적으로 작용하는 경우도 있다.

정신건강문제와 도전적 행동 간의 관계에 관한 논의에서 실천적으로 중요한 지점은 이들 두영역 간의 엄밀한 구별보다 관계에 관한 이해라고 할 수 있다. 왜냐하면 도전적 행동에 대한 대처에서 정신건강 접근방법은 이전과는 다른 효과적인 대처수단을 마련해줄 가능성이 있기 때문이다. 이전에 단순히 지적장애에 내재하는 문제로 이해하여 적극적인 대처방법의 모색보다 불유쾌한 수용이나 인내 혹은 처벌로 대응하던 데에서 더 나아가 도전적 행동을 발현시키는 원인에 관한 다양한 탐색과 새로운 실천이 전개될 수 있다는 것이다. 이를 위해 돌봄서비스제공자들은 열린 마음으로 기존 지식과 새로운 지식을 통합적으로 받아들이는 노력이 필요하다고 본다.

정신건강문제의 구체적인 진단을 위해서는 ICD-10, DSM-IV와 같은 진단도구를 활용하고 있다. 이러한 도구들은 지적장애를 가지지 않은 일반인구를 대상으로 개발되어 특정한 상황에서 진단의 한계가 나타나기도 한다. 최근에는 지적장애인을 위한 정신건강 진단도구 DC-LD: Diagnostic Criteria for Psychiatric Disorders for Use with Adults with Intellectual Disabilities가 영국에서 개발되어 활용되고 있다.

3) 지적장애인의 정신건강문제 개입

(1) 약물치료

지적장애와 정신건강문제에 대하여 정신성 혹은 항정신성약물을 사용하는 데에는 상당한 문제들이 제기되고 있다. 즉 명확하게 확인된 정신의학적 조건이나 도전적 행동의 구체적인 수정에 관한 적절한 입증이 결여된 가운데 이루어지는 약물의 사용은 윤리적으로 의문이 제기되고 있다(Devine & Taggart, 2008). 윤리적 문제제기의 가장 중요한 이유는 이러한 약물들이 자칫 사람을 죽음에 이르게 할 수 있는 많은 부작용을 나타내고 있기 때문이다. 항우울제의 경우 구강건조, 흐린 시력, 두통, 메스꺼움 등의 부작용이 보고되고 있으며, 항정신성약물은 좌불안, 긴장이상(안면, 눈, 혀의 비정상적 움직임), 유사파킨슨증후군(팔다리 경직, 목과 몸통의 떨림), 지연성 안면마비 등이 보고되고 있다(Priest & Gibbs, 2004). 특히 지적장애인들은 기질적 뇌손상이 있는 경우 안면마비가 일반인구에 비하여 자주 발생한다(Clarke, 2001). 또한 약물의 사용량이 많을수록 인지적 문제가 심화될 수 있다. 최근 부작용을 완화한 약물의 경우에도 이전의 부작용이 다소 감소한다고 하더라도 체중 증가, 타액분비항진, 진정작용, 변비, 저혈압, 고혈압, 과립구 감소 등과 같은 생명에 위험을 가져다 줄 수 있는 역기능이 나타날 수 있는 것으로 알려지고 있다.

약물치료는 지적장애의 정신건강문제에 관한 다양한 접근방법 중 하나로 인식될 필요가 있다. 많은 사회심리적 접근법과 함께 지적장애인의 정신건강문제를 해결하기 위한 방법 중 하나라는 것이다. 지적장애인의 정신건강문제에 대한 약물치료의 진전을 위해서는 지적장애인의 정신건강 진단을 위한 도구의 발전과 그 효과에 관한 과학적인 조사연구의 축적을 통한 가이드라인 설정이 필요한 것으로 보인다.

(2) 행동치료

행동치료는 정신건강문제의 원인일 수 있는 보이지 않는 내면의 정서를 다루기보다는 외면적인 행동 또는 증상을 변화시키는 것을 목표로 하는 치료방법이다. 이러한 접근방법은 지적장애분야에서 도전적 행동을 다루기 위해 상당기간 활용되어온 접근방법이다. 왜냐하면 지적장애인은 자신의 문제에 대한 근본적인 원인을 이해할만한 지적 능력 혹은 정신적 능력을 가지고 있지 못하기 때문에 심층적인 심리치료를 통해 원인에 접근하는 방법보다 외현화된 문제를 행동치료방식으로 제거하거나 완화시키는 것이 합리적인 치료방법이라고 여겨지고 있기 때문이다. 실제 현장에서 주로 활용되는 행동치료는 바람직한 행동에 대한 보상으로써 토큰을 지급하는 방식이다.

정신건강문제와 관련해서는 공포증, 강박행동에 대하여 고전적 조건부여 방법을 사용하는 전통이 유지되는 곳이 있다. 공포증이란 특정한 사물이나 상황에 대한 비정상적인 공포를 느끼고 그것을 피하는 것을 말하는데, 그 원인을 과거에 이와 관련된 잘못된 학습으로 이해하여 문제를 가진 사람을 지지해주고, 도와주고, 안정시킴과 동시에 공포를 느끼는 대상에 점차적으로 노출시키는 방법이다. 강박행동에 대해서는 그런 행동이 나타날만한 실제 상황에 노출시키고, 그 다음에 클라이언트가 강박 행동을 하지 않도록 저지하는 것으로써 클라이언트는 그들이 부작용 없이 강박증에 대항하는 법을 학습하도록 하는 것이다.

(3) 인지행동치료

인지행동치료는 인지치료모델에서 발전한 치료방식이며 인지치료는 우울증의 치료방법으로 시작되었다. 즉 인지치료는 정신건강문제가 사고오류에서 비롯된다는 관념에 기초하며, 우리가 어떻게 사고하느냐에 따라 우리가 느끼는 정서가 달라진다는 것이다. 따라서 잘못된 사고나 믿음체계를 변화시키면 연관된 행동이나 정서문제가 줄어들거나 없어진다는 것이다. 여기에서 발전하여 행동치료를 결합한 인지행동치료는 현재 매우 일반적으로 수행되는 정신건강접근방법으로 자리매김하였다. 특히 이 치료법은 특히 우울증, 트라우마, 약물남용(Hollins & Sinason, 2000), 스트레스와 불안증(Taylor et al, 2001), 정신병 치료(Drury, 2000, Fahy & Dudley, 2000)에 있어서 일반인들을 상대로 상당한 공헌을 해왔다.

인지행동치료는 정신분열병이 있는 사람을 위한 복합 치료의 일환으로 매우 효과적이며, 특히 클라이언트의 환각, 환상과 같은 괴로운 증상 치료를 돕는다. 예를 들어, 클라이언트가 환청에 대해 집중하도록 유도하고 그들이 듣는 환청(목소리)의 특징, 무엇이 들리는지, 그것을 들으면 어떤 생각이 나는지 설명하도록 하고 그런 다음에 이 생각들을 집중적으로 치료하는 것이다(Priest & Gibbs, 2004). 다시 말하면 클라이언트가 듣는 것에 대한 자신의 생각을 시각화하는 과정을 도움으로써 그 문제 확인시키고 결과적으로 고통을 감소시키는 것이다. 이와 유사하게 CBT는 클라이언트가 망상적 생각을 표현하게 함으로써 문제를 해결하는 것을 돕는다(Fahy & Dudley, 2000). 이 치료는 모든 지적장애인에게 적용되기는 어렵다고 하더라도 언어 발달 및 지적장애의 수준, 정서를 인식하고 이해하는 능력 그리고 사건과 정서를 연결하는 능력에 따라 적용가능성을 결정할 수 있을 것이다.

인지행동치료에서 파생된 '이완요법(relaxation therapy)'은 적절하게 조정된다면 지적장애인들에게 잘 활용될 수 다. 이 요법은 불안감을 감소시키는 것에 주안점을 두며 몇 가지 기술들이 동반되는데, 깊이 숨쉬기, 근육 이완하기 등이 있다. 일단 육체가 이완되면, 클라이언트들이 기분 좋은 이미지와 경험을 떠올리도록 유도하거나 때로는 편안한 음악을 들려줌으로써 긴장을 완화시킬 수 있다. 이런 기술들은 일단 한번 학습하면 분노를 자극하는 어떤 상황에서도 사용할 수도 있고, 단순히 육체적, 정신적 행복을 향상시키는데 사용할 수도 있다(Priest & Gibbs, 2004).

(4) 인본주의접근

대표적인 인본주의 상담기법 중 하나인 클라이언트중심상담은 클라이언트가 적절한 치료 환경 속에서 정서적으로 건강한 방향으로 발전한다고 가정한다. 따라서 상담자는 적절한 치료환경을 형성해줌으로써 정서적 성장을 자극하는 것이다. Roger(1961)는 클라이언트에게 있어서 치료의 변화를 일으키기 위해서 반드시 필요한 핵심적 치료환경을 규정하였는데, 그것은 상담자와 내담자의 일치성(congruence), 무조건적 긍정적 관심(unconditional positive regard), 그리고 공감(empathy)이다.

또한 Feil(2002)의 인정요법(Validation Therapy)은 감정적 표현을 용이하게 하는 것을 목표로 하는 특수한 개입의 형태로서, 대화를 통한 가치부여에 의해 인지능력이 손상된 노인들의 감정적 경험들을 끄집어 내는 것이다. 이 기법은 지적장애와 알츠하이머병이 있는 사람에게 적합한 요법이라고 한다.

(5) 사회적 개입: 가족치료(Family Therapy)

가족치료는 클라이언트의 행동이 가족구성원들과 상호작용에 의해 영향을 주고받으며 지속된다는 관념에 기초한다. 따라서, 정신건강문제를 가진 사람의 문제에만 주목하기 보다는 그 가족 전체를 '치료대상'으로 보고 그들의 역학관계를 통해 클라이언트 또는 클라이언트가족 전체에게 어떤 영향을 주는지, 문제의 원인은 무엇인지 측정하고 발견하는 것이다.

의사소통능력에 제한이 있는 지적장애인의 정신건강문제를 해결하는 방법으로서 가족치료의 많은 장점에도 불구하고, 실제 지적장애인이 있는 가족이 가족치료를 활용하는 경우는 매우 드물다(Taggart, 2012). 가족치료는 상실, 고립, 성적 불안, 실패에 대한 걱정 등과 같은 정서적 문제에 성공적으로 적용될 수 있으며, 모든 가족들이 참여하여 서로 돕는 방식으로 모든 문제들이 탐색되어지는 장점을 가진다(Baum, 2007).

5. 결론

우리나라에서 발달장애인의 정신건강문제는 현재까지도 크게 주목받고 있지 못하다. 서비스전달체계 자체도 발달장애인은 장애인복지체계로, 정신장애인은 정신보건체계로 분리되어 있으며 통합서비스 전달을 위한 노력도 매우 제한적이다. 현실적으로는 이장의 서론에서 살펴본 것처럼 지적장애인의 50%에 가까운 사람들이 정신건강문제를 가지고 있는 것으로 추정되고 있으며, 이에 인하여 많은 고통을 받고 있다. 이제 발달장애인의 정신건강문제에 대한 사회적 관심과 제도적 지원체계 구축에 관한 논의가 시작되어야한다. 이러한 문제를 해결하기 위한 노력은 우선적으로 발달장애인을 돌보는 가족이나 서비스제공자들이 정신건강문제에 대한 기본적인 정보에 접근함으로써 이해의 수준을 높이는 것에서부터 출발해야 한다. 즉 발달장애인의 경험하고 있는 어려움 중 정신건강문제에서 연유할 가능성이 높은 상황들에 대한 민감성을 가지고 돌봄을 제공하는 것이 무엇보다 중요하다.

본 장은 발달장애인에게 정신건강문제가 나타나는 양상을 이해하기 위해 정신건강문제의 양상을 분류하는 체계를 설명하고 발달장애인들이 흔히 보이는 특징을 살펴보았다. 그리고 정신건강문제의 원인과 양상에 접근하는 이론적 틀로서 생물학적 모델, 심리학적 모델, 사회학적 모델 그리고 통합적 접근방법을 소개하고, 한 여성 지적장애인의 사례를 통하여 이러한 접근들이 어떻게 적용되고 활용될 수 있는 지를 설명하였다. 마지막으로 이론적 모델이 발달장애인의 정신건강문제 해결을 위해 구체적으로 적용될 수 있도록 고안된 개입방법들을 개관해보았다.

여기에서 소개된 내용들은 발달장애인이 보이는 행동들 중 정신건강문제를 의심해볼 수 있는 단초에 관한 정보를 제공하는 수준이며, 개입방법도 개괄적으로 일별하는 것에 그친다. 이는 기본적으로 필자 능력의 한계에 기인하는 것이지만 한편으로는 발달장애인의 정신건강문제에 관한 기초적 자료조차 형성되지 못한 현실을 반영하는 것이기도 하다. 그럼에도 불구하고 이러한 자료의 정리가 향후 발달장애인의 정신건강문제에 관한 관심을 불러일으키는 데에 자극제가 될 수 있다는 점에서 그 의의를 찾고 싶다.

많은 경우 이상행동 혹은 도전적 행동은 발달장애인의 내적 고통의 표현이며 도움을 요청하는 적극적 행위로 볼 수 있다. 발달장애인들의 더 나은 삶을 위해 다양한 사회적 지원책이 필요하겠지만 기본적인 삶의 고통은 최우선적으로 다루어져야 한다. 이를 위해 돌봄 서비스제공자들에 대한 정신건강교육프로그램, 정신건강문제에 대한 발달장애인과의 소통을 확대하기 위한 시청각자료의 개발 등이 시급한 과제가 될 것이다.

참고문헌

American Association of Psychiatry, 1994. Diagnostic statistical manual of mental disorders, 4th edn(DSM-4). American Psychiatric Association, Washington, DC.

Baum, S., 2007. The use of family therapy for people with learning disabilities. Advances in Mental Health and Learning Disabilities 1 (2), 8-13.

Beck A T 1989 Cognitive therapy and the emotional disorders. Penguin, Harmondsworth.

Brown G W, Harris T 1978 The social origins of depression. Tavistock, London Cambridge P 1998 The physical abuse of people with learning disabilities and challenging behaviours: lessons for commissioners and providers. Tizard Learning Disability Review 3(1): 18-26

Clarke D J 2001 Treatment of schizophrenia. In: Dosen A, Day K (eds) Treating mental illness and behavior disorders in children and adults with mental retardation. American Psychiatric Press, Washington, p 183-200

Cooper, S.A., Holland, A., 2007. Dementia and mental ill health in order people with intellectual disabilities. In: Bouras, N., Holt, G.(Eds.), Psychiatric and behavioural disorders in developmemt disabilities and mental retardation. Cambridge University Press, Cambridge.

Cooper, S.A., Smiley, E., Finlayson, J., et al., 2007. The prevalence, incidence, and factors predictive of mental ill-health in adults with profound intellectual disabilities. J.Appl. Res. Intellect. Disabil. 20 (6), 493-501.

Devine, M., Taggart, L., 2008. Improving Practice in the care of people with learning disabilities and mental health problems. Nurs. Stand. 22 (45), 40-48.

Drury V 2000 Cognitive behaviour therapy in early psychosis. In: Birchwood M, Fowler D, Jackson C (eds) Early intervention in psychosis. Wiley, Chichester, p 185-212

Durkheim E 2002 Suicide: a study in sociology. Routledge, London(Original work published 1897)

Emerson, E., 2003. The prevalence of psychiatric disorders in children and adolescents with and without intellectual disabilities. J. Intellect. Disabil. Res. 47, 51-58.

Emerson E, Moss S, Kiernan C 1999 the relationship between challenging behaviour and psychatric disorder in people with severe developmental disabilities. In: Bouras N(ed) Psychiatric and behavioural disorders in developmental disabilities and mental retardation. Cambridge University Press, Cambridge, p 38-48

Fahy K, Dudley M 2000 An introduction to psychosocial interventions in services. In: Thompson T, Mathias P (eds) Lyttle's mental health and disorder. Harcourt, London, p235-251

Feil N 2002 The validation breakthrough: simple techniques for communicating with people with Alzheimer's-type dementia, 2nd edn. Health Professions Press, Baltimore

Gibbs M, Priest H. 2004. Mental Health Care For People With Learning Disabilities. Churchill Livingstone

Hemmings, C.P., 2006. Schizophrenia spectrum disorders in people with intellectual disabilities. Curr. Opin. Psychiatry 19 (5), 470-474.

Hollins S, Sinason V 2000 Psychotherapy, learning disabilities and trauma: new perspectives. British Journal of Psychiatry 176: 37-41

Rogers C 1961 On becoming a person: a therapist's view of psychotherapy. Houghton Mifflin, Boston

Royal College of Psychiatrists, 2001. Diagnostic Criteria for Psychiatric Disorders for Use with Adults with Intellectual Disabilities(DC-LD). Royal College of Psychiatrists, London

Sovner R, 1986 Limiting factors in the use of DSM-III criteria with mentally ill/mentally retarded persons. Psychopharmacology Bulletin 24(4): 1055-1059

Stromme, P., Diseth, T.H., 2000. Prevalence of psychiatric diagnoses in children with mental retardation: data from a population based study.

Taggart L. 2012. Mental health problems in people with learning disabilities In Learning Disabilities Toward Inclusion. edited by Helen L. Atherton & Debbie J. Crickmore Churchill Livingstone. Elsevier

Turk, J., Robbins, I., Woodhead, M., 2005. Post-traumatic stress disorder in young people with intellectual disability. J. Intellect. Disabil. Res. 49, 11.

World Health Organization, 1992. ICD-10: International statistical classificational of diseases and related health problem, 10th revision. WHO, Geneva.

제11장
도전적 행동(Challenging Behaviors)에의 대응

김 고 은 (광운대학교)

1. 서론

발달장애인의 도전적 행동은 발달장애인과 관련된 가장 중요한 이슈 중의 하나이다. 발달장애인들은 때때로 신체적이고 언어적인 공격, 자해행동, 파괴행동, 정형화된 행동, 소리지르기, 울기 등 일상생활을 방해하는 행동을 하게 된다. 이러한 행동은 발달장애인 자신뿐만 아니라 타인들에게 해를 끼치거나 위험에 처하게 하고, 지역사회에서의 통합을 방해하는 가장 큰 원인이 될 수 있다. 따라서 도전적 행동은 발달장애인 본인의 삶의 질을 저하시킬뿐만 아니라 가족이나 서비스 제공자에게 큰 스트레스를 야기시키게 된다.

실제적으로 발달장애인 중 도전적 행동의 개입이 필요한 경우는 외국의 경우, 대략 10~30% 정도로 보고되었고(Chung et al., 1996; Emerson et al., 2000), 우리나라 장애인 거주시설에서는 42.4%를 보고하였다(김용득 외, 2011). 발달장애인 중 일부가 나타내는 행동이지만 행동의 강도나 위험 등으로 인해 장애인복지 실천현장의 서비스 제공자들은 발달장애인의 도전적 행동에 적절히 대응해야 할 필요성을 절실히 느낀다. 발달장애인의 자해행동에 적절히 개입하지 못하면 심각한 손상이 발생될 수 있고, 다른 장애인이나 직원들이 신체적 상해를 입을 수도 있다. 또한 서비스 제공자들의 도전적 행동에 대한 개입은 장애인복지의 주요 이념으로 강조되고 있는 장애인의 참여나 선택의 권리에 위배되기도 하고, 발달장애인에게 불필요한 신체적 개입을 가하는 경우에는 인권침해와 폭력이라는 문제까지 발생시킬 수 있다.

이러한 어려움에 대처하기 위해 보건복지부는 장애인 거주시설 서비스 최저기준 예고에서 도전적 행동에 대한 언급을 하였다. 장애인 거주시설 서비스 최저기준에서는 장애인 거주시설에서 제공하는 서비스의 안내와 상담, 개인의 욕구와 선택, 이용자의 참여와 권리, 능력개발, 일상생활, 개별지원, 환경, 직원관리, 시설운영 9개 영역의 40개 기준을 정했는데, 그 중 '개별지원'의 '개별서비스 이용계획 기준'에서 도전적 행동의 내용을 다루고 있다. 개별서비스 이용계획은 시설에서 제공하게 될 치료와 재활, 서비스와 설비 등에 대한 기준을 명시하고 있는데, '필요한 경우 선택과 자유의 제한에 대한 설명', '공격적이거나 남을 해하거나 자해할 성향이 높은 이용자를 위한 개별화된 조치사항 및 절차확립'이라는 제시를 통해 도전적 행동에 대한 개입의 근거를 마련하고 있다.

이에 장애인복지 실천현장에서 발생되고 있는 발달장애인의 도전적 행동에 대한 이해를 도모하고, 서비스 제공자들이 어떠한 인식과 방식으로 대응할 것인지에 대해 고민할 필요가 있다. 발달장애인의 인권을 침해하지 않으면서 발달장애인에게 최선의 이익이 될 수 있는 대응방법을 선택하려는 노력은 발달장애인의 삶뿐만 아니라 서비스 제공자의 서비스 질에도 중요한 영향을 미치게 된다. 따라서 본 장에서는 발달장애인의 도전적 행동에 적절히 대응하기 위한 방법을 살펴보고, 도전적 행동의 이해를 통한 향후 실천적 대안을 모색해 보고자 한다.

2. 도전적 행동의 이해

1) 도전적 행동의 정의

도전적 행동은 발달장애를 가진 사람들 중 자신이나 타인에게 해가 되는 행동을 하는 경우를 지칭하기 위해 문제행동, 행동장애 등의 용어와 함께 사용되어 왔다. 도전적 행동은 다양하게 정의되고 있는데, 이러한 정의들은 도전적 행동이 무엇인지를 명확히 하고 이에 대한 개입방법을 설정하는데 중요하게 작용한다. 초기의 도전적 행동은 개인의 장애로 인한 결함이나 정신적인 문제 등으로 정의되어 의학적이고 치료적인 접근이 강조되었다. 그러나 이는 장애인 개인이나 기질적인 특성에 주의를 집중시킴으로써 발달장애인에게 부정적인 이미지와 낙인을 가져왔다는 비판을 받았다. 이에 사회적 맥락에서 발달장애인의 장애 자체의 특성에 초점을 맞추기 보다는 도전적 행동을 야기하는 주변의 환경에 관심을 갖고, 장애인 당사자의 개인적인 문제가 아닌 행동변화에 초점을 맞추는 정의를 강조하였다. 만약 서비스나 환경이 발달장애인의 도전적 행동의 원인이 된다면 도전적 행동을 하는 발달장애인 개인이 비난을 받거나 낙인을 찍히는 일은 없을 것이라는 관점을 중요시 한 것이다. Wolverson(2006)도 발달장애인이 나타내는 행동이 개개인이 갖고 있는 문제를 나타내는 것이 아니라 서비스에 대한 도전을 나타내는 것임을 강조하기 위해 문제행동이라는 용어보다 도전적 행동이라는 용어를 사용하는 것이 바람직하다고 하였다.

도전적 행동에 대한 정의는 Emerson et al.(1988)의 정의가 가장 많이 사용되어 왔는데, 도전적 행동은 '행동을 하는 사람이나 타인의 신체적 안전을 심각하게 해할 가능성이 있는 강도, 빈도, 기간의 측면에서의 행동 또는 지역사회시설을 이용하는데 심각한 제약을 주거나 접근을 불가능하게 하는 행동'을 말한다. 이 정의는 행동의 강도, 기간, 빈도를 강조함으로써, 서비스 제공자로 하여금 낮은 강도로, 아주 짧은 기간에 나타나는 발달장애인의 행동을 도전적 행동이라 명명하지 않도록 해준다. 또한 지역사회와 관련된 이슈를 정의에 포함하여 발달장애인이 표출하는 행동을 무조건 지역사회접근을 방해하는 도전적 행동이라 명명하지 않도록 주의를 촉구한다. 따라서 도전적 행동이라는 용어의 사용은 도전적 행동이 되는 행동을 정확히 파악하고 이에 대응하기 위한 근거를 마련하기 때문에, 무엇을 정의하기 위한 것인지, 또는 어떤 상황에서 발생하게 되는 어떠한 행동에 대한 것인지 등 보다 구체적이고 명확하게 접근하는 것이 필요하다.

우리는 여기에서 발달장애인의 '도전'과 '행동'에 대한 의미가 무엇인지 다시 한번 생각해 볼 필요가 있다. 행동이란 무엇이고 왜 하게 되는가? 인간의 행동은 의사소통을 하기 위한 기본적인 수단이고 다른 사람의 행동이나 생각에 영향을 주는 방법으로, 모든 인간관계의 한 부분이다. 행동은 감정과는 다르게 겉으로 드러나는 신체적 움직임을 말하는 것으로, 우리가 행동이라 하기 위해서는 그것을 볼 수 있고 셀 수 있으며 묘사할 수 있어야 한다. 이러한 인간의 행동은 자극에 의해 일어나게 되는데 이 자극은 행동을 일으키는 동기가 된다(김용득 외, 2011). 따라서 우리가 행동을 하는 이유는 원하는 것을 얻고 관심 받기를 바라며, 원하지 않거나 즐겁지 않은 상황을 회피하고, 다른 사람들과의 상호작용이나 의사소통을 유지하기 위해서이다. 행동은 매우 복잡한 상황과 원인에 의해 일어난다는 것이 특징이고, 행동의 의미가 문화나 사회에 따라 다르게 통용될 수 있기 때문에 사회적으로 수용되는 행동을 하는 것은 중요하다. 이와 같은 맥락에서 '도전'은 '주어진 상황에 적합한 행동규범을 부정적으로 침해하는 행동'으로 단순하게 이야기 할 수 있다. 이러한 '도전'의 정의는 주어진 특정한 상황에 대응해야 하는 일반적이고 기대되는 행동방법이 있다는 것을 가정하기 때문에 만약 누군가가 그러한 행동을 하지 않는다면 그 사람은 문제로 간주 되는 것이다.

이에 발달장애인이 하는 행동은 종종 일반적이고 사회적인 기대에 적합하지 못하거나 부적절한 장소와 상황에서 발생하기도 하고 타인에게 의미가 통하지 않을 때가 있기 때문에 문제나 도전적 행동으로 인식된다. 도전적 행동을 하는 사람들에게 결여되어 있는 것으로는 효과적으로 의사소통을 하는 능력, 의미있는 관계를 형성하는 능력, 삶을 전반적으로 통제할 수 있는 능력, 의사소통과 관련된 지식이나 기술, 주변의 지지자이다(Qureshi, 1993). 이러한 능력이 부족한 발달장애인들은 사회에서 기대하는 행동을 통해 자신이 원하는 의미를 전달하는데 어려움을 겪게 되고, 이로 인해 발생하는 행동들이 도전으로 인식되는 것이다. 따라서 서비스 제공자들은 발달장애인의 입장에서 그들의 행동이 어떤 의미를 가지고 있는지를 생각해 볼 필요가 있다.

발달장애인에게 있어 '도전적 행동'의 의미는 개인의 상태에 대해 주의를 끌기 위한 수단일 수 있고, 통제되는 것에 대한 불만을 표출하는 방법으로도 볼 수 있다. 또한 발달장애인의 자기결정과 관련이 있고, 상황과 권력에 대한 정당한 행동일 수 있으며 발달장애인 당사자 입장에서는 문제의 해결점일 수도 있음을 명심해야 한다. 따라서 서비스 제공자들은 발달장애인의 입장에서 그들이 싫어하는 어떤 상황이나 일이 일어났는지, 원하는 어떠한 일이 일어나지 않았는지, 스트레스를 받게 하고 공포스럽게 하는 일들이 일어났는지 등을 민감하게 살펴볼 필요가 있는 것이다.

2) 도전적 행동의 원인

발달장애인의 도전적 행동의 원인은 다양한 요소로 살펴볼 수 있는데, 이러한 요소는 도전적 행동 발생시 적절한 개입계획을 마련하는데 중요하게 작용한다. Wolverson(2006)은 도전적 행동의 원인을 생물학적, 심리적, 환경적 원인으로 살펴보았는데, 도전적 행동은 이 세 가지 원인 중 한 가지 이상의 영역이 복합적으로 작용하여 발생하는 경우가 많다고 하였다. 우선 생물학적 원인은 장애의 기질적 특성으로 인해 발생하는 도전적 행동을 말한다. Murphy(1994)는 행동상의 장애를 가져올 수 있는 생물학적 진단 상황은 두 가지 뿐이라고 하였는데, 레쉬-니한(Lesch-Nyhan) 증후군의 경우는 입술과 손을 깨무는 자해행동을 동반하고, 프래더윌리(Prader-Willi) 증후군은 식욕 억제가 불가능하기 때문에 식탐이라는 도전적 행동이 나타나게 된다. 그러나 장애로 인한 생물학적 특성들은 반드시 도전적 행동의 유일한 원인이라 하기 어렵고, 근본적인 원인이 밝혀지지 않은 경우도 많기 때문에 단정적으로 원인이라고 하기에는 한계가 있다고 강조 하였다(Wolverson, 2011, 재인용).

한편 발달장애와 관련하여 도전적 행동을 불러일으킬 수 있는 증상이 있다. 이중에 하나가 간질인데, 간질은 지속적이거나 간헐적으로 경련이 발생할 때 이를 통제 할 수 없는 위험한 행동을 발생시킬 수 있다. 당뇨병의 경우도 혈당조절능력의 문제로 인해 방향감각 상실이나 도전적 행동으로 여겨지는 비협조적 행동이 나타날 수 있다. 또한 심각한 자폐스펙트럼의 증상도 도전적 행동과 연관이 있을 수 있는데, 강박관념이나 특별한 의미가 없는 습관적, 반복적 상동 행동들이 자신이나 타인에게 해를 입혀 도전적 행동으로 보여지는 것이다. 발달장애인들은 스스로 참을 수 없는 과잉된 감각적 환경에 노출됨으로써 이러한 상황에서 벗어나기 위해 도전적 행동을 할 수 있는 것이다 (Wolverson, 2011; Lindsay & Burgess, 2006).

그러나 이러한 장애 자체의 접근이나 의료적인 접근은 발달장애의 유기적 원인을 강조함으로써 주로 의료적 환경내에서 제도화 하는 결과를 가져오게 되었다. 즉, 발달장애인의 도전적 행동의 원인을 선천적인 것으로 보기 때문에 원인을 밝히기 보다는 증상의 치료에 초점을 맞추었다. 따라서 도전적 행동을 보이는 장애인에게 약물 치료적인 접근을 하거나 사회에서 함께 살지 못하고 시설에서 특수한 돌봄을 받아야 한다는 입장을 취해왔다. 한편 이러한 의료적인 치료에 반대하여 돌봄의 초점을 인간 중심으로 다루는 사회적 모델로의 전환이 강조되었는데, 사회적 모델의 등장으로 발달장애의 증상에 따른 범주화를 지양하였고, 발달장애인의 행동을 사회적인 환경조건에 의한 것으로 보려는 관점이 대두되었다.

이에 발달장애인의 도전적 행동을 유발할 수 있는 원인으로 환경적이고 심리적인 원인에 관심을 가졌는데, 이는 도전적 행동이 사회적 산물이라는 입장에서 출발한다. 개개인의 행동이나 의식은 사회로부터 파생되기 때문에 발달장애인 개개인의 요구와 상황적인 요인들에 초점을 맞추어 인간 중심적인 서비스를 지원하는 것을 강조한 것이다. 따라서 환경적인 원인들이 도전적 행동을 일으키는데 얼마나 중요하게 작용하는지, 이러한 행동이 감정적인 고통과 환경적 요소로 인한 심리적 장애를 발생시키는지 검토해야 함을 주장하였다(Wolverson, 2011). 결국 발달장애인의 도전적 행동은 원인에 의해 유도되는 것이고, 환경과 원인의 위험적 요인을 제거한다면 도전적 행동을 줄일 수 있다는 입장을 취한다. 도전적 행동을 발생시키는 환경적 위험요인으로는 교육과 훈련이 부족한 서비스 제공자의 개입, 직원 이직으로 인한 미숙한 서비스 제공,

직원의 의욕상실, 낮은 서비스 질, 서비스 제공자와 발달장애인의 부족한 상호작용, 서비스 제공에 대한 비체계화된 규정, 폭력이나 학대에 노출, 대형시설의 입소, 기타 개인적인 원인과 환경 등을 들 수 있다(Department of Health, 2007). 따라서 발달장애인의 강점을 고려한 상호작용, 충분한 공간제공, 발달장애인의 관심과 능력을 반영하는 활동 기회 제공, 예측할 수 있는 활동의 제공, 깨끗한 주변환경, 소음제거, 긍정적이고 차분한 직원의 대응, 개인이 현재 처해있는 편안한 환경 등이 발달장애인의 도전적 행동을 줄일 수 있는 중요한 환경적 요인이 될 수 있는 것이다.

3) 도전적 행동의 점검 및 평가

도전적 행동은 복합적이고 다양한 원인에 의해 발생될 수 있기 때문에 관련된 환경과 개인의 총체적인 관점을 유지하는 것이 요구된다. 따라서 명확한 평가를 통해 인간중심적인 전략과 개입이 마련되어야 할 것이다. 도전적 행동을 평가하는 것은 광범위한 맥락에서 이루어져야 하는데, 기관내의 팀웍이나 다학문적인 접근으로 이루어져야 하고, 발달장애인 당사자는 물론 가족도 그 과정에 포함되어야 한다. 또한 발달장애인을 둘러싼 환경의 점검과 더불어 당사자의 과거 및 현재의 경험에 대한 검토가 필요하다. 도전적 행동에 대한 평가는 증거에 기반하여 전문적으로 이루어져야 하고, 이를 통해 도전적 행동에 대한 판단의 실수를 줄이고 위험관리를 잘 할 수 있도록 해야 한다. 따라서 도전적 행동에 개입하기 위한 보다 다양한 전략적 기술을 수립하기 위해 명확히 문서화하고, 주요 영역에서 체크리스트를 점검하여 바람직한 개입이 이루어질 수 있도록 해야 한다.

도전적 행동을 평가하기 위한 체크리스트를 살펴보면, 우선 도전적 행동을 유형화한 체크리스트들이 있다. Nihira et al.(1993)은 도전적 행동을 폭력, 파괴성, 반항, 강박행동, 특이한 버릇, 부적절한 대인관계, 과잉행동, 비정상적인 성적행동, 자해로 분류하였고, Wolverson(2011)은 머리 쥐어뜯기, 대소변 먹기, 귀·입·눈·코 등 후비기, 머리찍기, 얼굴 때리기, 손가락 넣어 구토하기, 상처 파기, 손 물기, 신체의 일부를

벽에 부딪히기 등으로 유형화 하였다. Kushlick et al.(1973)의 체크리스트는 6개의 행동유형으로 도전적 행동을 구분하였는데, 타인을 때리거나 공격하는 행위, 종이나 옷을 찢거나 가구를 망가뜨리는 행위, 과도한 과잉행동, 끊임없이 관심을 끄는 행동, 지속적인 신체적 자해, 비사회적인 공격행동으로 나누고, 더욱 심각한 행동에는 가중치를 두었다. 아직까지 한국의 실정에 적합한 도전적 행동 유형들은 제시되지 못하고 있는데, 어떠한 행동이 도전적으로 정의될 수 있는지 정확히 파악하고, 이러한 행동들의 강도와 빈도, 지속기간, 통제의 어려움 등을 고려한 도전적 행동 평가가 이루어질 필요가 있다.

그러나 한편으로는 다양한 상황과 맥락을 고려해야 하는 도전적 행동을 일정한 유형으로 제시할 수 있는지도 의문이 든다. 도전적 행동에 대한 정의와 평가틀이 종종 도전적 행동을 하는 발달장애인을 비난하거나 낙인을 찍는 방향으로 과도하게 잘못 사용되어 왔음을 비판하기도 하였다(Qureshi, 1993). 따라서 이러한 평가리스트들이 행동을 명확히 관찰하고 유형화하는 데에는 유용할 수 있겠으나 모든 행동은 상황적 문맥상의 기제임을 염두해 두어야 할 것이다. 같은 상황에서도 어떤 사람에게는 도전적 행동이 되고, 어떤 사람에게는 도전적 행동이 되지 않을 수 있기 때문이다. 이러한 이유로 인해 발달장애인의 행동을 명확히 점검하고 평가할 것을 강조하며, 총체적인 상황을 판단하여 신중히 도전적 행동을 객관적으로 평가하려는 노력이 수행되어야 하는 것이다.

이와 더불어 도전적 행동의 위험에 대한 평가기준도 명확히 제시될 필요가 있는데, 이는 전문가들이 도전적 행동에 대응할 때 발생할 수 있는 위기 상황에 대처 하는데 중요한 기능을 하게 된다. 도전적 행동으로 인해 나타날 수 있는 위험으로는 첫째, 자신을 해하는 위험으로, 의도적인 자해행동이나 자신을 방치함으로써 발생하는 비의도적인 위험이다. 둘째, 다른 사람에게 해를 끼치는 위험으로, 가족이나 친구, 서비스 제공자들에게 영향을 미치는 위험이 있다. 셋째, 다른 사람들로부터 받는 상해의 위험으로, 감정적, 신체적, 성적, 금전적 학대 등이 있고, 마지막으로 소유물 파괴를 통한 상해의 위험으로, 유리를 깬다거나 물건을 집어던짐으로 인한 상해의 위험이 있다(Lowe et al., 1993). 따라서 도전적 행동으로 발생하는 이러한 위험에 대한 위험정도와 빈도, 기간 등을 총체적으로 고려하여 위험의 범위를 평가하고 이에 적절한 지원을 할 수 있는 체계를 마련하는 것이 필요하다.

4) 도전적 행동의 가치기반과 윤리적인 딜레마

도전적 행동은 강도가 강하거나 순간적이고 긴박하게 발생할 수 있기 때문에 행동에 대한 개입에는 물리적인 접촉이나 과도한 개입 등의 위험이 따른다. 발달장애인이 표출하는 도전적인 행동이나 자해행동은 그들의 의도와 상관없이 당사자는 물론 타인에게도 위험 행동이 될 수 있다. 따라서 발달장애인이 도전적 행동을 나타냈을 때 서비스 제공자들은 발달장애인 본인의 의사와 상관없이 물리적이고 강제적인 힘을 사용하여 발달장애인을 격리시키기도 한다. 규제의 범위는 도전적 행동을 통제하기 위한 장치의 사용부터 때리는 것을 멈추게 하기 위해 손을 잡는 등의 신체적 접촉까지 광범위한 형태로 나타난다. 또한 도전적 행동의 중재를 위해 약물을 사용하기도 한다. 이러한 행위는 발달장애인의 지원에서 중요하게 다루어지고 있는 자유의 침해나 인권침해, 선택권을 박탈하는 윤리적인 딜레마를 발생시킬 수 있기 때문에 복합적이고 잠재적인 논쟁을 야기하게 되는 것이다.

따라서 도전적 행동을 통제하기 위한 개입이 필요하다면 서비스 제공자들은 명백하게 합의된 계획하에 개입을 실행해야 하고, 윤리적이고 법적인 틀 안에서 개입이 수행되도록 해야 한다. 개입계획 단계에서 서비스 이용자나 가족으로부터 동의를 얻어야 하고, 발달장애인 개개인이 자유의지에 따라 행동할 수 있도록 지원해야 한다. 또한 도전적 행동에의 개입에 대한 명백한 가치기반을 세울 필요가 있다. 가치기반으로 첫째, 도전적 행동에의 개입은 발달장애인들에게 최선의 이익이 되도록 해야 하고, 발달장애인들은 존경과 정중함으로 공정하게 대우받아야 한다는 것이다. 둘째, 도전적 행동에 대한 강제적인 개입이 있을지라도 발달장애인들은 그들의 삶에 영향을 주는 결정에 참여하고 선택할 수 있어야 한다. 따라서 도전적 행동에의 개입이 자신의 행동을 통제하는 부분에서 실시된다는 점을 발달장애인들이 미리 인지하고 그들의 의견을 반영하여 스스로 결정할 수 있도록 안내해야 한다. 셋째, 도전적 행동에의 개입은 발달장애인에게 적합한 학습기회가 되어야 한다. 발달장애인들은 지적능력과 사회성 기술의 부족으로 도전적 행동을 나타내는 경우가 많기 때문에 도전적 행동에의 개입은 교육적이고 사회적이며, 일상적인 생활내에서 학습될 수 있어야 한다. 따라서 이러한 학습적 지원과 함께 신체적인 규제가 최후의 수단으로 혼합적으로 사용되어야 한다.

발달장애인들에게는 각자의 사생활에 대한 존중, 비인간적인 처우를 받지 않을 권리, 자유와 안전에 대한 권리가 있다. 도전적 행동과 관련된 모든 서비스는 발달장애인의 자립, 선택, 결정을 증진시키고, 발달장애인 개인의 성장과 정서적 안녕을 위한 기회를 최대화 할 수 있는 환경을 확립하기 위해 설계 되어야 한다. 또한 도전적 행동에 대한 개입은 어느 상황에서든 적용가능하게, 개입에 대한 발달장애인의 태도에 맞추어 신중하게, 그리고 문화적 기대를 존중하는 측면에서 사용되어야 한다. 따라서 도전적 행동에 대한 개입 이전에 반드시 발달장애인 당사자와 가족, 타분야 전문가들과 함께 개입방법이나 지침에 대한 논의 절차를 거쳐야 하고, 이의제기를 할 수 있는 정당한 방법을 마련해야 한다. 무엇보다도 이러한 개입이 발달장애인의 삶의 질을 높이고, 그들에게 최상의 이익이 된다는 확신을 할 수 있는 절차를 마련해야 하는 것이 중요하다.

3. 도전적 행동 중재 - 신체적 개입(Physical Intervention)

1) 신체적 개입의 개념

서비스 제공자는 발달장애인의 도전적 행동을 중재하는 방법으로 신체적 개입을 수행하게 된다. 신체적 개입은 '한명 또는 그 이상의 훈련된 서비스 제공자가 자신(자해), 다른 사람(공격), 환경(물건파괴)을 위협하는 사람의 활동을 규제하는 것'을 말한다

(Luiselli, 2012). 신체적 개입은 '움직임이나 이동을 제한하거나 행동을 규제하기 위해 직접적인 신체적 힘을 사용하는 것을 포함하여 도전적 행동에 반응하는 방법'으로 정의하며, 신체적 접촉, 기계 장치 또는 환경을 변화시키는 것 등이 사용될 수 있다(Harris et al., 2008). 이러한 예로는 행동을 막기 위해 발달장애인의 팔을 잡는 것, 침대나 의자에 묶는 것, 팔이나 다리의 움직임을 제한하기 위해 부목을 사용하는 것, 그리고 문을 폐쇄하여 방을 떠날 수 없게 하는 것 등을 포함한다. 실제적으로 발달장애인이 다른 친구를 때리거나 물건을 집어던질 경우 서비스 제공자는 도전적 행동을 하는 당사자의 안전을 보호하고, 파괴적인 상황을 멈추게 하기 위해 응급상황에 대한 개입으로 신체적 개입을 적용하게 된다.

이러한 신체적 개입은 교육적 목적을 가진 종합적인 행동지원 계획의 한 구성요소로, 전략적이고 체계적인 절차를 거쳐 시행되어야 한다. 또한 궁극적으로 가장 심각한 위험 행동이 일어나지 않도록 계획되어져야 한다. 상황에 따라 즉각적이고 무계획적으로 신체적 개입을 수행했을 때에는 발달장애인 당사자나 서비스 제공자들에게 더욱 큰 불이익을 가져오게 된다. 강압의 사용은 서비스 이용자와 서비스 제공자의 안전에 위험을 야기하기도 하고 발달장애인의 자유와 선택에 불가피하게 영향을 미치게 된다. 이렇게 신체적 개입은 위험을 수반할 수도 있기 때문에 더욱 세심한 준비가 필요하고, 서비스 제공자의 인식적인 확신이 선행되어야 할 것이다. 앞서도 밝혔듯이, 발달장애인에게 제공되는 모든 서비스는 발달장애인의 자립과 선택을 증진시키고 그들의 성장을 최대화 할 수 있는 환경을 확립하기 위해 제공되어야 한다. 신체적 개입도 예외는 아니며 발달장애인의 행동에 대해 항상 신중하게 대응하고 그들에게 최대의 이익이 보장 되도록 설계되어야 한다.

따라서 신체적 개입을 수행하기 위해서는 지켜야할 원칙이 있는데, 물리적인 신체적 개입은 특정하게 폭력적이거나 공격적인 사람들에게 적용되어야 하고, 긍정적인 행동 지원 후에 최후의 수단으로 활용되어야 한다. 또한 도전적 행동에 대한 기능적 행동평가와 분석이 명확히 이루어진 후 행동지원계획에 의해 구체적인 목표를 가지고 시행되어야 한다. 이에 따라 신체적 개입의 적절한 방안들이 구체적으로 설명되어야 하고, 적합하게 교육을 받은 숙련된 전문가에 의해 시행되어야 하는 것이다(Lennox et al., 2012). 신체적 개입은 가능한 빨리, 발달장애인에 대한 강압의 사용을 최소화하고 자기 통제를 회복하도록 하는 목적으로 효율적으로 사용해야 한다(Harris et al., 2008).

신체적 개입을 사용하는 서비스 제공자는 그 기술을 안전하게 사용할 수 있고, 이용자의 서비스 지원계획 내에서 설명할 수 있어야 하며 당사자나 가족으로부터의 동의를 얻은 후 실시해야 한다. 또한 신체적 개입의 강도, 지속기간 등은 개입효과를 평가하기 위한 중요한 데이터이므로 명확히 기록으로 남겨야 한다. 결론적으로 물리적인 신체적 개입의 적용에 대한 결정은 다양한 상황을 고려해야 하고, 신체적 개입을 적용하지 않음으로써 발생하는 위험이 개입을 했을때의 위험보다 더욱 크다고 판단될때 사용해야 한다.

2) 신체적 개입의 단계

발달장애인의 도전적 행동에 대해 명확히 반응하기 위해서는 예상된 개입 적용이 필요하기 때문에 미리 사전에 치밀하게 계획된 상태에서 단계별로 개입하는 것이 중요하다. 따라서 명백히 이해할 수 있는 용어로 도전적 행동을 정의하고 위험 요소를 측정하여 이에 대한 예방적 개입과 반응적인 개입의 단계로 대응해야 한다. 도전적 행동의 개입단계는 6단계로 살펴볼 수 있는데, 도전적 행동 묘사하기, 위험요인 파악하기, 1차 예방개입, 2차 예방개입, 긴급개입, 사후관리의 단계로 진행된다.

▶ 1단계 : 도전적 행동 묘사하기

신체적 개입시 가장 먼저 확인되어야 할 것은 도전적 행동을 정확하고 명료한 언어로 묘사하는 것이다. 이는 도전적 행동의 영향력을 줄이기 위한 전략을 계획하는 시작점이 된다. 발달장애인의 동일한 행동도 전문가에 따라 한 상황에서는 도전으로, 다른 상황에서는 도전이 아닌 것으로 받아들여질 수 있다. 심지어는 유사상황에서도 전문가들의 인식이나 발달장애인이 원하는 것이 무엇인지에 따라 도전적 행동으로 정의하는데 혼란이 올 수 있다. 발달장애인의 소극적인 행동을 도전적 행동으로 여기지 않을 수도 있지만 어떠한 프로그램의 참여를 방해한다면 소극적 행동도 도전적 행동이 될 수 있는 것이다. 따라서 도전적 행동을 묘사하는 것은 발달장애인을 비롯하여 도전적 행동에 개입하는 사람들에게 일관된 행동에 대한 인식을 공유할 뿐 아니라 명확히 도전적 행동으로 분간할 수 있게 하기 위해 필요하다. 도전적 행동의 묘사는 도전적 행동의 빈도, 강도, 시작시기, 도전적 행동의 영향, 과거 행동과의 유사 여부 등을 구체적으로 서술하도록 한다.

▶2단계 : 위험요인 파악하기

도전적 행동에 대한 위험요인 파악하기는 도전적 행동의 요인을 발견하고, 행동의 결과로 발생하는 위험의 정도를 파악하는 것이다. 우선 도전적 행동을 발생시킨 요인들에 대해 총체적이고 객관적으로 살펴봐야 하는데, 도전적 행동 유발자의 개별적인 요인, 환경적인 요인, 잠재적인 요인들을 파악해야 한다. 또한 이러한 도전적 행동으로부터 파급되는 위험요인들을 점검해야 하는데, 위험요인들이 어느 정도의 위험성을 가지고 있는지 예측할 필요가 있다. 주요 내용으로는 도전적인 행동이 긍정적이거나 부정적인 결과를 발생시킬 가능성, 도전적 행동으로부터 발생한 결과의 중요도 혹은 위험의 정도, 위험을 경감시킬 수 있는 행동들이 있다. 따라서 신체적 개입이 사용될 때 발생할 수 있는 위험요인으로 누가 가장 위험에 처하게 되는지, 다른 주변 사람들에게 어떠한 위험 영향을 미치는지 등에 대해 객관적으로 서술해야 한다.

▶3단계 : 1차 예방개입

1차 예방개입은 발달장애인들이 도전적 행동을 하기에 앞서 매일 가치 있는 활동을 수행할 수 있도록 격려함으로써 도전적 행동을 피할 수 있도록 하는 단계로, 도전적 행동에 대한 예방책으로 사용할 수 있다. 1차 예방개입은 도전적 행동이 일어날 가능성을 줄이기 위해 개인의 생활 혹은 작업 활동을 변화시키는 것으로, 이는 서비스 이용자와 서비스 제공자의 욕구와 이익을 고려하는 안전한 환경에서 제공될 수 있다. 따라서 1차 예방개입은 도전적 행동을 보이는 발달장애인에게 제공되는 서비스의 질을 보장하고 삶의 질을 향상시키는데 가장 중요하게 작용한다. 이때에는 발달장애인의 욕구에 적합한 계획을 수립하는 것이 중요한데, 발달장애인으로 하여금 선택권과 성취감을 느낄 수 있는 기회를 제공하여 의미있는 활동에 참여할 수 있도록 한다. 도전적 행동의 1차 예방을 위한 선행전략은 다음과 같다(Chandler & Dahlquist, 2006).

① 발달장애인에게 적절하고 명확한 방향과 요구사항을 제시한다(지시사항은 짧고, 간단하고 이해하기 쉽게 발달장애인의 언어에 맞추며, 과제분석을 자세히 한다).
② 발달장애인이 효과적인 행동을 하도록 전략을 세운다.
  (예. 행동을 수행하기 위한 신호 마련, 시작과 종료시 활용할 수 있는 활동이나 재료 이용, 수행시간 줄이기, 구조화된 활동 만들기 등)
③ 적절한 행동을 유도한다.
④ 해도 되는 사항과 해서는 안되는 사항을 발달장애인에게 명확히 말한다.
⑤ 주도적 활동에 대한 선택권을 제공한다.
⑥ 적절한 행동을 위한 지침을 세워 행동계약을 시행한다. 구체적인 계약서를 작성하여 발달장애인이 쉽게 이해하고 행동하게 한다.
⑦ 성공의 경험을 제공하기 위한 기회를 많이 제공한다.
⑧ 활동, 업무, 재료나 동료 등을 자주 변화시킨다.
⑨ 적당한 행동 모델을 그림이나 행동으로 구체적으로 제시한다.
⑩ 적절한 행동에 관여하는 동료를 강화한다.
⑪ 행동수행을 위한 대기시간을 줄이고 반응 기회를 제공하며 일치하는 반응을 제공한다.
⑫ 활동적인 과제와 수동적 과제(기다리기 or 참기)를 번갈아 행동하게 한다.
⑬ 선호하는 활동은 낮은 선호를 보이는 활동의 완료 후에 할 것이라고 발달장애인에게 알리고 계획한다.
⑭ 다양한 사회적인 활동 상황을 만들고 적응하게 한다.

▶ 4단계 : 2차 예방개입

2차 예방개입은 폭력 또는 공격 등의 위험한 도전적 행동으로 발전하기 직전에 도전적인 상황을 완화 시키거나 분리시키는 전략이다. 2차 예방개입이 사용되는 시기는 1차 예방개입이 효과를 나타내지 못했거나 강압적인 신체 개입을 적용하지 않음으로써 나타난 위험이 강압적인 신체개입을 적용했을 때의 위험에 비해 클 때 사용하게 된다. 따라서 도전적인 행동이 확대되는 것을 피하기 위한 '위험 약화(defusion)'기술이 적용된다. '위험 약화'의 목적은 상황이나 사람을 차분하게 하거나 흥분을 가라앉히는 것이다. 이 단계에서는 상황을 단계적으로 축소시키기 위한 주의 환기(distraction) 혹은 분리(defusion)의 전략이 사용된다. 결과적으로 2차 예방개입의 목적은 행동이 '완전히 발전된 사고'가 되어 위태롭게 되는 것을 피하게 하는 것이다. 이러한 예로는 궁지에 몰린 발달장애인이 흥분하지 않도록 하기 위해 마사지나 음악 등을 듣게 하여 진정하게 하는 방법, 신체적 접촉을 통해 안심시키거나 혼자 남겨둠으로써 안정을 취할 수 있도록 하는 방법 등이 있다.

▶5단계 : 긴급개입

5단계의 긴급 개입은 심각한 자해의 위험 또는 타인에 대한 침해가 있을 때, 최후의 수단으로 사용해야 하고 반드시 잘 훈련된 전문가에 의해 수행되어야 한다. 도전적 행동에 대한 모든 대처들이 실패하였거나 1차, 2차 예방개입이 효과가 없거나 부적절하다고 판단 되었을때 사용해야만 하는 것이다. 따라서 서비스 제공자의 주관적인 판단이나 즉흥적인 상황에 대한 개입이 아닌 사전에 철저히 계획된 행동지원에 따라 수행되어야 하는 것이 중요하다. 긴급개입의 목표는 위험성이 높은 행동의 발생을 예방하고 부상이나 트라우마 없이 고위험 행동을 안전하게 관리하며, 가능한 빨리 고위험 상황을 제거하는 것에 있다(Luiselli, 2012). 긴급개입시에는 미리 정해진 시간 동안 매우 짧게 수행해야 하고 신체적 규제를 받는 사람과 시행하는 사람들의 부상 위험을 줄일 수 있어야 한다. 허용되는 신체적 규제와 금지되는 신체적 규제의 내용을 잘 구분하여 숙지해야 하고, 미리 당사자나 보호자로부터의 동의서를 반드시 받은 후 시행해야 한다. 계획서상에는 신체적 규제의 과정상에 발달장애인에게 발생할 수 있는 부상 및 부상에 대한 감소, 예방 프로그램에 대한 기록이 제시되어야 하고, 이러한 과정을 잘 수행했는지에 대한 관리감독이 반드시 필요하다.

▶6단계 : 사후관리

강제적인 신체적 긴급개입이 시행된 후에는 서비스 제공자와 발달장애인 모두 진정되고 안전한 환경에서 어떠한 일이 벌어졌는지에 대해 이야기하는 기회를 가져야만 한다. 이때에는 발달장애인이나 서비스 제공자 모두 평정심을 유지한 상태여야 하고, 정확하게 어떤 일이 일어났는지, 그리고 관련된 사람들에게 어떠한 영향을 미쳤는지를 이야기 하는 것이 좋다. 이러한 과정은 발달장애인을 비난하거나 처벌하기 위한 것이 아닌 교육적인 목적으로 수행되어야 한다. 만약 신체적 개입 과정에서 서비스 제공자나 발달장애인이 상해를 입었거나 심각한 고통을 경험했다고 의심된다면 즉각적인 의료적, 심리적 치료를 받도록 조치해야 한다.

4. 도전적 행동에의 대응자세 및 요구능력

때때로 발달장애인의 도전적인 행동은 서비스 제공자로 하여금 소진을 경험하게 하고 자신의 능력의 한계를 실감하게 하며, 심각할 경우 공포나 두려움을 느끼게 하기도 한다. 또한 발달장애인의 도전적 행동으로 인해 서비스 제공자가 하는 일의 가치나 의미를 상실하는 경험도 보고된다(Fish & Culshaw, 2005; Hastings, 2002). 따라서 서비스 제공자들이 발달장애인의 도전적 행동에 대처하기 위해 올바른 자세를 견지하고 이를 위한 준비를 하는 것은 매우 중요한 이슈가 된다. 서비스 제공자의 반응에 따라 발달장애인들의 도전적 행동은 감소 하기도 하지만 더욱 증가 되기도 한다. 따라서 서비스 제공자의 올바른 대응은 자신의 안녕과 함께 발달장애인의 성장에도 중요한 역할을 하게 된다. 이에 도전적 행동에 성공적으로 대처하기 위한 자세와 요구 능력을 살펴보고자 한다.

서비스 제공자들이 도전적 행동에 직면 했을 때의 성공적 전략을 4가지로 살펴볼 수 있다(Strain & Hemmeter, 1997). 첫째, 관련된 모든 사람이 발달장애인의 도전적 행동을 동일하게 규정해야 한다. 서비스 제공자 개개인이 자신만의 고유한 방법으로 도전적 행동 여부를 판단하는 것은 개입에 혼란을 주고 발달장애인으로 하여금 일관적이지 못한 반응으로 인해 더욱 어렵게 만든다. 따라서 어떠한 행동이 도전적 행동인지를 객관적으로 정의하고, 동일한 상황에서 동일한 개입 방법을 사용하여 중재하는 것이 매우 중요함을 강조한다. 둘째, 서비스 제공자들은 발달장애인의 도전적 행동을 좀 더 편안하게 받아들일 수 있어야 한다. 이는 불쾌하게 만드는 발달장애인의 행동을 좋아하도록 노력하거나 단순히 무시하라는 의미가 아니다. 발달장애인의 행동 중 어떠한 것들이 우리를 당황하게 하는지를 인식함으로써 스트레스를 받기 이전에 그 상황을 도전적 행동으로 인식하라는 것이다. 따라서 자신을 방해하는 발달장애인의 도전적 행동 발생상황을 인지할 수 있도록 훈련하고, 동료나 수퍼바이저와 그러한 상황 및 감정을 공유하도록 해야 한다. 또한 동일 상황에서 제공자들끼리 상호 지원할 수 있는 체계를 마련하고, 도전적 행동을 예방하거나 중재할 수 있는 대안을 확충하도록 하는 노력이 필요하다. 셋째, 우리의 개입이나 중재가 효율적일 것이라는 생각을 변화시킬 필요가 있다. 우리가 가지고 있는 잘못된 생각은 우리의 개입으로 인해 발달장애인의 도전적 행동이 다시 발생하지 않을 것이라는 기대와 개입을 함으로써 시간이 지날수록 발달장애인의 행동이 좋아질 것이라는 기대이다. 따라서 발달장애인의 도전적 행동의 개입에 대해 너무 자만하지 말아야 하고, 지속적으로 개입효과를 철저하게 관리하면서 개입의 조정을 위해 정기적인 팀 회의를 갖는 것이 필요하다. 마지막 성공적 전략은 발달장애인이 변화해야 하는 것보다 우리가 변화를 주어야 하는 것이 무엇인가에 초점을 맞추는 것이다. 발달장애인을 둘러싸고 있는 환경에 대한 평가 및 수정이 도전적 행동을 모두 예방하거나 발생 빈도를 현저히 낮출 것이라는 장담은 할 수 없지만 그들로 하여금 도전적 행동을 보일 가능성을 감소시키게 한다. 따라서 주변의 환경이나 활동과 관련된 요소의 변화를 통해 발달장애인들의 적절한 참여를 증진시킬 수 있는 전략을 마련하는 것이 도전적 행동의 대응에 성공하는 비결이 될 것이다.

이러한 성공적인 대응을 위해 서비스 제공자에게 필요로 하는 능력은 매우 다양하다. 서비스 제공자는 서비스 계획과 관리, 의사소통 기술 향상, 가족과 함께 수행하기, 지지와 표현 확장, 기회와 참여제공, 서비스 이용자와 바람직한 방법으로 관계하는 방법, 장단기적으로 도전적 행동에 개입하는 능력, 정교한 행동기술, 인식과 감정변화에 따른 심리적 치료, 흥분 및 신체적 공격을 다루는 기술, 스트레스 관리 및 지원기술 등 다양한 영역에서 깊이 있는 능력을 갖추어야 한다(Lally, 1993). 그 중에서도 기본적으로 세 가지의 능력을 갖출 것이 요구되는데, 첫째는 일상생활에서 발달장애인 개개인이 필요로 하는 욕구를 파악하고 자원을 구별해내는 능력이다. 발달장애인이 어떠한 상황에서 만족하고 지루해하며, 슬픔이나 고통을 느끼는지 일상생활 속에서 계획적으로 평가가 이루어져야 한다. 또한 발달장애인에게 도전적 행동을 발생시키는 상황과 그에 대해 개인이 표출하는 불만이나 고통을 민감하게 파악해야 한다. 이를 위해서는 발달장애인 개인의 역사나 병력, 장애특성과 더불어 환경적인 방해요인이나 싫어하는 상황 등을 잘 알고 있어야 한다. 둘째는 발달장애인과의 상호작용의 질 향상 능력이다. 서비스 제공자의 무관심이나 주의가 부족한 상황, 서비스 제공자와의 충분치 않은 상호작용이 발달장애인의 도전적 행동을 발생시킬 수 있음을 인식해야 한다. 따라서 발달장애인과 의사소통할 수 있는 다양한 방법을 고민하고, 그들의 의사소통 방식을 이해하려는 노력이 필요하다. 셋째는 서비스 제공자의 자기인식 및 자기통제 능력과 스트레스 관리 능력이다. 서비스 제공자들은 때때로 발달장애인의 행동에 화가 나기도 하고 평정심을 잃을 때가 있다. 그럴때는 발달장애인에게 친밀하게 대하기가 힘들어진다. 따라서 서비스 제공자들이 발달장애인의 도전적 행동에 대한 부정적인 감정을 극복하고, 발달장애인 개인과 도전적 행동을 분리하여 인식하려는 노력이 필요하다. 또한 발달장애인의 도전적 행동으로 인해 발생하는 스트레스를 관리할 줄 알아야 한다. 스트레스는 위협을 느낄때의 반응이므로 상황을 위협적으로 받아들이지 않는다면 스트레스도 발생하지 않을 수 있다. 따라서 발달장애인의 도전적 행동이 우리를 위협하기 위한 행동이 아님을 인지하고, 행동 발생시 어떠한 서비스를 제공해야 하는지 명확히 알고, 그에 따른 대처 기술과 능력을 갖추어 서비스계획 단계에 적극적으로 참여할 필요가 있다.

5. 결론 및 전망

본 장에서는 발달장애인과 그들의 가족, 서비스 제공자에게 중요한 영향을 미치는 도전적 행동의 개념과 대응에 대해 살펴 보았다. 도전적 행동은 광범위한 영역에 걸쳐 논의되고 있는 주제이다. 서비스 제공자들은 발달장애인의 도전적 행동에 대해 강제적인 신체적 개입을 하는 것이 바람직하지 않다는 것을 인지하고는 있지만 더욱 큰 위험을 야기시킬 수 있는 도전적 행동에 필연적으로 대처할 수 밖에 없다. 따라서 발달장애인 입장에서의 도전적 행동의 의미는 무엇인지, 개입은 어떻게 해야 하는지, 도전적 행동에의 대응시 발생하는 위험은 어떻게 관리해야 하는지, 개입시 지켜야할 것들은 무엇이 있는지, 발달장애인의 권리적인 가치와 상충되는 윤리적 딜레마는 어떤 것들인지를 충분히 고민하고 논의할 필요가 있다.

도전적 행동은 다양하게 정의되고, 그에 따른 개입방법도 정해진 것은 없다. 필자가 현장에 있는 서비스 제공자들에게 가장 많이 받는 질문은 '우리 시설에 있는 ○○씨가 이러한 도전적 행동을 보이는데 어떻게 하면 좋을까요'이다. 서비스 제공자들은 '이렇게 하면 됩니다'라는 답을 원하나 안타깝게도 단편적인 이야기만 듣고 답을 할 수 없는 것이 도전적 행동이다. 왜냐하면 도전적 행동은 장애의 기질적이고 정신적인 특성 보다는 환경이나 상황으로부터 발생하는 원인들에 의해 나타나기 때문에, 발달장애인을 둘러싼 상황적인 맥락을 고려하지 않고는 그 답을 찾을 수 없기 때문이다. 때로는 서비스 제공자들이 지원하는 서비스가 발달장애인의 도전적 행동의 원인이 되기도 하고, 도전적 행동 자체가 발달장애인이 표출하는 의사소통의 수단일 수도 있다. 따라서 발달장애인 개개인의 기질적 특성에 초점을 맞추기 보다는 행동에 초점을 맞추고, 원인을 통해 행동이 변화될 수 있음을 확신해야 한다. 항상 발달장애인의 행동과 상호작용 형태를 관찰하고, 그들의 욕구와 상황에서의 행동에 민감하게 반응해야만 할 것이다.

발달장애인의 도전적 행동에 대한 개입은 쉬운 문제가 아니다. 발달장애인의 도적적 행동은 발달장애인과 서비스 제공자에게 상해를 입힐 수도 있고, 높은 스트레스를 유발시키며 학대로 연결되어 법적인 문제까지 야기시킬 수도 있다. 무엇보다도 발달장애인의 도전적 행동에 대한 강력한 대응은 발달장애인에 대한 존중, 존엄성, 선택 등과 같은 기본권리와 상충된다. 따라서 서비스 제공자들이 도전적 행동에 올바르게 대응할 수 있도록 지속적인 관심과 지원이 필요할 것이다. 우선 서비스 제공자들을 위한 가치기반이나 기술 등의 다양한 교육과 구체적인 행동방침 등이 제도적으로 마련되어야 할 것이다. 교육에서 그치는 것이 아니라 실습 등의 형태를 통해 도전적 행동의 위험에 대처하고 현장에서 일반화하기 위한 실제적인 접근이 마련되어야 한다. 특히 마인드 콘트롤이나 흥분조절 능력, 스트레스 관리 능력 등 서비스 제공자 스스로 자신을 관리할 수 있는 자세가 준비 되어야 한다. 조직내에서도 도전적 행동에 대처할 수 있는 충분한 논의 시간을 확보하고, 팀 활동을 통해 실질적인 도움과 정보를 교환하며, 감정적인 공감과 이해를 제공받을 수 있도록 하는 것이 중요하다. 또한 발달장애인의 도전적 행동에 대한 개입과 위험에 대한 대응을 관리감독 할 수 있는 전문적 체계의 마련이 유용한 방법이 될 것이다.

여전히 도전적 행동은 발달장애인이 사회에 참여하고 통합하는데 장애물이 되지만 그들은 끊임없이 그러한 행동을 할 것이다. 우리는 발달장애인의 도전적 행동에 지치기도 하고 좌절을 경험하기도 한다. 그러나 앞서 언급했듯이 도전적 행동을 표출하는 발달장애인에게 결여되어 있는 것 중에 하나가 주변의 지지자이다. 즉, 주변의 지지자가 그들을 돕는다면 더 이상 그들은 문제의 해결을 도전적 행동으로 하지 않아도 된다. 따라서 발달장애인의 가장 큰 지지자인 서비스 제공자들이 바른 가치와 정확한 지식과 기술을 가지고 도전적 행동에 대응한다면 발달장애인의 삶뿐만 아니라 서비스 제공자들의 삶에도 긍정적인 영향을 미치게 될 것이다. 결국 도전적 행동에의 대응도 발달장애인의 양질의 삶을 위해 개개인에게 마땅히 주어져야 할 서비스이다. 도전적 행동에 대한 대응이 발달장애인과의 투쟁이 아님을 명심하고, 융통성을 갖고 그들의 입장에서 대응하는 자세를 다시 한번 고민해보자.

참고문헌

김용득·김고은·이성봉·임진미. 2011. 장애인거주시설 서비스 최저기준 적용 매뉴얼 5
신체적 개입. 한국장애인복지시설협회·성공회대학교 사회복지연구소.

Chandler, L. K. and Dahlquist, C. M. 2006. Functional Assessment: Strategies to Prevent
and Remediate Challenging Behavior in School Settings (2nd ed.). Upper Saddle River,
New Jersey: Pearson Education, Inc.

Chung, M. C., Cummerlla, S., Bickerton, W. L. and Winchester, C. 1996. "A Preliminary
Study on the Prevalence of Challenging Behaviours." *Psychological Reports* 79:
1427-1430.

Department of Health. 2007. Services for People with Learning Disabilities and Challenging
Behaviour or Mental Health Needs. Available at:
http://www.dh.gov.uk/en/Publicationsandstatistics/Publications/Publications
PoliciyAndGuidance/DH_080129.

Emerson, E., Cummings, R., and Barret, S. 1988. "Challenging Behaviour and Community
Services: 2. Who are the People who Challenge Services?" *Mental Handicap* 16: 16-19.

Emerson, E., Rovertson, N., Gregory, N., Hatton, C. and Kessissoglou, S. 2000. "Treatment
and Management of Challenging Behaviours in Residential Setting". *Journal of Applied
Research in Intellectual Disabilities* 13(4): 197-215.

Fish, R. and Culshaw, E. 2005. "The Last Resort? Staff and Client Perspectives on Physical
Intervention." *Journal of Intellectual Disabilities* 9(3): 93-107.

Harris, J., Cornick, M., Jefferson, A. and Mills, R. 2008. Physical Interventions-A Policy
Framework, Second ed., BILD Publications.

Hastings, R. P. 2002. "Do Challenging Behaviors Affects Staff Psychological Well-Being?
Issues of Causality and Mechanism." *American Journal on Mental Retardation* 107(6):
455-467.

Kushlick, A., Blunden, R. and Cox, G. 1973. "The Wessex Social and Physical Incapacity
(SPI) Scale and the Speech, Self Help and Literacy Scale (SSL)." *Psychological Medicine* 3:
336-378.

Lally, J. 1993. Staff Issues: Training, Support and Management In: Fleming, I., Kroese, B.
S.(Eds), People with Learning Disability and Severe Challenging Behavior-New

Developments in Services and Therapy. Manchester University Press.

Lindsay, P. and Burgess, D. 2006. "Care of Patients with Intellectual or Learning Disability in Primary Care: No More Funding so will there be any Change?" *British Journal of General Practice* 56: 84-86.

Lowe, K., Felce, D. and Orlowska, D. 1993. Evaluating Services for People with Challenging Behaviour In: Fleming, I., Kroese, B. S.(Eds), People with Learning Disability and Severe Challenging Behavior-New Developments in Services and Therapy. Manchester University Press.

Luiselli, J. K. 2012. Therapeutic Implementation of Physical Restraint. In: Luiselli, J. K., Ed. D., ABPP, BCBA-D(Eds), The Handbook of High-Risk Challenging Behaviors in People with Intellectual and Developmental Disabilities. Brookes Publishing Company. PO Box 10624, Baltimore, MD 21285.

Nihira, K., Leland, H. and Lambert, N. 1993. AAMR Adaptive Behaviour Scale-Residential and Community Examiners Manual, Second ed. Pro ed, Texas

Qureshi. H. 1993. Prevalence of Challenging Behaviour in Adults. In: Fleming, I., Kroese, B. S.(Eds), People with Learning Disability and Severe Challenging Behavior-New Developments in Services and Therapy. Manchester University Press.

Strain, P. S. and Hemmeter, M. L. 1997. "Keys to Being Successful when Confrinted with Challenging Behaviors." *Young Exceptional Children* 1(1): 2-8.

Wolverson, M. 2006. "Self-Injurious Behaviour and Learning Disabilities." *Therapy Weekly August* 24: 8-10.

Wolverson, M. 2011. Challenging Behaviour. In: Atherton, H. A., Crickmore, D. J.(Eds), Learning Disabilities Toward Inclusion. Churchill Livingstone Elsevier.

제12장
발달장애인 정책과 서비스에서의 위험과 안전의 균형[1]

이 호 선 (성공회대학교)

1. 서론

얼마 전 'PCP(Person Centered Planning:사람 중심의 사례관리)의 이해'라는 주제로 강연을 하던 한 복지관 관장이 복지관 이용자인 성인발달장애인에게 PCP를 수행하여 지역사회에서의 네트워크에 참여할 수 있도록 지원했던 경험을 발표했다. 가족의 동의를 얻는데 많은 노력을 기울인 끝에 PCP를 수행하게 되어 발달장애인이 지역사회에서 비장애인들과의 모임을 갖게 되었다고 한다. 그런데 즐겁게 어울리다보니 종종 밤늦게 귀가하는 일이 발생했고, 가족은 위험할 것 같아 걱정이 되서 안되겠다며 PCP를 중단하고자 요청했다는 것이다.

이 가족의 결정은 발달장애인의 자기결정권과 선택권을 고려할 때 잘못된 것인가? 즉 위험을 감수하고서라도 발달장애인의 결정을 존중해야 하는 것인가? 아니면 가족의 결정은 발달장애인의 안전을 위해서 어쩔 수 없는 것인가? 다소 양상은 다르겠지만

---

[1] 한국장애인복지학 제22호에 게재된 "지적장애인 정책과 서비스에서의 위험과 안전의 균형 – 영국의 적극적인 위험감수 (positive risk taking) 정책을 중심으로(이호선)"을 일부 수정 보완함.

이러한 딜레마 상황은 많은 발달장애인, 서비스 제공자, 가족 등이 흔히 경험하는 일일 것이다. 그럼에도 불구하고 명확한 답을 갖기는 쉽지 않은 현실이다.

확실한 것은 발달장애인이 위험에 처할 것에 대한 우려, 안전하게 보호해야 한다는 인식은 발달장애인이 어떤 일을 선택하는데 있어 명시적이거나 암묵적으로 제한하고 있다는 사실이다. 이러한 상황에서 이 글은 발달장애인을 둘러싼 위험과 안전의 담론이 무엇인지, 그 담론으로 인해 발달장애인의 일상에 어떤 제약들이 있는지, 그런 제약에 어떻게 대처할 수 있을 것인가 라는 물음으로 시작되었다.

최근 들어서야 발달장애인의 권리에 대한 관심이 생겨나고 있다. 발달장애인법이 국회에 발의되고, 발달장애인부모단체나 장애인복지관 등을 중심으로 자기옹호 프로그램이나 자조모임 등을 실천하는 소규모의 모임들이 생겨나고 있으며, 활동보조제도, 탈시설에 대한 지원도 조금씩 증가하고 있다. 이러한 변화와 더불어 발달장애인의 자기결정권, 자기옹호 등의 연구들도 증가하고 있다(김교연, 2007; 김용득 · 박숙경, 2008; 추연구, 2008; 강희설, 2010; 이복실, 2012). 그러나 관련 연구들은 아직 부족한 상황이므로 더욱 활성화될 필요가 있다.

한편 국내 연구에서 자기결정의 쟁점은 당위적이고 규범적인 차원으로 이해되는 경향이 강하다. 자기결정이 실천지향성을 가지려면 발달장애인의 일상적 차원에서 수행하는 자기결정의 현황과 수준이 먼저 분석되어야 한다(이복실, 2012). 이런 맥락에서 현실적으로 발달장애인이 지역사회 내에서 참여와 자기결정권, 선택권 행사에 있어 방해가 되는 주요한 요소인 '위험'에 대해 살펴 볼 필요가 있다. 장애인들에게는 성인이 되더라도 '안전한 보호'로부터 벗어나는 것이 허용되지 않는 경우가 많으며, 발달장애인들에게 요구하는 까다로운 안전은 발달장애인에 대한 사회적 격리의 의도와 발달장애인의 성장과 발달 가능성에 대한 부정의 의도가 있다. 따라서 경험의 권리 또는 위험감수권에 대해 논의할 필요성이 있다(김용득, 2012).

그러나 발달장애인의 삶에서 실재로 위험을 다루는 일은 쉽지 않은 문제이다. 특히 정책과 서비스에 있어서의 난제는 전문가와 서비스 이용자의 위험에 대한 인식이 반드시 일치하지 않는다는 점이다. 이러한 인식의 불일치는 일반적인 생활을 향상시키는 활동과 안전을 증진시키는 활동 사이에 긴장을 유발시킨다(Manthorpe · Walsh · Alasze-wski · Harrison, 1997).

아울러 발달장애인의 권리 행사는 전문가나 서비스 제공자의 법적, 사회적 책임과 도 긴밀하게 연결되어 있기 때문에 갈등이 유발될 수 있다. 그럼에도 불구하고 전문가 또는 서비스 제공자가 안전을 지나치게 중요시하거나 책임에 대한 과도한 부담을 느끼는 경향으로 인해 발달장애인의 자기결정권과 선택권이 제한되어서는 안 될 것이다. 이와 같은 배경에서 본 연구에서의 주제는 다음과 같다.

첫째, 발달장애인과 관련한 위험에 대한 의미가 어떻게 해석되고 삶에 어떤 영향을 미치고 있는지를 살펴보았다. 그리고 이러한 위험에 대한 의미가 재해석되어야 할 필요성과 더불어 위험에 대한 새로운 관점이라 할 수 있는 적극적인 위험 감수(positive risk taking)의 의미 및 중요성을 살펴보았다.

둘째, 적극적인 위험 감수를 위해 정책과 서비스 실천 현장에서 구체적으로 고려해야 할 것은 무엇인지 영국에서의 적극적인 위험 감수 정책의 경험을 토대로 살펴보았다. 이를 통해 지나치게 안전을 우선시하고 위험을 회피하는 현재 한국의 발달장애인 관련 서비스에 유용할 수 있는 함의를 파악하고자 했다.

2. 발달장애인 관련 위험에 대한 해석

1) 발달장애인 관련 위험의 해석

흔히 사람들은 위험을 회피하고 싶어 하는 욕구를 나타내므로 위험은 부정적인 것처럼 인식되고 표현되기 쉽다. 위험은 행동의 과정에서 바라는 성과를 얻는 것이 아닌, 바라지 않았고 달갑지 않은 상황을 발전시킬 가능성이다(Alaszewski and Alaszewski, 2012). 한편 위험은 장애인과 연관될 때 더욱 부정적으로 해석되기 쉽다. 장애인은 능력이 없거나 부족할 것이라는 편견으로 인해 위험 상황에 더욱 노출되기

쉬우며 스스로 대처하기 어려울 것이라고 인식하기 때문이다.

이때 발달장애인과 관련한 위험의 의미는 지체장애인이나 감각장애인과는 몇 가지 측면에서 상이하다. 신체적인 면보다는 지적인 면과 연관된 위험상황을 예상하는 것이다. 이것은 발달장애인은 판단능력이 부족하다고 보는 집단화되고 정형화된 편견과 관련이 있다.

이와 관련하여 발달장애인의 부모와 활동보조인은 발달장애인의 취약성으로 인해 일상생활에서 비장애인보다 훨씬 더 많이 고위험에 처해 있다고 생각하는 경향이 있다(Sellars, 2011). 여러 연구에 나타난 발달장애인의 위험의 의미에 대해 조사한 결과, Alaszewski와 Alaszewski(2012)는 일부 연구에서 위험을 부정적으로 해석하고 있음을 밝히고 있다. 발달장애인, 친척, 활동보조인, 전문가의 인터뷰에서 위험을 부정적인 측면에 중심을 두고 있음을 알 수 있는 것이다. 예를 들어 어떤 전문가들은 위험을 대개 신체적 상해와 관련되므로 피하게 되는 것으로 서술하며, 일이 좋지 않은 쪽으로 진행되었을 때 특수한 사고를 예로 들면서 위험의 부정적인 측면을 설명한다. 한편 어떤 발달장애인은 위험을 공포로 보는 경향도 있다고 한다.

국내 연구를 통해서도 사람들이 발달장애인과 관련한 위험을 사고의 가능성과 연관하면서 거의 부정적으로 해석하고 있음을 알 수 있다. 장애인 생활시설 인권실태를 조사한 연구(남구현·박숙경·김명연·임성만·박경석·박래군·염형국·박옥순·여준민·임소연·김정하·김주현·권미진·손현희, 2005)에서는 간식을 사먹을 수 없는 이유를 묻는 질문에 위험하다거나 길을 잃어버린다는 이유로 외출하는 것을 금지하기 때문이라는 응답이 가장 높게 나타났다. 또 다른 연구(박미숙·김성혜, 2008)에서는 발달장애인들이 병원에서 안전을 이유로 거울, 유리병에 든 화장품, 바늘 등 일상용품을 소지할 수 없었던 경험 등을 나타내고 있다.

한편 지체장애인의 경우 당사자를 위험으로부터 보호한다는 의미가 큰 것과 달리, 발달장애인의 경우는 자신의 보호뿐만 아니라 타인을 위험에 처하게 하지 않으려는 의미도 상당부분 존재한다. 대개 발달장애인의 공격성이나 도전적 행동으로 인한 타인의 상해나 사고 등과 연결하여 나타내고 있으며, 위험을 개인적 특성에 집중적으로 연관시키며 개선되어야 할 부정적인 것으로 인식하는 경향을 드러내고 있다(김우현, 2011; 장유성, 2012). 이처럼 발달장애인을 위험에 처하기 쉬운 취약한 집단으로 인식하는 동시에 위험을 야기할 가능성이 큰 집단으로도 인식하고 있는 것이다.

2) 위험 재해석의 필요성

위험을 부정적으로 해석하는 것과는 달리 위험에 대한 긍정적인 의미를 강조하여 해석하기도 한다. Giddens(1991)는 위험을 '운명적인 순간'으로써 다시 돌아갈 수 없을 인생에서의 매우 중대한 전환점이라고 했다(Manthorpe et al, 1997, 재인용). 위험에는 이익이 존재할 수도 있다. 요리 도중 실수를 한 것이 오히려 원래 의도보다 더 나은 결과를 나을 수도 있으며, 길을 건너는 위험을 감수하고 나면 독립심이 강해질 수도 있다. 그러나 일상생활에 간섭을 받게 되면 위험의 이익은 무시되기 쉽다(Manthorpe et al, 1997).

이처럼 위험에는 부정적인 의미뿐만 아니라 긍정적인 의미도 포함하고 있다. 이와 마찬가지로 Alaszewski and Alaszewski(2012)는 발달장애인과 관련한 최근 연구들에 대한 조사를 통해 위험의 일상성과 긍정적인 측면을 설명하고 있는 연구들에 대해 밝히고 있다. 한 발달장애인의 친척은 위험이 일상생활의 일부일 뿐이고, 위험을 성공적으로 감수할 경우 긍정적인 이익을 얻는다고 설명하고 있다. 발달장애 관련 서비스 제공자인 한 간호사는 위험이 곧 기회가 될 수 있으며, 이것은 전문가와 발달장애인의 인식에 달려있다고 강조한다. 아울러 위험 감수를 성공적으로 경험해 본 발달장애인들은 위험을 긍정적인 경험으로 인식한다.

이와 같이 위험에 대해 다양하고 긍정적으로 해석하는 연구를 국내에서는 찾아보기 어렵다. 우리 사회에서는 여전히 위험에 대한 부정적인 해석이 지배적임을 알 수 있는 단면이다. 그렇지만 다소 변화의 모습은 포착되고 있다. 예를 들어 발달장애인의 위험과 밀접한 것으로 연상되는 도전적 행동에 대해 초기에는 장애와 관련하여 개인에게 내재된 부정적 특성을 강조하였으나, 최근에는 행동을 유발시키는 행동에 관심을 갖고 환경의 조정을 통해서 행동을 변화시키는 것으로 강조점이 이동하고 있다(김고은, 2012). 발달장애인과 관련한 위험이 환경과 상황에 따라 변화가능한 것으로 인식한다면, 기존의 위험에 대한 부정적인 해석에서 벗어날 가능성이 있을 것이다.

이와 같이 발달장애인의 위험에 대한 부정적인 해석에서 벗어나 다양하고 긍정적인 해석이 가능해져야 하는 이유를 좀 더 구체적으로 살펴 볼 필요가 있다. 일반적으로 삶은 우리 모두에게 위험한 것이다(Sellars, 2011). 즉 삶을 살아간다는 자체가 위험이 있는 상황에 처한다는 것이고, 그 위험은 장애여부에 상관없이 모든 사람들의 일상에 존재하는 것이다. 그럼에도 불구하고 발달장애인의 위험을 부정적으로만 해석하여 무조건 위험에 노출시키지 않고 안전만을 강조하는 것은 발달장애인을 '일반적인 삶'을 살지 못하도록 하고 지역사회에서 분리하는 기제가 될 수 있다.

아울러 위험은 자신의 삶의 방식을 선택하는 행위와도 밀접하게 연관된다. 많은 발달장애인들은 자신의 경험으로부터 배울 기회를 거부당해왔고, 따라서 어떤 대안이 있는지, 그 대안들에 수반된 위험을 알 수 없기 때문에 진정한 선택을 불가능하게 한다(Sellars, 2011). 이처럼 경험할 기회없이 선택권을 제한해 온 경향은 선택한 후 감당해야 할 발달장애인의 법적, 도덕적, 사회적 책임에 대한 우려 때문이기도 하다. 발달장애인이 위험할 수도 있는 선택을 하는데 있어 능력, 책임 등의 복잡해 보이는 요소들을 해결하기보다 발달장애인에게 어떠한 선택권과 책임성을 부과하지 않는 상태를 유지해 온 것이다.

따라서 위험의 의미를 재해석하는 과정은 궁극적으로 발달장애인이 지역사회와 분리되지 않고, 자신의 경험으로부터 배울 기회를 가지며, 자신의 삶의 방식을 선택할 수 있도록 하는 중요한 것이라 할 수 있다.

3) 적극적인 위험 감수(positive risk taking)

최근 영국의 정책에서 사용하고 있는 적극적인 위험 감수에 대해 살펴보는 것은 발달장애인의 위험에 대한 우리의 관점을 새롭게 전환시키는데 유용할 것이다.

적극적인 위험 감수라는 개념은 영국의 발달장애인 성인 서비스 제공과 관련한 영역에서 중요한 위치에 있다. 이것은 '사람을 가치롭게(Valuing People), 2001'이라는 영국정부의 백서, '정신능력법(Mental Capacity Act), 2005', '사람 우선(Putting People First), 2007'협약 등의 등장으로 인한 발달장애인의 정책과 관련한 획기적인 전환의 일환이라 할 수 있다.

적극적인 위험 감수의 의미에 대한 정의를 살펴보면 다음과 같다.

· 발달장애인이 원하는 경우 위험을 감수할 권리가 있다. 그러나 타인을 위험에 처하게 하는 일을 할 권리는 없으므로 자신과 지원자가 함께 안전하게 사는 방식을 찾을 필요가 있다(MENCAP · IN CONTROL, nda).
· 적극적인 위험 감수란 자신의 삶을 통제하는 일에 관한 것이고, 자신이 좋아하는 것과 잘못될 수 있는 것에 관해 생각하고 필요시 지원을 받아 자신이 하고 싶은 것을 결정을 하는 것이다. 또한 위험은 모든 사람의 일상에 존재하고, 누구나 위험을 감수할 권리를 갖는다(Cumbria County Council · NHS, 2006).
· 적극적인 위험 감수는 원했던 결과를 성취하고 잠재적으로 해로운 결과를 최소화하기 위해 이용가능한 자원을 사용하는 것이다. 잠재적으로 존재하는 위험을 태만하게 무시하는 것이 아니다. 특별한 상황이나 환경들을 관리하기 위한 전략을 매우 신중하게 생각하게 하는 것이다(London Borough of Barking & Dagenham, 2010).

정리해보면 적극적인 위험 감수는 자신의 삶을 통제하는 것이고, 자신의 선택을 위해 과거의 경험과 미래의 예측으로 다양한 결과의 가능성에 대한 지식을 활용하여 불확실성을 관리하는 것이라 할 수 있다. 이로써 위험을 감수하면서 얻을 수 있는 긍정적인 측면을 확장시킬 수 있는 것이다. 그러나 위험을 감수한다고 해서 타인을 위험에 처하도록 하거나 발달장애인이 안전하지 않도록 방치해도 된다는 것은 아니다.

다음의 영국에 거주하는 한 발달장애인의 경험을 통해 적극적인 위험 감수에 대해 보다 구체적으로 이해하는데 도움이 될 것이다.

앤디라는 이름의 청년은 자폐 및 지적장애인이다. ... 그는 한 대학에서 모터스포츠와 관련하여 배울 수 있는 과정을 발견했다. 그는 열정적이었지만 주변 사람들은 위험에 처할 것을 걱정했다. 과정에의 적응, 돈 관리, 일상생활, 식사, 학대와 착취 등에 대한 우려였다. ... 개인 예산을 요청하고 지원계획서를 작성했다. 지원계획에서 그 과정이 위험을 감수할 가치가 있을 정도로 중요하다고 명확히 밝혔다. 개인예산으로 특별한 서비스가 가능했다. 대학 내 조언 팀에서 지원을 받았고 친구도 생겼지만 이용당하기도 했다. 처음 몇 달 동안 돈과 게임 콘솔을 잃어버려 경찰에 지원을 요청했다. 이런 경험을 통해 배울 수 있도록 지원자가 도움을 주었기에 착취를 다시는 당하지 않았다. 현재 앤디는 자원활동으로 시간제 일을 하고 있고, Cumbria People First 라는 발달장애인 단체에서 유급으로 코디네이터 업무도 병행하고 있다....
(MENCAP · IN CONTROL, ndb)

3. 정책에서의 적극적인 위험 감수의 적용[2)]

1) 적극적인 위험 감수 정책의 원칙 및 지침

적극적인 위험 감수를 실재적으로 적용하기 위해서 필요한 원칙과 지침을 살펴보았다. 우선 영국의 적극적인 위험 감수 정책을 수행하는 지방 정부에서 채택하고 있는 주요 원칙을 정리하면 다음 〈표1〉과 같다.

표1 적극적인 위험 감수정책의 주요 원칙

	원 칙	내 용*
1	서비스 이용자는 자신의 삶에 선택권과 통제권을 갖는다.	다른 사람들에게도 허용되는 범위 안에서, 이용자 또한 자신의 삶을 선택한 바대로 살 권리가 있다. 위험하다고 해서 그 선택의 중요성이 감소되는 것은 아니다.
2	모든 사람들의 삶에는 항상 위험이 존재한다는 사실을 인정해야 하며, 누구든지 위험을 감수할 권리가 있다.	위험은 모든 사람의 일상생활에서의 기본적인 것이며, 누구나 위험을 감수할 권리가 있다.
3	서비스 이용자가 자신의 선택과 책임에 대한 함의를 충분히 이해할 수 있어야 한다.	서비스 이용자는 자신의 결정에 대한 함의를 충분히 이해할 수 있어야 한다.

---

2) 도시권 지방정부인 Sheffield County Council, 비도시권 지방정부인 Cumbria County Council, Essex County Council, 런던 자치구로써 London Borough of Hounslow, London Borough of Bromley 등의 적극적인 위험감수 정책을 대상으로 조사한 것이다.

원칙	내용*
4	서비스 이용자들은 위험으로부터 안전해야 한다.	개별적 접근으로 확인된 위험에 대한 지원과 관리를 수행해야 한다. 서비스 이용자는 자신에게 해가 될 수도 있는 위험을 알면서도 위험에 노출되어서는 안된다.

※ 자료: Sheffild County Council(ndb)

이러한 공통적인 원칙을 통해 발달장애인의 서비스 제공과 관련한 영국의 정책에 적극적인 위험 감수 개념에 포함되어 있는 중요한 의미를 파악할 수 있다. '사람을 가치롭게' 백서에서도 강조되고 있듯이 발달장애인의 자신의 삶에 대한 선택과 통제가 중요한 원칙임을 나타내고 있으며, 이러한 선택과 통제의 과정에 위험이 포함될 수 있음을 인정하고 있다. 이때 위험이 있다고 해서 선택과 통제에 제한적 요소로 작동하지 않도록 하기 위한 안전에 대한 원칙들이 공존하고 있다. 즉 위험을 무조건 회피하기보다 적극적으로 대응함으로써 위험과 안전에 균형을 맞추도록 하고 있는 것이다.

다음으로 적극적인 위험 감수 정책에서의 원칙을 실재적으로 실천에 반영하기 위해 마련된 주요 지침을 정리하면 다음 〈표2〉와 같다.

표2 적극적인 위험 감수 정책의 주요 지침

지침	내용
1 '정보에 근거한 선택(Informed choice)'에 관한 지침	'정보에 근거한 선택'은 사람들이 정보와 지원을 통해 선택에 대해 사고한다는 것, 합리적으로 예측된 결과로써 선택하게 할 수 있음을 의미한다. '정보에 근거한 선택'이 가능하기 위해서는 발달장애인 개인들이 이해할 수 있는 다양한 방식이 존재해야 하며, 이 정보를 적합하게 제공하는 활동이 필요하다(Cumbria County Council, 2008).
2 '케어 의무'에 관한 지침	케어 의무는 손해가 예견될 수 있는 일을 하거나 태만하게 일하게 될 가능성이 있는 경우, 서비스 제공자가 케어를 합리적인 기준으로 수행해야 하는 의무이다(Sheffield County Council, ndb). 이러한 케어 의무를 실천하는데 있어 예견된 위험을 최소화하기 위한 단계를 밟을 뿐만 아니라 서비스 이용자들이 정보에 근거한 선택과 결정을 가능하게 할 책임이 있다. 이때 서비스 이용자와 지인, 돌보는 사람들과 함께 진행해야 한다(Cumbria County Council, 2008).
3 '활동의 결과가 좋지 않을	'합리적으로 행동했는가', '전문적 기술을 반영하는 정보가 제공된 방식으로 수행했는가', '케어 의무와 관련해서 책임성 있게 행동했고 태만하지 않았는

지침	내용
경우'와 관련한 지침	가', '예견할 수 있는 위험을 관리하고 최소화하기 위해 절차를 밟고 조사했는가', '서비스 이용자를 과정에 참여시켜 정보에 근거한 결정을 하도록 지원했는가', '포함시켜야 할 다른 사람을 과정에 참여시키고 연락을 취했는가', '기관과 지방정부의 광범위한 정책, 절차, 안내를 따랐는가'(Cumbria County Council, 2008; London Borough of Bromley, 2011)

이러한 지침은 적극적인 위험 감수 정책이 서비스 이용자의 선택권을 실질적으로 보장하고자 하는 조치임을 알 수 있다. 이 지침에서 볼 때 서비스 이용자 및 타인의 안전을 간과하고 있는 것이 아님을 알 수 있다. 오히려 서비스 이용자의 선택과 통제를 촉진시키기 위해 케어 의무를 다함으로써 이용자가 위험을 감수할 수 있도록 지원하는 것이다.

그럼에도 불구하고 결정한 일의 결과가 좋지 않을 수도 있음을 인정함으로써 오히려 그러한 상황에 대처하도록 안내하고 있다. Cumbria County Council(2008)에 의하면 위험이 발생하여 서비스 이용자에게 좋지 않은 결과가 발생하면 위험 감수 과정에 대해 조사를 받게 되는데, 서비스 제공자가 합리적으로 책임성 있게 일을 수행한 것이 명확하다면 조사 결과가 부정적이지는 않을 것이라 밝히고 있다. 이때 위와 같은 작업을 기록해 놓았을 경우 서비스 제공자가 그 결과에 대한 책임에서 확실하게 벗어날 수는 없다 할지라도 상당히 도움이 될 것이라고 한다.

2) 적극적인 위험 감수 정책의 절차

성인 발달장애인에 관한 지원계획, 직접 지불 등의 서비스에서의 적극적인 위험 감수 정책의 절차를 살펴보았다. 이 절차는 지방정부마다 다소 차이가 있지만 전체적인 흐름에서 공통적인 특징이 있다.

성인 발달장애인이 서비스 이용을 신청했을 경우 적극적인 위험 감수 정책의 일반적인 흐름은 '이용자 신청 접수', 서비스 욕구 조사 등의 '일반조사', 지원계획 및 직접 지불 등에 대한 '이용자의 계약(동의)' 등으로 구성된다. 그러나 '일반조사'에서 어떤 위험 요소를 발견할 경우 '위험조사'의 과정으로 연결시키며, 보호의 사안을 발견할 경우 '보호조치'로 연결시킨다.[3] '위험조사'에서 지원계획에서의 위험을 경감시킬 수 있다면, 서비스 이용자가 지원계획에 바로 계약(동의)을 한다. 그러나 이때 위험에 대처하지 못하거나 서비스 이용자가 결과에 동의하지 않는 경우, '그룹 관리자 검토', '비준(Validation)', '확대(Escalation)', '위험 감수 패널', '청원' 순으로 보다 전문적이고 책임성 있는 직원이나 상급 수준의 과정으로 이어진다. 이런 절차를 그림으로 표시하면 다음 〈그림 1〉과 같다.

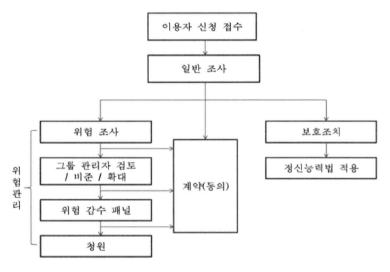

그림1 적극적인 위험 감수 정책 절차

이 절차는 주요하게 서비스 이용자의 선택과 통제, 독립을 지원하기 위한 것이며, 한편으로 위험을 감수할 수 있도록 이용자를 지원한 직원이 그 지원 결정에 대한 근거를 입증하기 위해 따라야 하는 것이기도 하다.

---

3) 보호조치 절차는 정신 능력법에 따라 서비스 이용자의 최선의 이익을 고려하여 진행된다. 이 글에서는 위험 관리에 집중하고자 이 보호조치 부분은 다루지 않고자 한다.

(1) 위험조사(risk assessment)

위험조사는 서비스 이용자가 서비스를 신청한 후 초기 일반 조사 과정에서 위험을 확인했을 경우 수행하는 과정이다. 즉 일반 조사 과정은 서비스 신청자 및 이용자의 욕구를 확인하는 일이고, 서비스 이용에 있어 적격성에 대한 확인도 이루어진다. 이때 위험 여부 또한 확인하게 될 수도 있는 것이다.[4]

위험조사를 위해 보건부는 선택, 결정, 위험에 대한 문서화와 안내의 수단으로 위험 조사 틀을 사용하도록 권장하고 있다. 이에 Essex County Council(2008)는 위험의 영향력에 대한 정도와 위험의 발생 가능성 정도에 근거하여 위험의 수준을 조사하고 분류하는 틀을 사용하고 있다. 위험의 수준을 조사하는 틀을 단순히 서비스 이용자들에게 허용 가능한 위험의 기준으로 적용하고 있는 것은 아니다. 단지 위험을 해결하기 위한 논의를 촉진시키는데 사용하고, 위험에 우선순위를 정하는데 이용하는 것이다 (Essex County Council, 2008; Sheffield County Council, ndc). 이로써 위험조사에서 서비스 제공자는 어떤 대책을 진행시킬지 판단하는 동시에 그 근거를 기록하여 이후 설명자료로 이용한다.

적극적인 위험 감수 정책의 위험조사에서 나타나고 있는 중요한 특징은 다음과 같다. 첫째, 위험조사는 서비스 이용자들의 선택, 통제, 독립을 지원하는 것을 주요한 목적으로 하고 있다. 보호담론 하에서 발달장애인의 일상에서 위험 요소를 제거함으로써 이들을 보호하는 것이 주요 목적이었던 과거의 위험조사와는 완전히 다른 것이다.

기존에 위험조사는 잘못되어 왔고 중단되어야 한다. 위험조사는 서비스 이용자가 살아가는 것을 중지하라는 의미가 절대 아니며, 자신의 삶을 살고 지역사회의 일원이 될 수 있도록 위험을 줄이는 단계를 밟고, 모든 사람들이 함께 생각할 수 있도록 지원하는 일을 의미한다 (Cumbria County Council · NHS, 2006).

---

4) Cumbria County Council(2008)에서는 '일반 조사'가 아닌 '위험조사'로 처음부터 접근하지 않도록 주의를 주고 있다. 이것은 성인 발달장애인을 집단화하여 위험 상황에 있거나 위험을 끼치는 존재라는 인식을 전제로 조사해서는 안된다는 의미로 해석된다.

둘째, 성인 발달장애인을 위험조사에 참여하는 중심 주체로 산정함으로써 당사자의 관점을 존중한다. 위험조사에서는 서비스 이용자의 참여를 기본적으로 언급하고 있을 뿐만 아니라 계약(동의)을 위해 이용자가 최대한 정보에 근거한 선택을 할 수 있도록 지원하는 것을 원칙으로 하고 있다.

> 적극적인 위험 감수를 지원할 계획을 진행시키는데 있어 긍정적으로 기초를 제공하기 위해 서비스 이용자의 강점에 관해 집중해야 한다.... 위험조사는 [서비스 제공기관 중심이 아닌] 사람-중심이어야 하고, 위험의 조사, 확인, 관리에서 중요한 부분인 서비스 이용자의 관점과 더불어 가족, 돌봄자의 관점도 포함해야 한다(Cumbria County Council, 2012).

(2) 위험관리(Risk management)[5]

위험관리 과정은 크게 '그룹 관리자 검토', '비준' 및 '확대', '위험 감수 패널', '청원' 등으로 구성된다.

① 그룹 관리자 검토, 비준(Validation) 및 확대(Escalation)

위험관리는 긍정적이거나 부정적인 위험들이 확인된 후에 진행하는 절차이고, 개인을 지원하는데 있어 참여하는 모든 이들에 대한 책임의 결합인 것이다. 아울러 위험관리 계획은 지원계획 내에서 이루어지는 것이 가장 바람직하다(London Borough of Hounslow, 2011). 위험관리에서 다양한 지원 제공으로 위험을 경감시킬 수 있을 것이라 예상되어 합의하고, 이에 대해 서비스 이용자가 계약(동의)을 한다면 위험관리는 일단락된다.

그러나 지원계획 내에서 위험이 감소하지 않을 것이라 예상되거나, 이용자가 이 위험관리에 동의하지 않을 경우, 보다 상급 수준의 추가 검토 과정으로 위임한다. 예를 들어 London Borough of Bromley(2011)에서는 그룹 관리자나 팀장 등에게 위임되며, Essex County Council(2008)에서는 보다 엄격해 보이는 비준과 확대의 추가 과정

---

5) 위험관리는 위험조사 과정을 포함한 전체 과정을 말하기도 하지만, 위험조사 이후 과정으로 협소하게 사용하는 경우도 있다. 본 연구에서는 후자의 구분에 따랐다.

으로 이어진다.

한편 위험관리가 지원계획 등에서 어떻게 구체적으로 실현되고 있는지 Sheffield County Council(ndb)의 지원계획 도구를 통해 엿볼 수 있다. 이 도구는 의사결정 실마리를 명확하게 만드는 방식이다. '사람들이 위험 도구에 대해 사고하도록 하기'에는 다음과 같은 유용한 질문들이 있다. '삶에서 중요한 것은 무엇인가?', '하고 싶은 일에 어떤 장벽이 있나?', '어떤 위험이 있다고 생각하는가?', '위험 감소를 위해 다른 방식으로 일을 진행시킬 수 있는가?', '거주지에 위험이 있는가?', '어떤 활동을 하기를 원하는가?', '중요하다고 생각하는 사람은 누구인가?', '자신과 중요한 사람의 의견에 어떤 차이가 있는가?' 등이다.

위의 지원계획 도구 질문에서 알 수 있듯이, 위험관리는 성인 발달장애인의 삶에 대한 가치관 및 선호, 인간관계, 선택의 결과에 대한 이해, 위험에 대한 인식, 가족 및 돌봄자 등의 관점 등에 다각적으로 접근함으로써 위험과의 상호작용을 파악할 수 있어야 하는 복합적인 과정임을 알 수 있다.

② 위험 감수 패널(risk enablement panel), 청원

그룹 관리자 검토와 비준 및 확대 과정에서도 위험에 대한 해결책을 발견하지 못했다면 그 다음으로 위험 감수 패널 과정에서 위험관리를 계속한다. 위험 감수 패널은 이용자의 건강 또는 안전에 위험할 수 있는 지원계획에 대해 지원계획을 승인하는 구성원인 서비스 이용자와 관계자들이 함께 논의할 수 있는 회의를 말한다(Sheffield County Council, nda). 이 과정을 수행하는 패널 구성은 Sheffield County Council(nda)의 경우, 서비스 이용자, 기타 특수한 이슈를 논의하는데 적합한 패널, 사회복지사, 케어 매니저, 케어 코디네이터 등이다. 이러한 구성은 패널들의 전문성, 경험과 지식을 반영하기 위한 것이다. 이때 패널은 활동 과정에 대한 의견을 낼 권한은 있으나, 서비스 이용자의 지원 계획에 서명할 권한까지 가진 것은 아니다.

이러한 위험 감수 패널을 통해 결정된 서비스 내용에 서비스 이용자나 대리 의사결정자가 그래도 만족하지 않는다면, 마지막으로 청원 과정에 이의제기할 권리를 행사

할 수 있다. 이 마지막 청원 과정으로 지방 정부 옴부즈맨에게 이의제기할 권리로 사법적 검토를 요청할 수도 있고(London Borough of Bromley, 2011), '고객 관리'를 통해 이의제기 할 수도 있다(Sheffield County Council, nda).

한편 적극적인 위험 감수 정책에서의 그룹 관리자 검토, 비준 및 확대, 위험 감수 패널, 청원 등을 포함한 전반적인 위험관리에서 나타나는 중요한 특징은 다음과 같다. 첫째, 서비스 이용자 또는 타인이 처할 위험에서 보호하는 것과 위험 가능성이 내포된 활동을 수행하도록 하는 것 사이에 균형을 필수적인 고려사항으로 두고 합리적인 의사결정을 촉진한다.

위험관리는 지원을 요구하는 사람의 권리 및 욕구와 위험을 가능하게 하는 것 사이에 균형을 이루도록 틀을 제공하는 일이다(Sheffield County Council, ndb).

둘째, 위험관리에서 다양한 주체들의 협력과 견제 가능성이 있고, 서비스 이용자에게 임파워먼트 기회가 제공된다. 위험관리에서 각 과정마다 참여하는 주체는 다양한데, 특히 위험 감수 패널에서 서비스 이용자, 서비스 제공자, 주제와 연관된 여러 패널 등이 다양하게 참여함으로써 논의의 폭이 확장될 수 있다. 또한 서비스 제공자 중심의 결론에 도달하지 않기 위한 견제 방편도 될 수 있을 것이다. 한편 이용자가 자신과 관련한 일을 결정할 수 있는 능력이 향상될 수 있는 기회를 가질 수 있다는 점은 위험관리 과정에서 상당히 중요한 특징이라 할 수 있다.

서비스 이용자가 서비스에 맞추도록 요구하는 '전문가 서비스 중심'틀 때문에 사람의 삶의 질이 낮아져서는 안된다....이용자들은 자신의 특별한 욕구에 맞춰진 것들에 접근가능한 모든 정보를 획득함으로써 가장 좋은 결정을 할 수 있다(Sheffield County Council, ndb).

이렇듯 위험관리에서 서비스 이용자가 정보에 근거한 선택을 할 수 있는 점, 의사결정에 참여한다는 점, 여러 절차를 통해 이용자가 서비스를 통제할 수 있다는 점은 위험관리 과정의 중요한 목적인 이용자의 선택권과 통제권을 달성하기 위한 중요한 특징이다.

4. 결론 및 제언

이 글에서는 발달장애인에게 있어 위험이라는 것이 비장애인에 비해 과도하게 부정적으로 인식되는 현실과 그로 인해 발달장애인들이 삶에서 위험을 감수하면서 획득할 수 있는 여러 긍정적인 이익에서 배제되어 왔음을 살펴보았다. 따라서 발달장애인과 관련한 위험의 부정적인 의미가 재해석될 필요가 있으며, 적극적인 위험 감수의 개념의 적용으로써 발달장애인의 권리와 실천적 이익에 기여할 수 있음을 제시했다. 아울러 성인 발달장애인과 관련하여 적극적인 위험 감수 정책을 실시하고 있는 영국에서의 정책을 살펴보았다. 이로써 적극적인 위험 감수 정책의 목적은 성인 지적장애인이 자신의 삶을 선택하고 통제할 수 있도록 위험을 조사하고 관리할 수 있도록 지원하는 것임을 알 수 있었다. 그리고 적극적인 위험 감수 정책의 목적이 원칙, 지침, 절차를 통해 어떻게 구현되고 있는지, 그 함의는 무엇인지 파악할 수 있었다.

이와 같은 조사 결과, 즉 위험과 관련한 논의와 영국의 적극적인 위험 감수 정책이 현재 한국의 상황에서 주는 함의에 기반한 제언은 다음과 같다.

첫째, 발달장애인의 권리와 삶에 관한 근본적인 전환을 담아낼 수 있는 법 제정이 필요하다. 영국에서의 적극적인 위험 감수 정책은 발달장애인과 관련한 담론을 전환시킨 지적장애인 관련 전략인 '사람을 가치롭게', 정신능력법, '사람 우선' 등의 등장에 따라 수행될 수 있었다.

따라서 한국에서도 발달장애인과 관련한 기존의 부정적이고 시혜적인 과거의 담론과는 다른 새로운 담론이 담길 수 있는 법안의 필요성이 절실하다. 단순히 비장애인이 누리는 삶의 수준에 어느 정도 맞춰 줄 서비스를 제공할 것인지에 머무르지 않고, 발달장애인을 권리 주체로서 인식할 수 있고, 자신의 선택권, 통제권, 위험을 감수한 권리 등 다양한 권리의 기반이 될 근본적인 가치가 담길 법안이 필요한 것이다.

둘째, 안전만을 지향하고 위험을 회피하는 성향이 강한 한국의 발달장애인과 관련 정책과 서비스에 적극적인 위험 감수 개념의 도입을 검토할 수 있을 것이다. 이를 위해 현재 시행되고 있는 활동보조지원제도나 시설의 소규모화, 탈시설 지원 등의 발달장애인과 관련한 정책과 서비스 시행에서 어떻게 적극적인 위험 감수 개념을 반영할 수 있는지 우선적으로 검토해 볼 수 있을 것이다. 예를 들어 활동보조지원제도 실천 과정에서 위험 감수를 위한 원칙을 세우고, 위험조사와 위험관리 등의 절차를 마련할 수 있을 것이다. 이때 서비스 제공자의 역할과 의무에 대한 명시, 이후 책임에 대한 평가기준 등도 함께 마련함으로써 서비스 제공자의 적극적인 지원을 기대할 수 있을 것이다.

한편 다수의 발달장애인이 시설에 거주하며 안전을 빌미로 과도하게 통제되고 있는 현실에 있어서도 적극적인 위험 감수 개념 도입을 검토할 수 있을 것이다. 탈시설 및 지역사회에서 구성원으로 살기 위한 선택하는데 있어 실재적으로 지역사회 내에 어떠한 위험이 예상되고 어떻게 관리할 수 있는지 준비할 수 있어야 한다. 또한 그러한 상황을 발달장애인이 통제하고 선택할 수 있도록 지원 방안을 모색해야 할 것이다.

셋째, 발달장애인 관련 서비스 제공기관과 제공자의 안전과 위험에 대한 인식을 전환할 수 있는 방안이 마련되어야 할 것이다. 이와 관련하여 최근 발달장애인 관련 서비스 제공기관과 제공자들이 발달장애인의 안전과 위험에 대한 인식하는 부분에 있어 일정정도 변화의 조짐이 보이고 있다. 일례로 최근 2011년 3월 장애인거주시설 서비스 최저기준이 장애인복지법에 신설조항으로 법제화되었다. 이와 관련하여 강희설 · 김수진 · 원순주 · 정석왕 · 허곤(2011)의 최저기준 실행가이드북에서는 이용자의 참여와 권리영역에서 위험관리에 대해 '이용자는 자립생활 과정에서 경험할 수 있는 위험에 대한 훈련을 받고, 위험 가능성을 이유로 부적절한 제한을 받지 않는다'는 원칙을 제시하고 있다. 이처럼 위험에 대한 서비스 제공기관과 종사자의 인식전환에 대한 필요성이 대두되고 있지만 여전히 미흡한 수준이다.

발달장애인과 관련한 정책과 서비스의 지향점이 자립생활, 지역사회 참여 등으로 변화하고 있는 상황이지만, 위험과 안전에 대한 인식의 전환 없이 발달장애인의 권리를 당위적으로만 주장한다면 그 변화를 가속화시키기 어려울 것이다. 따라서 적극적인 위험 감수와 같은 개념의 도입을 검토함으로써 실질적으로 발달장애인의 선택권, 통제권을 보장하고 지역사회에의 참여를 활성화시키는데 도움이 될 것이라고 본다.

지금 무엇보다 중요한 것은 국내 정책 및 서비스에서 발달장애인의 실질적인 권리 보장을 위해서는 위험과 안전의 딜레마 상황에서 더 이상 회피하지 말고 직면하여 해결하고자 하는 의지를 갖는 것이라 할 수 있다. 영국에서 시행하고 있는 적극적인 위험 감수 정책에서 나타난 위험과 안전 사이에 균형에의 가능성은 이러한 해결 의지를 보다 강건하게 하고 해결 방안을 찾는데 도움이 될 것이라 본다.

참고문헌

강희설. 2010. "사회복지사의 지적장애인 자기 옹호 지원과정". 성공회대학교 사회복지학과 박사학위논문.

김고은. 2012. "발달장애인 서비스: 신체적 개입". 김용득 편. 『장애와 사회복지』. 서울: EM 커뮤니티. pp.430-451.

김교연. 2007. "지적장애인의 자기결정-연구현황과 과제". 『한국장애인복지학』7:167-193.

김미옥 · 김진우 · 최영식 · 윤덕찬. 2013. 『장애인 거주시설의 서비스 딜레마(문제점) 사례 연구』. 한국장애인복지시설협회 · 전북대학교 산학협력단.

김용득 · 박숙경. 2008. "지적장애인의 거주시설유형별 자기결정 경험 연구". 『한국사회복지학』60(4): 79-103.

김용득. 2012. "장애와 윤리". 김용득 편. 『장애와 사회복지』. 서울: EM 커뮤니티. pp.10-39.

김우현, 2011. "특수학교 교사의 상해경험 조사연구". 조선대학교 교육대학원 특수교육전공 석사학위논문(미간행).

남구현 · 박숙경 · 김명연 · 임성만 · 박경석 · 박래군 · 염형국 · 박옥순 · 여준민 · 임소연 · 김정하 · 김주현 · 권미진 · 손현희. 2005. 『장애인생활시설 생활인 인권상황 실태조사: 양성화된 조건부신고복지시설을 중심으로』. 장애우권익문제연구소 · 국가인권위원회.

박미숙 · 김성혜. 2008. "생활시설 지적장애인의 서비스 과정에서의 경험과 의미 – 이용자 참여의 개념을 중심으로". 『한국장애인복지학』8: 35-69.

이복실. 2012. "거주시설 성인 지적장애인의 자기결정 요인 연구-기회의 매개효과를 중심으로-". 성공회대학교 사회복지학과 박사학위논문(미간행).

장유성. 2012. "학교안전사고에 대한 정신지체학교 교사와 학부모의 인식분석". 대구대학교 특수교육대학원 석사학위논문.

추연구. 2008. "지적장애 학생의 자기결정 지원 방안".『발달장애학회지』12(1): 129-152.

Alaszewski, A. and H. Alaszewski. 2012. "Positive risk taking",『Learning Disabilities Toward Inclusion』. churchill livingstone.

Cumbria County Council·NHS. 2006. Cumbria Learning Disability Services: Positive Risk Taking Policy'Easy Read'Version.

Cumbria County Council. 2008. Practice Guideline30053: Supporting Individual Choice and Control through Positive Risk Taking.

_____. 2012. Risk Taking for Positive Outcomes.

Essex County Council. 2008. Putting People First Risk Enablement Policy.

London Borough of Barking & Dagenham. 2010. Positive Risk Taking Policy. Personalisation Board.

London Borough of Bromley. 2011. Safeguarding Adults in Bromley Multi-Agency Practitioner's Toolkit. Bromley Safeguarding Adults Board.

London Borough of Hounslow. 2011. Putting People First in Hounslow: Best Practice in Positive Risk Taking.

Manthorpe, Walsh, Alaszewski and Harrison. 1997. "Issues of Practice and Welfare in Learning Disability Services". Disability & Society 12(1): 69-82.

Sellars. C. 2001. Risk Assessment in people with learning disabilities. BPS Blackwell.

〈인터넷〉

MENCAP and IN CONTROL. nda."Taking risks but still staying safe"
http://www.mencap.org.uk/sites/default/files/documents/2010-10/factsheet16.pdf.

_____. ndb. "Self-directed support : Managing risks and safeguarding"
http://www.in-control.org.uk/media/16741/16.%20managing%20risks%20and%20saf
eguarding%202011%20v1.pdf.

Sheffild County Council. nda."Taking Positive Risks-Risk enablement Panels"
https://www.heffield.gov.uk/caresupport/adult/how-get-support/supportplanning/safe/ri

sks/riskenablementpanels.html. 검색일 2013.5.16.

_____. ndb. "Taking Positive Risks"

https://www.sheffield.gov.uk/care support/adult/how-get-support/supportplanning/safe/risks.html.
검색일 2013.5.16.

_____. ndc. "Risk Register"

https://www.sheffield.gov.uk/business-economy/projectmanagement/projectmanagemen
tguide/projectplanningandinitiation/developriskstrategy.html.

제13장
발달장애인의 개별서비스 지원계획[1]

김 행 란 (소화아람일터)

1. 들어가는 글

1970년대 미국 사회에서 제기된 장애인의 권리와 관련한 많은 소송들은 발달장애인들도 비장애인들과 동등한 사회적 권리를 요구하는 단초로 작용하였다. 그 영향으로 통합과 지역사회 중심의 서비스를 강조하게 되었으며, '최소 제한의 환경', '주류에 통합'이라는 개념이 교육과 관련된 법에 나타나기 시작하였다. 또한 "발달장애인들이 자신에게 필요한 서비스와 지원을 확실하게 받을 수 있도록 하는 최선의 방법은 무엇인가?"라는 질문에 연방정부나 주 정부에서는 서비스 이용자의 욕구에 맞는 서비스를 지원 받을 수 있도록 하는 법들을 내 놓았다. 이러한 법적인 결과는 몇 가지 IP(Individual Plan)로 개발되었으며, 현재 우리나라에서도 활발하게 사용되고 있다. 그러나 서비스 제공자들이 개별적인 프로그램 지원을 위해 관찰하고 목적, 목표를 설정하여 기록하는 법을 알고 있으나 의미없는 일이었다고 Smull & Lakin(2002)은 지적한다(엠마우스복지관,2005). 계획과 기록은 서비스 이용자 중심이 아닌 계획과 기

---

[1] 한국장애인복지시설협회에서 발간한 '욕구사정 및 개별서비스 지원계획(서동명 외, 2009)'을 재구성함.

록 그 자체를 위한 일이라는 것이다. 이는 결국 공급자중심의 서비스가 반복적으로 제공되고 있는 것을 증명한다.

우리나라도 개별적·의료적 모델에 의한 공급자 중심의 서비스 형태에서 사회적· 자립생활모델로 서서히 전환되고 있다. 이와 함께 강점관점, 임파워먼트관점, 생태체계적관점, 생애주기관점 등은 발달장애인들의 참여와 자기결정, 생애주기에 따른 서비스지원이 요구되고 있다. 특히, 최근 개별서비스지원과 무관하지 않은 인권기반실천이 강조되면서 '어떻게 서비스를 지원할 것인가?'와 관련된 방법론적 이슈는 발달장애인의 개별적 욕구사정과 지원계획 수립 및 지원에 대해 더욱 민감하게 접근하도록 유도한다. 그러나 이러한 이념적 변화와 인권의 강조에도 불구하고 발달장애인에게 지원되는 서비스들은 개별적 모델에 머물러 있는 경우가 많고 서비스 제공자들 역시 이념과 실천 사이의 간극을 좁히지 못하고 있다(한국장애인복지시설협회,2013).

장애인복지정책은 소득보장정책, 고용보장정책 및 전달체계에서 사회통합을 지향하고 있으며, 사회통합은 개별서비스 실천을 전제하고 있다. 따라서 정책에 부합하고 인권을 향상시키며, 장애인복지 이념에 적합한 발달장애인 서비스 지원계획의 실천방법으로 PCP(Person Centered Planning)를 제안하고자 한다. PCP는 발달장애인의 생애주기에 따른 적절한 개별서비스 지원 방법으로 우리나라에서도 최근 배포되어 일부 서비스 제공자들에 의해 사용되고 있다. 인간중심이론을 기반으로 한 인간중심계획에 대해 Nankervis(2006)는 서비스 이용자의 욕구와 열망에 맞추어 서비스를 지원하는 것으로, 서비스 이용자를 서비스나 조직에 맞추는 것이 아니라고 전제하였다. 이는 계획의 목적을 '발달장애인이 자신의 재능을 발견하고 이에 기여할 수 있도록 지원하는 데 열정적인 관심'을 지니도록 초점을 전환하는 것이다. 즉, 개별서비스 지원계획의 사정(평가) – 계획수립 – 지원의 모든 과정에서

(1) 서비스 이용자가 계획과정의 중심에 있는가?
(2) 가족구성원과 친구들이 계획의 파트너인가?
(3) 서비스 이용자에게 중요하고 그들이 필요로 하는 능력과 지원을 계획에 반영하

였는가?

(4) 계획은 삶에 대한 조치를 위한 것으로, 가용한 것만이 아니라 가능한 것을 반영했는가?

(5) 계획은 지속적인 경청, 학습, 심화된 조치를 가져왔는가? 와 같은 Sanderson(2000)이 말한 특징적 질문을 해야 한다.

발달장애인의 개별서비스 지원계획의 핵심은 서비스 이용자의 참여와 주도, 희망을 반영하는 방향으로 전환되어야만 하며, 이를 위하여 현장에서 일상적인 실천과 준비를 어떻게 해야 할지에 대한 답을 찾는 것은 중요한 과제이다. 또한 '그것이 진정으로 서비스 이용자가 원하는 것인지', '서비스 이용자가 이해할 수 있도록 욕구에 대한 질문을 하고 계획을 설명하는지'를 확인하는 것도 인권기반의 실천을 위하여 중요한 일이라고 할 것이다.

2. 욕구사정과 개별서비스 지원계획을 위한 이론과 원칙

1) 욕구사정

욕구사정은 개별서비스 지원계획 수립과 지원을 위한 중요한 단계로서 무엇보다 우선적으로 서비스 이용자의 강점, 능력, 욕구, 선호도 등을 파악하여야 하며, 더욱 객관적인 서비스 목표 설정을 위해 관련 전문분야로부터 병력, 심리적 정보, 사회적 정보, 이전에 제공받은 직접 서비스 및 보호 관련 정보를 확인해야 한다.

관련정보는 표 1-1과 같이 정보제공자에 따라 나누어 질 수 있으며, 필요한 정보를 얻는 방법은 서비스 이용자에 대한 관찰, 공식문서의 확인, 서비스 이용자나 가족의 요구, 기타 의사소통이라 할 수 있다.

표1-1 욕구사정 정보 및 형식

정보원	서비스 제공자	가족, 기타 보호자	외부 전문가
내용	• 병력 정보 • 심리적 정보 • 이전에 제공받은 서비스 및 보호 관련 정보 • 서비스 이용자의 강점 능력, 욕구, 선호도 등의 변화 • 서비스 목표 변화	• 병력 • 이전에 제공받은 서비스 및 보호 관련 정보 • 기타 확인된 정보 • 서비스 이용자의 강점 능력, 욕구, 선호도 등 • 서비스 목표	• 병력 • 심리적 정보 • 전문가에 의한 평가 (의료, 교육, 언어, 심리, 직업 등)
형식	• 관찰 • 과거 기록, 전문가에 의해 생성된 정보의 확인 • 구두, 서면화된 의사소통	• 구두, 서면화된 의사소통 (가정방문보고서)	• 구두, 서면화된 의사소통 (표준화된 검사결과지)

개별서비스 지원계획의 기준이 되는 욕구는 크게 두 가지로 나뉠 수 있다. 그 중 하나는 서비스 이용자가 원하는 욕구이고, 다른 하나는 서비스 제공자나 가족, 기타 전문가가 생각하기에 발달장애인의 자립생활을 위해 필요하다고 판단되는 욕구이다. 그러므로 서비스 이용자의 욕구와 주변인의 욕구가 충돌했을 경우는 서비스 이용자에게 정보를 제공한 후 적절한 협의를 이끌어 내야한다.

2) 선호도 확인

김미옥 등(2008)은 서비스 계획과정에서 서비스 제공자들이 자립이 아닌 손상을 강조하는 재활모델에 근거한 지원계획을 수립하면서 발달장애인을 상대로 서비스 욕구가 무엇인지 파악하기보다는 기존의 관행, 가족과의 대화를 통해 서비스 이용자에게 필요한 것을 일방적으로 결정하는 문제를 언급하였다. 이러한 문제를 해결하는 실천방법으로서 인간중심이론을 제시하였는데 엠마우스복지관(2005)은 『사람이 중심에 서는 서비스 계획』에서 조직체 중심과 사람중심에 따른 차이를 표 1-2와 같이 분류하였다. 서비스 이용자의 선호에 민감한 방식은 사람 중심의 접근방법이다. 이 접근은 서비스 이용자의 결함보다는 능력과 재능에 초점을 두며, 원하는 것을 알기 위하여 시간을 투자하고, 다양한 정보원을 가지며, 발달장애인의 기능적 차이보다는 인간으로서 공통성을 고려하는 접근을 말한다.

표1-2 조직체 중심의 서비스 계획과 사람중심의 서비스 계획

조직체 중심	사람 중심
진단 붙여진 명칭(label)에 초점	사람을 먼저 생각함
부족한 것과 필요한 것 강조	능력과 재능을 찾음
정형화된 진단과 평가에 초점을 둠	대상자를 아는 데 시간을 투자
판단을 전문가에게 맡김	대상자와 가족, 서비스 제공자에게 맡김
문서화된 보고서를 찾아보며 작성	대상자를 잘 아는 사람들로부터 정보를 모음
사람을 대인 서비스 대상으로 착각	사람을 지역사회의 일원으로 생각
다른 사람들과의 차이점을 강조하여 거리를 둠	공통점을 찾기 위해 사람을 모음

Clare와 Cox(2003)는 원활한 의사소통을 할 수 없다고 해서 협력이 불가능하다는 것은 아니라고 전제한다. 인지적 제약이나 의사소통 곤란을 지닌 사람과의 협력에 영향을 주는 것은 병리학에 기반을 두고 전문가가 가장 잘 안다는 태도를 지니거나, 발달장애인에게 묻지 않고 무엇이 '수용할만한지'에 대해 전문적 판단을 하는 것, 그리고 발달장애인에게 묻기는 하더라도 정책을 따르는 것일 뿐이라고 평가 절하하는 태도에 달려있다고 하였다. 즉, 발달장애인의 선호를 알기 위해서는 기본적으로 발달장애인에게 필요한 것을 서비스 제공자가 모두 안다는 태도를 버리고, 그가 원하는 것을 그들에게서 찾아야 하는 것이다.

이러한 발달장애인의 선호는 전문가에 의한 평가보다는 본인이 좋아하는 것을 물어서 알 수 있다. 의사소통능력에 제한이 있는 발달장애인의 경우 밝은 정서(기쁨, 편안함)와 관련된 활동, 반복적으로 하는 활동, 잘 하는 활동 등에 대한 서비스 제공자, 가족, 자원봉사자 등의 관찰, 기록을 통해 알 수 있다.

Green, Sigafoos, O'Reilly와 Arthur-Kelly(2006)는 지역사회를 경험하는 것이야말로 정상화라는 유익을 지닌 놀랍고도 풍성하며(enriching), 사실적인(real) 경험일 수 있

다고 하였다. 이러한 주장을 확장시킨다면 지역사회에서 다양한 경험을 통해서 발달
장애인의 경험의 폭을 넓힌 후에 그가 원하는 것이 무엇인지 확인하는 것도 중요할 것
이다. 경험의 폭은 선택의 폭을 좌우하기 때문이다.

3. 인간중심계획과 개별서비스 지원계획

1) 인간중심계획의 공통기반과 개별서비스 지원계획

(1) 인간중심계획의 공통기반

인간중심계획은 서비스 이용자와 그의 가족 등 보호자, 그와 관계를 갖고 있는 사람
들이 모여 서비스 이용자가 가지고 있는 희망, 삶의 목적을 성취하기 위해 계획하고
자원을 할당하는 과정이며, 인간중심계획의 공통요소에 대하여 Butterworth, Steere &
Whitney-Thomas(1997)는 아래와 같이 정리하였다.

- 서비스 이용자를 임파워 시킨다.
- 지원을 위한 자연 자원을 참여시킨다.
- 서비스 계획에서 전문가들의 역할을 변화시킨다.
- 촉진자를 활용한다.
- 모든 참여자를 위하여 발달장애인을 재규정하기 위한 기회를 갖는다.
- 미래에 대한 분명하고 제한되지 않은 비전을 갖는다.
- 창의적 브레인스토밍을 실시한다.
- 즉각적인 생활양식 변화를 시도한다.

이와 관련하여 O'Brien과 Lovetti(1992)는 인간중심계획의 공통적 기반을 다음과 같
이 정리하였다.

- 서비스 이용자와 그 사람을 사랑하는 사람들이 그 사람의 삶의 방향에 대해 1차적 권한을 가진다.
- 인간중심계획은 분담된 활동을 통하여 배우는 데 있다.
- 인간중심계획은 격리된 상태를 변화시키는 것이다.
- 개인의 바람직한 미래를 열기 위하여 현존 복지정책, 발달장애인 서비스 기관의 관행, 지역사회와의 관계, 예산집행, 서비스 제공자의 역할과 책임, 행정가들의 행정처리가 바뀌어야 한다.
- 인간중심접근은 발달장애인의 존엄과 완전성을 존중해야 가능하다.
- 인간중심계획은 서비스 이용자가 바람직한 미래를 정의하고 이를 추구하는 것을 돕는 것이다.

(2) 인간중심계획과 개별서비스 지원계획

Nankervis(2006)의 구분에 의한 인간중심계획이 발달장애인의 삶, 비전, 미래에 초점을 둔 계획이라면, 개별서비스 지원계획은 서비스 전달 및 지원을 하기 위한 계획이라고 할 수 있다. 인간중심계획을 전제로 한 개별서비스 지원계획은 서비스 이용자의 욕구와 열망에 맞추어 서비스를 지원하는 것이지, 발달장애인을 기존에 제공되는 서비스나 조직의 상황에 맞추는 것은 아니다. 또한 인간중심계획은 서비스 이용자에 대한 세부적이고 개별화된 서비스 계획을 수립하기 위한 기초로 활용되어야 한다. 예를 들어 '자신이 좋아하는 음악을 언제든지 스스로 듣는 것'이 인간중심계획과정에서 서비스 이용자가 원하는 것이었다면, 개별서비스 지원계획에서는 이를 효과적으로 수행하기 위한 서비스 제공자, 기관, 기타 자원의 지원계획이 포함되는 것이다. 인간중심계획과 개별화된 서비스 계획의 연결모형은 다음과 같다.

표1-3 인간중심계획과 개별화된 서비스 계획의 연결모형

인간중심계획	개별화된 서비스 계획

• 초점은 발달장애인의 삶, 미래에 대한 비전
• 포함되는 정보
  – 꿈과 비전
  – 희망과 악몽
  – 행동
  – 누가 그들의 삶에 관여되는지
  – 누가/무엇이 그들에게 중요한 지
  – 좋아하는 것/ 싫어하는 것
  – 강점과 독특한 재능
• 준비하는 사람
  – 초점이 되는 인물(서비스 이용자)
  – 촉진자
  – 가족
  – 친구
  – 기타
• 발달장애인의 개인적 네트워크에 속한 모든 이해당사자에 의해 얻어진 계획의 결과로 조치가 취해짐.
	• 초점은 인간 지향의 서비스 전달과 지원
	• 인간중심계획에 의해 유도됨
	• 포함되는 정보
	  – 목적과 목표
	  – 전략
	  – 책임
	
	• 초점인물, 다른 서비스 공급자, 가족, 옹호자와의 자문을 통해 서비스 전달자에 의해 개발됨
	
	• 지원조직의 서비스 제공자에 의해 얻어진 계획의 결과로 조치가 취해짐

▼

인간 지향의 실천

▼

발달장애인에 대한 중대한 성과들	
– 지역사회에서 활동함	– 선택
– 역량의 개발	– 존중
– 참여	

위 표에서와 같이 인간중심계획은 발달장애인의 삶, 미래에 대한 비전을 확인하게 된다. 이를 위하여 꿈과 비전, 희망과 악몽, 행동, 누가 삶에 관여되는지, 누가/무엇이 중요한지, 좋아하는 것, 싫어하는 것, 강점과 재능을 탐색한다. 이를 위하여 서비스 이용자, 촉진자, 가족, 친구, 기타 인물이 함께 참여하여 인간중심계획을 준비한다. 이렇게 개발된 인간중심계획을 바탕으로 서비스 전달자에 의하여 개별화된 서비스 계획이 세워지는 것이다.

2) 주요 인간중심계획 모델

인간중심계획의 다양한 모델에 대하여 Sanderson 등(1997)은 Essential life planning(ELP), 개별서비스설계, Personal Future Planning(PFP), McGill Action Planning System(MAPs), Planning Alternative Tomorrows With Hope(PATH)의 예를 들었으며, Nankervis(2006)는 그의 논의를 바탕으로 Essential life Planning(ELP), McGill Action Planning System(MAPs), Planning Alternative Tomorrows With Hope(PATH), Personal Futures Planning(PFP)을 핵심적 방법으로 제안하였다. 여기서는 Nankervis가 말하는 4가지 인간중심계획 모델을 살펴보고자 한다.

(1) Essential life Planning(ELP)

ELP는 1980년대 후반에 시설에서 지역사회로 이동한 사람들을 위하여 개발되었다. 이 방법은 매일 어떤 서비스가 지원되어야 하는지 세세하게 작성하도록 되어 있다. 따라서 서로 다른 서비스 제공자가 교대로 근무하면서 동일한 서비스를 지원해야 할 경우에 매우 유용한 도구이다. ELP의 초점은 ①서비스 이용자에게 중요한 것을 발견하기 ②건강, 안전, 위험이 서비스 이용자와 그를 알고 돌보는 이들에게 의미하는 것에 대해 배우기 ③공적 자금을 선용하면서 행복과 안전 사이에서 균형을 가지고 어떻게 다른 이를 지원할 수 있는지 발견하기 ④서비스 이용자가 그들에게 중요한 것을 얻도록 도울 사람에게 쉽게 접근할 수 있도록 무엇을 배웠는지 묘사하기이다. ELP 실천을 위한 정보수집 시 파악해야 하는 것은 ①핵심(서비스 이용자가 자신의 생활양식을 성취하고 자신의 복지를 유지할 때 일어나야만 하는 것(질문의 예: 너에게 무한한 권한(돈, 힘)을 준다면⋯⋯.)) ②무엇이 중요한지(유의미한 차이를 만드는 것) ③즐거움(서비스 이용자의 삶이 보다 즐겁고 만족스럽기 위하여 갖고 싶어 하는 것)이다. ELP의 실천 5단계로는 ①배우고 싶은 것, 그것을 배우는 방법에 대해 생각하라. ②정보를 모으라. ③첫 계획을 개발하고 검토하라. ④배운 것을 실천에 포함시키라. ⑤지속적으로 배우라고 Smull & Sanders(2002)는 정리하고 있다.

…을 발견하다		
타협할 수 없는 것	강력하게 좋아하는 것	매우 원하는 것

…하기 위해서(in order to)
– 그 사람의 주요 가치와 선호도를 발견하기 위해서 – 그 사람의 장애와 안전의 이유를 설명하기 위해서 – 미래를 위한 비전을 발전시키기 위해서 – 지역사회 서비스를 동원하고 변화시키기 위해서

그 사람이 진실로 알고 있고
관심이 있는 사람들이 말하기를…….

그 사람이 ……하는 것을
성공적으로 지원하기 위하여

그 사람에 대해 사람들이 말하기를…….

만일 이것이 일어나게 하려면
우리는 반드시 ……해야 한다.

……는 말과 행동에 귀를 기울이다.

(2) MAPs (McGill Action Planning System)

Forest & Pearpoint(1997)에 의하면, 개인과 조직을 위한 실행계획을 개발하는 7단계를 말한다. MAPs의 목적은 '악몽(nightmares)−가장 나쁜 시나리오'에서 꿈(dream)으로 이동하는 것을 의미한다. PATH처럼 꿈의 부분이 강조되지 않고, ELP처럼 개인의 현재 혹은 약력을 자세히 요구하지 않는다.

MAPs를 준비하기 위한 7가지 질문은 ①서비스 이용자의 역사는 무엇인가?(중요한 전환점) ②무엇이 그들의 꿈인가? ③무엇이 그들의 악몽인가? (그렇게 되지 않았으면 하는 것은?) ④그 사람은 누구인가? ⑤그들의 독특한 강점과 재능은 무엇인가? ⑥악몽을 피하고 꿈에 도달하기 위해 그 사람에게 필요한 것은 무엇인가? ⑦무엇이 실행 계획인가? 이다.

MAPs의 핵심 요소는 서비스 이용자와 사람들과의 관계 형성이다. 따라서 서비스 이용자의 재능을 찾아 지역사회와 연결하는 과정을 통해 서비스 이용자의 사회적 관계를 지속적으로 증진시킬 수 있도록 계획이 수립되어야 한다.

(3) Planning Alternative Tomorrows With Hope(PATH)

PATH는 Pearpoint, Forest, O'Brien에 의해 개발된 것으로, 긍정적 미래에 대한 분명한 그림을 개발하고 역순으로 생각하는 것이다. PATH는 단기와 장기계획을 다루고, 초점이 되는 사람의 꿈과 바람을 파악하도록 돕는다. PATH의 강점은 목적을 달성하고 실행하는데 시간기준을 제공하고, 목적을 측정가능하고 달성가능한 단계로 나눈다는 점이다.

PATH의 실천 8단계(Pearpoint et al, 1995)는 다음과 같다.

①꿈(북극성)을 건드리라 ②목적을 인식하고 내년(1-2년 후)의 초점을 결정하라. ③현재에 기반을 두라. ④참여하는 사람을 파악하라. ⑤강점을 구축하기 위한 방법을 인식하라. ⑥다음 몇 달(3달)동안의 조치를 도표화하라. ⑦다음 달의 활동을 계획하라 ⑧첫 단계를 위하여 몰입하라.

PATH의 이 과정은 매우 구체적인 활동계획을 수립함으로써 발달장애인 자아실현의 방향을 설정하게 하고 변화지점을 검토하게 한다.

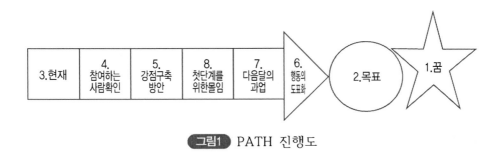

그림1 PATH 진행도

(4) Personal Futures Planning(PFP)

PFP는 Mount와 O'Brien에 의해 개발된 것으로 지역사회에서 관계와 기회의 개발이 가장 중요하다는 전제에 기반하고 있다.

PFP를 준비하는 7단계로는 ①서비스 이용자에 대해 알려진 것을 증진시킨다. ②서비스 이용자 주변의 세상에서 무엇이 변화하고 있는지 점검한다. ③보다 기대할 만한 미래를 파악한다. ④진전을 방해할 수 있거나 실제로 방해하는 것들이 무엇인지 파악한다. ⑤기대되는 미래를 구축하기 위하여 필요한 단계적 조치를 파악한다. ⑥조치를 취한다. 3단계에서 구축한 5가지 작은 단계에 동의한다. ⑦그 체계에서 변화가 필요한 방법을 파악한다.

PFP를 실행하기 위하여 다음의 4가지 준거를 충족시켜야 한다(Mount, 1994). ①몰입을 탐색하라. 서비스 제공자는 다음과 같은 사항을 결정하기 위하여 초점이 되는 사람 및 또 다른 누군가를 만나야 한다. 누가 계획 과정에 포함되어야 하는지, 그 과정은 독특한 도전과 기회에 부합되도록 어떻게 수정되어야 하는지, 그 계획이 가장 잘 수행될 수 있는 조건을 창조하기 위하여 서비스 제공자가 무엇을 할 수 있는지 확인한다. 그 과정에서 관계망 지도가 만들어진다. ②기회를 발견하라. 개인 프로파일은 서비스 이용자의 삶에 대한 일련의 그림 혹은 단어지도이다. 다음은 개인 프로파일을 구성하는 기본 및 선택 틀이다.

- 관계 지도 : 지지와 지원을 위한 기회를 발견함.

  가족, 친구, 서비스 제공자 등으로 구분하여 관계망을 적음.
- 장소 지도 : 현재 일상생활의 패턴이 이루어지는 장소를 묘사함.

  즐거워하는 장소, 긍정적 경험을 주는 장소, 싫어하는 장소를 적음.
- 배경 지도 : 초점이 되는 사람과 가족의 생활경험을 개관함.

  학교, 병원, 거주지 등을 적고 위기나 문제가 있는 경험과 긍정적인 것을 구분하여 표현.
- 선호 지도 : 서비스 이용자의 선호, 재능, 관심, 피해야 할 조건을 묘사함.

  흥미, 몰입, 동기가 생기는 것과 지루함, 분노, 우울, 좌절을 낳는 것을 구분하여 적음.
- 꿈 지도 : 서비스 이용자의 꿈과 미래를 위한 열망에 대한 아이디어를 묘사함.

  주거, 직업, 지역사회생활, 개인적 꿈을 찾아보고 필요한 시간을 적음.

- 희망과 두려움 지도 : 변화가 일어나기 위한 기회와 장애물을 어떻게 느끼는지 묘사함. 기회/희망, 방해물/두려움을 구분하여 적음.
- 선택지도(선택) : 서비스 이용자나 다른 사람에 의해 이루어진 결정을 묘사하며 개별적 지원의 필요를 분명히 함.
- 건강상 이슈 지도(선택) : 서비스 이용자의 건강을 증진하거나 위협하는 조건을 묘사함.
- 존중 지도(선택) : 지역사회의 수용에 방해를 만들어내는 개별적 특질을 묘사함.

③새로운 방향을 찾으라. 실행을 위한 계획을 개발하고, 사람들을 도와 실행을 위해 헌신하도록 한다. ④실행하라. PFP과정이 진전되면서 더 많은 사람들이 참여하기 위해 소집되고 초점이 되는 이를 위한 가용한 지원망이 확장된다. 실행하고 지속적으로 관여되는 이들 집단에게는 헌신이 요구된다.

3) 인간중심 서비스 계획의 방해물과 대응

(1) 인간중심계획의 방해물

인간중심계획의 방해물에 대한 논의는 상당히 지속되어 왔는데 이 논의의 공통 질문은 다음과 같이 현장의 서비스 제공자의 인터뷰를 통해서도 알 수 있다.

① 공급자 중심/ 프로그램 중심의 사고방식과 지원

공급자 중심, 프로그램 중심의 사고방식이 인간중심계획의 저해요소가 될 수 있다. 기존의 서비스 틀에 발달장애인이 참여하는 형태로 서비스를 제공하거나, 기존의 프로그램과 계획이 발달장애인의 기대와 열망을 즉각적으로 반영하지 못한다는 것이다.

"잘못되었다고 생각하지만, 현재의 대부분 시설의 운영방식은 단위사업이 있으면 그 활동에 적합한 장애인들을 맞추어 넣는 방식이에요. 그리고 개별서비스 지원계획에 그 사람의 욕구에 맞는 활동으로 기관에서 운영되고 있는 프로그램을 적지요. 심지어는 여가활동 영역에서 노래방까지 계획을 세워야 하는 데 그것은 좀 이상한 것 같아요. 예를 들어 '목요일 오후 3-4시까지는 노래방에 간다'고 계획을 세웠으면, 계획을 세웠으니 그날 당기지 않아도 무조건 우르르 가야 해요. 그런데 우리들(서비스 제공자, 비장애인) 중에 그렇게 여가 생활하는 사람이 어디 있나요? 하지만 만약, 여가활동까지 계획을 하지 않는다면, 어떤 기관에서는 그나마 의무적으로 했던 여가활동도 안하려 할 거예요. 장애인이 원하지 않아서 시설에 계속 있었다고 해도 할 말이 없을 테니까(A기관, ○○○사회복지사)."

② 서비스 제공자의 준비 부족

서비스 제공자는 서비스 이용자들의 다양한 욕구를 수용하여, 발달장애인의 장점을 분석하고 직면한 문제를 해결해 가며 발달장애인들에게 여러 가지 가능성을 제시해주어야 한다. 이 때 가장 필요한 것은 다양한 경험과 인내력, 진취성, 분석력이라 할 수 있다. 하지만 현재의 서비스 제공자들은 기록과 실적 위주의 실천방법에 더 익숙해져 있으며, 많은 업무량과 소진으로 인해 발달장애인의 욕구에 부응하는 실천방법을 고민하는데 한계를 가지고 있다.

"사회복지사의 역할에 대해 학교에서 배우기는 했지만, 직접 현장에서 장애인을 대면했을 때 어떠한 방법으로 욕구를 파악해야 하는지도 모르겠고, 저 많은 욕구를 다 지원해야하나? 라는 의문만 들어요. 그리고 장애인들이 꿈과 희망을 말할 때는 그게 이루어질 수 있겠어? 라는 반문이 생기지만 누구한테 물어볼 곳도 없고요"

"사회복지사로서 전혀 준비가 되어 있지 않은 동료들은 본인들의 생각이 없어요. 수퍼비전이 명확하지 않은 서비스를 지원하고, 때로는 방향조차도 본인들이 제대로 모르는 경우가 많아서 서비스를 제공 받는 장애인들이 불만을 말하는 경우가 있어요(B기관, ○○○사회복지사)."

③ 경증 발달장애인 중심의 이용자 구성

인간중심계획의 경우 발달장애인의 열망, 선호, 자기결정을 반영하는 것을 기본으로 하기 때문에 경증에 초점이 맞추어진 것 또한 방해요인으로 발견되었다.

"인간중심계획을 비롯한 최근의 연구의 경우 경증에 맞추어진 것 같아요. 하지만 중증의 경우 기본적으로 의사소통이 안 되는데 인간중심계획이라는 것도 한계가 있지요."

"욕구표현을 잘 못하거나 의사소통이 안 되는 사람에게는 보호자, 서비스 제공자의 의견을 반영해서 계획을 세워요(A기관, ○○○사회복지사)."

④ 필요한 것과 원하는 것의 차이

발달장애인에게 필요한 것과 발달장애인이 원하는 것이 다를 경우에 이를 어떻게 조율할 것인지에 대한 문제이다. 기본적으로 인간중심계획은 발달장애인이 원하는 것, 선호에 초점이 맞추어져 있다. 하지만 발달장애인의 경우에 '자신에게 필요하고 중요한 것'을 제대로 결정할 수 있는 능력이 있는가에 대한 의문을 제기하는 것이다.

"서비스 제공자가 보기에는 필요하지만 장애인이 거부하는 경우에는 어느 정도까지 당사자의 의견을 받아줘야 하는지 고민이 돼요. 기본적으로 자기결정을 존중한다는 윤리기준을 취하려고 하지만, 딜레마 상황이 있으면 사례회의를 통해 결정해요(C기관 ○○○사회복지사)."

Mansell과 Beadle-Brown(2004)은 계획과 실행 간의 차이점으로 작용하는 수많은 요인들은 인간중심계획이 개별계획을 위한 더 나은 접근이라고 확신할 수 없는 이유라고 하였다. 특히, 발달장애인의 인지적 제약, 관계형성과 호혜성 확보의 어려움, 의사결정의 한계, 지역사회 자원망 소집에 대한 어려움, 서비스 제공자들의 발달장애인에 대한 과소평가 등이 그 핵심적 요인이라고 주장하였다. 이러한 주장은 위 서비스 제공자들의 인터뷰에서 도출된 사항 중에서 '경중 발달장애인 중심의 서비스이용자 구성', '서비스 제공자의 준비부족', '필요한 것과 원하는 것의 차이'라는 이슈와 관련이 있다고 할 것이다.

Robertson 등(2007)은 영국 발달장애인에 대한 인간중심계획 실행의 방해물이 무엇인지 실증연구를 하였다. 이 연구에서 인간중심계획의 실패요인을 아래와 같이 밝히고, 분석을 통해 요인을 도출하였는데, 서비스 제공자의 의견들은 한국과 영국의 상황에 대한 인식이 크게 다르지 않은 것으로 보인다.

표1-5 영국 발달장애인에 대한 인간중심계획수행의 방해요인 정리(Robertson et al, 2007)

차원	방해요인 (높은 응답 순으로 정리)
서비스 이용자에 대한 PCP의 방해물	− 지역사회 및 서비스 방해물 − 서비스 제공자 방해물 − 발달장애인의 개별적 방해물 − 발달장애인의 신체적 방해물
PCP에 대한 조직적 방해물	− 재원부족 − 훈련받고 헌신된 PCP 촉진자의 부족 − 서비스 제공자의 훈련부족 − PCP를 지원하는 옹호 서비스의 부족 − 다양한 조직과 서비스 간 협력의 부족 − 새로운 작업방식을 시도하는 것에 대한 저항 − PCP 촉진자에 대한 지속적인 지원(수퍼비전)의 부족 등
PCP의 실행과 목적달성의 방해물	− 시간부족 − 서비스 제공자 부족 − 회의일정 조정의 어려움 − 참여자의 저항 − 재정부족 − 지원망을 개발하고 참여시키기 힘듦 − 참여자와의 의사소통과 이해가 어려움 − 활동과 서비스에 대한 접근의 어려움 − PCP에 대한 이해의 부족 등

(2) 인간중심 서비스계획을 위한 대응방식

인간중심계획의 수행은 조직의 과정과 서식 일부만 바꾸는 것 이상의 문화적 변화를 의미한다. 조직을 중심으로 서비스를 제공하고, 이미 세팅되어 있는 시스템에 발달장애인을 맞추는 것이 아니다. 선택의 여지가 없는 활동에 참여하는 것이 아니라, 발달장애인의 선택에 의해 활동을 구성하는 것이다. 그런 의미에서 전면적 변화를 의미한다. 따라서 인간중심계획을 수행해 온 공급자, 조직중심의 실천 시스템을, 소비자, 발달장애인 중심의 시스템으로 전반적인 재조정을 하는 것이다. 이는 최근 사회복지실천에서 대두되고 있는 강점관점과 맞닿아 있기도 하다.

이러한 근본적 변화(transformational change)가 필요한 이유는 앞에서 논의한 방해물이 시설 기능의 한 부분만의 변화를 통해서 제거될 수 있는 것이 아니기 때문이다. 앞에서 논의한 방해물을 범주화하자면, 서비스 제공자의 준비 부족, 실천조직의 경직된 운영방식, 지역사회관계망/발달장애인의 사회적 기능부족, 발달장애인의 인지능력/의사소통의 제약, 과도한 긍정주의로 인한 부정적 결과이다. 인간중심계획의 원활한 수행을 위해 방해물에 대한 적절한 대응 방법을 표1-8과 같이 정리하였다.

표1-7 인간중심계획 수행의 방해요인과 대응

방해요인	대응을 위한 제안의 예
실천조직의 경직된 운영방식	– 다양한 재원확보로 융통성이 있는 자금을 운영함. 금전관리가 되는 발달장애인의 경우, 본인이 동의하는 조건 속에서 욕구를 충족시키기 위하여 유연하게 계획함. 추후 정책 변화로 발달장애인 중심의 직접지불시스템(direct payment system)으로 이행된다면, 개별화된 서비스가 강조될 것임. – 국가나 지자체의 정책이념의 변화가 요구된다는 측면에서 장기적인 과제이며, 시설의 지속적인 실천 변화 요구가 이루어져야 함. – 발달장애인이 욕구 표출시, 서비스 목적과 계획을 가감하기 위한 융통성 있게 일정이 조정되어야 함. – 기관운영절차, 내규에 반영하고, 실행하기 위한 서식들을 구조화함. (발달장애인의 일상생활능력 중심의 사정을 하고 그들의 '꿈'은 나중에 짧게 적는 서식이 아니라, 발달장애인의 '꿈' 3-4가지, '강점', '관련 적응행동'이 중심이 되도록 재구조화)
서비스 제공자의 준비 부족	– 가장 우수한 인력을 욕구사정과 인간중심계획과정에 참여시킴 (관련 경력 5년 이상이 요구됨(O'Brien, 2007) – 지속적인 인적자원개발(교육과 훈련, 수퍼비전)을 통한 인간중심철학의 내면화 – 조직에서 인간중심실천을 강조하고 있다는 메시지를 기관장이 수시로 강조 (조직문화에 대한 상징적 리더십) – 인간중심계획을 위하여 가족, 친구, 직장상사, 동료 등 다양한 참여자를 조직화하여 서비스 계획수립 시 사전 공지
지역사회 관계망의 부족 서비스 이용자의 사회적 기능 부족	– 다양하고 구체적인 지역사회의 경험을 시키도록 함. – 발달장애인이 원하는 모임, 단체, 직장에 참여하는 것까지 권장함. – 스스로 최소한의 도움을 얻어 이동 및 접근을 할 수 있도록 훈련 및 기회의 제공 – 가족, 친구와의 접촉의 기회 증대 (시설로의 초대, 가족 및 친구의 가정 방문 등)

방해요인	대응을 위한 제안의 예
발달장애인의 인지능력, 의사소통의 제약으로 불참시키거나 명목상으로만 참여시킴	– 이용자의 선호, 열망을 관찰하여 계획에 반영함. – 인지능력, 의사소통 능력을 고려하여 의사소통을 위한 보조수단(그림, 시각 자료 등)을 제공함. – 개별계획 수립 시 발달장애인, 가족, 친구, 옹호자 등의 참여를 명시하고 서 명동의를 반드시 구함 – 발달장애인 중심의 좀 더 쉬운 표현을 사용함. (최소한 사회복지를 전공하지 않은 가족들이 개별서비스계획서를 보고도 이해할 수 있을 정도로 쉬운 표현 을 사용함. 그렇게 하면 서비스 제공자들이 발달장애인들에게도 참여하는 과 정을 쉽게 이해시킬 수 있도록 하는 훈련이 되기도 함)
과도한 긍정주의로 인한 부정적 결과	* Michaels(2007)의 의견 – 현실적이고 융통성 있는 목표의 수립이 이루어지도록 함. – 구체적이고 객관적인 평가기준을 두어 정직한 평가가 이루어지도록 함. – 실패하더라도 이를 통해 배운 것에 주목하도록 함.

4) 인간중심계획과 개별서비스 지원 계획의 기준과 원칙

Sanderson은 인간중심의 개별서비스 지원 계획이 수행되지 않는다면, 발생할 수 있는 위험에 대해 다음과 같이 경고한다. '많은 사람들이 무력하기 때문에 권력(power)은 논쟁거리(issue)가 된다. 그들의 삶은 타인에 의해서 통제되고 있다. 그리고 다른 사람들은 직접적인 방법으로 그들을 통제한다. 어떻게 그들이 시간을 사용하는지, 그들이 무엇을 먹는지, 그들이 어떻게 행동하는지, 심지어 그들이 무엇을 말하는지. 이러한 맥락에서, 계획(planning)은 단지 또 다른 모욕(indignity)이 될 수 있다.'(Sanderson et al, 1997). 이러한 경고는 우리나라의 서비스 이용자에게도 여전히 유효하다고 판단된다. 인간중심의 계획은 우리가 세운 정교한 계획이 인간을 모욕(indignity)하지 않도록 예방해준다. 그렇다면 인간중심의 계획이 개별화된 계획으로 전환될 때 고려되어야 할 기준과 원칙은 무엇일까?

Schwartz와 그의 동료들(1994)은 발달장애인, 부모, 서비스 제공자, 옹호자, 공무원 등과의 모임을 통하여 어떠한 실천이 훌륭한 인간중심계획의 실천인지 검토하고 다음과 같이 8가지 기준을 제시하였다.

(1) 활동, 서비스, 지원은 발달장애인의 꿈, 관심, 좋아하는 것, 강점, 능력에 기초를 두어야 한다.

- 달장애인의 꿈, 관심, 좋아하는 것, 강점, 능력이 분명하게 들어가야 하고, 이것이 활동, 서비스, 자원을 유도한다.
- 서비스와 지원은 개별화되어야 하며, 기관에서 가지고 있는 서비스에만 의존해서는 안된다.
- 지원과 서비스는 발달장애인에 의해 선택되어야 하며, 의미 있고 기능적이어야 한다.
- 발달장애인은 자신의 목적을 성취한다.

(2) 삶의 방향을 계획하는 데 발달장애인에게 중요한 사람들이 참여해야 하며, 자신이 삶을 통제할 수 있는 기회를 가져야 하며, 정보가 제공된 상태에서 결정을 내릴 수 있어야 한다.

- 발달장애인과 옹호자가 결정이 이루어지는 계획과정과 토론에 참여한다.
- 다양한 사람들을 초대하여 계획을 세우고, 토론하는 데 도움을 주도록 한다.

(3) 발달장애인은 자신이 경험한 것들에 근거하여 결정을 내리는 의미 있는 선택을 해야 한다.

- 발달장애인은 선택을 하기 전에 여러 대안들을 경험하는 기회를 가져야 한다.
- 발달장애인의 삶에서 가정, 일, 인간관계와 관련된 삶을 결정하는 선택을 하도록 해야 한다.
- 의사결정의 기회가 일상생활 속에서 이루어져야 한다.
- 발달장애인 자신의 자유 시간을 어떻게 활용할 것인가 결정한다.

(4) 가능한 한 자연스럽게 지역사회내의 지원 활용이 이루어지도록 한다.

- 발달장애인의 동의로 가족, 이웃, 서비스 제공자의 지원이 활발하게 이루어지도록 한다.
- 지역사회 내의 일상적이고 일반적 자원을 활용하도록 한다.

(5) 대인 관계, 지역사회통합, 존엄에 기여하고, 지역사회의 가치 있는 일을 할 수 있는 기술을 증진하도록 활동, 지원, 서비스가 이루어져야 한다.

- 일반적이며 다양한 지역사회 내에 있어야 하며, 분리된 서비스나 장소는 최소화해야 한다.
- 친구를 가지고 있어야 하며, 지역 사회 내에 자연스러운 관계를 형성할 기회를 가져야 한다.
- 욕구가 있다면 지역사회내의 가정과 일터에 접근할 수 있어야 한다.
- 지역사회 구성원으로서 사회에 공헌할 수 있는 기회를 가져야 한다.

(6) 기회와 경험을 최대한 갖도록 현재의 예산과 규정 내에서 유연하게 제공되어야 한다.

- 발달장애인의 욕구와 희망에 따라 서비스와 재정지원이 이루어져야 하며, 역으로 서비스와 재정에 따라 발달장애인의 욕구와 희망이 맞추어져서는 안 된다.
- 예산의 제한으로 지원의 우선순위를 결정해야 한다면 발달장애인 본인과 옹호자들이 결정해야 한다.

(7) 계획은 공동으로, 지속적으로, 책임감 있게 이루어진다.

- 계획은 정기적이고 일상적 과정으로 이루어진다. 삶의 양식에 대한 결정은 계속 반복된다.
- 발달장애인을 알고 있고, 그에게 소중하며, 서비스를 제공할 책임이 있는 사람이 계획팀에 포함된다.

(8) 발달장애인에게 주어지는 활동, 지원, 서비스는 만족스러워야 한다.

- 대인관계, 가정, 일상생활 등에 본인이 만족을 표해야 한다.
- 삶의 영역에서 만족스럽지 못한 영역은 실제로 바뀌어야 할 영역이 된다.

상기 기준과 원칙에 따라 구성된 인간중심계획을 바탕으로 개별화된 계획을 세울 때 고려할 기준과 원칙에 대하여 Meyer아동재활기관(1985)과 Smull과 Sanderson(2002)은 다음과 같이 제안하였다.

표1-8 개별화된 계획을 위한 핵심가치와 원칙

개별화된 계획을 위한 핵심 가치	개별화된 계획을 위한 원칙
• 발달장애인은 양질의 서비스를 받을 권리와 지원하는 사람의 최선의 노력을 받을 자격이 있다. • 발달장애인은 삶의 주류에 포함되어야 지원을 가장 잘 받을 수 있다. • 발달장애인은 다른 시민과 동등한 지위를 가진다. • 발달장애인을 지원하는 사람들은 그들에 대한 고정관념(stereotype)을 갖지 않아야 한다. • 장애의 정도와 상관없이 모든 사람은 배우고 성장한다. • 모든 이는 동등한 인간으로서 가치를 지녔으며 존중받을 자격이 있다. • 기대로 인해 인간의 성장과 기회는 도전을 받거나 제한받을 수 있다.	• 우리가 능숙함과 존중함으로 경청할 때 장애의 심각함과 상관없이 각 사람에게 중요한 것이 무엇인지 배울 수 있다. • 사람들이 오늘 원하는 것과 내일 원하는 것은 다르기 때문에 계획에는 지속적인 노력이 요구된다. • 사람들이 자신이 원하는 것에 대한 기회를 얻고 자기 삶에 중요한 것을 추구하는 가운데, 성장과 학습은 자연스럽게 일어난다. • 우리가 '비동조', '도전', '문제행동'이라고 이름 붙인 많은 행동은 그 사람에게 현재 중요한 것이 존재할 때 사라진다. • 장애가 심각해도 우리가 듣는 법을 배워가고 신뢰가 발달하면 사람들은 삶에 대해 긍정적 통제력을 가질 수 있다. • 비록 시간이 걸리더라도 지역사회에서 관계망은 발생할 수 있다.

이러한 논의를 고려하여 인간중심계획과 개별화된 계획에서 반영되어야 할 원칙은 전반적으로 참여자에게 권한을 되찾아주고 증진시켜주는 임파워먼트 실천과 맥을 같이 한다.

- 발달장애인 중심의 원칙
- 존중과 참여의 원칙
- 자기결정 및 동의의 원칙
- 정기성·지속성의 원칙
- 포괄성의 원칙
- 강점·선호·능력·욕구 지향의 원칙
- 지역사회통합(참여)의 원칙
- 안전과 보호의 원칙
- 책임성의 원칙

4. 맺으며

앞에서 논의한 욕구사정 및 개별서비스 지원계획은 주로 인간중심계획의 기본 이념을 토대로 하고 있다. 이는 병리, 결핍에 따른 제한으로 인해 부족한 기능을 서비스 제공자가 파악하여 '알아서' 재활시키는 것이 아니라, 발달장애인이 열망하는 것을 달성하기 위하여 필요한 맞춤식 지원을 발달장애인 주변의 소중한 사람들이 함께 모여 확인하고 계획하는 것을 의미한다. 인간중심 서비스 지원계획은 그 자체로도 의미가 있지만, 구체적인 지원을 책임있게 수행하기 위하여 개별화된 계획으로 전환이 되어야하고, 그 결과 인간지향의 실천이 이루어지게 된다. 그로 인한 결과는 발달장애인이 지역사회에 더욱 많이 나타나고, 선택권이 증가하며, 역량이 계발되고, 존중받는 일이 많아지는 등 다양한 삶의 장면에 참여가 이루어지는 것이다.

본 장에서는 이러한 인간중심 서비스 계획을 수립하고 시행하는 데 어려움을 야기하는 요인으로 조직의 지원 부족, 자금배분방식의 경직, 지역사회의 관계망/발달장애인의 사회적 기능 부족, 발달장애인의 인지능력과 의사소통 제약으로 계획과정에 불참시키거나 명목상으로만 참여시키는 구조, 과도한 긍정주의로 생기는 부정적 결과들을 제시하였으며 이를 극복하기 위한 과제와 함께 인간중심 서비스지원 계획, 이를 바탕으로 한 개별화된 계획에서 고려해야 할 원칙과 가치를 살펴보았다.

이를 기초로 인간중심계획을 기반으로 한 개별화된 계획에서 고려해야 할 원칙과 가치를 서비스 이용자 중심의 원칙, 존중과 참여의 원칙, 자기결정 및 동의의 원칙, 정기성·지속성의 원칙, 포괄성의 원칙, 강점·선호·능력·욕구 지향의 원칙, 지역사회통합(참여)의 원칙, 안전과 보호의 원칙, 책임성의 원칙으로 제시하였다. 아울러 실천의 기본원칙으로 개별서비스 계획을 수립함에 있어 서비스 이용자의 욕구를 반영하도록 하는데 핵심적이고 실천적인 함의를 담고 있다. 나아가 서비스 제공자가 서비스를 계획하고 수행함에 있어 제공자, 조직, 예산 중심이 아닌 서비스 이용자 중심, 서비스 이용자의 선택과 결정이 중심이 되어야 함을 강조하는 데 의의가 있다.

다만, 발달장애인에게 서비스를 제공하고 있는 많은 기관 중 거주시설의 서비스 이용자 및 서비스 제공자를 대상으로 한 자료와 인터뷰를 바탕으로 하였으므로, 향후 지역사회, 공동생활가정, 주·단기 시설에서 거주하고 있는 발달장애인들에게도 확대 적용할 수 있는 기틀을 마련해야 할 것이다.

참고문헌

한국장애인복지시설협회. 2013. 장애인거주시설의 서비스딜레마(문제점) 사례연구

임종호 외. 2010. 장애인복지론, 학지사

김미옥 외. 2008. 장애인 이용기관 이용자 참여 매뉴얼 개발 연구. 한국장애인복지기관협회 연구용역

AMR(박승희, 신현기 역). 2003. 정신지체 개념화 : AAMR 2002년 정신지체 정의 분류 지원체계. 서울: 교육과학사

엠마우스복지관. 2005. 사람이 중심에 서는 서비스 계획. 엠마우스복지관

윤삼호. 2008. 장애인권리협약 번역문. http://www.dpidaegu.org 홈페이지 참조

Bradley, V. J. 1994. Evolution of a new service paradigm In 엠마우스복지관. 2005. 사람이 중심에 서는 서비스 계획. 엠마우스복지관

Butterworth, J., Steere, D. and Whitney-Thomas, J. 1997. Using person-centerd planning to address personal quality of life In Dempsey, I & Nankervis, K. 2006. Community Disability Services. UNSW Press

Brown, L., Shiraga, B., Rogan, P., York, j., Albright, K., Z., McCarthy, E. et al. 1988. The 'why' question in programs for people who severely intellectually disabled. In Dempsey, I & Nankervis, K(2006). Community Disability Services. UNSW Press

Clare, L. & Cox, S. 2003. Improving service approaches and outcomes for people with complex need through consultation and involvement. Disability & Society, 18(7), 935-53

Cummings, T. G. & Worley, C. G. 2009. Organizational Development and Change(9th ed.). Australia ; Mason, OH : South-Western/Cengage Learning

Green, Sigafoos, O'Reilly & Arthur-Kelly(2006) People with extensive to pervasive support needs In Dempsey, I & Nankervis, K(2006). Community Disability Services. UNSW Press

Grossman, H. J. 1983. Classification in mental retardation (rev. ed.). Washington DC: AAMD

Forest, M. & Pearpoint, J. 1997. Life either daring adventure or nothing at all In O'Brien, J. & Murray, R. (Eds), Human services: Toward partnership and supports. Palmerston North, NZ: Dunmore Press

Holburn, S., & Cea, C. D. 2007. Excessive Positivism in Person-Centerd Planning. Research & Practice for Persons with Severe Disabilities, 32(3) 167-172

O'Brien, J. & Lovetti, H. 1992. Finding a way toward everyday lives: The contribution of person centered planning. Harrisburg, Pennsylvania : Pennsylvania Office of Mental Retardation In 엠마우스복지관. 2005. 사람이 중심에 서는 서비스 계획. 엠마우스복지관

Pearce, J. 2006. Person Centerd Planning in a Learning Disability Service. Glasgow: BILD Publications

Robertson, J., Hatton, C., Emerson, E., Elliott, H., McIntosh, B., Swift, P., Krinjen-Kemp, E., Towers, C., Romeo, Renee., Knapp, M., Sanderson, H., Routledge, M., Oakes, P. and Joyce, T. (2006). Reported Barriers to the Implementation of Person-Centered Planning for People with Intellectual Disabilities in the UK. Journal of Applied Research in Intellectual Disabilities. 20, 297-307

Sanderson, H. 2000. Person-centered planning: Key features and approaches. York: Joseph Roundtree Foundation

Schein, E. H. 2004. Organizational Culture and leadership (3rd ed.). San Francisco : Jossey-Bass

Schwartz, A. A., Holburn, S. C., and Jacobson, J. W. 2000. Defining person centeredness : Results of two consensus methods. Education and Training in Mental Retardation and Developmental Disabilities, 35(3) 235-249

Smull, M. & Sanderson, H. 2002. Essential lifestyle planning: A handbook for facilitators. Manchester: North West Training & Development Team.

Mansell, J. & Breadle-Brown, J. 2004. Person-centered planning or person-centered action? Policy and practice in intellectual disability services. Journal of Applied

Mount, B. 1994. Benefits and limitations of personal futures planning In 엠마우스복지관.
2005. 사람이 중심에 서는 서비스 계획. 엠마우스복지관

Nankervis, K. 2006. Planning for support. In Dempsey, I & Nankervis, K(2006).
Community Disability Services. UNSW Press

홈페이지 http://valuingpeople.gov.uk/index.jsp

제14장
직접지불제도와 개인예산제도:
영국의 경험과 적용 과제

이 승 기 (성신여자대학교)

1. 직접지불제도와 개인예산제도의 도입 의미

한 국가에서 복지서비스를 제공하는 방식을 살펴보면 해당 국가의 복지서비스에 대한 전반적인 철학과 가치를 조감해볼 수 있다. 복지서비스는 전반적인 제도적 내용을 담고 있으면서, 상호 이해관계 당사자가 직접적으로 맞닿아 있는 영역이어서 정책과 실천 분야를 모두 포함하고 있기 때문이다.

일반적으로 복지서비스 제공 방식의 첫 번째 단계는 국가에서 직접적으로 필요한 서비스를 생산하고 제공하는 방식인데 이러한 방법은 초창기 서비스가 부족하던 시절 국가에서 필요한 서비스를 직접적으로 제공하는 것이 불가피했으며 이것이 또한 국가의 책무라고 생각에서 나타난 방식이다.

두 번째 단계는 서비스가 다양해지고 복잡해지면서 국가에서 서비스를 직접 생산하고 제공하는 것이 효율적이지 못하다는 반성아래, 비영리민간기관에 복지서비스의 직접적인 생산과 제공을 맡기고 그에 소요되는 재정을 지원하는 방식이라고 할 수 있다.

해당 국가의 역사적 경험과 독특성에 따라 일부 서비스를 여전히 국가책임 하에 두는 것을 제외한다면, 현재의 대부분의 국가에서 활용하는 방식이라고 할 수 있다.

두 번째 단계의 방식인 비영리민간기관의 서비스 생산 및 제공을 맡기는 방식의 경우에도 2가지 유형이 나타나고 있는데, 하나는 국가에서 직접적으로 서비스를 생산하고 제공하지 않더라도 비영리민간기관에서 제공하는 복지서비스에 대한 관리를 국가가 책임지고 수행하는 방식이다, 이러한 유형은 복지서비스에 대해 일정정도 민영화가 이루어져 있다 하더라도 국가의 서비스에 대한 책임이 여전히 강조되고 있는 경우이다. 이에 비해 또 다른 유형은 국가는 비영리민간기관에 재정지원만을 책임질 뿐, 복지서비스에 대한 개입이 거의 없는 국가유형이라고 할 수 있으며 전자를 영국의 경우라고 한다면 후자가 한국의 상황에 해당된다고 할 수 있다.

장애인에 대한 직접지불제도와 개인예산제도는 복지서비스에 대한 두 번째 단계인 비영리 민간기관의 서비스 생산 및 제공과 이에 대한 국가 재정지원방식에 대한 근본적 회의에서 출발한 것이다. 이 때문에 이 제도는 국가에서 비영리민간기관에 재정을 지원하는 대신, 장애인에게 직접적으로 재정적 자원을 할당하라는 요구로 나타나고 있다. 장애인이 서비스에 대한 선택과 통제를 직접적으로 행사할 수 있다면, 비영리민간기관들이 전문가 혹은 행정가 우위의 입장에서 벗어나 서비스를 지원하는 협력자로서 기능할 수 있기 때문에 복지서비스의 경쟁과 품질을 제고할 수 있고 장애인당사자가 주도권을 행사하는 서비스 체계를 구축해 나갈 수 있다고 생각한다. 이것은 국가와 비영리민간기관이 전통적인 서비스 공급에서의 헤게모니를 관장하던 관행에서, 장애인이 또 하나의 주요한 주체로 나서겠다는 것이고 그간의 복지서비스 판도를 공급자 중심적 구조에서 이용자 중심적 구조로 변화시키겠다는 질적 변혁에 대한 요구라고 할 수 있다.

2. 재정지원방식 모델 검토

복지서비스에 대한 재정지원 방식과 관련한 모델로는 공급자중심모델과 이용자중심모델이 논의되고 있으며(윤영진 외, 2009), 공급자중심모델은 정부가 재정을 직접 사용하여 서비스를 산출하는 정부주도형 모델과 정부가 보조금을 서비스생산자에게 지급하여 서비스에 대한 재정 부담과 산출을 이원화시키는 민간위탁방식으로 구분할 수 있다(안국찬, 2000).

공급자중심모델에서 이용자는 서비스 이용에만 관여하고 서비스 비용 지불과정에서 참여가 배제되어 이용자의 권리가 약화되는 현상이 발생하게 되는데 비해, 이용자중심모델은 서비스공급자가 아닌 이용자에게 재원을 직접 지급하는 방식으로, 이에 대한 방법은 바우처 혹은 현금 등을 활용하는 것이다(윤영진 외, 2009). 산출되어 있는 서비스를 단순히 이용하는 것이 아니라 이용자가 서비스를 직접 구매하는 방식이므로 이용자의 권리가 한층 강화될 수 있다.

1) 공급자중심모델

공급자중심모델은 복지서비스의 공공성과 밀접한 관련을 맺는데, 이익이 우선되지 않는 복지서비스의 공공재적 특성상 이를 경쟁시장에 맡겨 놓을 경우 적정량의 서비스 산출이 어려워지고, 서비스가 산출되었다 하더라도 구매력이 약한 복지서비스 이용자가 필요한 서비스를 이용하지 못하게 되는 시장실패가 발생하게 된다(현진권, 2008). 이로 인해 정부는 복지서비스 생산에 개입할 수밖에 없는 데 개입방식은 두 가지로 구분된다. 하나는 정부에서 직접 생산을 담당하는 정부 주도방식이며, 두 번째는 영리를 추구하지 않고 복지서비스 생산에 신뢰도가 높은 비영리민간조직에 보조금을 지급하여 서비스를 제공토록 하는 민간위탁방식이다(노시평, 2007).

우리나라 복지서비스 경우 민간위탁방식이 대부분을 차지하고 있는데 이것은 복지서비스 제공초기부터 정부에서 비영리 민간조직에게 보조금을 지급하던 방식이 정착되어왔기 때문이라고 할 수 있다(양난주, 2011). 특히 우리나라와 같이 보조금의 규모가 비영리민간조직이 산출하는 서비스의 질과 양에 따라 결정되는 것이 아니라 시설 규모 및 인력 등 공급능력과 직접적으로 연동되어 산출될 경우 이용자는 서비스산출 과정에 어떠한 영향력도 가지지 못하므로 단순한 서비스 이용주체로 전락할 가능성이 높다(김용득·김미옥, 2007).

또한 서비스 산출과정에서 정부는 재정지원에 대한 책임만을, 비영리민간조직은 서비스 생산만을 담당하는 방식으로 분절화될 경우, 정부는 서비스 산출 및 이용과정에 대한 책임을 비영리민간조직에게 넘기고, 비영리민간조직은 서비스 질과 양에 대한 통제에서 벗어나 자율적 책임만을 갖게 되어 서비스공급체계에 심각한 구조적 훼손이 발생하게 된다.

당초 민간위탁방식은 정부와 비영리민간조직이 상호간의 역할 분담을 통하여 정부는 관료적 한계를 극복하고 비영리민간조직은 안정적 재원을 확보하면서 전문적 복지 서비스를 제공할 수 있다는 토대에서 출발한 것이므로, 민간위탁방식은 정부와 비영리민간조직의 적정한 협력체계가 구축되지 않게 되면 오히려 문제가 양산되는 구조로 변질될 가능성이 있게 된다.

민관협치 혹은 거버넌스 등으로 표현되는 민-관파트너쉽에 대한 관심이 증가하는 이유도 여기에 있다(Butcher, 2002). 그러나 민-관파트너쉽에서 발생하기 쉬운 서비스의 중복과 누락, 이해관계의 충돌, 공공의 책무 회피, 민간기관의 관료화 등의 문제점이 시정되기는 쉽지 않은 것으로 보고되고 있다(강욱모, 2008).

우리나라의 민간위탁방식에는 여러 가지 비판이 제기되는데. 첫째, 정부에 대해서는 재정책임만을 담당할 뿐 서비스의 적정한 제공수준과 절차에 대한 책임회피가 이루어지고 있다는 점(은재식, 2008), 회계처리 등에 대한 일상적이고 획일적인 감독체계의 구축으로 서비스에 대한 질 관리를 등한시 한다는 점(김영종, 2002), 정부와 비영리민간조직의 분절화 등을 초래하여 상호간 협력체계가 구축되지 못하다는 점(이승기, 2012) 등 정부의 역할 충실성에 대한 비판이 제기되고 있다.

둘째, 보조금을 받고 있는 비영리민간조직에 대해서는 이용자의 욕구에 대해 민감성 있는 대응을 하지 못하고 기관 중심의 운영체제가 고착화 되었고(장애인단체총연맹, 2011), 지역사회에서 이용자에 대한 서비스 네트워크 체계를 구축하여 기관 간 협력이 상시적으로 이루어지도록 하여야 함에도 이에 대한 노력이 미흡하다는 것(유태균 · 김자옥, 2001) 등 비영리민간조직이 오히려 관료화의 길을 걷고 개별중심의 서비스기관으로 안주하고 있다는 비판이 있어 왔다.

셋째, 이용자의 경우에는 서비스이용에 대한 접근 책임을 이용자가 담당하게 되어 불편이 초래되며(이승기, 2012), 이용자가 서비스 이용비용에 둔감해져 도덕적 해이현상이 발생할 수 있다는 점(윤영진 외, 2009) 등이 지적되고 있다.

이러한 상황은 비영리민간조직에 대해 획일적으로 보조금을 지급하는 민간위탁방식이 타당한지에 대한 의문으로 이어지게 되며, 특히, 서비스제공 및 지불과정에서 배제된 이용자 관점에서 보면 서비스와 관련된 주된 주체임에도 영향력을 거의 가지지 못한다는 문제가 제기 될 수 있다.

정부에서 2007년도에 본격적으로 도입하기 시작한 사회서비스 바우처 제도는 이러한 일단의 고민이 제도로 표출된 것이라고 할 수 있다.

2) 이용자중심모델

이용자중심모델은 비영리민간조직에 재정지원을 축소 내지 제한하고 현금 또는 바우처 등을 이용자에게 직접적으로 제공하는 방식을 말한다. 이용자가 재원을 직접적으로 사용할 수 있으므로 단순한 서비스 이용에서 구매 형태로 전환되며 서비스성격에 질적 전환이 이루어지는 계기가 된다.

이러한 변화는 1990년대 소비자중심주의 또는 당사자주의의 본격적 등장과 맞물려 있으며 이용자중심적 체계로의 개편을 시도한다는 점에서 방향성이 비슷하다고 할 수 있다. 즉, 소비자중심주의가 시장에서의 교환의 원리에 기초하여 소비자로서의 측면을 강조하는 반면 당사자주의는 시장기제에 의한 구매방식이 아니라 서비스 과정에 대한 통제력을 당사자가 가져야 한다고 주장하는 점에서 양자 간에 차이가 발생하지만, 공급자가 아닌 이용자 중심적 체계를 강조한다는 점에서 유사하다고 할 수 있다(김용득·김미옥, 2007).

우리나라의 경우 이용자중심모델은 2007년도부터 이용자에게 바우처를 지급하는 사회서비스 제도의 확충으로 본격적으로 도입되기 시작하였으며, 복지서비스 구조에 상당한 영향을 미치고 있다(이재원·손정원, 2011). 비영리민간조직의 입장에서는 서비스에 대한 산출 및 제공에 대한 안정성이 낮아지고 이용자의 선택을 기다려 비용을 보전해야 하므로 불확실성이 증가되는 문제가 발생하지만 이것은 이용자의 욕구와 서비스 품질에 민감해지게 되는 효과를 발생시켜 공급자의 질적 변화를 유도하는 기제가 되기도 한다(양난주, 2011). 실례로 바우처 방식으로 시행되는 장애인활동지원제도의 경우 장애인지역사회재활시설, 장애인자립생활센터, 지역자활센터 등 복수의 공급기관에서 경쟁적인 서비스제공 체계가 구축되고 있으며 이용자를 유치하기 위한 민감성이 증가하고 있는 것으로 나타났다(이승기 외, 2011).

정부는 서비스 이용당사자에게 재원을 직접 지급함으로써 서비스 효율성과 만족도를 높일 수 있고 비용절감 효과를 기대할 수 있다(보건복지부 내부자료, 2010). 그러나 궁극적으로 국가책임을 축소하고 서비스 이용에 대한 개인의 책임을 과도하게 증가시켜 복지시장화의 도구로 사용하는 것에 불과하며, 복지서비스 영역에 대해 영리기관의 진입의 허용이 본격화되면 오히려 서비스의 질을 낮추게 되는 결과를 초래한다는 지적도 있다(은재수, 2008). 또한 유사시장적 성격을 가진 복지서비스의 속성상 충분한 실현 기반 없이 이용자 선택권을 무리하게 확대하는 것은 이용자 선택권 강화를 담보할 수 없으며 오히려 완전한 민영화로 가기위한 중간적 역할에 불과하다는 비판도 있다(Butcher, 2002).

3. 영국의 장애인복지서비스 재정지원 방식의 변화 경험

1) 서비스지원체계의 제도적 변화

장애인에 대한 영국 정부의 전통적인 서비스제공방식은 크게 두 가지인데, 하나는 정부가 직접 시설을 건립하고 운영하는 방식으로 장애인에게 직접적인 서비스를 제공하는 것이고 다른 하나는 장애인에게 필요한 서비스 생산비용을 서비스 제공자에게 지급하는 방식으로, 공급자모델방식이라고 할 수 있다(Sanderson & Lewis, 2012).

1990년에 도입된 커뮤니티 케어 제도는 이러한 두 가지 방식 중에서 첫 번째의 직접 운영 방식을 축소하고, 서비스 공급자에 대한 재정지원 방식으로 전환하기 위해 도입된 것으로, 지방정부에 장애인에 대한 욕구사정, 케어플랜 등 사례관리시스템을 도입하고 장애인의 참여를 보장하며 서비스의 질이 확보되도록 서비스 지원체계를 구축한 것이라고 할 수 있다.

이에 따라 지방정부의 역할은 서비스를 직접 공급하는 주체에서 서비스구매자로서의 기능이 강화되는 커뮤니티케어의 주도자적 지위에 서게 되며, 서비스공급자의 경쟁 및 서비스 시장의 촉진화를 추구하게 되었다(Means et al, 2008). 이와 같은 서비스 체계는 서비스에 대한 비용을 공급자에게 제공하는 간접지불(indirect payment) 방식이라고 할 수 있으며, 장애인에게 현금을 직접지불할 수 있도록 허용한 직접지불제도(dirent payment)의 도입 전까지 서비스 비용을 장애인에게 직접 현금으로 지급하는 것은 금지되었다(Glasby, & Littlechild, 2009).

그러나 장애계는 이러한 공급자 중심형 간접지불방식이 장애인의 서비스에 대한 통제와 선택을 심각히 훼손한다고 주장하며 서비스 비용을 현금으로 장애인에게 직접 지급하도록 하여 당사자인 장애인이 현금구매력을 가지고 서비스를 선택하고 통제할 수 있도록 제도화할 것을 영국 정부에 지속적으로 요구하였다(Pearson, 2006).

2) 직접지불제도(Direct Payments)의 도입

장애인에게 현금을 직접 지급하는 직접지불제도(Direct Payments)는 1996년의 커뮤니티 케어 법(Community Care Act)의 수정에 의해 제도화되었고, 유예기간을 거쳐 1997년 4월 1일 시행되었다(Glasby, & Littlechild, 2009). 직접지불제도는 서비스에 대한 장애인의 선택(choice)과 통제(control)를 강화함으로써 장애인의 자립생활에 기여하고자 추진된 장애인운동에 뿌리를 두고 있으며, 초기에 직접지불제도에 부정적이었던 영국 정부를 설득함으로서 제도화에 성공하였다.

당시 영국 보수당 정부에서는 직접지불제도의 도입으로 서비스 비용이 급격히 증가할 것이라는 우려가 팽배하였고, 이것은 직접지불제도 도입 전의 자립생활기금(Independent Living Fund) 운영 경험에서 비롯된 것이다. 1986년 영국 정부는 장애계의 꾸준한 장애운동을 받아 들여 자립생활기금을 한시적으로 도입하였는데, 자립생활기금은 제한된 서비스 영역에서 저소득 층 장애인에게 현금지원을 허용하는 것으로 당초 예상을 뛰어 넘어 현금지원을 원하는 장애인의 수가 폭발적으로 증가하는 현상이 발생하였던 것이다.

이러한 현상은 장애인에게 자신이 필요한 서비스를 구매할 수 있는 권한을 주었기 때문에 발생한 것으로 이에 대한 제어 필요성을 느낀 영국 정부는 1993년 자립생활기금의 수혜자를 65세 이하 장애인으로 제한하면서 금액의 한도도 축소하는 대책을 시행하게 된다. 그러나 영국 정부의 이러한 대책에도 불구하고 자립생활기금은 장애인 자신의 선택과 통제아래 서비스를 구매할 수 있다는 가능성을 의미하는 것이었으며, 서비스에 대한 권한이 서비스 제공자 및 전문가로부터 이용자에게로 이동하는 질적 변화의 계기가 되었다.

직접지불제도의 도입 압력에 직면한 영국정부는 딜레마에 빠지게 되는 데, 하나는 자립생활기금의 경험을 통해 얻은 직접지불제도의 전면적 시행이 가져올 비용의 폭발적 증가 가능성에 대한 우려와 또 하나는 당시 보수당 정권의 가치였던 소비자주의(consumerism)에 의한 소비자의 참여와 선택권의 신장이 직접지불제도를 통해 가능할 것이라는 기대의 충돌이었다.

이러한 딜레마는 직접지불제도가 정부 측면에서 보면 오히려 비용을 절감할 수 있는 방안이 될 수 있으며 질적으로 보다 향상된 서비스가 보장될 것이라는 내용이 일련의 연구들에 의해 발표되었는데, 이러한 연구결과가 영국 정부가 직접지불제도의 도입을 받아들이는 계기가 되었다(Zarb & Nadash, 1994)

표1 서비스 제공방식에 따른 시간 당 평균비용

서비스 방식	시간당 평균비용
직접서비스 제공방식	8.52 파운드
직접지불 방식	5.18 파운드

※ 출처 : Zarb & Nadash, 1994

따라서 직접지불제도는 장애계에서는 장애운동을 통해 장애인의 자립생활을 실현시킬 수 있는 주요한 수단으로 인정되어 도입이 추진되었던 반면에, 영국 정부의 입장에서는 비용을 증가시키지 않으면서 소비자의 선택권을 확장시킬 수 있다는 신자유주의적 소비자주의의 가치실현이 보다 주요한 사항이었다고 말할 수 있다.

3) 개인예산제도(Individual Budgets)로의 확장

개인예산제도(Personal Budgets)는 장애인 이용자에게 현금을 직접 지급한다는 점에서 직접지불제도와 공통점을 가지고 있지만 발전과정에 있어서는 뚜렷한 차이를 보이고 있다. 먼저 직접지불제도가 오랜 기간 동안 장애인 당사자들의 운동과 노력에 의해 도입된 제도라고 한다면 개인예산제도는 2003년에 도입된 제도로 비교적 최근의 발전역사를 가지고 있으며, 장애인당사자에 의해 추진되었다기보다는 지적장애인에 대한 서비스 제공자들의 연합적 노력에 출발되었다는 점에서 다르다고 할 수 있다.

이것은 개인예산제도가 자립생활확보를 위한 장애인운동이 아닌 지적장애인의 통합운동(inclusion movement)을 주창했던 사람들이 2003년에 모임을 결성되면서 추진되었다는 데에서도 알 수 있으며((Glasby, & Littlechild, 2009)[1]), 아울러 직접지불제도의 도입에 대해 영국 정부가 오랫동안 반대하는 입장을 취했던 것에 비해 개인예산제도는 오히려 영국 정부가 적극성을 가지고 추진했다는 점에서 차이를 보이고 있다.

또한, 직접지불제도가 간접지불 방식으로 이미 지원되고 있었던 성인 케어서비스 영역에 해당하는 비용을 장애인에게 직접 현금으로 지급하는 방식으로 시작한 것이라면, 개인예산제도는 개인의 욕구를 기반으로 하여 필요한 모든 서비스 영역에 대해 현금지급이 이루어지는 것으로 그 범위에 있어서도 차이를 보이고 있다.

이에 따라 직접지불제도에 비하여 개인예산제도에는 다양한 제도적 변화가 뒤따르게 되는데, 먼저, 욕구에 대응하여 이를 현금으로 전환할 수 있는 시스템이 마련되어야 하고, 현금할당을 통해 장애인이 서비스를 구매할 수 있는 지원시스템이 보다 포괄적으로 작동되어야 한다. 현재 욕구에 대응하여 이를 현금화하는 시스템으로 개인예산제도의 발전에 핵심적인 역할을 했던 In Control이 개발한 RAS(Resouces Allocation System)가 대표적이며, 서비스구매를 지원하는 제도의 일환으로 다양한 형태의 중개자(Broker)가 활동하고 있다.

4) 직접지불제도와 개인예산제도의 성과 및 제약요인

직접지불제도와 개인예산제도의 성과에 대해 다양한 논의가 진행 중에 있지만 전통적인 공급자 중심적 서비스에 비하여 장애인의 서비스 만족도와 삶의 질 변화에 긍정적인 작용을 하는 것은 분명해 보인다(Glasby, & Littlechild, 2009). 자신이 하고자 하는 일에 대해 재정적으로 유연한 지원을 받으며, 삶의 의욕과 행복이 증진되고 무엇보다 장애인자신의 선택권과 통제권이 실질적으로 행사되는 것으로 보고되고 있다. 이 제도의 사용에 취약할 것으로 여겨졌던 지적장애인의 경우에도 지속적인 이용자의 증가 추세를 확인할 수 있다. 직접지불제도의 이용자 수 중 지적장애인이 차지하는 비율이 2000년 6%에서 2007년 16%로 증가한데에서 이를 확인할 수 있다.

---

1) 이 모임이 개인예산제도의 정착화에 결정적으로 기여했던 영국의 비영리단체 In Control의 기원이기도 하다.

직접지불제도와 개인예산제도에 있어서의 앞으로 풀어야할 숙제도 많다. 국가책임 주의의 감소 우려, 사회복지사의 전문가로서의 역할 갈등 해소, 장애유형별 사각지대 해소 및 충분한 지원의 문제 등은 계속해서 지켜보고 해결해야 할 숙제로 남아 있다.

4. 우리나라에의 도입 시사점

직접지불제도와 개인예산제도가 도입되기 위해서 우리나라에도 넘어야 할 산은 매우 많다. 서비스에 해당하는 현금을 장애인에게 직접 지급한다고 했을 때의 저항과 현금 오남용 우려, 보조금 축소에 따른 서비스제공기관의 반발, 장애인당사자의 수용가능성, 서구문화와의 차이에서 오는 현금지급 시 일선에서의 충돌과 저항 등 상당한 과제가 놓여있다고 볼 수 있다. 그러나 이러한 문제에도 불구하고 장애인에게 직접적으로 현금을 지급할 수 있는 제도적 발전도 상당부분 진척되어 있어 상황에 따라 전격적으로 이 제도가 도입될 가능성도 배제할 수 없다. 특히, 장애등급제 폐지 이후 후속적 상황이 매우 급속히 논의되는 상황은 직접지불제도와 개인예산제도의 도입 검토가 보다 심도 있고 조속히 진전될 수 있음을 시사하는 것이다.

직접지불제도와 개인예산제도의 도입가능성의 교두보로 역할 할 수 제도로 크게 2가지를 꼽을 수 있는데, 하나는 사회서비스와 바우처 제도의 발전이고 또 다른 하나는 새로운 장애인복지서비스 전달체계의 지속적인 구축 노력이다.

1) 바우처 제도의 발전

2007년 사회서비스가 도입되고 제공방법으로써 바우처가 확산되면서 이제 사회서비스와 바우처 제도는 복지서비스 영역에서 주요한 역할을 감당하고 있다. 이재원 외(2011)를 요약하면, 우리나라 사회서비스 정책의 목적은 크게 두 가지로 재구조화할 수 있는데, 첫째, 사회서비스 공급기관 양성을 정부가 책임지고 않고 시장을 형성하여 해결함으로써 이용자의 선택권을 증진시킨다는 것과 둘째, 이를 통해 사회서비스 관련 일자리를 양성하는 것이다. 그리고 이러한 목적을 달성하기 위해 바우처 제도가 가장 적합하다는 결론아래 보다 적극적인 제도적 진전으로써 전자바우처를 도입했다고 할 수 있다.

주지하다시피 바우처는 서비스 공급자가 아닌 서비스 이용자에게 재정을 지원하는 방식을 특징으로 하고 있으며, 이러한 방식은 서비스 공급기관에게 보조금을 지급하는 전통적인 방식과는 질적인 차이를 가지고 있다. 우리나라의 사회복지서비스는 대부분 보조금 지급 방식을 통해 운영되고 있으며 이것은 장애인복지서비스의 경우에도 동일하다. 장애인복지 분야에서의 바우처 방식은 장애인활동지원서비스와 장애아동 재활치료 바우처가 대표적이라고 할 수 있으며, 예산액도 매우 큰 폭으로 증가하고 있는 추세이다.

장애인복지에 도입할 수 있는 직접지불제도와 개인예산제도와 관련하여 장애인활동지원서비스와 장애아동재활치료바우처를 주목할 필요가 있는데, 양 제도를 바우처 방식으로 운영하지 않고 직접지불제도 방식으로 운영한다면, 적어도 정부에서 우려하고 있는 재정적 문제의 증가 우려 부분과 비영리민간기관에서 반대할 수 있는 보조금 축소 부분에 대한 문제는 해결이 가능하다. 따라서 장애인복지에 사용되는 바우처제도의 직접지불제도 혹은 개인예산제도로의 전환의 문제는 이를 지지할 수 있는 지원체계를 만들어 내는 것 외의 갈등은 거의 없다고 할 수 있으므로, 생각하는 것처럼 도입시기가 멀지만은 않은 것이라고 할 수 있다.

2) 장애인복지서비스 전달체계 개편 노력

직접지불제도와 개인예산제도를 실행하기 위해서는 이러한 제도가 도입되어 운영될 수 있는 전달체계의 개편이 있어야 한다. 전달체계의 개편을 통해 장애인복지 서비스의 시작과 끝을 관장할 수 있는 공적 영역의 기능이 있어야 장애인에게 서비스 대신 현금을 지급할 수 있는 초기 서비스 사정이 가능하고, 또한 장애인이 현금을 서비스에 사용할 경우 이에 대한 질적인 관리 내지 지원이 가능해지기 때문이다.

2007년 보건복지부는 장애판정체계를 포함하여 장애인복지 전달체계의 개편을 시도하는 연구용역을 시작하였고, 연구결과를 바탕으로 2008년부터 장애인복지 인프라 개 편이라는 명칭으로 전달체계 개편사업을 추진하였다.

장애인복지 인프라 사업의 핵심은 장애인등록에서부터 서비스 제공까지를 원스톱으로 제공하기 위한 장애인복지전달체계를 구축하기 위한 것으로, 이를 위한 모의적용 사업이 2차에 걸쳐 진행되었는데 2008년에는 장애인개발원이 주축이 되는 독립형, 지자체와 장애인복지관이 협력하는 지자체형, 국민연금공단이 참여하는 공단형을 모델로 하였고, 2009년에는 장애인개발원이 참여한 지자체 내부형과 국민연금공단이 참여한 지자체 외부형을 모델로 하여 진행되었다(변용찬 외, 2008; 이승기, 2009).

이후 2011년에 수행된 장애인복지인프라 개편 시범사업과 2012년에 수행되고 있는 시범사업에 대한 수행주체로 국민연금공단이 결정되어 장애인복지전달체계의 중심적 기능을 수행하고 있다.

이러한 개편사업은 초기 욕구사정, 서비스 연계 등에 대한 인프라 구축을 위한 다양한 도구의 개발과 경험을 축적했으나, 아직까지 전달체계의 이용자 중심적 개편까지는 이르지 못하고 있는데, 이에 대한 이유로는 법적, 제도적 근거의 미비, 지역사회 자원의 불충분, 사업을 담당하는 국민연금공단의 정체성, 장애인만의 독자적 전달체계 수립에 대한 회의, 서비스 공급기관의 공급 중심적 체계 지향성의 지속 등을 들 수 있다.

이러한 여러 가지 이유가 있지만, 우리나라의 특성 상 가장 우선적으로 극복되어야 할 사항은, 정부 측면에서 보면 이용자 중심적 체계에 대한 분명한 이해 및 의지, 서비스공급기관 측면에서 보면 서비스에 대한 실질적 권한을 이용자에게 확보시켜 주는 것에 대한 방향성을 설정하고 실천하는 것을 들 수 있다.

그리고 이러한 방향성의 설정은 서비스 이용에 대한 권한을 이용자에게 강화시켜주는 것이 핵심이며, 이러한 핵심사항을 뒷받침하는 가장 중요한 요소는 이용자에게 재정지원을 직접적으로 확대시켜 나가는 것이다. 이것은 우리나라 장애인복지전달체계의 기본적인 골격을 건드리는 것으로 이에 대한 논의가 앞으로 치열하게 이루어져야 할 것이다.

5. 결론

영국의 경우 지방정부의 장애인에 대한 서비스 제공이 직접서비스→정부주도의 연계서비스→직접지불에 의한 장애인의 서비스 선택권 강화 방안으로 변화하면서, 서비스제공기관에 대한 민영화 및 유사시장 육성 등의 형태로 발전되는 과정을 거치고 있다. 이것은 복지의 주체가 국가에서, 이제는 국가의 통제아래 국가와 서비스제공기관과의 협력으로 변환되는 과정이며, 이를 통해 복지재정의 효율성을 꾀하는 시도가 이루어지고 있는 것을 의미한다. 장애인의 입장에서 보면 국가주도의 시스템하에서 장애인의 선택권이 제한적으로 이루어지는 문제점을 극복하고, 전문가지배에 따른 복지수혜자의 지위에서 복지권리자로의 변화를 꾀하는 시도이며, 이러한 노력이 영국 정부의 정책추진 방향과 맥이 닿으면서 직접지불 형태로의 발전이 이루어진 것이라고 할 수 있다.

이에 비해, 우리나라의 경우 국가 혹은 지방정부 중심의 직접서비스 경험이 거의 없고 장애인복지가 방치된 상태에서 민간(위탁서비스 기관 및 장애인단체)의 노력으로 복지의 확대를 꾀하는 발전 역사를 가지고 있다. 따라서 직접지불제도 혹은 개인예산제도의 도입에 따른 재정서비스지원 방식의 변경은 국가의 역할 견제를 통해 장애인의 권익을 증진시키고 복지를 확대한다는 입장에 서기보다는, 오히려 민간영역의 자율성을 축소하고, 국가가 개입하고 통제하는 형태로, 한편으로는 국가의 책임을 개인에게 전가시키는 복지후퇴의 개념으로 받아들일 가능성이 농후하다. 정부의 입장에서도 비용증가에 대한 우려, 직접지불 제도의 오용 및 지원시스템 구축 , 사회복지기관의 품질관리 체계 구축이라는 장애인복지체계의 대폭적 정비에 직면하게 될 것이므로 이에 대한 논의구조가 지속적으로 그리고 가능한 부분부터 시작될 필요가 있다.

참고문헌

강욱모, 2008, "영국 노동당 정보의 지방정부 사회서비스 전달체계 개혁", 지방정부연구, 제12권 제3호, pp. 147-171.

김성희·변용찬·손창균·이연희·이민경·이송희·강동욱·권선진·오혜경·윤상용·이선우2011,『2011년 장애인 실태조사』, 보건복지부·한국보건사회연구원.

김영종, 2002, "민간 사회복지조직의 재원이 서비스 전달에 미치는 영향", 한국사회복지학, 50, pp. 209-233.

김용득·김미옥, 2007, "이용자 참여의 개념구조: 한국장애인복지에 대한 함의", 한국사회복지학, 59(2), pp. 39-64.

김은정, 2011, "사회서비스 이용자 재정지원 방식과 정책적 쟁점", 사회과학연구, 25(1), pp. 119-144.

노시평, 2007, "공공서비스의 민간위탁공급에 관한 연구",『한국거버넌스학회보』, 14(2), pp. 175-201

변용찬·김성희·윤상용·강민희·이병화·최미영·박희찬·나운환·김종인·이선우·변경희·김언아·권선진·조미현·이승기·김용득·권오형·김경란, 2008,『장애인복지인프라개선방안연구(I)』, 보건복지부·한국보건사회연구원.

안국찬, 2000, "행정서비스 전달체계의 개선방향에 관한 연구", 한국사회와 행정연구, 제11권 제2호, pp. 93-106.

양난주, 2011, "사회서비스 바우처, 무엇을 남기고 무엇을 버릴 것인가?", 복지동향, pp. 12-16.

양난주, 2011, "한국 사회서비스 공급특성 분석: 보조금과 바우처방식의 검토", 사회복지정책, 38(3), pp.191-219.

유태균·김자옥, 2001, "서울시 소재 종합사회복지관간의 네트워크 특성 및 네트워크 상에서의 중심자적 역할정도 결정요인에 관한 연구", 사회보장연구, 17(2), pp. 20-48.

윤영진·장승옥·지은구·김은정, 2009,『사회복지서비스 재정지원방식』, 청목출판사.

이승기, 2009,『장애인복지인프라 개편 모의적용사업에 대한 고찰 : 전달체계를 중심으로』, 한국장애인복지학회, 제11호, pp. 321-353.

이승기, 2012, "이용자 중심적 장애인복지전달체계 구축을 위한 전제조건 및 충족 방안에 관한 연구", 한국지역사회복지학, 40, pp. 81-102.

이재원, 2011, "사회서비스 정책의 전개과정과 정책과제", 지방정부연구, 15(4), pp. 333-359.

이재원·손정원, 2011, "사회서비스 공급정책에서 시장과 산업 활성화 과제", 동향과 전망, 82, pp. 45-84.

현진권, 2008, "공공성과 정부실패: 보육정책에서의 시장과 정부의 역할 분담", 한국사회복지학회 학술대회 자료집, pp. 93-104.

Butcher, T. 2002, Delivering Welfare, Open University Press.

Glasby, J. and Littlechild, R. 2009, Direct Payments and Personal Budgets, Policy Press.

Means, R., Richards, S. and Smith, R. 2008, Communitiy Care, Palgrave

Pearson, C. 2006, Direct Pyaments and Personalisation of Care, Dunedin Academic Press.

Sanderson, H. and Lewis, J. 2012, A Practical Guide to Delivering Personalisaion, Jessica Kingsley Publishers.

Zarb, G. and Nadash, P. 1994. Cashing in on independence: comparing the costs and benefits of cash and services for meeting disabled people's support needs. A BCODP Pulblication.

제3부

생애 발달과정에서의
과제

제15장
발달장애인 가족지원

백 은 령 (총신대학교)

1. 서론

우리사회가 발달장애인 가족이 겪는 어려움에 대해 관심을 갖기 시작한 것은 불과 얼마 되지 않았다. 발달장애인이 가족구성원이라고 해서 모든 가족이 불행하거나 부정적인 경험만을 하는 것은 아니다. 그러나 발달장애인 가족에 대한 사회적 지지체계가 취약한 상황 속에서 많은 발달장애인 가족들은 만성적인 피로와 신체적 질병, 스트레스와 우울, 경제적 부담, 사회적 관계의 단절, 가족관계 문제 등으로 인해 어려움을 겪고 있다(유영준.백은령, 2013). 이러한 어려움으로 인해 극단적인 선택을 하는 가족의 사례가 언론에 보도되면서 장애인 부모단체 등에서 발달장애인 가족의 문제를 이슈화하고 정부 차원의 대책을 강력하게 요청하게 되었다. 이후 가족들의 주요 부담 원인이 되어 오던 치료비와 돌봄 부담을 덜어주기 위해 재활치료서비스(발달재활서비스)와 장애아가족 양육지원사업 등의 정책을 점차 확대하고는 있다. 그러나 발달장애의 특성상 전 생애에 걸쳐 보호부담을 가질 수밖에 없는 가족을 위한 포괄적인 지원은 아직까지 미흡한 실정이다. 장애를 가진 가족구성원이 있다는 것은 전체 가족들에게 부담으로 작용하는데 특히 발달장애인은 장애특성상 의사소통이 어렵고 일상생활을 스스로 관리하기 어려운 경우가 많아 성인이 되어서까지 지속적인 돌봄을 필요로 하는데 이것이 고스란히 가족의 몫으로 맡겨지고, 가족구성원 전체에게 영향을 미친다는 점에서 문제의 심각성이 있다. 발달장애인가족의 보호부담에 대한 인식과 함께 최근 학술적, 정책적으로 관심이 확대되고 있는 주제중 하나가 가족지원이다. 해외에서는 발달장애인 가족지원의 규모가 점차 확대되고 있는 추세인데 비해 우리나라는 아직까지 초보단계에 머무르고 있다. 이는 가족 내의 문제는 가족이 일차적인 책임을 져야 한다는 사회적인 정서와 장애인구 중 소수에 속하는 발달장애인과 그 가족의 문제에 대한 관심부족에 기인한다고 볼 수 있겠다. 그나마 특수교육분야를 중심으로 장애영유아와 아동의 가족지원 관련 번역작업이나 연구가 이루어져왔고(이미선.김정진, 2000;박지연.김은숙.김정연.김주혜.나수현.윤선아.이금진.이명희.전혜인, 2006; 박지연, 2012) 사회복지분야에서는 발달장애아동 및 청소년 가족지원에 대한 정책연구가 진행된 이래(김성천 외, 2009; 백은령.김기룡.유영준.이명희.최복천, 2010)성인기 가족지원에 대한 연구가 일부 수행된 정도이다(최선경, 2006; 이복실 외, 2013). 이 장에서는 2000년대 이후 국내에 소개되기 시작한 발달장애인 가족지원에 대한 이해를 토대로 국내외 발달장애인가족지원 동향을 살펴보고 발달장애인가족지원을 위한 과제를 탐색해볼 수 있도록 구성하였다.

2. 발달장애인 가족지원

1) 발달장애인 가족

발달장애인 가족이 직면하는 특수한 상황과 경험은 매우 다양하다. 발달장애인 가족지원에 대한 이해에 앞서 우선 발달장애인의 생애주기와 가족구성원별 요구와 관심사를 먼저 살펴보고 다음으로는 장애인가족에 대한 관점의 변화를 중심으로 기술하고자 한다(박지연, 2012; 백은령 외, 2010).

(1) 생애주기별 요구와 관심사

자녀의 비전형적인 발달을 감지하고 장애를 의심하고 그 의심이 실제 장애라는 확진을 받는 시기가 영유아기이다. 따라서 이 시기 가족들의 중요한 과제중 하나는 장애를 받아들이고 이해하고 수용하는 것이다. 모든 가족이 자녀의 장애에 대해 동일한 반응을 보이는 것은 아니지만 공통적인 과정을 설명하기 위해 Kubler-Ross(1969)의 슬픔의 단계모델이 자주 사용되었다(박지연 외, 2006: 162). 그러나 근래에는 언제, 어떻게 수용단계에 도달할지는 장애영역 및 정도, 가족의 독특한 특성(예: 규모, 문화적 배경), 가족 하위체계의 강도(예: 부부, 형제자매) 등의 요소에 따라 상이하다는 주장이 설득력 있게 받아들여지고 있다(Turnbull and Turnbull, 1997). 그럼에도 불구하고 이 시기 가족 특히 부모는 부인, 불안, 두려움, 죄책감, 우울, 분노 등의 정서적인 경험을 반복적으로 하게 된다. 발달장애인에 대한 조기 개입 서비스와 개별화된 가족서비스계획(Individualized Family Service Plan:IFSP)[1]과 초등학교로의 전환 지원이 필요한 시기이다. 우리나라의 장애인등에 대한 특수교육법에서 장애 영유아에 대한 의무교육과 가족지원을 명시하고 있다.

아동기와 청소년기는 비장애아동과 마찬가지로 신체, 심리, 사회적으로 급격한 성장과 성숙이 이루어지는 시기이다. 발달장애의 특성상 인지, 의사소통, 대인관계 등의 면에서 지체가 나타지만 학교교육을 통해 전반적인 발달이 이루어질 수 있도록 지원이 필요한 시기이다. 개별화교육계획(Individualized education plan: IEP)수립과정에서 가족의 참여가 이루어져야한다. 또한 장애유무에 상관없이 모든 아이들이 아동기와 청소년기를 거치면서 떼쓰기, 울기, 지시 거부, 공격행동, 사춘기의 성적 행동 등 다양한 문제행동을 나타내고 이로 인해 발달장애인가족들도 분노, 염려, 불안 등을 경험하게 된다. 발달장애아동 및 청소년의 문제행동은 가족의 삶의 여러 측면에 영향을 미치고 이로 인해 아동과 청소년에게도 부정적인 영향을 미칠 수 있다. 따라서 효과적인

---

1) 미국의 「장애인교육법(IDEIA)에서는 만2세까지 필수적으로 IFSP를 수립하고 3~5세에는 IEP를 수립하는 것을 기본으로 하되, 3~5세 유아의 경우에도 조기개입기관과 지역교육기관이 필요하다고 판단할 경우에는 IFSP를 계속 수립하도록 명시하고 있는데 그 내용으로는 아동의 현행발달수준, 가족의 우선순위·지원·관심, 주요 성과, 조기개입서비스, 서비스가 제공될 자연스러운 환경, 서비스 시작일 및 종료일, 서비스 조정, 전환계획 등이다(박지연, 2012:56~57).

대처와 긍정적인 행동을 지도할 수 있는 역량을 갖추는 것이 중요하다. 또한 이 시기는 학령기에 해당되기 때문에 학교 교육과정에 참여하고 이후의 성인기의 취업, 주거, 여가, 결혼 등의 과업을 위한 준비를 해야 하는 전환기이다.

성인발달장애인의 가족의 요구는 아동 및 청소년기와는 다르다. 이 시기는 학교 울타리를 벗어나 사회의 일원으로 살아가야 하는 것이 주요 과업인 시기로, 취업, 여가와 일상생활, 이성교제와 결혼 등의 문제에 어떻게 대처해야 하는 가가 중요 관심사가 된다. 또한 일차적인 보호자인 부모가 더 이상 보호할 수 없는 시기를 대비하여 장기적인 돌봄계획과 후견인을 누구로 할 것인가에 대한 관심이 주를 이룬다. 성인발달장애인의 부모도 노년기에 접어들어 돌봄을 필요로 하는 시기이지만 장애자녀를 돌보아야 하는 양육부담을 계속 갖게 되어 가족의 부담이 가중되는 시기로 가족지원의 필요성이 더욱 강조되는 시기이다. 가족 중에서도 일차적인 보호책임을 가지고 있는 부모들의 요구를 발달장앤의 생애주기별로 요약하면 〈표 17-1〉과 같다. 서비스 제공자들이 발달장애인의 생애주기에 따른 가족의 요구와 관심사를 이해해야 하는 이유는 최근 장애인복지 분야에서 관심이 높아지고 있는 생애사적 관점과 관련이 있다. 장애인 가족지원을 모색하는데 있어서도 생애사적 관점을 적극적으로 수용할 필요가 있는데 그 이유로는 첫째, 생애사적 관점이 발달장애인의 생애주기나 발달단계에 따라 다양한 욕구가 있고 사회적 작용도 달라진다는 점을 강조한다는 점이다. 둘째, 발달장애인도 비장애인과 마찬가지로 자연스러운 발달단계에 따라 사회적으로 향유하고 달성해야 하는 생애사적 과업을 가진 하나의 사회구성원으로 간주해야 한다는 점 때문이다. 셋째, 장애인을 둘러싸고 이루어졌던 전통적 분리와 경계나누기에 대한 비판적 태도를 견지한다는 점으로, 그간 비장애인의 관점에서 비정상적인 삶으로 명명되어 왔던 장애인의 발달특성 및 과정을 인간생애를 구성하는 다양한 모습의 일부로 재위치 지웠다는 점이다.

표1 생애주기에 따른 부모들의 요구

생애주기 단계	부모	생애주기 단계	부모
영유아기 (0~5세)	정확한 진단 형제자매와 친척들에게 장애 알리기 지원서비스 결정	청소년기 (13~21세)	• 만성적 장애에 대한 정서적인 적응 • 성적인 문제들에 대한 고려 • 왕따나 또래로부터의 거부 등에 대한 고려 • 장래 직업에 대한 계획 • 여가활동에 대한 계획 • 사춘기로 인한 신체적, 정서적 변화에 대한 대처 • 중등교육에 대한 계획 • 학교로부터 성인기의 삶으로의 전이에 대한 계획 • 학령기 이후 선호하는 삶에 대한 계획
아동기 (6~12세)	가족 기능을 수행하기 위한 일과 세우기 장애의 적용에 대한 정서적인 적응 통합에 대한 문제 결정 IEP 회의 참석 지역사회 자원들 탐색 과외활동계획 전문가들과의 긍정적인 관계 형성 가족과 아동에게 적절한 교육 관련 정보 모으기 아동의 미래에 대한 계획 세우기 다른 교수적 전략 이해하기	성인기 (21세부터)	• 성인기에 희망하는 거주 형태에 대한 계획 • 성인기의 집중적 지원에 대한 정서적 적응 • 가족 이외의 사회화 기회요구에 대한 계획 • 직업 프로그램의 시작 • 가족 의사결정에 따른 성인기 삶의 변화에 대한 적응

※ 출처: 박은혜, 한경근 역(2008) p67.

(2) 가족구성원별 요구와 관심사

발달장애는 장애를 가진 개인에게만 국한된 문제가 아니라 가족 구성원 모두에게 전체의 삶의 여러 측면으로 영향을 미치게 된다. 발달장애인을 자녀, 형제, 손자녀 중 누구로 두었느냐에 따라 가족의 경험은 상이해지기 때문에 진다. 발달장애인 가족지원을 위해서는 가족 구성원들이 각자의 위치에서 경험하는 어려움과 욕구를 이해하는 것이 필요하다. 그렇지만 발달장애인 가족들이 부정적인 경험이나 반응만을 보이는 것은 아니기 때문에 자칫 불필요한 선입견을 갖지 않도록 하는 의식적인 노력도 필요하다.

발달장애인 자녀를 둔 부모들은 자녀의 장애로 인해 양육과 교육에 있어서 많은 어려움을 겪게 되는데 특히 일차적인 양육자의 역할을 담당하는 어머니들의 책임감과 스트레스는 상대적으로 높을 수밖에 없다. 장애부모와 관련된 많은 연구들에서 부모를 주로 어머니로 간주하는 이유는 어머니의 양육스트레스가 그만큼 높다는 것을 의미하기도 하지만 아버지에 대한 접근성이 상대적으로 낮은 것에 기인하기도 한다. 따라서 가족지원에 있어서도 주로 어머니의 요구에 초점을 두게 되어 아버지가 갖는 지원요구가 간과되곤 한다. 자녀의 장애가 아버지의 정서적, 직장 및 사회생활에 미치는 영향과 가중되는 역할과 책임뿐만 아니라 가족지원과정에 아버지가 참여함으로써 얻을 수 있는 효과들에 대한 인식이 필요하다(박지연, 2012: 137).

발달장애인의 형제자매들도 다양한 정서적인 문제나 낮은 자아존중감을 보일 수 있다. 또한 이들은 장애를 가진 형제나 자매가 자신들에게 미칠 영향에 대한 불확실성, 친구들이 보이는 반응에 대한 부담감, 자신은 방치되었다는 느낌, 장애를 가진 형제나 자매를 위해 많은 것을 해야 한다는 부담감 등을 가지기도 한다(Dayson, Edgar, and Crnic, 1989 박승희. 장혜성. 나수현. 신소니아, 2007 재인용: 349).

손자녀가 발달장애를 갖게 되었다는 것은 조부모에게 충격이 될 수 있다. 특히 비장애아동에 비해 돌봄을 많이 필요로 하는 장애 아동 양육을 부모 대신 떠맡아야 하는 조부모의 경우는 심리적 · 육체적으로 많은 스트레스를 경험하게 된다(노선옥 · 전헌선, 2003). 이때 조부모의 건강, 손자녀의 연령이나 장애 특성, 경제적 어려움 등이 부담을 가중시킬 수 있기 때문에 개인의 건강, 고립감, 외로움의 극복 뿐 만 아니라 장애 손자에 대한 사회적 지원에 대한 욕구를 가지고 있다(노선옥 · 전헌선, 2003).

(3) 장애인가족에 대한 다층적 이해[2]

발달장애인가족이 경험하는 다양한 삶의 실제와 그 의미에 대한 심도 깊은 이해를 위해서는 부정적 측면을 과도하게 강조하는 편향적 경향에서 벗어나 보다 균형 잡힌 시각으로의 전환을 모색할 필요가 있다. 여기서는 장애인가족에 대한 탈병리적 관점과 장애인가족의 다양성 측면에 대한 고려를 중심으로 살펴보고자 한다(백은령 외, 2010: 35-39).

① 장애인가족에 대한 탈 병리적 관점

장애인가족에 대한 연구나 정책의 지배적인 경향은 장애에 대한 이해방식을 직·간접적으로 반영해 왔으며 이는 장애인가족에게도 영향을 미쳐 '정상적'가족으로부터 일탈된 문제 가족으로 간주하는 경향을 보여 왔다. 하지만 1980년대 중반이후 영미권 연구들은 장애인가족에 대한 병리적 관점을 다양하게 비판해 왔는데 주된 양상은 다음의 세 가지로 정리할 수 있다. 첫째, 장애인의 존재가 항상 가족에 부정적 영향을 끼친다는 것은 매우 단편적인 이해방식이고 장애인가족의 삶 전체를 반영하지 못한다는 점으로 그간 연구들이 장애인가족이 경험하는 부정적 영향만을 지나치게 강조하여 그들이 경험하는 긍정적 측면을 상대적으로 외면하거나 예외적인 현상으로 간주하는 모습을 보여왔다는 것이다. 실질적으로 장애자녀를 둔 많은 수의 부모가 가족 결속력 강화, 부부간의 상호 이해증대, 보다 성숙된 자아, 세상에 대한 보다 깊은 이해 등 장애자녀 양육경험이 가져온 순기능적 결과에 대해 중요한 의미를 부여하고 있었다(Ferguson et al., 2000; Scorgie and Sobsey, 2000). 둘째, 대부분의 장애인가족연구는 장애인의 신체적 특성이 가족에 미치는 결정적 요인으로 간주하는 경향을 보여 왔는데 이는 매우 단편적인 이해방식이고 경험적 연구에 의해서도 충분히 뒷받침되지 못한다는 것이다. 즉, 특정장애가 더 큰 어려움을 야기하거나 장애의 정도가 심할수록 가족이 겪는 어려움이 더 커지고 부정적인 영향을 끼친다는 일반적 주장 역시 명확한 증거가 없다는 것으로 장애유형이나 정도는 그 가족구성원이 부여하는 주관적 의미,

---

2) 백은령 외(2010 p 35-39)의 내용을 토대로 수정·보완하였다.

가족 내외적 관계, 유용 가능한 지원자원 등과 비교하여 볼 때 부차적 요인으로 간주할 수 있다는 주장도 있다(Read and Cleman, 2001). 셋째, 장애인가족에 대한 병리적 관점에서 벗어나 장애라는 고위험상황에도 불구하고 긍정적 적응을 성공적으로 수행하고 있는 가족에 대한 관심이 늘어나고 있으며 레질리언스(resilience)연구가 이러한 흐름의 대표적인 예이다.

② 장애인가족의 다양성 고려

장애인가족에 대한 개입을 위해서는 장애인가족의 다양성을 고려할 필요가 있다. 특히 장애라는 사회적 불이익이 다른 사회적 불이익과 중첩되어 나타날 가능성이 있으며 이는 장애인가족이라는 단일 범주 내에 다양한 차별성이 존재하며 비장애가족뿐만 아니라 다른 장애인가족에 비해서 더 큰 어려움과 소외에 직면하고 있는 집단이 존재하고 있다는 것을 의미한다. 장애인가족의 다양성에 관심을 가져야 하는 이유는 현재 우리사회에서 장애인가족지원과 관련해서 제공되고 있는 서비스나 정책이 장애자녀를 두고 있는 전통적 양부모가족만을 상정하고 이루어지고 있는 양상을 보이고 있기 때문이다. 예를 들어 지적장애를 가진 부모, 장애자녀를 둔 십대 부모, 빈곤가족, 한부모 가족, 조손가족, 다수의 가구원이 장애인인 가족, 독거장애인가족 등 상대적으로 더 취약한 상황에 직면할 고위험 장애인가족에 대한 특별하고 집중적인 지원방안 모색이 필요하다. 부모 가운데 특히 어머니가 지적장애를 가지고 있는 경우 대다수의 가정은 빈곤과 실업 등에 관련된 경제적인 문제, 식사와 위생 및 질병 예방이 적절하게 되지 않는데서 오는 가족 전체의 건강문제, 사회성의 부족과 지원망의 부족이 야기하는 사회적 고립, 자신감 결여와 의사소통의 부재에서 오는 정서적 스트레스 등으로 인해 매우 다양하고 복잡한 욕구를 가지게 된다. 국내에서는 아직 지적장애를 가진 부모에게 양육지원을 제공하고 그 효과를 살펴보는 연구가 활발하지 않지만 해외에서는 지적장애를 가진 부모도 적절한 양육 기술을 배우면 육아, 건강과 안전관리, 자녀와의 상호작용을 적절하게 수행할 수 있다는 연구결과들이 있다(박지연, 2012; Feldman, 1994; Llewellyn, 1997).

2) 발달장애인 가족지원

(1) 가족지원의 개념과 필요성

가족지원(family support)은 장애인과 그 가족의 욕구를 파악하고 이러한 욕구를 충족시킬 수 있는 다양한 자원과 서비스를 확인하고 자원을 얻도록 함으로써 장애인의 발달을 촉진할 뿐만 아니라 가족구성원들의 복지를 향상시키는 것을 의미한다. 가족지원은 크게 비공식적 지원과 공식적 지원으로 구분할 수 있다. 비공식적 지원이란 가족, 친척, 친구, 이웃 등으로부터 받는 지원을 의미하며 공식적 지원이란 사회복지사, 교사, 의사 등의 전문가와 복지관, 의료기관, 국가기관을 통해서 제공하는 지원을 의미한다(Bristol, 1987). 또한 가족지원은 특정 개별 가족 구성원에게 초점을 맞추고 지원하는 것이 아니라 한 가족 안에 있는 모든 가족구성원의 욕구와 기능을 지원한다. 이러한 가족지원의 근거는 "한 단위로서의 가족전체(family as a whole)"에 초점을 두는 것이다(Goldenberg and Goldenberg, 2000, 김성천외 2009 재인용).

가족지원(family support)에 대한 관심은 1980년대 초부터 시작되었으며 장애아동에 대한 법제정과 프로그램 노력으로 나타났다(Terrill, 2007). 전통적으로 장애인 특히 아동에 대한 개입은 아동 중심적 접근으로써 장애아동의 발달을 개선하는데 중요한 목적이 있었다. 그러나 1980년대에 가족지원의 관점으로 전환되면서 가족구조를 강화하고 유지시키는 방향으로 전환되었다. 그러나 장애인 가정의 가족보호기능을 강화시켜 아동을 지원하도록 하는데 초점이 맞춰져 있었다는 점에서 여전히 전통적인 관점에 가깝다고 할 수 있다. 한편 Dunst 외(1993)는 가족지원이란 지역사회를 기반으로 개별적인 구성원과 가족 전체의 기능을 강화시키는 방법으로써 가족에 대한 지원과 지원을 원활하게 하는 일련의 노력이라고 언급하고 있다. 최근에는 가족마다 필요한 가족지원이 다르다고 보는 입장으로 가정의 주도(각 가정이 제공받게 되는 지원의 형태와 금액을 결정하는 과정을 주도), 신청절차의 용이성(엄청난 양식의 기재와 복잡한 수속 때문에 가족이 힘들어하지 않도록), 융통성(개별적인 욕구와 기호에 따라 지원과 서비스 선택)의 원칙을 강조한다(Terrill, 2007). 지역사회에서 이러한 가족지원의 중요성이 강조되는 이유는 다음과 같다(오혜경·정소영, 2002:92).

첫째, 가족과 사회를 보는 시각의 변화이다. 현대사회에서 가족이 외부의 개입 없이 건강하게 기능하기란 쉽지 않다. 전통적 가족기능이 감소하고, 가족기능의 많은 부분들이 다양한 사회제도들로 이전되었음에도 가족의 역할은 줄어들지 않았다. 오히려 과거보다 더 많은 책임과 부담을 지니고 있다. 취업모의 증가, 평균수명의 연장, 계속적인 가족보호를 필요로 하는 장애인의 증가, 소가족화, 탈 시설화 정책, 모든 종류의 지역사회 서비스를 제한하는 비용 절약정책 등이 그 요인이 된다(Zimmerman, 1995). 따라서 실제로 가족이 수행하고 있는 기능과 사회가 가족에게 기대하고 있는 기능상에 괴리가 존재하게 되므로 지역사회는 변화하는 가족의 복지 욕구를 파악하여 능동적이고 현실적인 대안을 제시해야 한다.

둘째, 사회정책이나 사회 전반의 흐름이 가족을 강조하는 추세이다. 남녀 간·세대 간의 사회가치의 변화, 전통적 가족지원형태의 한계, 예산상의 문제 등은 가족정책에서 가족의 역할과 지원의 중요성을 강조하는 결과를 낳게 되었다.

셋째, 가족은 문제해결에 있어 효율적인 단위이다. 즉 가족문제에 대한 개입 시 가족을 하나의 단위로 간주하는 것이 개별적인 접근보다 문제해결에 효율적이다.

넷째, 우리나라는 가족문제에 적절히 대응할 만한 체계적인 서비스 전달체계가 아직 갖추어지지 못했다는 점이다. 지역사회 주민들이 가족문제를 겪을 때 지역사회 내에 가족문제를 전문적으로 지원할 수 있는 기관과 서비스가 충분하게 마련되지 않아 가족해체 등의 가족위기상황에 직면하게 되기도 한다.

(2) 가족지원의 특성과 원칙
① 가족지원의 특성

발달장애인가족이 일상생활 가운데 경험하는 어려움을 해소하기 위해서는 외부체계의 자원이 필요하다. 그러나 장애인가족지원프로그램 내지 서비스는 가족의 포괄적인 욕구를 반영하기 보다는 분절적이며, 가족중심 보다는 서비스 제공자중심 혹은 기관중심으로 이루어지는 경향이 있어 장애인가족을 위한 실제적이고도 효율적인 지원이 이루어지기 어려울 수 있다. 이러한 점 때문에 최근에는 가정의 주도성, 신청절차의 용이성, 융통성을 강조하고 있다. 발달장애인 가족지원에 있어서는 장애인뿐만 아니라 다른 가족구성원에게도 초점을 두어야 하며 무엇이 제공되는가 뿐만 아니라 어떻게 제공되느냐도 중요하다. 가족지원의 목표는 다음과 같다(Terrill, 2007).

- 장애인이 독립해서 생활하기까지 가족이 함께 살게 하는 것
- 장애인을 포함한 가족 구성원의 여러 가지 욕구를 충족할 것
- 원가정 외 주거의 필요와 비용을 최소화하면서 가족에 대한 지원의 질을 향상하는 것
- 가족으로 하여금 통합된 여가, 오락, 사교활동에 참여하도록 하는 것
- 장애인 당사자뿐만 아니라 모든 가족의 삶에 긍정적인 변화를 도모하는 것

장애인가족을 위한 양질의 가족지원프로그램이 되기 위해서는 첫째, 모든 가족구성원에 초점을 맞추어야 하고 둘째, 가족의 욕구, 역할, 그리고 생애주기에 따라 변화해야 하고 셋째, 가족이 본인들의 욕구에 대해서 표현하고 그 욕구가 충족될 수 있는 방안을 제시하도록 권장해야 한다. 넷째, 장애인과 그 가족들을 대할 때 그들의 개별적 선택과 기호를 존중해야 한다. 다섯째, 가족이 자연적인 지역사회의 자원을 사용하도록 한다. 여섯째 찾기 쉽고 이용하기 쉬운 지원과 서비스를 제공한다((Terrill, 2007).

장애인가족지원의 범위를 어디까지로 볼 것인지와 관련해서는 Dunst 외(1993)의 연구가 도움이 된다. 그들은 미국의 50개주에서 시행하고 있는 장애인 가족지원 서비스 유형을 조사하여 7개의 가족지원서비스 범주로 분류하여 제시하였다. 그들의 연구에 따르면 발달장애인을 위한 교육, 치료, 생활훈련, 직업, 후견인 및 미래계획 등도 포함시켜 가족지원의 범위를 폭넓게 인정하고 있다. 구체적인 내용은 〈표2〉와 같다.

표2 가족지원 서비스 범주와 서비스

범주	서비스	범주	서비스
1.교육적 지원	행동관리	5. 비공식적 지원	옹호서비스
	조기개입/취학 전 서비스		사례관리
	교육/특수교육		지역사회 아웃리치
	처치/치료적 서비스		진단과 평가서비스
2. 물질적 지원	장비개조 서비스		후견인/미래계획
	건축물/주택 개조서비스	6. 건강관련 지원	정보와 의뢰서비스
	현금보조/재정적 지원		부모/가족훈련
	이송서비스		가정건강원조/보철장비서비스
3. 정서적 지원	개인/가족상담		가정건강서비스
	부모/가족/형제지원집단		주간보호서비스
	부모 간 지원	7. 보호지원	위탁보호
	여가활동 서비스		그룹홈
4. 교육관련 지원	생활훈련 서비스		가사도우미/수발자/케어서비스
	지원고용 서비스		가정 내 휴식/돌봄서비스
	생활지원 서비스		휴식/가정 외 서비스
	직업/재활 서비스		

※ 출처: Dunst et al., (1993) 의 내용을 토대로 재구성함.

이처럼 장애인가족지원의 범위는 매우 포괄적인데 이를 다시 장애인을 중심으로 한 가족지원서비스와 가족을 중심으로 한 가족지원서비스로 구분하면 〈표3〉과 같다. 일반적으로 장애인가족지원이라고 하면 가족을 중심으로 한 가족지원으로 한정짓는데 '장애인가족지원'이 장애인을 포함한 모든 가족구성원에게 초점을 맞추고 전체 가족을 개입의 단위로 간주해야 하는 한다는 점에서 볼 때 다소 협의적인 의미라고 할수 있겠다. 장애인에게 필요한 치료나 교육서비스 기회 자체가 부족하거나 서비스 이용으로 인해 경제적인 부담이 가중될 경우, 가족전체의 문제로 확대될 수 있기 때문에 가족지원서비스는 〈표3〉의 두 영역 모두를 포괄하는 개념으로 이해하는 것이 적절하다.

표3 가족지원 서비스 내용

장애인을 중심으로 한 가족지원	가족을 중심으로 한 가족지원
• 진단과 사정 • 치료서비스 • 의료/치과서비스 • 자택간병 • 레크레이션 기회 • 장애인 편의를 고려한 의복 및 음식 • 교통수단 • 보조기구 • 주거개선과 충분한 건강보험	• 정보제공과 연계 • 서비스 조정 • 단기휴식과 보호 • 가족상담 • 부모/형제교육 • 주간 보호 또는 가족 구성원에 의한 보호 • 재정적 보조 • 미래 재정계획

※ 출처 : Terrill, C. F.(2007), 3-17., 백은령 외(2010)

② 가족지원의 원칙

국내에 소개된 장애인 가족지원에 대한 원칙으로는 Dunst 외(1994)가 제시한 가족지원 원칙이 많이 인용된다. Dunst는 가족지원프로그램의 원칙을 크게 6가지로 제시하면서 이러한 원칙들은 가족지원 정책이나 실천, 관련 서비스 제공자의 역할과 책무성과 같은 측면들이 가족의 기능을 지원하고 강화하는 방법으로 시행되고 있는지를 평가할 수 있는 체계를 제공한다고 하였다. 구체적인 내용은 다음과 같다(Dunst et. al., 1994).

표4 Dunst 외의 가족지원프로그램의 원칙

주요 원칙	주요 내용
공동체 의식 강화	• 지역사회 내의 상호 호혜성과 상호 지원성을 확인 • 지역사회 지원과 자원의 이용가능성 증대
자원과 지원의 동원	• 사회적 지원망을 구축하고 동원할 수 있는 기회 제공 • 전문적 지원체계와 가족을 위한 비공식적 지원망을 구축하고 강화
책임의 공유 및 협력	• 부모와 전문가간의 동반자 관계 유지 • 가족과 전문가의 지식 및 기술 공유 • 가족과 서비스 제공자 간의 자원 및 지원 동원
가족의 통합 보장	• 가족의 신념과 가치 존중, 보호하는 방법으로 시행 • 가족지원은 가족이 통합될 수 있도록 제공
가족 기능의 강화	• 아동의 발달적 과제와 기능에 숙달될 수 있는 기회와 경험 제공 • 가족의 강점 강조 • 서비스에 대한 통제와 의사결정 권한을 최대한 보장

주요 원칙	주요 내용
순향적 인간서비스 실천	• 치료적 접근보다 예방적 접근방법 적용 • 가족의 긍정적인 기능의 발달을 강화하고 최적화 • 자원 중심 및 수요자 중심의 중재방법 적용 • 인간발달에 대한 생태학적, 사회체계 관점 강조

※ 출처 : Dunst et al.(2004)pp 37-42.

한편 미국 Family Support America에서는 '성공적인 가족지원 프로그램을 위한 지침'(2003)에서 Dunst가 제시한 가족지원 프로그램의 원칙들을 포함하는 프로그램 원칙을 제시한 바 있다. 이 지침은 가족지원 프로그램이 아동과 가족에게 보다 긍정적인 결과들을 가져올 수 있다는 인식이 확고해지면서 더욱 각광받기 시작하였다. 가족지원의 핵심은 가족의 능력을 강화시킬 수 있는 지식과 기술들을 획득할 수 있도록 돕기 때문에 이는 전문직에게 요청되는 가치인 동시에 가족에게 접근하는 실천방법으로 볼 수 있다. Family Support America에서 제시하고 있는 가족지원 프로그램의 원칙으로 9개를 제시하고 있으며, 구체적인 내용은 〈표5〉와 같다. 이 원칙들은 Dunst가 제시한 가족지원 프로그램의 원칙들과 비교할 때 상대적으로 보다 구체적인 지침으로 활용할 수 있는 여지가 있다.(백은령 외, 2010:63-64).

표5 Family Support America의 가족지원 프로그램 원칙

	가족지원 프로그램의 원칙
1	가족들과 동등한 권한과 상호존중을 기반으로 함께 일한다.
2	전체 가족구성원의 성장과 발달을 지지할 수 있는 가족의 능력을 강화한다.
3	가족은 자신의 가족구성원들과 다른 가족들, 프로그램들, 지역사회의 자원이다.
4	가족지원 프로그램들은 가족의 문화와 인종, 정체성을 강화시키고, 다문화 사회 안에서도 그들의 능력을 향상시킨다.
5	가족지원 프로그램은 지역사회에 뿌리를 두고 있으며, 지역사회 발전에 공헌한다.
6	프로그램은 공정한 서비스를 받을 수 있도록 가족을 옹호하고, 책임감 있게 가족들에게 제공된다.
7	실천가들은 가족과 함께 그들의 성장을 도울 수 있는 공식적, 비공식적 자원들을 동원한다.
8	프로그램은 가족과 지역사회 문제에 지속적으로 반응할 수 있어야 한다.
9	가족지원의 원칙들은 프로그램 계획, 관리, 행정을 포함한 모든 프로그램 활동 안에서 구현되도록 한다.

※ 출처 : Kristine Stanik & Jackie Lalley(2003) p7

3. 국내외 발달장애인 가족지원 현황

1) 국내

우리나라의 장애인복지정책은 출현율이 높은 신체장애인 당사자에 대한 지원에 초점을 맞추어 확대되어 왔기 때문에 장애인 가족지원의 관점에서 법률이나 정책을 입안한 경험은 그리 많지 않다. 따라서 국내 장애인 가족지원에 대한 법적 근거는 미약한 수준으로, 발달장애인 가족지원이라는 단어 내지는 조항은 더더욱 찾아보기 어려운 실정이며, 해외의 경우처럼 장애인가족을 둔 가족을 위한 포괄적인 가족지원서비스 제공의 법적 근거는 찾아보기는 어렵다. 일부 장애 관련법(장애인복지법, 장애인 등에 대한 특수교육법, 장애인차별 금지 및 권리구제 등에 관한 법률, 장애아동복지지원법)과 일반법(건강가정기본법, 영유아기본법, 아동복지법, 한부모 가족지원법, 가족친화 사회환경의 조성 촉진에 관한 법률)에서 장애인 가족지원과 관련된 조항으로 유추할 수 있는 내용이 소수 포함되어 있는 정도이다. 안타까운 점은 최근 확대되고 있는 일반 가족을 대상으로 한 지원정책에서 장애가족에 대한 고려가 이루어지지 못하고 있다는 점이다. 전술한 법들 중 장애인 등에 대한 특수교육법에서는 특수교육 관련 서비스로 가족지원을 제공해야 한다고 명시하고 있고(28조) 장애아동복지지원법에서는 가족지원이라는 조항(23조)을 별도로 포함하고 있다. 또한 한부모가족지원법의 경우 가족지원서비스 대상자에 장애인에 대한 부양서비스를 명시하고 있다(제17조). 이외에 법률은 아니지만 2006년 12월 13일 UN총회에서 채택된 장애인권리협약에서도 장애인 가족지원 관련 조항을 찾아볼 수 있다.

근래 들어 발달장애인가족들이 겪는 경제적 어려움이나 돌봄 및 심리사회적 문제에 대한 사회적인 관심이 생겨나면서 발달재활서비스와 돌봄 관련 서비스들을 확대해 가고 있다. 최근 발달장애인 부모 심리상담서비스와 같이 서비스대상자에 발달장애인가족을 명시한 서비스가 등장하는 것은 고무적이다. 그러나 발달장애인 가족지원을 가족의 복지 향상을 위한 가족체계 전체에 대한 지원이라는 의미에서 볼 때에는 포괄적이고 체계적인 서비스는 아직까지 미흡한 수준이라고 할 수 있겠다. 전술한 바와 같이 국내에서는 장애인복지정책 수립 시 장애인 가족지원이라는 관점을 거의 고려해오지 않았었기 때문에 여기서는 기존 장애인복지서비스들 중 장애인 가족지원 서비스로 간주할 수 있는 것들 중심으로 정리하면 〈표6〉과 같다.

표6 국내 장애인 가족지원 서비스 유형과 종류

범주	서비스 종류	소관부처
경제적 · 소득지원	장애연금	보건복지부
	장애아동수당 지원	보건복지부
	장애인 자녀 교육비 지원(저소득층 장애인 자녀 학비지원)	보건복지부
	장애인 의료비 지원 (수급자 대상 지원)	보건복지부
	장애인 등록진단비 지원 (수급자 지원)	보건복지부
	세금 및 보험료 감면(소득세, 상속세, 증여세, 승용자동차에 대한 특별 소비세 등)	보건복지부, 기획재정부, 국세청
	요금할인(철도, 도시철도, 고속도로 통행료, 항공, 여객운임, 등)	보건복지부, 국토해양부, 관련 기관
교육 · 문화 · 여가 활동 지원	특수교육지원센터 이용 – 상담, 가족지원, 교육지원 등	교육부
	개별화교육지원계획(IEP) 수립 시 참여 (개별화가족지원계획 포함)	교육부
	학교에서의 가족지원(학부모 교육 및 상담 등), 치료지원(치료사 또는 바우처 지원), 통학지원(통학비, 통학보조인력, 통학차량 지원 등)	교육부
	학교 및 사설특수교육실에서의 방과후 프로그램	교육부
	지역사회 평생교육 프로그램 지원	교육부
	가족단위 문화 및 여가생활을 위한 지원서비스(가족놀이, 가족여행 등)	보건복지부
	조기 중재 프로그램	교육부, 보건복지부
의료 · 재활 · 건강지원	장애아동 발달재활서비스	보건복지부
	장애아동 전문 치과 진료 사업	보건복지부
	재활 병원 및 의원 이용	보건복지부
	장애인 재활 보조기구 무료 교부 (수급자 및 차상위 지원)	보건복지부
심리 · 사회 · 정서적 지원	장애인 가족이 가지는 법적인 권리, 정책, 제도, 서비스 내용에 등과 관련한 종합적 정보 서비스(온/오프라인)	보건복지부, 법무부, 국가인권위원회
	발달장애인 부모 심리상담	보건복지부
	장애인복지시설(장애인복지관 등) 등에서의 가족상담, 가족치료, 교육 프로그램	보건복지부

범주	서비스 종류	소관부처
	부모를 위한 프로그램 지원	보건복지부
	장애인복지시설 등에서의 장애자녀의 형제·자매 등을 위한 모임, 캠프, 교육	보건복지부
	장애인 (부모) 단체 등의 활동 참여	보건복지부
	장애인가족지원센터	지방자치단체
	부모교육 및 양육기술훈련	보건복지부
	법률에 관한 무료 전문상담	법무부, 대한법률구조공단
돌봄·보호·휴식지원	장애인활동보조지원	보건복지부
	장애아가족양육지원사업(돌봄서비스, 휴식지원)	보건복지부
	장애아동 보육지원(무상보육료 지원, 방과후 보육료 지원)	보건복지부
	장애인도우미뱅크(경남, 고양), 장애인가정도우미사업(제주) 등 돌봄 서비스 사업	지방자치단체
	단기보호 및 주간보호	보건복지부
	장애인공동생활가정(그룹홈) 이용	보건복지부
	장애아동 보육지원	보건복지부
	가족휴식지원사업	민간기관

※ 출처: 백은령 외(2010), 이승기 외(2011), 이복실 외(2013)를 토대로 재작성함.

2) 국외

장애인가족지원에 대한 관심과 경험이 부족한 국내의 상황에서 해외 사례 검토를 통해 적용 가능한 시사점을 도출하는 것은 의미 있는 작업이다. 본 장에서는 미국의 장애인가족지원법률 및 프로그램을 중심으로 고찰하였다.

미국의 발달장애인 가족지원은 장애아동 가족에 대한 관심에서부터 출발되었다. 특히 1975년에 장애아동교육법 제정과 개정과정을 통해 점차 서비스 내용이 확대되었으며 1994년 장애아동가족지원법이 제정되면서 가족을 지원할 수 있는 법적 토대를 마련하였으나 연방정부의 재정지원보다는 주 정부의 재원으로 시행되었다. 이 지원법은 지원을 받는 모든 프로그램과 활동은 가족중심이어야 한다는 것이 핵심으로, 가족지원의 수단은 현금보조금, 수당, 바우처, 저금리대출과 신용카드 등의 다양한 재정적 지원을 포함하고 있다(오혜경. 백은령, 2007).

발달장애인가족지원의 대표적인 법적 근거는 발달장애인지원 및 권리장전법 (Developmental Disabilities Assistance and Bill of Rights Act, 1963)에서 찾아볼 수 있다. 이 법의 전신은 1963년의 정신지체시설 및 지역사회정신건강센터건축법 제1편 정신지체시설건축법(Mental Retardation Facilities Construction Act)이다. 이 법이 개정 및 확대되어 1970년에 발달장애서비스 및 시설건축법으로, 1978년에 현재의 발달장애지원 및 권리장전법으로 명칭이 변경되었다. 이후 1984년에 전면 개정되었고, 2000년 개정되었다. 2000년 개정에 의하여 장애인자녀를 둔 가정에 대한 지원과 발달장애인을 원조하는 직접지원활동가를 위한 교육지원 프로그램이 추가되었다. 이 법의 궁극적인 목적은 발달장애인과 그 가정의 자기결정·자립생활·생산성·지역사회에 완전통합으로, 발달장애인과 그 가정으로 하여금 소비자 및 가정중심적·소비자 및 가정지향적·포괄적 및 통합적인 지역사회서비스·개별화된 지원·기타 원조의 설계에 참여 및 접근하도록 보장하고 있다. 이 법의 가족지원과 관련된 목적은 다음과 같다(오혜경. 백은령, 2007).

첫째, 장애인 자녀를 둔 가정을 위한 주의 포괄적인 가정지원서비스 시스템의 시행을 촉진, 강화한다. 그 시스템은 가족중심적이고 서비스·지원의 특성과 이용에 관하여 가정에게 가능한 한 최대의 의사결정권과 통제권을 부여한다.

둘째, 장애인 자녀를 둔 가정을 위한 가족지원서비스의 계획수립·정책개발·시행·평가에 있어서 가족의 리더십을 촉진한다.

셋째, 서비스제공의 책임을 진 기관 간의 조정과 협조를 촉진·발전시킨다.

넷째, 장애자녀를 둔 가정을 위한 가족지원서비스의 가용성·자금지원·접근성·공급을 증대시킨다.

또한, 이 법에서는 가족지원에 의거 자금이 지원되는 모든 프로그램·프로젝트·활동은 가족중심적이어야 하고 장애인 자녀를 둔 가족이 자녀를 가정에서 양육하는데 필요한 지원을 제공해야 한다고 규정하고 있다.

미국은 연방정부 차원의 법률이외에도 위스콘신주, 일리노이주 등에서 발달장애인을 위한 주법을 시행하고 있는데 캘리포니아주의 랜터만법률은 미국 주 단위의 최초의 법률이자 발달장애인을 위한 지원 체계를 어떻게 수립하고 집행해야 하는 지에 대한 좋은 모델로 평가받고 있다. 이법은 발달장애인지원 및 권리장전법의 발달장애인 개인 및 가족을 위한 구체적이고 적극적인 지원에 대한 규정이 미비한 한계를 극복하기 위해 제정되었으며 발달장애인과 그 가족에 대한 지원을 주요 골자로 하고 있다(이복실. 박주영. 이율희, 2013).

캘리포니아주의 경우, 보건복지부(Health and Human Services) 산하 12개 국(Department) 가운데 하나인 발달서비스국(Department of Developmental Services, DDS)산하의 21개소의 지역센터 (Regional Centers)가 58개 카운티(County)를 분할하여 발달장애인과 가족을 위한 서비스를 제공하고 있다. 발달장애인 지역센터는 비영리의 민간법인기관으로서 발달서비스국(DDS)과의 계약을 통해 발달장애인에게 필요한 각종 서비스를 연결해주고 예산을 집행하는 서비스 중개 및 예산집행 기관의 역할을 담당한다. 지역 센터(regional centers)를 중심으로 제공되는 발달장애인가족지원서비스로는 휴식서비스(Respite Care), 활동지원서비스(Personal Assistance Services), 교육 서비스(Education Services For Children with Developmental Disabilities), 이동 서비스(Transportation Services), 기초건강관리(Basic Health Care), 언어치료 서비스(Speech and Language Services), 위기개입(crisis Intervention), 위탁가족서비스(Foster Family Agency), 장애아동 주간보호(Child Day Care), 지역사회 보호 시설(Community Care Facilities), 조기개입 서비스 (Early Intervention Services) 등이 있다(김성천 외, 2009).

미국도 발달장애에 대한 국가주도의 가족지원은 1990년대 후반에 와서야 본격적으로 이루어졌다고 볼 수 있으나 공공분야와 함께 민간영역에서도 활발하게 제공되고 있다. 주정부는 포괄적인 가족지원서비스를 제공하고 있으며, 특히 18개 주정부는 발달장애인을 위한 서비스 담당국의 정책에 의해 가족지원에 예산을 실행하고 있다(김

경미, 2007). 증가되는 발달장애인과 가족의 욕구로 재정적 문제가 심각해지자 메디케이드를 활용하고 있으며 가족지원금으로 메디케이드 급여도 증가추세에 있다. 또한 가족을 위한 다양한 비공식적 자원도 증가하는 추세이며 가족지원의 중요성이 점차 강조되어 그에 상응하는 정책적, 경제적 지원이 이루어지고 있다(Terrill, 2007).

4. 결론: 발달장애인 가족지원을 위한 과제

최근 우리사회에서도 발달장애인의 전생애에 걸쳐 돌봄 책임을 감당해야 하는 발달장애인 가족의 부담에 대한 인식확산과 함께 가족지원에 대한 학문적, 정책적 관심이 확대되고 있는 것은 고무적이나 아직까지 법적, 제도적 기반은 미비한 실정이다. 우리에 비해 발달장애인 가족지원의 역사가 상대적으로 긴 미국의 경우도 국가주도의 가족지원은 1990년대 후반에 와서야 본격적으로 이루어졌음에도 현재는 대부분의 주에서 가족지원의 초창기프로그램인 단기보호서비스나 현금보조에서 벗어나 가족중심적 서비스 제공을 강조하고 있다. 이로 미루어볼 때 우리사회에서도 발달장애인을 위한 정책수립에 있어서는 당사자 중심이 아닌 가족전체를 대상으로 한 접근이 필요하다. 발달장애인 가족지원을 위해 우선적으로 수행되어야 할 과제들은 다음과 같다.

첫째, 가족지원을 위한 법적 근거를 마련할 필요가 있다. 포괄적인 가족지원을 위한 법적 근거 마련이 필요한데 현재 제정과정에 있는 발달장애인 지원 및 권리보장에 관한 법률에서 가족지원을 선언적으로만 명시할 것이 아니라 법적 효력을 가질 수 있는 방향으로 성안하여야 하며 이를 뒷받침할 수 있는 재정확보도 필요하다.

둘째, 돌봄제공자 역할을 감당해야 하는 가족에게 초점을 둔 가족지원프로그램들을 우선적으로 확대할 필요가 있다. 구체적으로는 정보제공과 서비스조정, 휴식프로그램과 단기보호, 가족상담, 가족교육, 주간보호서비스, 재정 지원, 발달장애자녀의 미래 계획 수립 및 이행지원 등이 그 예가 될 수 있다. 이러한 서비스 제공에 필요한 재정확보의 책임을 재정자립도면에서 편차가 큰 지방자치단체의 책임으로 돌릴 것이 아니라 중앙정부차원의 관심과 재정지원이 필요하다. 중앙과 지방정부 차원의 재정확보 노력에 더하여 기업 등 민간자원이 유입될 수 있는 방안 모색도 필요하다. 이를 위해서는 발달장애인가족들이 겪는 어려움과 지원의 필요성에 대한 사회적인 관심 확산이 필요하다.

셋째, 가족지원서비스와 관련해서는 대상자 선정기준 완화, 서비스 전달체계 구축, 서비스 인프라 및 인력 확보가 필요하다. 근래 우리사회에서는 장애인복지서비스가 사회서비스의 형태로 제공되는 추세인데 대상자 선정 시의 기준(소득수준이나 장애정도)을 완화할 필요가 있다. 또한 발달장애인과 가족을 조기에 발견하여 사정하고 포괄적인 지원계획수립과 서비스 연결, 조정 및 점검 등이 이루어질 수 있는 통합적인 전달체계 마련이 필요하다. 또한 가족지원관련 서비스를 제공하기 위한 인프라 구축과 함께 역량있는 인력 양성이 필요하다.

넷째, 발달장애인가족을 위한 서비스 제공자들은 가족과 서비스 제공자의 관계가 동등한 권한분배와 상호협력을 전제하는 가족중심실천의 관점을 견지할 필요가 있다. 서비스 제공자들은 서비스전달 과정에서 개입의 단위를 가족으로 간주하면서 가족과 전문가 간의 협력과 파트너쉽을 형성하고, 가족에 대한 강점관점에 기반한 참여와 선택, 의사결정의 권한을 보장하는 것이 발달장애인 가족의 돌봄부담을 감소시키는 데 효과적이라는 점에 대한 인식을 가져야 한다(유영준. 백은령, 2013). 가족과 서비스 제공자간의 협력을 위해서는 의사소통, 전문적 역량, 존중, 신뢰, 헌신, 평등, 권리옹호의 원칙을 준수해야 한다(Turnbull et al., 1997).

참고문헌

김성천 · 권오형 · 최복천 · 심석순 · 신현욱, 2009, 『가족중심의 장애아동 통합지원 체계구축 연구』, 보건복지가족부 · 한국장애인개발원.
노선옥 · 전헌선, 2003, "중도 장애아동양육 조부모의 지원 요구", 『지체부자유교육학연구』, 41, 159-177.

박은혜·한경근 역, 2008, 『중도장애학생의 교육』, Martha E. Snell, Fredda Brown, Instruction of students with severe disabilities, 서울: 시그마프레스.

박지연·김은숙·김정연·김주혜·나수현·윤선아·이금진·이명희·전혜인 역, 2006, 『장애인가족지원』, O'Shea, D.J., Oishea, L. J., Algozzine, R., and Hammitte, D. J. 2001. Families and Teachers of Individuals with Disabilities. 서울: 학지사.

박지연, 2012, 『장애인 가족지원을 위한 증거기반의 실제』, 서울: 학지사.

백은령·김기룡·유영준·이명희·최복천, 2010, 『장애인가족지원』, 경기: 양서원.

백은령·김기룡·유영준·이명희·전혜인·최복천, 2014, 『발달장애인의 자립생활 증진을 위한 부모교육 매뉴얼개발연구』, 보건복지부·총신대학교.

오혜경·정소영, 2002, 『장애아동과 가족지원』, 모니카 아동·가족지원연구소.

오혜경·백은령, 2007, 『지적장애인 가족지원방안에 관한 연구보고서』, 한국지적장애인복지협회.

유영준·백은령, 2013, "가족중심실천이 장애아 가족의 양육부담에 미치는 영향", 『장애인복지학』22.

이미선·김경진, 2000, 『장애 영유아 가족지원 방안 연구』, 국립특수교육.

이승기·김기룡·백은령·이계윤·조윤경·전혜연·최복천·최윤영, 2011, 『장애아동에 대한 사회적 복지지원체계 연구』, 보건복지부·성신여자대학교

최선경, 2006, 『성인 지적장애인 가족의 부양부담과 가족지원 서비스 연구: 소비자와 제공자의 종합적 관점을 중심으로』, 서울여자대학교 대학원 박사학위 논문.

Bristol, M.M., 1987, Mothers of children with autism or communication disorders: Successful adaptation and the double ABCX model. Journal of Autism and Developmental Disorders. 17. 469-484.

Dunst, C. J., Trivette, C. M., Hamby, D., & Pollock, B., 1990, Family systems correlates of the behavior of young children with handicaps, Journal of Early Intervention, 14, 204-218.

Dunst, C. J., Trivette, C. M., Strarnes, A. L., Hamby, D. W., & Gordon, N. J., 1993, Building and evaluating family support initiatives: A national study of programs for persons with developmental disabilities. Baltimore: Paul H. Brookes publishing Co.

Feldman, M. A., 1994, Parenting education for parents with intellectual disabilities: A review of outcome studies. Research in Develomental Disabilities 15(4), 299-332.

Ferguson, P. M., Gartner, A., and Lipsky, D. K., 2000, The experience of disability in families: A synthesis of research and parent narratives. In E. Parens & A. Asch(Eds.), Parental testing and disability rights. Washington, DC: George University Press.

Goldenberg, I. & Goldenberg, H., 2000, Family Therapy an Overview, California: Pacific. Grove, Brooks/Cole Press.

Llewellyn G., 1997, Parents with intellectual disability learning to parent: The role of experience and informal learning. International Journal of Disability, Development, and Education, 44(3), 243-261.

Scorgie, K. and Sobsey, D., 2000, Transformational outcomes associated with parenting children who have disabilities. Mental Retardation, 38(3), 195-206.

Stanik, K., Lalley, J., 2003, "Standards for Prevention Programs: Building Success through Family Support", Family Support America. New Jersey.

Turnbull, A. P. and Turnbull, H. R., 1997, Families, professionals, and exceptionality: A special partnership(3rd ed.). Upper Saddle River, NJ: Merrill.

Zimmerman, Shirley L., 1995, Understanding Family Policy, SAGE Publications.

제16장
거주공간 선택

이 종 남 (극동대학교)

1. 들어가며

Maslow는 인간의 욕구를 5단계로 설명하면서, 하위의 욕구가 충족되면 상위의 욕구로 이전한다고 했다. Maslow의 욕구 5단계 중 가장 하위단계는 생리적 욕구로 생리적 욕구가 충족되어야 다음 욕구인 안전의 욕구로 옮겨진다는 것이다. Maslow의 생리적 욕구는 인간이 살아가는데 필요한 의식주(衣食住)로 볼 수 있다. 의식주는 생리적 욕구 충족과 함께 위험으로부터 최소한의 '보호'를 해결할 수 있다. 그러나, 인간이 살아간다는 것이 단순히 생명을 유지하면서 보호받으며 살아가는 것이 아닌 인간답게 사는 것을 의미할 때 인간답게 살기 위해 빼놓을 수 없는 것은 '선택'할 수 있는 '기회'를 얼마만큼 제공받는가의 문제일 것이다.

그동안 장애인은 장애를 이유로 이러한 선택의 기회들이 무시되어 왔다. 특히, 장애를 이유로 시설에 살 수밖에 없는 경우 '보호'라는 미명하에 선택의 기회들이 박탈되었다. 다행히 시설평가가 도입되면서 시설에서 생활하는 장애인들이 '무엇을 먹을지', '무엇을 입을지'에 대한 선택의 기회들이 확대되고 있으나 여전히 어떤 곳에 살지에 대한 선택의 기회[1]들은 제공되지 못하고 있을 뿐만 아니라 시설에 사는 것이 당연시 되고 있다.

대규모 시설에서의 생활은 그동안 자율성 감소와 획일성 증가, 수용보호에 수반되는 스티그마(stigma), 개성의 상실, 개인의 특성에 따른 개별적 욕구에 대응하는 적절한 서비스의 어려움, 자기결정권 결여, 생활의 비정상성 등의 부정적 결과들을 초래하였다. 뿐만 아니라 1980년대 이후 사회복지시설에서 발생한 각종 인권침해와 운영자의 횡령 등 회계비리가 언론을 통해 세상에 알려지기 시작했다. 그러나 이러한 인권침해와 비리가 아니더라도 시설에 있으면 의식주를 알아서 다 해주기 때문에 계속 머물기를 원하는 가족들의 욕구 때문에 정작 당사자들은 시설 밖으로 나오고 싶은 욕구들이 좌절되어 억제하면서 지내는 경우도 있다(김유미, 2013).

더불어 1990년대에 한국사회에 불어온 탈시설화와 정상화 이념은 시설의 소규모화 지역사회 내 거주에 대한 관심과 문제제기로 공동생활가정, 단기보호센터, 자립생활지원센터 들이 운영되기 시작하였으나, 여전히 공동생활가정과 단기보호센터는 '주거'의 의미보다는 '훈련'과 '교육'의 의미가 강하고 장애인의 자립생활은 지체장애인과 뇌병변장애인을 중심으로 이루어지고 있으며, 발달장애인에게는 자립생활을 시도하려는 움직임이 이루어지고 있는 정도이다.

2000년대 이후로 지적·자폐성 장애로 대표되는 발달장애인들의 주거계획이 평생계획에 포함되어 간헐적인 연구들이 이루어져왔으나(김보경, 1989; 곽순호 1999; 은홍수, 2002; 고인숙, 2003; 조미연, 2009), 서비스현장에서 이들의 주거계획과 관련된 논의들은 활발하지 못한 상황이다.

이렇듯 발달장애인의 주거와 관련하여 많은 관심이 있지만 구체적인 방향은 제시되

---

1) 현행 사회복지사업법은 사회복지서비스 대상자가 국가나 지방자치단체를 상대로 필요한 서비스를 신청하거나 변경할 수 있도록 '사회복지서비스 신청권'을 인정하고 있다. 하지만 2009년 12월 16일, 국내 최초로 15년 이상 시설 생활을 해온 세 명의 장애인이 관할 지자체에 '주거지원, 활동보조, 생계지원, 직업 등 필요한 사회복지서비스를 제공해 달라'는 사회복지서비스 신청을 하기 전까지는 아무도 이 법적 근거를 이용하여 사회복지서비스 제공을 신청한 적이 없었다.

이들은 당시 음성군청과 양천구청을 상대로 사회복지서비스 신청을 하였는데 청주지방법원은 2010년 9월 30일, 윤국진과 박현 씨가 음성군청을 상대로 제기한 소송에 대해 '원고 패소 판결'을 내렸다. 이와 달리 서울행정법원은 '원고 승소 판결'을 내렸다. 그러나, 당시 음성군청과 양천구청은 '사회복지서비스 신청제도'를 인지조차 하지 못하고 있었고, 신청을 받아들일 아무런 준비도 되어 있지 않았다.

지 못하고 있고, 장애인 거주시설에 대해 부정적인 견해가 지배적인 것이 우리사회의 현실이지만, 거주시설 이용을 희망함에도 불구하고 이용하지 못하는 재가 장애인의 거주시설 미충족인원이 장애유형별거주시설과 중증장애인 거주시설 33,573명, 장애인단기거주시설 47,020명, 장애인 공동생활가정 26,557명으로 추정하고 있다(김용득·송남영·장기성, 2010).

더욱이 우리나라 발달장애인의 장애인거주시설 입소비율은 다른 유형의 장애인 입소비율 대비 약 22배가 높은 것으로 나타났다. 이는 다른 장애유형의 거주시설 장애인에 비해 발달장애인의 거주시설 이용자가 압도적으로 많다는 것을 나타내는 것이다.

발달장애인의 거주공간으로 가족 형태의 주거배치, 독립주거 등도 고려할 수 있고, 대규모 거주시설의 대안으로 조성된 공동생활가정과 단기보호시설 등 지역사회거주시설이 있지만 장애인의 거주라고 할 때 아직은 재가보호 또는 시설보호라고 이분법적인 사고가 남아 있다. 재가보호를 한다고 하더라도 구체적인 계획에 의하기 보다는 시설에 보내지 않겠다는 의지의 표현으로 보여지며 다른 한편으로는 부모의 사후에 비장애형제의 몫이었던 것이 장애형제의 보호를 더 이상 비장애형제에게 짐을 지우지 않겠다는 부모의 사고 전환이 '시설보호'로 귀착되기 때문으로 여겨진다.

따라서, 지금까지 살아 온 가정에서 계속적으로 생활을 하거나 소규모 또는 대규모 시설에서 생활하는 것에 초점을 두는 것이 아니라 서비스 이용자가 가장 편안하게 살 수 있고, 자신의 존엄성을 유지하면서 살 수 있는 주거 공간을 스스로 선택할 수 있도록 하는 것, 즉 주거선택에 도움을 주는 것에 관심을 가져야 할 것이다.

따라서 본 장에서는 발달장애인의 주거공간 선택에 도움이 될 수 있도록 발달장애인의 주거계획 실태 및 주거계획을 위해 고려되어야 할 요소, 장애인들의 거주시설 현황, 발달장애인이 선택할 수 있는 주거의 형태에 대해서 살펴보도록 하겠다.

2. 발달장애인의 주거계획

발달장애인에게 있어서 주거권은 '보호'와 '지원'이라는 미명하에 제한되어 왔다. 그러나 어디에 살고, 어떻게 살고, 누구와 살지를 선택하여 집을 갖는다는 것은 단순히 주거라는 장소 이상의 의미를 가질 뿐만 아니라 평화와 존엄을 가지고 살 수 있는 안전한 집을 확보하고 유지하기 위한 인간의 권리는 다른 인권들이 실현 될 가능성을 증가시킨다(Julia Fitzpatric, 2011).

장애자녀의 주거계획을 미리 수립하지 않은 상태에서, 예기치 못한 상황의 발생으로 갑작스럽게 자녀의 주거를 결정하여 배치할 경우 장애자녀에게 적합하지 않은 시설에 배치되거나 갑작스러운 환경변화로 심리적인 충격을 겪게 될 수도 있다.

부모가 더 이상 장애자녀를 보호할 수 없을 때를 대비해 미리 재정이나 법률계획을 세움으로써 자녀에 대한 걱정을 어느 정도 완화할 수 있음에도 불구하고 나이 들어가는 부모에 의해 표현되는 가장 큰 걱정은 지적장애 자녀가 어디에 살 것인가 하는 것이다(Smith, Tobin & Fuller, 1995). 연구자들은 나이든 부모가 지적장애를 가진 자녀의 장래 거주지를 계획해야 하는 것에는 중요한 3가지 이유가 있다고 설명한다. 첫째는 미리 계획하지 않으면 부모가 갑자기 자녀를 돌볼 수 없는 상황이 발생할 때 자녀가 적당하지 않은 주거장소로 보내질 가능성이 크다(Wood, 1993)는 것과 둘째는 거주계획이 이루어져 있다면 자녀의 의도된 변화를 준비함에 있어 재배치 충격을 피하는 것이 가능하며, 셋째는 연로해 지는 부모가 주거 계획을 완성할 때까지 계속해서 자녀를 양육하고 장래를 걱정하는 부담을 가져야 한다는 것이다(Smith & Tobin, 1989).

따라서, 본 장에서는 발달장애인의 주거계획 실태와 주거계획에 포함되어야 할 요소에 대해 살펴보겠다.

1) 발달장애인의 주거계획 실태

발달장애인의 주거계획에 관한 선행연구는 재정적, 법적, 주거계획으로 구성된 장애인의 평생계획 중의 한 요인으로 고려되어 왔다. 주거계획은 평생계획의 한 부분이긴 하지만 장애인이 자신의 삶을 영위해 가는 실질적인 터전으로서 중요한 의미가 있다. 또한 적절한 주거공간에서 살아가기 위해서는 재정적, 법적 부분까지도 포괄하여 고려되어야 하기 때문에 평생계획에 있어서 주거계획이 그 중심에 있다고 볼 수 있다. 주거공간의 선택은 서비스 이용자의 특수한 욕구나 희망사항이 고려되어야 하기 때문에 매우 개인적인 문제로 장애자녀와 온 가족이 함께 최선책을 찾는 과정이기 때문에 심사숙고해서 대안을 찾아야 한다는 것이다.

자녀의 평생계획을 연구한 Heller & Factor(1991)는 30세 이상의 장애자녀를 둔 31~98세의 부모 100명을 대상으로 조사하였다. 주거계획과 관련된 연구결과를 보면, 응답 부모의 절반 이상인 53%는 공동생활가정, 시설, 요양원 등의 주거프로그램 배치보다 가족이 살던 집을 더 선호했다. 그들 중 91%는 혈연관계에 있는 사람과 함께 있기를 원했고(그중 75%는 비장애자녀), 6%는 친구와 함께 있기를 원했고, 2%는 장애자녀가 독립적으로 살아가기를 원했다. 주거프로그램 선택을 원하는 가족 중에는 지역사회 주거(83%)를 요양원(11%)과 시설(6%)보다 더 많이 선호하였다.

주거와 관련된 우리나라의 연구는 1990년대 이전과 이후로 나누어 볼 수 있다. 1990년대까지는 주로 시설과 지역사회 보호에 대한 선호조사가 중심이었으며, 1990년대 이후에는 평생계획의 일환으로 주거계획에 대한 연구가 이루어졌다.

문정희(1985)는 지적장애아동의 부모들을 대상으로 시설보호 욕구를 조사하였는데, 장애아동의 주거유형에 대한 결과로 응답 부모의 70%가 지역사회 주거를 원했다. 지역사회주거를 원한 사람들도 대부분 대리가정, 입양가정, 지역사회에 있는 집단 가정 등을 원했고 외딴 곳에 존재하는 집단가정은 소수만이 원했다. 대형시설의 보호를 원하는 사람은 한 사람도 없었다. 보호기간은 재활을 위한 일정기간 보호보다는 영구적인 보호를 더 원하는 것으로 나타났고 대형시설보다는 반 자립이 가능한 소형시설을 더 선호하는 것으로 나타났다.

　김보경(1989)은 서울시지적장애인복지관에 등록되어 있는 18세 이상의 성인지적장애인 중 직업을 가지고 있는 지적장애인과 보호자 각각 17명과 미취업 재가 성인 지적장애인과 보호자 각각 15명, 직업훈련을 받고 있는 지적장애인과 보호자 각각 20명을 대상으로 하여 성인 지적장애인의 지역사회거주 대책마련을 위한 기초조사를 실시하였다. 연구결과를 보면 보호자가 장애자녀의 거주 장소로 격리된 곳에서 살기를 원하는 경우보다 지역사회 내에 있는 가정(26.0%)이나 소규모 시설(70.2%)을 더 원하였고, 그 외에 격리된 곳에서 살기를 원하는 보호자는 주로 형제·자매에게 부담을 주지 않기 위해서나 지역사회 내에 마땅한 장소가 없기 때문이라고 응답하였다. 특히 직업을 가진 장애인의 47%가 독립적으로 살기를 원하였고 직업훈련중이거나 미취업 장애인의 경우는 가족이나 지역사회에 살기를 원하는 경우가 더 높게 나왔다.

　곽순호(1999)는 소규모 시설에 거주하는 성인 지적장애인의 부모 84명을 대상으로 프로그램의 만족도와 자녀에 대한 복지욕구조사를 하였다. 연구결과에 따르면 자녀의 장래문제에 대해서는 형제나 친척에게 맡기겠다는 경우 18.2%, 취업하여 독립적으로 살도록 하겠다는 경우 7.8%, 소규모 시설에 맡기겠다는 경우 41.6%, 대규모시설에 맡기겠다는 경우 19.5%로, 전체 중 61.1%가 시설을 선호하는 것으로 나타났다. 그리고 시설에 대한 운영관리비를 정부의 지원으로 요구하는 사람이 85.5%로 조사되었다.

　이상의 연구결과를 보면 국내·외 연구를 막론하여 지적장애 자녀가 시설보다는 지역사회 내에 거주하기를 원하는 것으로 나타났으며, 곽순호의 연구에서만 시설을 선호하는 것으로 나타났으나, 이미 조사대상이 소규모 시설에 거주하는 성인 지적장애인 부모였기 때문에 지역사회에서 가족과 살 수 있는 가능성이 차단되었기 때문으로 추측할 수 있겠다.

　은홍수(2002)는 서울시 특수학교에 다니는 지적장애 자녀를 둔 부모를 대상으로 한 연구결과에서 조사대상자의 34.8%가 평생계획을 세웠다고 응답했는데, 이때 부모 사후 장애자녀 거주지로 선호하는 곳은 자기 집(14.1%)보다 공동생활가정(60.0%)과 보호시설(17.0%)이라고 보고하였다. 그리고 조사대상의 65.2%가 평생계획을 갖고 있지 않은 것으로 나타났는데, 그 이유는 평생계획에 대한 방안이 없는 경우(42.2%)가 가장 높게 나왔다.

조미연(2009)의 주거계획 실태 결과 주거계획이 있는 경우는 28.3%(52명)에 불과하고 논의 중이거나 계획을 하지 않은 경우가 71.2%(131명)으로 나타났다. 자녀의 주거장소로는 현재 살고 있는 집이 63.5%(33명)로 가장 높게 나타났고, 소규모 생활 시설이 13.5%, 그룹홈 7.7%(4명), 대규모 주거 시설 3.8%(2명), 요양시설이 3.8%(2명), 기타가 1.9%(1명) 순으로 나타났다. 또한 장애 자녀의 주거관리를 해주길 바라는 사람에 대해서는 전문가가 32.7%(17명)으로 가장 높게 나타났고, 비장애 자녀가 26.7%(14명), 장애자녀 본인이 13.5%(7명), 후견인이 9.6%(5명), 친·인척이 1.9%(1명) 순으로 나타났다.

주거장소의 계획에 대해서 서미경(2000)의 연구결과에서는 부모의 51%가 자신들이 더 이상 자녀를 돌 볼 수 없을 때, 지적장애인을 시설에 보낼 계획이라고 하였고, 형제와 같이 살기 원하는 경우는 27.5%로 나타났다.

이상의 연구결과로 볼 때 장애자녀의 평생계획을 가지고 있는 경우보다 없는 경우가 더 많았으며, 주거지로는 연구자에 따라 현재 살고 있는 집과 공동생활가정이 높게 나왔다. 자녀의 미래의 주거공간으로 현재 살고 있는 집을 선택한 것은 실제적인 계획을 가지고 있다기 보다는 지역사회에 거주하고 싶다는 의지를 나타낸 것으로, 공동생활가정을 포함한 시설 거주에 대한 바람은 현재 가족과 살 수 없다는 가정하에 현실적인 대안을 선택한 것이라고 보여진다. 현재 거주하고 있는 집 또는 소규모 생활시설을 선택한 것 모두 지역사회에 살고 싶다는 의지를 반영한 것이라고 보여 지기 때문에 지역사회에서 살고 싶다는 의지가 실천될 수 있도록, 주거계획을 실천할 수 있는 기반을 마련하는 것이 필요할 것이다.

2) 주거계획에 고려되어야 할 요소

선행연구를 통해 살펴 볼 때 장애인의 주거계획은 서비스 이용자의 욕구에서 출발하지 않고 편의적으로 주거공간과 동거인을 기준으로 구분하여 왔다. 주거공간을 기준으로 가족이 살던 집에서의 거주와 지역사회 내 가족 형태의 주거공간인 공동생활가정, 주거시설, 요양시설 등으로 구분하였고, 동거인을 기준으로 비장애자녀 또는 친인척을 포함한 가족과 거주하거나 지역사회 내 가족 형태의 주거공간에서 시설보호자들과 함께 살 것인지로 구분하였다. 이동귀(2002)는 장애자녀의 주거선택과 관련하여 다음과 같은 선택기준들을 제시하였다.

첫째, 만약 자녀의 장애 정도가 비교적 가볍다면 친구와 함께 살거나 가까이에 친구나 가족이 사는 곳이 적당하다.

둘째, 만약 장애 자녀가 부모 생존 시 부모와 같이 살고 있었다면 가족이나 친구 · 친척과 함께 계속 살게 하는 것이 바람직하다. 이것이 세계적으로 가장 일반적인 주거형태이다.

셋째, 현재 자녀가 공동생활가정에 살고 있거나 혹은 부모 생각에 동료들과 구조화된 가정 환경이 가장 바람직하다고 생각되면 이 방법을 택해야 한다. 중요한 점은 자녀의 욕구와 바람에 따라 알맞은 주거형태를 택해야 하고 자녀의 거주공간이 현실적으로 마련되기 위해서는 보다 구체적인 계획이 이루어지고 계획에 따른 단계적인 실천이 이루어져야 한다는 것이다.

Julia Fitzpatrick(2011)는 개인의 주거 계획에 대한 시작은 그 개인이 누구와 함께 또는 누구 근처에 살기를 원하는지, 어떻게 그리고 어디에 살기 원하는지, 개인 또는 가족의 욕구를 충족시키기 위해서 필요한 조건은 무엇인지, 무엇이 이용가능한 자원인지에 대한 질문들과 함께 좀 더 구체적으로 다음의 질문들을 제시하였다.

다음의 질문들은 주거공간으로 어떤 선택이 가능한지 생각하기 전에, 현재 서비스 이용자가 어디에 살고, 이전에는 어디에서 살아 왔었는지에 대해 생각하도록 돕는다.

질문은 발달장애인들이 새로운 주거공간을 선택하는 데 있어서 변화를 원하는 측면이 무엇이고 그대로 유지되어야 하는 것이 무엇인지에 대해 계획할 수 있도록 돕는다.

: 예를 들어, 당신의 거실 크기는 생활리듬 상 적절하다. 그러나 욕실은 이용하기에

너무 작고, 집과 오락 시설과의 거리가 멀다면;

- 좋은가? 싫은가?
- 적절한가? 적절하지 않은가? 왜 그렇게 생각하는가?
- 이러한 상황을 바꾸려면 무엇이 필요한가?

발달장애인 또는 가족은 누구와 함께 살기 원하는가?

- 그들이 주로 거주하는 집에 얼마나 많은 사람이 살 것인가?
- 그 집에 다른 연령대의 사람들이 살고 있는가? 예를 들어 아이들
- 발달장애인은 누군가와 같이 사는 것을 원하는가? 만약 그렇다면 왜 그런가? 이것은 타협을 의미하는가? 그리고 무엇이 이것을 허용할 수 있거나 지속할 수 있게 하는가?
- 발달장애인은 지원해주는 사람(예, 활동보조인 또는 사회재활교사)을 위한 방 또는 공간을 필요로 할 것인가? 어떤 유형의 지원이 필요하며, 이것은 집의 크기 및 형태에 영향을 미칠 수 있는가?

어디에서?

- 만약 적절하다면 무엇이 발달장애인 및 가족에게 적절한가? 매일, 매주 또는 매달 단위로 하기 원하는가? (또는 해야하는가?)
- 특별한 친구 또는 가족 구성원과 가까이에 사는 것은 중요한가?
- 어떤 유형의 지역이 서비스 이용자에게 적합한가? 왜 그런가?
- 어떤 실제적인 고려사항이 있는가? 집 가까이에 수퍼마켓 또는 쉽게 이용할 수 있는 대중 교통수단이 필요한가?

발달장애인의 주택 선택시 무엇을 고려해야 하는가?

- 발달장애인 또는 가족은 장애의 특성에 영향을 미치는 특별한 요구 사항이 있는가? 예를 들면 평편한 또는 경사진 접근로; 소음 차단; 분리된 식사 공간

- 집에서 무언가를 하기 위해서 어떤 종류의 공간, 설계, 보조기구, 개조가 도움을 줄 수 있는가?
- 발달장애인이 필요로 하는 집의 크기나 형태에 영향을 미치는 도움이 필요한가? 예를 들면 목욕하고 화장실을 사용하는데 더 크거나 별도의 욕실이 필요한가?
- 물리적 환경의 어떤 요소가 필수적인가, 그리고 있으면 좋지만 필요하지 않은 것은 무엇인가? 예를 들면, 서비스 제공자(supporter)를 위한 욕실은 필수적일 것이다: 정원은 바람직하지만 필수적인 것은 아니다.

발달장애인 또는 가족은 무엇을 줄 수 있는가?

- 발달장애인에게 필요한 돈은 어디로부터 오는가? 그리고 그들은 얼마나 많이 갖고 있는가?
- 보호 또는 지원을 위한 돈을 지불해야 하거나 지불할 것인가?
- 발달장애인이 현재 그들의 돈을 어디에 사용하는가? 그리고 만약 그들이 이사한다면 이것이 변할 것인가?
- 적합한 집을 얻고, 정리하고, 살기 위해 필요한 돈은 얼마인가? 예산을 세워보자.
- 발달장애인이 어떤 비용으로 도움을 받을 수 있는가? 어디로부터 얻고 얼마나 얻는가?

계획에 영향을 미칠지 모르는 또 다른 점들은 무엇이 있는가?

- 결정에 영향을 미치는 법적 수용능력에 대한 질문들이 있을 수 있는가?
- 방해가 되거나 도움이 될 수 있는 지역의 보호 및 주택 정책이나 계획이 있는가?
- 다양한 선택들을 탐색하도록 돕거나 더 많은 정보를 얻도록 도움을 줄 수 있는 자원 또는 사람들을 어디에서 찾을 수 있는가?
- 개인 또는 그들의 가족은 이미 그들 자신의 집을 소유한 사람들로부터 보거나 듣는 것이 필요한가? 그들은 앞으로 어떻게 새로운 거주지로 옮길지에 대해 결정을 내리기 전에 생각하고 심사숙고 할 시간이 필요한가?

이상의 질문들을 통해서 발달장애인이 스스로 또는 가족과 함께 주거를 선택하게 될 때, 개인적인 선호, 장애의 특성과 관련하여 고려해야 할 집안의 구조, 함께 살 사람의 선택 및 도움이 필요한 경우 고려해야 하는 사항, 주거와 관련한 법적·재정적 사항에 이르기 까지 전반적인 사항들을 고려해야 한다.

3. 장애인 거주시설 현황

장애인 거주시설이란 거주공간을 활용하여 일반가정에서 생활하기 어려운 장애인에게 일정기간 동안 거주·요양·지원 등의 서비스를 제공하는 동시에 지역사회생활을 지원하는 시설을 말한다(장애인복지법 제58조 제1항 제1호). 장애인 거주시설의 하위유형으로는 장애유형별 거주시설, 중증장애인 거주시설, 장애영유아 거주시설, 장애인 단기거주시설, 장애인공동생활가정이 있다. 우리나라에서 운영하고 있는 장애인 거주시설 수는 2012년 12월 말 현재 총 1,348개이며, 30,640명의 장애인이 생활하고 있다. 장애인 거주시설 중 장애유형별·중증장애인·장애영유아 거주시설은 총 574개소이며, 26,607명의 장애인이 생활하고 있어, 1개소 당 평균 이용자 수는 45.35명이다(장기성, 2013).

이와 같은 거주시설의 생활인들이 모두 발달장애인은 아니지만, 다른 유형의 장애인 입소비율에 대비하여 약 22배가 높아 다른 장애유형의 거주시설 장애인에 비해 발달장애인의 거주시설 이용자가 압도적으로 많다는 사실에 기반을 두고 본 장에서는 전체 장애인의 거주시설 현황을 살펴보도록 하겠다.

1) 장애유형별 거주시설

장애유형별 거주시설은 장애유형이 같거나 유사한 장애를 가진 사람들을 이용하게 하여 그들의 장애유형에 적합한 주거지원·일상생활지원·지역사회생활지원 등의 서비스를 제공하는 시설로 지체장애인 및 뇌병변장애인을 위한 시설, 시각장애인을 위한 시설, 청각·언어장애인을 위한 시설, 지적장애인·자폐성장애인을 위한 시설이 포함되어 있다.

중증장애인 거주시설은 장애의 정도가 심하여 전면적인 도움이 필요한 장애인에게 주거지원·일상생활지원·지역사회생활지원·요양서비스를 제공하는 시설로 보건복지부에서는 "장애의 정도가 심하여 항상 도움이 필요한" 중증장애인을 모든 장애유형의 1급과 2급 장애인(지적·발달장애인의 경우 1~3급)으로 정하고 있다.

장애영유아 거주시설은 6세 미만의 장애영유아를 보호하고 재활에 필요한 주거지원·일상생활지원·지역사회생활지원·요양서비스를 제공하는 시설이다.

백은령 외(2011)의 연구 결과에 의하면 시설유형별 인원규모는 51인 이상 100인 이하 시설이 33.5%, 31인 이상 50인 이하 시설이 32.7%, 30인 이하 17.3%의 순이었다. 생활시설 중 39%가 2001년 이후에 설립된 10년 미만의 시설이었으며 시설유형별로는 중증장애인 요양시설이 53.1%가, 인원규모별로는 30인 이하 시설의 60.7%가 2001년 이후에 설립된 것으로 나타났다. 시설설립연도에 따라서는 대체로 오래된 시설일수록 시설의 규모가 컸다. 전체 생활 시설의 절반 이상(52%)이 농촌지역에 집중되어 있었으며 시설유형별로는 중증장애인 요양시설의 59.2%, 지적·자폐성장애인 생활시설의 54.9%, 장애영유아 생활시설의 40%가 농촌지역에 위치해 있었다.

최초시설 입소연령대는 대부분 20대 이전(57.9%)이었으며, 입소동기는 행정기관을 통해 입소하는 경우가 절반 가까이였으며, 부모, 친척, 본인선택 순이었다. 연령대별로는 연령대가 높아질수록 본인 선택의 비율이 조금씩 높아졌으나 여전히 다른 항목과 비교할 때 본인 선택의 비율은 낮았다. 가족참여나 방문은 '없음'으로 응답한 비율이 월등히 많았으며, 전체 연령에서 공히 나타나는 현상이었다. 시설 규모가 커질수록 가족 참여나 방문이 없는 경우가 더 많아지는 것으로 나타났다.

이상의 조사결과를 통해서 볼 때 대부분의 장애유형별 거주시설이 본인의 선택에 의해서가 아닌 행정기관, 친척, 부모에 의해서 이루어지고 있었고, 연령대가 높아질수록 본인의 선택 비중이 높아지기는 했지만, 미미한 수준이었다. 그리고 거주시설에 입소한 이후에는 가족과의 단절이 이루어지고 있는 것으로 나타났다.

이러한 장애유형별 거주시설에 입소하기 위한 절차는 시설이용 대상은 등록장애인으로 기초생활수급자와 같은 무료이용 대상과 실비이용 대상으로 구분되며, 이용을 원하는 장애인 본인 또는 그 가족이 주소지를 관할하는 시·군·구청의 장애인복지담당부서에 시설서비스 이용 신청을 하면 시군구에서는 입소대상 자격기준에 합당한 지 여부를 판단하여 해당 시설장에게 입소의뢰를 하고, 이후 이용계약 체결, 입소확정이 된다. 경우에 따라서는 장애인이 먼저 시설에 입소하고 시군구의 입소의뢰서가 후에 시설로 발송되어 처리될 수도 있다. 따라서 시설의 이용은 시·군·구청(장애인복지 담당부서)이나 개별시설에 상담하면 자세히 안내받을 수 있다.

2) 장애인 단기거주시설

장애인 단기거주시설은 보호자의 일시적 부재 등으로 도움이 필요한 장애인에게 단기간 주거서비스, 일상생활지원서비스, 지역사회생활서비스를 제공하는 시설이다. 그러나 실제 장애인 단기거주시설의 이용기간은 1년 이상 장기간 이용자의 비율이 77.7%(3년 이상 이용 비율 34.3%, 6년 이상 이용 비율 5.7%)에 이를 정도로 높아, 단기거주시설이 원래의 목적대로 운영되지 못하고 있는 실정이다(원순주, 2011).

백은령 외(2011)의 연구 결과에 의하면 단기보호시설의 78.6%가 최근 10년(2001년에서 2010년까지) 사이에 설립된 것으로 나타났다. 지리적으로는 67.8%가 주거밀집지역에 위치한 것으로 나타났다. 단기보호시설을 이용하는 장애인들은 절반 이상이 20대가 되기 전에(59.5%) 시설에 입소[2]하는 것으로 나타났고, 이용장애인 중 가장 많은 장애유형은 지적장애(55.6%)인 것으로 나타났다. 가족참여나 방문을 분석한 결과 월1회 이상이 가장 높은 응답률을 보였다(61.8%).

---

[2] 단기시설에 입소한다는 표현은 앞서 원순주(2011)가 언급한 단기거주시설이 원래의 목적대로 운영되지 못하고 1년 이상 장기간 이용자가 많다는 것을 한 번 더 확인해 주는 결과이다.

단기보호는 장애인과 함께 살고 있는 가족들에게 장애인과 함께 살고 있다는 이유로 제한받을 수 있는 일들을 장애인을 단기간 동안 가족을 대신해 보호해 줌으로써 장애인과 함께 하는 가정생활을 영위할 수 있게 해주는데 의미가 있으며, 이러한 목적이 충실해 질 때 장애인이 지금까지 살아왔고 앞으로도 살아가기 원하는 가족과 살아온 집을 주거공간으로 선택할 수 있는 기회들을 확대시킬 수 있을 것이다.

3) 장애인공동생활가정

장애인공동생활가정은 장애인들이 스스로 사회에 적응하기 위해 전문인력의 지도를 받으며 공동으로 생활하는 지역사회 내의 소규모 주거시설이다.

백은령 외(2011)의 연구 결과에 의하면 장애인 단기거주시설과 마찬가지로 설립시기는 99.7%가 최근 10년 간(2001년에서 2010년까지) 설립된 것으로 나타났다. 주거밀집지역에 위치한 시설이 84.2%로 가장 많았다. 공동생활가정에서 생활하는 장애인들은 대부분 20대까지 입소를 완료하는 것으로 나타났다. 입소동기는 부모의뢰가 가장 높게 나타났고, 본인선택, 기타, 행정기관 의뢰, 친척의뢰 순으로 나타났다. 장애유형별 거주시설의 입소자의 과반수 이상이 행정기관의뢰에 의해 입소하는 것과는 다른 양상을 보이는 것이다. 이러한 결과는 가족참여나 방문이 월 1회이상 28.7%이며 연1회 이상 방문을 포함하면 66.1%가 원가족과 교류가 있는 것으로 나타나 장애유형별 거주시설에서 대부분의 가족참여나 방문이 없는 것과 대비가 된다.

공동생활가정 이용자들의 낮 시간 활동으로는 직업훈련이 36.6%로 가장 높게 나타났고, 다음으로는 지역사회 이용, 시설내 프로그램, 일반취업의 순으로 나타났다. 이는 공동생활가정의 목적과 부합하고 있는 것으로 볼 수 있다.

4. 발달장애인이 선택할 수 있는 주거형태

최근 성인 발달장애인의 주거계획에 대한 관심이 높아지고 있다. 따라서 성인 발달장애인이 선택할 수 있는 여러 가지 주거형태에 대해 살펴보도록 하겠다. 일반적으로 첫째, 자기가 태어난 가정에서 가족과 함께 살아가는 주거형태로 원가정 또는 가족형태의 주거 배치, 둘째, 공동생활가정, 셋째, 장애유형별 주거시설이 있으며, 이동귀(2002)는 성인 발달장애인이 선택할 수 있는 주거형태로 성인위탁보호와 독립주거를 추가하여 제시하고 있다. 또한 최근 독립주거도 가능하며 발달장애인의 주거 형태의 새로운 대안으로서 공동체적 삶을 지향하고 있는 장애인 공동체에 대해 살펴보겠다.

1) 원가정 또는 가족 형태의 주거 배치

대부분 부모의 바람은 부모가 살아있는 동안 같이 살다가 자신들 사후에도 이전과 같은 가족 형태로 살기를 원한다. 이유는 부모 사후에 장애 자녀가 친구들이나 다른 가족들과 살게 함으로써 가족형태의 주거를 유지할 경우, 덜 혼란스러울 것이라고 생각하기 때문이다.

장애인 역시 자신이 살아온 익숙한 환경에서 계속적으로 살기를 원하며, 주택 선택에 있어 가장 일반적인 요소는 친숙함이기 때문에 원가정 또는 가족 형태의 주거 배치(이후 원가정)는 장애인의 주거공간으로 가장 오래되고 보편적인 주거 유형으로 볼 수 있다(박공식, 2003; 이순자, 2008; Julia Fitzpatrick, 2011).

성인 발달장애인이 원가정에서 계속적으로 생활하기 위해서는 장애 자녀를 잘 알고 있는 보호자를 선택해야 하며 보호자를 정할 때는 미리 선정할 사람과 허심탄회하게 상의를 해야 한다. 이는 보호자로 지정할 사람에게 보호하게 될 장애인의 상태와 책임 정도를 가능한 한 완전히 이해시키는 것이 매우 중요하기 때문이다(이동귀, 2002).

원가정의 주거 형태는 그 장소가 부모의 집이나 보호자의 집이 될 수 있다. 만약 자녀가 보호자의 가정에서 산다면 집세를 지불해야 하는데 부모가 맡긴 신탁재산 등에서 지불될 수 있다. 원가정의 주거 배치가 결정되면 고용, 교육, 사회활동 영역에 특별한 주의를 기울여야 한다. 전문적으로 운영되는 주거시설에 거주하면 이러한 영역에 특별한 서비스가 주어지나 가정보호의 경우 이러한 서비스를 제공받기 어렵기(이동귀, 2002) 때문에 장애인이 활용할 수 있는 서비스와 서비스가 제공되는 기관 등에 관심을 가져야 한다.

이러한 원가정의 주거공간으로 선택하게 될 때, 누구와 살 것이며, 주거와 관련된 비용을 어떻게 처리할 것인지, 발달장애인의 삶에 어떤 영향을 미치며 부모와 함께 살아왔던 방식대로 살아갈 수 있을지 아니라면 어떻게 지낼 수 있는지 등 구체적인 주거 계획이 이루어져야 할 것이다.

2) 성인 위탁 보호

이동귀(2002)는 성인 발달장애인이 선택할 수 있는 주거형태로 성인 위탁 보호를 제시하고 있다. 성인 위탁 보호는 원가정과 비슷하나 다른 점은 보호자가 친구나 친척이 아닌 장애인에게 자신의 집을 개방한 관심 있는 지역사회 구성원이 보호자의 역할을 대신한다는 점이다.

성인 위탁보호는 일반적으로 집이 작고 생활환경이 가족 같은 분위기이며 더욱이 정부기관으로부터 정기적인 지도점검을 받는 등의 장점이 있지만 다음과 같은 여러 가지 단점들도 있다고 제시하고 있다.

첫째, 대부분이 위탁 보호자의 성격이나 기술에 좌우된다. 장애인의 사회적, 발달적, 교육적 프로그램을 통해서 이들의 욕구를 얼마나 잘 충족시킬 것인지는 전적으로 위탁 보호자의 책임이다.

둘째, 감독기관이 위탁 가정의 질적 서비스를 확인하기가 어렵다. 따라서 부모는 위탁보호자가 질적으로 높은 서비스를 제공할 수 있는 능력이 있는지 여러 자료와 주변인의 면담을 통해 위탁 가정의 제반적인 환경을 면밀히 조사한 후 위탁 가정을 선정할 필요가 있다.

셋째, 위탁 보호자가 자녀 보호를 중단할 경우, 새로운 가정을 찾아야 하는 어려움, 자녀가 새로운 환경에 적응하는 어려움 등의 문제가 발생하므로 자녀가 지속적이고 안정된 가정에서 생활할 수 있도록 위탁 가정을 선정하기 전에 정확한 조사가 이루어져야 한다.

우리나라에서도 입양 아동이 외국의 입양가정이 결정될 때까지 일반 위탁 가정에서 보호를 하는 위탁보호가 있지만 장애인의 위탁보호는 아직 제도화되어 있지 않은 상황이다. 장애인 위탁보호가 이루어지기 위해서는 가족이 아닌 장애인과 함께 살 수 있다는 비장애인들의 인식전환이 선행되어야 할 것이며, 앞서 언급된 것처럼 위탁가정에 대한 철저한 지도·감독이 이루어질 수 있는 시스템이 마련되어야 할 것이다.

3) 독립 주거

독립 주거는 장애인이 집, 아파트, 하숙집 등에서 혼자 거주하면서 가족이나 친구 또는 기관의 전문가들이 정기적으로 방문하면서 필요한 도움을 부분적으로 제공해 주는 주거 형태이다. 따라서 경중 장애인에게 적용 가능한 유형이다. 예를 들어 지역사회에서 직업을 갖고 생활할 정도로 생활기술과 사회기술이 좋은 경우이며, 금전 관리 등 독립생활을 위한 훈련과 도움이 필요한 경우이다. 독립 주거 유형은 혼자 독립적인 생활을 하면서 필요시 인근에 거주하는 친구나 가족의 도움을 받으며 생활할 수 있는 장점이 있으나, 가족형태의 주거배치에 비해 외로움을 느낄 수 있다는 단점이 있다. 이러한 외로움은 친구나 가족이 가까이 살면서 유대 관계를 계속 유지 하면 어느 정도 해소될 수 있을 것이다. 최근에는 경중 장애인과 지적장애인의 결혼이 매우 증가하고 가족, 친구, 기관 직원들의 비공식적인 보호 감독을 받으면서 독립적인 생활을 하는 경우도 많다. 연립주택을 부모가 사고 한 쪽은 세를 주고 다른 쪽은 발달장애인이 살도록 하는 경우도 있다. 이 경우 자선단체, 친구, 친척들이 정기적으로 방문하고 정부가 다양한 보조 프로그램을 실시하여 독립생활을 지원할 수 있다(이동귀, 2002).

독립 주거는 2000년대 초반부터 우리나라에 도입된 자립생활의 연장선상에 있다고 볼 수 있다. 지체장애인과 뇌병변장애인을 중심으로 활발하게 논의가 이루어지고 실제로 대규모 거주시설에서 탈출을 감행하기도 하고 서울시 지원프로그램을 통해 자연스럽게 자립생활을 경험해 볼 수 있는 다양한 시도들이 이루어지고 있다.

발달장애인의 경우에는 대규모 장애유형별 거주시설의 대안으로 도입된 공동생활가정에서 생활하던 장애인 중 독립 생활이 가능하다고 판단되어 독립된 주거공간으로 이동하거나, 결혼을 통해 독립한 경우가 있다.

그러나, 최근 논의되고 있는 자립생활의 경우에는 발달장애인에게 까지 확대되고 있지는 않은 상황이다. 일본의 경우 다양한 지원을 통해 발달장애인의 자립생활이 이루어지고(서울장애인자립생활센터, 2012) 있기 때문에 우리도 곧 실현될 수 있는 또 하나의 주거의 형태가 될 수 있다고 기대해 볼 수 있다.

4) 공동생활가정

장애인공동생활가정은 장애인들이 스스로 사회에 적응하기 위해 전문인력의 지도를 받으며 공동으로 생활하는 지역사회 내의 소규모 주거형태이다. 공동생활가정은 대규모 수용시설을 중심으로 실시되었던 기존의 장애인 거주 형태에 대한 비판으로 정상화의 원리에 입각하여 새롭게 형성된 장애인 거주 프로그램이며, 장애인의 가치 회복과 일탈방지를 위하여 보다 쉽게 지역사회에 통합될 수 있도록 물리적 환경을 제공하는 프로그램으로 정의하고 있다(서울장애인종합복지관, 1995).

일반적으로 공동생활가정은 소규모 지역사회 주거시설로, 거주기간, 거주목적, 거주자의 연령, 거주자의 수, 운영내용, 전문가로부터 지원을 받는 형태 등에 따라서 매우 다양한 종류로 나타날 수 있다.

발달장애인의 장애 정도 및 특성에 따라 그들의 영원한 주거지가 되기도 하고 후에 독립적인 주거 공간을 마련하여 친구들과 공동생활을 하기 위한 생활연습의 훈련장이 되기도 한다.

공동생활가정은 지역사회 내의 아파트, 빌라, 단독주택 등의 주거지에서 몇 사람의 발달장애인이 일정부분의 자립과 지역사회 통합을 목적으로 일정한 경제적 부담을 하면서 공동으로 생활하는 형태로서, 동거 혹은 가까운 곳에 거주하고 있는 고용된 서비스 제공자(사회재활지도교사)의 지도와 원조를 받으며 살아가는 가정이라고 볼 수 있다.

시설보호 중 지역사회에 통합되어 살아가면서, 전문적인 시설의 서비스를 받을 수 있어 선호하는 형태의 주거유형이라고 볼 수 있으나, 아직까지는 영구 거주보다는 교육·훈련의 거주공간으로 활용되고 있다. 발달장애인의 거주공간으로서 자리매김하기 위해서는 영구 거주 공동생활가정의 지속적인 확대가 필요할 것이다.

5) 장애인유형별 주거시설

아직까지도 우리사회에 가장 일반적인 장애인주거시설은 대규모 인원을 수용하여 보호하고 있는 장애인유형별 주거시설(이하 주거시설이라고 함)이라고 볼 수 있다. 이러한 주거시설은 그동안 우리나라의 낙후한 복지현실에서 사회복지서비스의 실질적이고 구체적인 전달주체였다고 볼 수 있다(조흥식, 1998).

사회경제적으로 발전이 덜 되었던 80년대 이전에는 빈곤이 이유가 되어 더 이상 갈 곳이 없어 마지막 선택지로 시설을 선택하게 되는 경우, 태어나자 마자 양육자의 양육 포기로 시설로 가게 되는 경우, 기초생활 수급권자를 만들기 위해 억지로 호적을 정리하여 무연고 상태로 시설에 들어가게 되는 경우도 있었다(허곤, 2013).

하지만 최근에는 상대적으로 집중적인 훈련 또는 치료의 목적으로 시설을 선택하는 경우도 있으며, 함께 살던 가족이 사망하거나, 질병 또는 신체적·정신적으로 어려움을 겪게 되는 경우 등 다양한 상황에서 시설을 선택하고 있다. 그리고 이러한 부분 때문에 시설에서 일정 이상의 서비스 수준을 유지하는 것이 더욱 중요해졌다(허곤, 2013).

그럼에도 불구하고 주거시설의 부정적인 측면인 선택의 자유가 제한될 수 밖에 없다는 것은 여전히 해결될 수 없는 사실이다.

Maslow가 말하는 생리적 욕구가 해결되는 그래서 안전의 욕구를 보장할 수 있는 곳임은 분명하다. 시설에서 굶지 않고 먹을 수 있고, 춥지 않게 잠 잘 수 있게 되어 안전이 확보되었지만, 그 이상의 삶이 없는 곳이다. 인권 가운데 가장 기본이라고 일컬어지는 먹을 권리조차도 단지 '먹이를 정기적으로 공급받을 권리'는 아니라는 것이다. 사람은 '먹이'가 아닌 '음식'을 확보할 수 있기를 원하며, 무엇을 어떻게 먹을지, 혼자 먹을지 타인과 함께 먹을지 선택하기를 원한다. 그 음식에 담긴 사회적 의미가 어떠한가에 따라 흡족함을 느끼기도 하고 비참함에 잠기기도 한다. 당장은 주린 배를 움켜잡더라도 개밥보다 못한 음식이 담긴 식판을 집어던질 때, 사람의 존엄이 지켜지기도 하는 것이다(배경내, 2013)라는 측면에서 주거시설이 여전히 필요하지만 무작정 선호할 수 없는 상황이다.

많은 문제점을 가지고 있는 주거시설이지만 주거시설을 보호의 공간에서 자유로운 삶의 공간으로 바꾸고자 하는 시도들이 이루어지고 있는 만큼 새롭게 변화하고 있는 주거시설에도 관심을 가지고 지켜보는 것이 필요하겠다.

6) 장애인 공동체

최근 들어 공동체에 대한 다양한 관심과 논의가 이루어지고 있다. 마을공동체, 생활공동체, 지역공동체라는 이름으로 '공동체'를 인간의 삶에 있어서 복원해야 하는 하나의 가치로 인식하고 있다. 공동체의 출발은 초대 기독교에서 예수의 제자들이 함께 먹고 마시며 행했던 공동생활에서 시작된다. 초대 기독교의 공동체성은 오늘날 부분적, 혹은 전면적으로 누군가의 도움을 받으며 살아가야 하는 발달장애인과 다른 감각장애 및 뇌병변 장애인 뿐 아니라 비장애인 사이에서도 이상적인 삶의 모델로 제시되고 있어 전 세계적으로 다양한 생활공동체가 결속과 와해를 반복하며 실현하고 있다. 이에 대표적으로 라쉬공동체와 캠프힐공동체를 소개한다.

(1) 라쉬공동체

라쉬 공동체(L'Arche는 노아의 방주라는 뜻)는 1964년 가톨릭 평신도 장 바니에와 토마스 필립 신부(도미니코 수도회)가 프랑스 트로슬리(Trosly)라는 곳에서 두 명의 성인 지적 장애인을 초대하여 복음과 예수님이 가르치신 행복한 삶에 필요한 여덟 가지의 정신적 삶을 나누게 함으로써 시작되었다.

이 첫 공동체는 프랑스의 가톨릭 전통 안에서 출발하였으나 이후에는 다양한 문화와 종교적 전통을 가진 국제공동체로 퍼져나가 35개국 135개의 공동체가 되었다. 공동체는 같은 비전(Vision)과 정신 즉, 환영, 나눔, 소박함의 정신으로 일치되어 있다. 라쉬공동체의 특징 중 하나는 관계의 동등성 및 자유로운 의사표현과 존중이다. 그러므로 외곽, 산 속이 아닌 철저하게 비장애인이 살고 있는 지역사회에서 이웃과 더불어 살아감을 추구한다.

우리나라에는 8년간의 준비 끝에 2009년에 '라쉬의 친구들(Friends of L'Arche Korea)'라는 이름으로 강화도에 첫 공동체를 시작하였다(성심수녀회 한국관구, 2009).

(2) 캠프힐공동체

① 캠프힐의 역사와 생성

캠프힐 운동은 1940년 오스트리아 출신의 소아과 의사이자 유대인이었던 칼 쾨니히 박사를 비롯한 망명자들에 의해 장애아동을 위한 특수학교로 시작되었고 70년이 지난 오늘날 5대양 6대주에 100여개의 공동체가 각각의 설립취지에 적합하도록 다양한 모습으로 존재하고 있다.

② 캠프힐의 구성원

캠프힐 공동체의 구성원을 용어를 통해 살펴보고자 한다. 장애인을 가리켜 마을 주민(Villagers)이라고 하며 코워커(Co-Worker)라는 이름으로 머무는 기간에 따라 평생 공동체에서 생활하는 장기 봉사자인 하우스 페어런츠(House Parents/Long-term co-workers)가 있으며 이들 중 여성일 경우엔 하우스 마더(House Mother), 남성의 경우에는 하우스 파더(House Father)라 부른다. 그리고 4~5년 정도 공부도 하며 자원 봉사를 병행하는 이들을 학생 또는 중기 코워커(Students/Mid-term co-workers)라 하고 세계 각국에서 모여드는 1년간의 단기 자원 봉사자들인 파운데이션 코워커(Foundation co-workers/Short-term co-workers)가 있다. 각 분야의 전문성을 띄며 작업장을 운영하는 담당자를 워크 마스터 또는 작업장 수퍼바이저(work-Masters/Workshop Supervisors)라 부르며 공동체의 한 구성원으로 살아가고 있다. 장기 자원봉사자의 자녀들을 스태프의 아이들(Staff-Children/House parents' children)이라 칭하며, 이 밖에 작업장이나 가정에 고용되어 일정한 금액의 보수를 받고 일을 도와주는 이들을 별도로 고용인(Employee)이라고 한다.

③ 캠프힐의 다양한 형태: 일터와 삶터의 조화를 이루는 캠프힐

Ⓐ 특수학교 (Schools)

학교는 가정생활 공동체와 학교라는 두 가지 영역으로 나누어져 있는데 가정생활 공동체에는 성인 공동체와 마찬가지로 장애 아동을 중심으로 하우스 페어런츠와 그들의 자녀들 그리고 중·단기 봉사자들이 있는데 아동의 경우에는 거의 일대일 지원이 필요한 경우가 많아서 가정의 규모 또한 크다. 대체로 20명 이상의 사람들이 큰 집에 모여 사는 형태가 대부분이다. 학교는 슈타이너의 교육철학을 바탕으로 한 발도르프 특수 교육을 실천하고 있으며 교사들은 공동체 내에서 생활을 하기도 하고 출퇴근하기도 하지만 자신이 담임을 맡고 있는 아이와 같은 집에서 생활하지는 않는다. 총 교육과정은 12년으로 졸업 후에 학생이 진로에 대한 준비가 되지 않은 경우 1-2년 정도 학교 생활을 연장하기도 하고 그 기간 동안에는 여러 청년 훈련센터에 가서 몇 주간 직업생활을 경험해보기도 하고 시내에 있는 단과 대학을 오가며 자신의 진로에 대해 경험해 보고 선택할 수 있는 기회를 충분히 주려고 한다. 학생이 공동체 생활을 떠나 독립적으로 생활하고 싶다는 의견을 낸다면 사회복지사와 캠프힐 공동체가 협력하여 최대한 학생의 욕구에 부합하도록 지원해준다.

ⓑ 청년 캠프힐 (훈련센터 캠프힐; Places for Young Adults)

캠프힐 학교를 졸업한 대부분의 학생들은 청년 훈련센터 캠프힐을 선택하는데 이 훈련 센터의 경우에는 장애 정도와 학생의 관심 분야에 따라 선택할 수 있다. 7개의 다양한 공동체가 존재하는 영국 스코틀랜드의 에버딘의 경우에는 베나허(Beannachar)라는 청년 캠프힐이 있어 비교적 신체적 장애 정도가 경미한 발달장애인들이 허브 농장을 중심으로 수익사업을 활발히 전개하고 있다. 허브작업장 이외에도 성인으로서 자립 생활에 대한 교육도 받고 목공 작업장, 직물 작업장, 양초 작업장, 허브 작업장, 가축 농장, 세탁 작업장, 조리 작업장, 제과 작업장 등에서 6개월에 한 번씩 자신의 기호에 따라 작업장을 선택해서 적성을 찾아 나간다. 대부분 30세가 되기 이전에 자신의 진로를 고려해서 캠프힐 성인 공동체로 옮겨 가기도 하고 가정으로 돌아가서 취업한 곳으로 출퇴근을 하기도 하고 사회복지사와 가족의 지원을 받으며 혼자서 작은 아파트를 얻어 살거나, 한 두명의 다른 장애인들과 한 집에서 살아가기도 하는 등 이 시기에는 자신의 삶을 꾸려나가는 선택의 폭이 넓어진다.

ⓒ 성인 거주시설(Places for Adults)

성인 시설에는 다양한 장애 정도와 관심 분야를 가진 성인 장애인들이 모여든다. 처음 성인 장애인들이 입소 신청을 하면 일정한 절차를 밟아 두 번에 걸친 2주 동안의 모의 공동체 생활(Trial Visit)을 시도한다. 각 모의 생활이 끝나면 관련 전문가들이 한 자리에 모여 장애인의 입소 여부를 논의하게 된다. 이때에는 새로 들어올 장애인에 대한 논의도 중요하지만 기존에 있는 장애인들과의 관계 및 그들에게 끼칠 영향 등을 고려하는 것에 더욱 큰 비중을 두고 회의가 진행된다.

ⓓ 노인 요양원(Elder Care)

의료산업의 발달로 인해 장애인의 수명이 연장되면서 장애인 노령화 인구가 급격하게 증가하고 있다. 70여년의 역사를 지닌 초창기 캠프힐의 경우에도 예외가 아니라 80대 초반의 최고령 장애인을 비롯하여 공동체내 장애인의 절반 이상이 50세가 넘을 정도로 공동체는 노인 시설에 대한 준비를 해나가야 함의 시급함을 중·장기 봉사자 회의를 통해서 계속 언급해왔다. 노인 노양원은 생활전반에 전문적인 도움이 필요한 고령 장애인들을 위한 노인공동체다. 이 공동체는 장애의 유무와 상관없이 노인이 골고루 섞여서 생활하고 있다. 대부분의 노인들이 치매를 앓고 있기에 당사자의 필요나 그에 따른 지원의 형태는 비슷하다. 노인들의 몇몇은 과거에 캠프힐 공동체에서 평생 장기 봉사자로 근무한 이들도 있고 장애인들의 부모나 친척들 그리고 장애인 당사자 등이 함께 24시간 케어를 받으며 살아간다.

5. 결론

성인 발달장애인의 주거공간을 선택하기 위해서는 주거계획을 세워야 하며 계획을 세우기 위해서는 지금까지 살아온 집에서 계속 살아갈지, 거주시설에서 살아갈지 또 혼자서 살아갈지, 누군가와 함께 살아갈지에 대한 결정으로 해야 한다. 그러나, 지금 현 시점에서 발달장애인의 주거계획을 세우고 실천해 갈 수 있을 정도의 장애인 주거 공간들이 마련되어 있지는 않다. 그럼에도 불구하고 성인 발달장애인이 살아가기 위한 주거 공간을 선택하기 위해 다음과 같은 사항들이 고려되어야 할 것이다.

먼저, 원가정에서 계속 살아가기 위해서는 성인 발달장애인에게 보호자가 필요한지 또는 독립 주거가 가능한지에 대한 결정이 선행되어야 할 것이며, 이후 주거비 등 재정적인 부분과 관련된 결정, 독립 주거가 이루어지기 위한 다양한 지원 방안 등이 필요할 것이다. 아직 구체적인 사례들이 나오지는 않지만 2013년 7월부터 시행되고 있는 성년후견제도가 도움이 될 것으로 본다.

둘째, 공동생활가정은 지역사회에서 가정과 유사한 형태로 대규모 시설보호의 대안으로 등장한 지역사회에서 살아가는 주거공간이다. 지역사회에 위치하고 있고, 가정과 유사한 형태를 유지하는 공동생활가정의 목적을 실현하기 위해서는 공동생활가정에 거주하는 장애인들이 그 가정이 위치한 동네의 자연스런 이웃과 주민이 되는 것이다. 따라서, 거주 장애인들이 자연스런 이웃과 주민이 되도록 지역주민들과 자연스럽게 교류하고 일상적인 지역사회 활동을 할 수 있도록 지원하는 것이 필요할 것이다.

셋째, 우리나라에서 운영되고 있는 장애인 거주시설 중 가장 오랜 역사를 가진 그리고 이용자 수도 가장 많은 시설이 장애유형별 거주시설이다. 그 안에 있을 때는 그럭저럭 괜찮았던 삶이 시설 밖 경험을 통해 필요한 만큼 활동보조 시간이 주어지지도 않고, 기초 생계 문제가 해결되지도 않지만 개인의 선택이 보장되는 시설 밖의 삶을 동경하고 선택하고 있다(김유미, 2013). 물론 발달장애인의 얘기도 아니고 모든 시설장애인의 얘기도 아니다. 그러나, 자기결정 능력과 이해의 폭이 좁은 발달장애인에게 자신에게 적절한 거주공간을 선택할 수 있는 경험과 기회들이 제공될 수 있어야 한다는 것이다.

넷째, 캠프힐 공동체는 일터와 삶터가 공존하는 공동체이다. 학령기에는 배움터와 삶터가, 전환기에는 배움터와 삶터, 일터가 함께 공존하고 있으며 성인기에는 일터와 삶터, 그리고 문화생활을 영위할 수 있는 삶의 질을 최적화한 구조로 운영되고 있다. 살고 있는 거주 지역에서 직업생활과 문화생활이 함께 공존한다면 이원화 되어 있는 삶터에서의 지원과 일터에서의 지원이 통합될 수 있으며 필요한 도움을 즉각적으로 줄 수 있을 것이다. 더욱이 이들에게 익숙한 환경은 주인으로서의 당당한 삶을 영위할 수 있게 할 것이다. 새로운 거주 공간으로서의 캠프힐 공동체는 발달장애인을 위한 삶터와 일터의 두 가지 측면을 충족시켜 줄 수 있는 대안으로 생각해 볼 수 있다. 그러나, 아직 우리나라에서는 시도되지 않은 주거공간이기 때문에 개별 장애인의 욕구와 능력에 부응할 수 있는 주거선택의 폭을 다양화한다는 측면에서 고려해 볼 수 있겠다.

향후 성인 발달장애인의 주거공간에 대한 다양한 논의들이 이루어질 것이다. 다양한 논의의 중심에는 발달장애인의 삶의 질이 중심이 되어야 한다. 이를 위해 발달장애인 당사자, 가족 그리고 발달장애인 서비스 제공자들의 관심과 노력이 필요하며 더불어 성인 발달장애인들이 다양한 주거공간을 선택할 수 있는 경험을 갖도록 하는 것과 발달장애인이 자기결정을 할 수 있는 경험들을 갖게 하는 것 그리고 그 결정을 인정하는 사회적 분위기를 만드는 것에 관심을 가져야 하겠다.

참고문헌

고인숙, 2004, "장애인의 평생교육에 관한 연구 : 정신지체인와 발달장애 청소년 부모를 중심으로", 이화여자대학교 석사학위논문.

고 임성만 편, 2013, 『한국 장애인 거주시설의 미래』, 서울 : EM커뮤니티.

곽순호, 1999, "소규모 성인정신지체인 시설에 관한 연구", 서강대학교 석사학위논문.

김보경, 1989, "성인 정신지체자의 지역사회거주대책 마련을 위한 기초조사 연구", 서울여자대학교 석사학위논문.

김유미, 2013, "당신이 사는 곳은 어디입니까?", 『나를 위한다고 말하지 마』, 서울 : 삶창.

김은영, 2008, 『캠프힐에서 온 편지』, 서울 : 지와 사랑.

김은영 · 나수현 역, 2011, 『아름다운 동행 캠프힐 사람들』, 서울 : 지와 사랑.

박공식, 2004, "주거형태가 정신지체인의 자기결정능력에 미치는 영향에 관한 연구", 호남대학교 석사학위논문.

배경내, 2013, "인간의 존엄이 붕괴된 자리, 시설에 묻다", 『나를 위한다고 말하지 마』, 서울 : 삶창.

백은령 · 이은미 · 김희선, 2011, 『전국 장애인복지시설 실태조사 분석연구』, 서울 : 한국장애인시설협회 · 보건복지부 · 총신대학교산학협력단.

서미경, 2000, "성인정신장애인의 평생계획에 관한 연구", 『한국사회복지학』 43: 106-130.

서울장애인자립생활센터 역, 2012, 『좋은 지원』, 서울 : 울력.

은홍수, 2002, "정신지체장애인 자녀의 평생대책에 관한 연구 : 서울시 특수학교 학부모를 중심으로", 건국대학교 석사학위논문.

이동귀, 2002, 『부모사후를 대비한 장애자녀의 평생계획』, 서울 : 도서출판 특수교육.

이순자, 2008, "지적장애성인의 주거형태에 따른 가족기능과 자기결정능력간의 관계", 단국대학교 석사학위논문.

조미연, 2009, "지적장애인 평생계획에 관한 연구", 이화여자대학교 석사학위논문.

Friedwart Bock, 2004, 『The Builders of Camphill』 (Live and Destinies of the Founders), Floris books

Heller, T, FActor, A., 1991, " Pernanency Planning for Adult with Mental Retardation Living with Family Care-gives". American Journal om Mental Retardation, 96: 163-176.

Kard Koenig, 2008, 『Das Seelenpflege-beduerftige Kind; Vom Wesen der Heilpaedagogik』

Julia Fitzpatrick (2011). A Place to live, 「Learning Disabilities Toward Inclusion」, CHURCHILL LIVINGSTONE

Smith, G.C, Tobin, S.S., 1989, "Permanency Planning among Older Parents of Adults with Lifelong Disabilities", Journal of Gerontological Social Work, 14: 35~59.

Smith, G.C, Tobin, S.S, Fuller, E.M., 1995, "Elderly Mothers Caring at Home for Offspring with Mental Retardation: A Model of Permanency Planning", American Journal on Mental Retardation, 99: 487-499.

Wood, J.B., 1993, "Planning for the transfer of care: Social and psychological issues, In K.A Roberto(E.d.)", 『The elderly caregivier: Caring for adults with developmental disabilities』, Newbury Park, CA: Sage.

제17장
발달장애인의 성(性) 그리고 부모 되기

조 윤 화 (한국장애인개발원)

1. 서론

인권은 모든 인간이 타고난 권리로서, 누구로부터 침해받아서는 안 되며, 존중받아야 할 보편적인 권리이다. 장애인은 이들의 삶에 구현된 생애주기별 과업들을 수행하고, 권리를 이행하기 위해 사회적 및 문화적 기반을 요구해 왔다. 일례로 우리나라의 2008년 장애인차별금지법의 제정은 고용, 교육, 참정권, 건강권, 모·부성권, 성(性) 등을 포함한 총16개 영역에 걸쳐, 장애인에 대한 차별을 금지함으로써 장애인의 권리를 이행하는 데에 주도적인 역할을 하였다.

특히 장애인의 인권에 관한 인식이 증가하면서 장애인의 성(sexuality)에 대한 권리가 주목받고 있지만, 우리는 유독 장애인의 모·부성권, 성(性)에 대한 이슈 앞에서는 무너지곤 한다. 즉 과거뿐만 아니라 현재에도 장애인의 성(sexuality)에 관련된 이슈들을 다루는 것은 장애인과 가족 그리고 전문가들에게 어려운 도전으로 받아들여 지고 있다. 그 이유는 무엇일까? 먼저 장애인의 성적표현, 성적 관계를 가질 권리, 아이를 가질 권리, 아이를 양육할 권리 등에 대한 논의는 정서적으로 비난되어 왔으며, 사회적으로 다루기 어려운 주제이기 때문이다(Wolfe, 1997). 뿐만 아니라 장애인은 무성적 존재이고, 성에 지나치게 집착할 것이라는 편견, 장애로 인하여 자녀를 양육하기 힘들 것이라는 부정적 기대 등과 같은 사회적·문화적 요인들은 장애인의 성과 관련된 다양한 측면들의 연구들을 어렵게 하였다.

그러나 2000년대에 들어와 영국의 인권법(the Human Rights Act), 2006년 유엔연합의 장애인권리협약 발효 등은 장애인 인권의 중요성을 천명함으로써, 지금까지 국가 및 사회적으로 관여하기 힘들었던 장애인의 성(sexuality)과 개인적 관계(personal relationship), 재생산(reproduction) 과정 등에 대한 세간의 관심을 불러일으켰다. 각 국가들은 발달장애인의 성과 관련된 권리들을 법률로써 규정하기 시작하였으며, 권리를 이행할 수 있도록 다양한 지원책을 명시하였다. UN의 장애인권리협약에서는 "장애인은 결혼을 하고, 가족을 꾸리고, 아이를 낳는 것에 대해 자기가 스스로 결정할 수 있으며, 다른 사람들과 동등한 생식능력이 있다."고 규정하였고, 이러한 권리를 행사하는데 있어서 반드시 필요한 수단들이 제공되어져야 하며, 관련 정보에 접근하도록 교육이 이루어져야 한다고 하였다.

이러한 발달장애인의 인권에 관한 법적 규정 이외에도, 발달장애인 출현율의 증가, 발달장애인의 성과 관련된 사회문제 및 발달 장애가 있는 부모가 겪는 어려움의 증가 등은 발달장애인의 성과 돌봄 등의 욕구에 대한 정책 및 현장의 대응을 요구하기 시작하였다. 장애인이 자유롭게 성적 표현을 하고, 아이를 낳고, 아이를 양육하는 등은 '장애인이 부모되는 일련의 과정'으로서, 성인발달장애인의 생애주기에 있어 주요한 과업이며, 지역사회 내 다른 사람들과 같이 보통의 삶(ordinary life)을 추구하는 과정이기 때문이다. 그 예로 영국은 정신능력법(the Mental Capacity Act, 2005)을 제정하여 의사결정 능력상의 문제가 있는 경우, 판사가 발달장애인의 성(sexuality)과 개인적 관계에 대한 영역에 개입하기도 하였으며, 현장에서는 발달장애인을 위한 기관 및 네트워크를 활성화 시키는 등의 다양한 움직임들이 촉진되었다.

Wolfensberger(1972)는 발달장애인은 다른 사람들처럼 보통의 삶(ordinary life)을 즐기기 위해 다른 사람들이 갖는 기회를 가져야 한다고 주장한다(Oakes and Davis,

2012 재인용). Wolfensberger(1972)의 '정상화' 개념은 서비스 공급주체들이 발달장애인에게 서비스를 제공하는데 있어, 그들에게 무엇이 보통의 삶(ordinary life)인지를 고민하게 하였으며, 발달장애인의 보통의 삶이 이루어지도록 서비스를 계획하는데 기반이 되었다. 이러한 서비스 계획은 '사람-중심의 계획(person-centered planning)'으로 불리며, 발달장애인에게 건강과 자기결정에 매우 긍정적인 영향을 준 것으로 나타났다. 그러나 Oakes and Davis(2012)는 사람-중심의 계획(person-centered planning)은 가족 관계, 지역사회에서의 통합과 연계에 주로 초점화 되어 있을 뿐, 성적 표현에 대한 권리와 개인적 관계, 발달장애를 가진 부모가 자녀를 양육하는 부분에 대한 접근은 미흡하다고 지적하였다.

이렇듯 발달장애인의 성적 표현, 발달장애인이 자녀를 양육할 권리 등은 모두에게 보통의 삶(ordinary life)의 구성요소 임에도 불구하고, 정책 및 현장에서는 어려운 문제로 여기고 있다. 그 이유로서 첫째, 성(sexuality)의 개념적 측면에서 접근 할 수 있다. 즉 성이 내포하고 있는 다양한 개념을 고려하지 않고, 성적 표현 및 개인적 관계로만 해석함으로써 나타나는 문제이다. WHO(2006)에 따르면, 성은 모든 사람의 인격을 구성하는 요인으로, 성적 표현, 재생산, 성에 관련된 정보 접근, 아이를 낳고, 양육 하는 등의 다양한 내용들을 포함한다. 그리고 성은 타인과의 관계, 지역사회와의 관계까지 포함하는 인간관계의 연속으로 바라본다(공마리아 · 이성록, 2007). 예를 들면, 미국의 발달장애협회에서는 "성의 개념 하에는 책임감, 안전성, 즐거움, 개인적 선택, 타인과의 관계 등과 같은 다양한 스펙트럼을 가지고 있기 때문에, 한쪽 측면만을 강조해서는 안된다."고 역설하고 있다(American Association on Intellectual and Developmental Disabilities, 2012; 이하 AAIDD). 즉 사람들의 성과 개인적 관계의 즐거움의 핵심적 측면으로 '부모 될 기회와 가능성'이 있음에도 불구하고, 성의 개인적 관계만을 중요시 하다보면 이러한 면의 중요성을 놓칠 수 있다는 것이다(AAIDD, 2012). 따라서 발달장애인의 성은 보통의 삶(ordinary life)을 추구하는 것으로서, 남녀의 개인적인 본능에서 타인과 관계를 맺어가는 일련의 인간관계의 과정으로 바라봐야 한다.

둘째, 서비스 공급주체들의 '발달장애인의 성'에 관련된 서비스 및 정책에 대한 가치판단적 측면이다. 이는 전술한 발달장애인 성의 개념의 왜곡된 해석에 대한 사회·문화적 기류를 반영한다. 즉 발달장애인의 성 및 부모 됨에 대한 영역은 사적인 영역으로 전문가적 개입의 적절한 주제가 아니며, 정책과 전문가 실천영역의 범위 바깥에 있다고 판단함으로써 개입을 꺼려하는 것이다. 그러나 Oakes and Davis(2012)는 이러한 입장이 옹호될 수 없는 이유를 두 가지로 제시하고 있다. 첫째, 발달장애인은 발달 장애의 특성상 생애 전 부분에서 지원이 필요하다는 것이다. 즉 사람을 만나고, 친밀한 관계를 유지하고 발전시키는데 적절한 지원이 필요함을 의미한다. 둘째, 발달장애인이 충족할만한 인간관계가 없을 경우에는, 개인적, 감정적, 그리고 정신적인 차별의 위험에 노출될 확률이 높다는 것이다. 발달장애인의 이러한 위험과 고통들을 예방하고 권익을 옹호하기 위해 전문가 및 지원자들이 함께 실천적 방법을 찾아야 함을 뜻한다.

본 장에서는 오늘날까지 사회·문화적으로 다루기 꺼려왔던 발달장애인의 성과 관련된 개념과 이슈들을 다룬다. 즉 발달장애인의 성에 대한 기존의 부정적 인식을 깨트리고, 보통의 삶을 추구하는 일련의 인간관계의 과정으로서 '발달장애인의 성'을 바라본다. 여기에는 발달장애인의 성적 표현 및 개인적 관계뿐만 아니라 발달장애인이 부모 될 권리 및 양육할 권리 등을 포함한다. 이는 발달장애인이 사회의 일원으로 지역사회의 참여의 의미까지 내포하고 있다. 또한 '발달장애인의 성' 개념의 확장과 사회적 지원과 실천적 개입의 전략을 마련하는데 기반이 되는 새로운 관점으로서- 인권, 건강, 권력, 소속감- 을 소개한다. 이 관점은 발달장애인의 성을 보통의 삶의 과정으로 바라보며, 발달장애인이 '발달장애인의 성 및 부모되기'의 권리를 이행하는데 근원이라 할 것이다. 본 연구를 토대로 하여 사회 뿐만 아니라 장애인복지학계 및 실천현장에서 '발달장애인의 성 및 부모되기에 대한 이슈'를 함께 고민하여, 장애인의 권리를 이행하는데 한걸음 다가가고자 한다.

2. 발달장애인의 성과 부모 되기

1) 성(sexuality)의 개념

세계보건기구(WHO)에 따르면, "성(sexuality)은 모든 사람의 인격(personality)을 구성하는데 필수불가결한 요인이다. 이것은 삶으로부터 분리 될 수 없으며, 기본적인 욕구이다."(World Health Organization, 2006)고 정의하고 있다.

그리고 성에 대한 개념을 확장시키고 성에 대한 다양한 활동들을 지원하고 있는 Sexuality Information and Education Council of the United States(2009)에 의하면, "성이란 인간의 기본적인 부분으로서, 존엄과 존중의 가치를 지니고 있으며, 성과 성 건강 서비스에 대하여 정확한 정보, 종합적인 교육"을 가질 권리가 있다고 주장하고 있다(AAIDD, 2012).

World Health Organization(2006)는 성의 개념에 다음과 같은 권리를 모두 포함하며, 차별 받거나 강제 받아서는 안된다고 강조하고 있다.

- 성적 그리고 재생산 건강 보호 서비스(sexual and reproductive health care services)에 접근하고, 표준적인 성적 건강(standard of sexual health)을 이룰 권리
- 성에 관련된 정보를 받고, 추구할 권리
- 성 교육을 받을 권리
- 신체 통합성(integrity)에 대한 존중
- 그들의 배우자를 선택할 권리
- 성적행동을 하거나 하지 않을 것에 대한 결정의 권리
- 동의 및 합의를 통한 성적 관계
- 동의 및 합의를 통한 결혼
- 아이를 가지거나 가지지 않거나, 그리고 언제 가질 것인지에 대해 결정할 권리
- 만족하고, 안정적이고, 즐거운 성생활을 할 권리

성의 모습은 사람들이 생각하는 성에 대한 관점, 사회 및 문화적 환경 따라 다르게 나타나고 표출된다. 성은 생물학적, 유전적, 의료적, 사회적, 교육적, 심리적, 영적, 문화적 그리고 법적 측면들이 포함되며, 이러한 성의 측면들은 우리가 살고 있는 장소에

따라, 시간에 따라, 누구에 의해 양육되었는지에 따라, 개인별로 중요하게 생각하는 것이 무엇인지에 따라 다르게 나타난다(AAIDD, 2012). 즉 성은 사회화, 친구관계, 유대감, 관계 맺기, 신체 인지, 성적관계, 자아상(self-image), 자기 보호(self-care), 자기 결정, 그리고 윤리적 사고 등을 포함한다(권영은, 2004; 정진옥·신현기, 2006; 정진옥·신현기, 2008; AAIDD, 2012).

이러한 성의 개념은 다양한 측면의 요소들로 구성되어 있으며, 이러한 요소 들 사이에는 개인 및 사회 관계 속에서의 동의와 결정, 책임감, 안정감, 즐거움, 개인적 선택 등과 같은 주요한 측면이 포함되어 있다. AAIDD(2012)에 의하면, 특히 사람들의 성과 개인적 관계의 즐거움의 핵심적 측면으로 부모 될 기회와 가능성을 들고 있다. 그러나 많은 사람들이 성에 대하여 다양한 성의 측면 중에 본능적인 측면만 관심을 둠으로써 다른 측면들을 무시하는 경향이 있다(AAIDD, 2012).

따라서 본 연구에서의 성의 개념은 남녀의 신체적·정신적 특성 이상의 것들을 포괄하는 것으로, 개인이 타인과 맺어가는 과정의 모든 것들을 의미한다. 이는 발달장애인의 성적 표현, 개인적 관계 맺기, 사회적 관계 그리고 아이를 낳고, 양육하는 것까지 모두 포함한 개념이라 할 것이다.

2) 발달장애인의 성과 부모 되기에 관련된 이슈들

AAIDD(2012)에 따르면, "발달장애인은 장애정도에 상관없이 성적 욕구를 가지고 있으며, 성인발달장애인들은 자녀를 낳고, 후손을 기르는 등의 재생산 능력이 있다." 고 강조하고 있다.

그러나 발달장애인의 성과 부모됨에 관한 삶의 영역은 다양한 전문가들이 삶의 질에 있어서 중요한 부분이라고 공감하면서도, 실제로는 그들의 입장에 서서 적극적으로 그들을 옹호하고 개입하는데 어려움을 겪고 있다. 그 이유는 첫째, 성은 사적인 영역으로, 공적으로 개입하는 것은 적절치 않다는 의식이 지배적이기 때문이다. 인간의 모든 성적 행동은 그 사람이 살고 있는 사회의 규범과 태도에 의해 지배된다

(Monat-Haller, 1992; 공마리아 · 이성록, 2007 재인용). 우리나라의 경우, 보수적인 유교문화는 성과 관련된 논의 및 연구의 후퇴를 가져오게 하는데 주요한 원인이다(공마리아 · 이성록, 2007).

둘째, 장애인의 성에 대한 왜곡된 믿음 때문이다. 장애인은 성과 관계가 없는 무성적 존재이거나, 장애가 장애를 낳는다는 믿음, 성적 관계나 표현을 통제하지 못하여 무분별한 성적 충동을 일으키고, 성 개념을 성적 관계 중심으로 해석하는 등의 장애인의 성에 대한 편견 때문이다. 즉 발달장애인은 비장애인과 다른 방식으로 성 표현을 추구해야 하며, 다른 방식으로 인간관계를 맺을 것이라는 잘못된 사회적 통념 또한 주요한 원인이 되었다. 특히 정부에서는 발달장애가 있는 부모가 자녀를 양육하는 것은 어려울 것이라는 사회의 부정적인 기대로 인하여, 성인발달장애의 자녀들은 영구적으로 부모로부터 떨어지게 하거나, 입양을 유도하기도 하였다(Tompson, 2011). Booth 외(2005)의 연구에 의하면 발달장애가 있는 부모들 중 75%가 아이들과 영구적으로 떨어져있다고 하였다.

이 뿐만이 아니다. 발달장애인과 성과 부모 됨에 대한 이슈는 이를 바라보는 사회의식과 그들이 살고 있는 곳의 사회적 이해 이외에도 사법 및 정책 시스템, 제도 등에 의존한다 할 것이다. 교육을 받을 수 있는 기회의 절대적 부족과 적절한 서비스 및 인력 그리고 정보와 같은 인적 · 물적 자원의 부족은 발달장애인의 성에 대하여 인식하고, 표현하고, 적절한 인간관계를 맺고, 적절한 가정을 꾸리는 접근을 더욱 어렵게 한다. 예를 들면, Commission for Social Care Inspection(2009)에서는 발달장애 자녀가 있는 부모를 포함하여 다른 장애를 가지고 있는 부모들에게 지원되는 서비스들을 국가별로 분석한 결과, 지원들의 대부분이 일관성이 없다는 것을 발견하였다. 특히 정책들이 성인서비스와 아동서비스들로 분리되어 있어, 발달장애가 있는 부모의 가족들을 위한 접근 역시 비협조적으로 이루어지고 있는 것으로 분석되었다. 즉 분절된 서비스체계로 인해, 가족을 전체적으로 바라보는 데에 현실적으로도 불가능하다고 보고하고 있다. 이 보고서에서는 그들이 필요한 지원을 받을 기회와 안정성을 유지하도록 부모와 아이들에게 통합된 접근(integrated approach)이 필요하다고 제언하였다(Oakes and Davis, 2012).

한편 2000년대에 들어와 발달장애인의 성과 부모가 되는 것은 다른 사람들과 같은 보통의 삶(ordinary life)을 살기 위한 기본적인 욕구 및 생애 과정으로 바라보기 시작하였다. 특히, 장애인권리에 관련된 법률의 제정과 장애인 삶에 대한 사회적 인식 및 공감의 증가는 성인 발달장애인이 의미 있고, 성숙한 관계를 발전시킬 수 있게 하는 디딤돌 역할을 하였다. 그 예로 국제연합의 장애인권리협약의 제 23조에서는, "장애인은 결혼 및 가족을 꾸릴 권리와 아이를 낳는 등에 대하여 자기가 스스로 결정할 수 있으며, 다른 사람들과 동등한 생식능력이 있다."고 규정하고 있다. 또한 이러한 권리를 행사하는데 있어서 반드시 필요한 수단들이 제공되어져야 하며, 이러한 정보에 접근하는 교육이 이루어져야 함을 제시하였다. 이는 실천현장에서 발달장애인의 권리 이행을 위한 다양한 지원책을 마련하는데 집중을 요구하였으며, 인권 측면에서 성인발달장애인들이 성적 표현과 인간관계를 맺을 권리를 부인하는 것은 일종의 학대로 해석되어 지기도 하였다(Ames and Samowiz, 1995; 공마리아 · 이성록, 2007 재인용).

이러한 성인발달장애인의 성과 부모됨의 권리 이행을 위해서는 일상생활 속에서 다른 사람들이 보통의 삶을 이루는 것과 같이 발달장애인이 지역사회, 가족 공동체, 개인들 간의 관계에 있어서 친밀감의 표현, 성적 표현, 소속감 등을 느낄 수 있는 기회의 제공이 중요하다. 특히 성인발달장애인이 보통의 삶을 추구하기 위한 다양한 측면에서의 기회의 제공과 발달장애인의 성 및 부모됨의 권리 실행의 기저에는 정상화, 자기결정 원리가 내포되어 있다. 이에 대해 간략히 소개하면 다음과 같다.

(1) 정상화

Wolfensberger(1972)의 정상화(normalisation) 개념은 사회의 구성원들이 가치가 있다고 여기는 생활스타일(lifestyle)을 의미한다(Oakes and Davis, 2012 재인용). 사람들은 다른 사람들처럼 인기 있는 지역에서 살기를 그리고 같은 종류의 여가활동을 선택하고(Wolfensberger, 1972; Oakes and Davis, 2012 재인용) 그리고 보통의 삶(ordinary life)을 즐기기를 원할 수 있다. 성인발달장애인에게 보통의 삶(ordinary life)은 보통사람들과 같은 선택의 기회, 지역사회사람들과의 평등한 생활을 하는 것을 말한다. 여기에는 다른 사람을 사랑할 수 있고, 사회적 및 성적 관계를 충족할 수 있고, 아이를 낳고, 양육할 권리도 포함된다(Samowitz and Ames, 1997; 공마리아 · 이성록, 2007 재인용). 이러한 정상화 원리들은 발달장애인의 정책을 구성 하는 데에 보통의 삶(ordinary life)의 내용들이 흡수되어야 함을 시사한다. 즉 보통사람들이 추구하는 선택의 기회가 발달장애인에도 이루어지도록, 공적 및 민간 서비스 지원 및 프로그램 제공과 같은 수단이 정책적으로 실현되어야 한다.

(2) 자기결정

발달장애인은 자신의 생활 속에서 선택과 결정을 할 수 있는 권리가 있다(AAIDD, 2012). 영국의 2005년에 시행된 정신능력법(Mental Capacity Act)에 따르면, '모든 사람들은 성과 관련하여 자기 스스로 결정할 권리가 있으며, 이러한 결정을 할 수 있도록 가능한 지원들이 이루어져야 한다'고 규정하고 있다(Tompson, 2011). 우리나라에서는 2007년 4월에 제정된 「장애인차별금지 및 권리구제 등에 관한 법률」의 제7조에 의하면, "장애인은 자신의 생활전반에 관하여 자신의 의사에 따라 스스로 선택하고 결정할 권리를 가진다."고 명시하고 있으며, 특히 제29조(성에서의 차별금지)에서는, "장애인은 성에 대하여 주체적으로 표현하고 향유 할 수 있는 성적 자기결정권이 있다.", 제33조에서는 "장애여성에 대하여 임신 · 출산 · 양육 · 가사 등에 있어서 장애를 이유로 그 역할을 강제 또는 박탈하여서는 아니 된다."고 규정하고 있다.

즉 성적 결정권을 갖고 부모가 되는 것에는 절대적인 장애는 존재하지 않는다(공마리아 · 이성록, 2007)는 것을 뜻한다. 따라서 발달장애인이 정신적이고 신체적인 문제로 인해 단순히 양육을 할 수 없다는 것은 차별로 볼 수 있다(perry, 1995; 공마리아 · 이성록, 2007 재인용). 특히 Feldman 외(2002)는 이러한 성적 결정과 부모가 되는 것에 대한 선택 및 자기결정에 관한 이슈는 발달장애인의 능력에 초점을 두기 보다는 사회적 지원 유무에 관심을 더 두어야 한다(Department of Health, 2007 재인용)고 강조하였다. 예를 들면, 장애인의 성적 표현과 발달장애가 있는 부모를 지원하는 서비스를 계획할 때, 장애인이 이를 선택 및 결정할 능력이 있는지에 중심을 두기 보다는 부모가 되는 동등한 기회, 서비스 접근 강화 등과 같은 인적 및 물적 지원들이 더 강조되어야 함을 시사한다.

3. 성인발달장애인과 발달장애가 있는 부모의 특성

1) 성인발달장애인의 특성[1]

성인발달장애인의 성적 관심과 표현은 성인이 되었을 때 나타나는 발달단계의 일환이다. 따라서 발달장애인이 발달단계 속의 행동과 표현이 나타났다면, 부모와 실천가들은 이들의 발달단계 과업의 실행에 대한 축하와 격려를 해주는 것이 타당할 것이다. 그러나 성인발달장애인이 이성에게 호감을 보이고, 성적 표현을 보였다면, 부모나 혹은 시설 관계자들은 이들의 감정과 행위를 억제 하는 경향이 있다(Wolfe, 1997). 그 이유는 앞서 언급한 장애와 성과 관련된 다양한 사회 및 문화적 환경, 그리고 다양한 편견에 의한 것일 수 있다. 또한 이와 관련된 교육 및 지원들의 결핍일 수 있다.

한편 성인발달장애인의 성과 관련되어 가시화 되고 있는 이슈는 정당한 성적 관계(valid consent to sexual contact)를 맺는데, 현명한 결정을 내릴 수 있는가에 관한 것이다. 다양한 연구에 의하면, 발달장애인은 성에 대한 지식이 상당히 낮은 수준이며, 데이트와 친밀감, 성적 교감 등이 거의 없고, 성에 대하여 배울 기회도 매우 적은 것으로 나타났다(McCabe 1999; Cheng and Udry 2002; Murphy and O'Chllaghan 2004; Dukes and McGuire, 2009 재인용). 또한 집단 속에 거주하는 발달장애인은 HIV 감염의 위험에 놓여있어 안전한 성적관계가 불리할 수도 있다고 지적하고 있다(Thompson, 2011).

Stavis and Walker-Hircsh(1999)의 연구에 의하면, 정당한 성적 관계(valid consent

---

1) 성인발달장애인의 특성은 발달장애인의 성과 관련된 부분만을 다루었다.

to sexual contact)에 대한 동의에는 지식, 이해(합의) 그리고 자발성을 필요로 한다고 하였다. 발달장애인 뿐만 아니라 많은 사람들은 이러한 동의의 세 가지 모두를 충족시키지 못할 수 있다. 특히 "성인발달장애인과 관련된 전문가와 보호자는 이들이 현명한 성적 관계를 결정할 수 있는지, 발달장애인의 성적 표현의 동의가 세 가지 중 다른 양상을 반영하고 있는지의 정도를 알아내는 것은 매우 어렵다"고 호소하기도 한다(Dukes and McGuire, 2009 재인용). 이러한 동의에 대한 능력은 고정적(static)이지 않고, 개별적이고, 특별한 상황 속에서는 상이하기 때문이다. 일반적으로 부적절한 성행위를 보이는 사람들은 제한된 의사소통과 사회적 기술, 애정과 사랑에 대한 욕구 그리고 관심의 욕구의 결과로서 행해지기도 한다(AAIDD, 2012). 이러한 행위들은 불쾌할 수 있으며, 다른 사람들에 대한 의도하지 않은 희생과 법적 그리고 규제를 위배할 수 있다.

그러나 이러한 경우 개입(intervention)은 처벌보다는 교육과 사회적 기술을 숙달하는데 적합하도록 지원 하는 것이 중요하다(AAIDD, 2012). Dukes and McGuire(2009)는 사람들은 어떤 시점에는 동의하는 능력이 부족할지 모르지만, 이들에게 촉진과 교육을 통한다면 미래의 데이트에서는 동의하는 능력이 가능하게 될 수 있다고 하였다. 즉 성에 관련된 지식을 확대하고, 안전한 실천방법과 부적절한 성적 행동의 범위 등에 대한 맞춤식 교육 및 데이트 제공과 같은 기회들은 성인발달장애인의 성적 지식과 성적 의사결정을 증가시킨 것으로 분석되었다.[2] 우리나라의 경우, 충현복지관에서 실시하고 있는 '성인발달장애인의 데이트 코칭 프로그램'은 성인발달장애인에게 생활 속의 이성교제를 통해 자연스럽게 성 지식 및 태도, 성 교육에 접근하는 기회를 제공하고 있다. 동 프로그램은 기존의 성 교육 중심에 치우친 프로그램에서 벗어나 이성교제의 기회를 제공함으로써 스스로 성적 자기결권을 강화시키는데 효과적인 것으로 드러났다(조선영·권지성, 2014). 따라서 성인발달장애인의 성적 자기 결정권을 강화시키기 위해서는 발달장애인에 적합한 교육교재와 현실 속에서의 통합적이고 반복적인 지원이 요구된다.

---

2) 발달장애인의 성에 관한 의사결정능력을 판단하기 위하여 4명의 성인발달장애인들을 대상으로 다중 기초선 설계를 사용하여 단일사례설계를 실시하였다. Living Your Life(Bustard 2003)로부터 채택된 맞춤식 성 교육을 개별적으로 개입한 결과, 이러한 교육들은 성적관계의 결정능력을 개선시킨 것으로 분석되었다(Dukes and McGuire, 2009).

2) 발달장애가 있는 부모의 특성

우리가 알고 있는 발달장애가 있는 부모에 관한 정보는 사회적으로 보호를 받고 있거나, 여성에 관한 내용들이 대부분이다. 적어도 부모의 한명이 발달장애가 있거나 혹은 사회적 보호를 받고 있지 않는 가족의 욕구와 경험에 대해서는 거의 알지 못한다. 뿐만 아니라 발달장애가 있는 아빠의 경험에 대해서는 거의 무지한 편이다.

실제적으로 우리나라의 전국 통계를 살펴보아도 그러하다. 2011년 한국보건사회연구원의 장애인실태조사에 따르면, 2011년 현재 18세 이상 성인남녀장애인을 대상으로 결혼 상태에 대하여 물어본 결과, 분석 대상인 자폐성 장애인 모두가 결혼생활을 하고 있지 않았으며, 지적장애의 경우, 112,007명중 28.5%만이 결혼생활 중으로, 17.7%는 유배우, 사별은 3.9%, 이혼은 6.3% 등으로 나타났다. 특히 자폐성 장애 및 지적장애는 다른 장애 유형에 비하여 결혼생활을 할 확률이 가장 낮았으며, 또한 자녀를 가지고 있는 비율도 지적장애의 경우, 112,007명중 18.1% 수준으로 다른 장애 유형에 비해 가장 낮았다.

자녀양육에 있어서 어려운 점을 살펴보면, 전체여성장애인의 40.1%가 '자녀양육·교육 비용이 많이 들어서'를 가장 많이 선택하였으며, 다음은 '어려움 없음'이 21.1%, '아이를 돌볼 사람이나 시설부족' 10.0%, '주위의 편견 및 시선 때문'이 9.7%, '자녀와의 의사소통의 어려움' 6.5%로 나타났다. 이에 반하여 남성장애인의 경우에는 '자녀 양육·교육 비용에 대한 부담'은 여성장애인과 비슷한 수준이었으나, '어려움 없음'은 36.1%로 여성장애인에 비하여 약 15%p가 더 많이 응답하였으며, 이 외에 전술한 여성장애인이 느끼는 양육의 어려움에 대해서는 상대적으로 낮은 응답률을 보이고 있었다.

이러한 결과들은 전체 장애인이 느끼는 '양육의 어려움'을 조사한 것으로서, 실질적으로 '발달장애가 있는 부모가 겪는 자녀양육의 어려움', '현재 제공되고 있는 서비스의 문제'에 대한 궁금증을 해결하기에는 역부족이었다. 특히 '발달장애가 있는 부모의 수'조차 정확하게 분석되고 있지 않고 있어, 우리나라에서는 아직까지 발달장애가 있는 부모에 대한 논의가 매우 부족하다는 것을 알 수 있다.

반면에, 서구에서는 국가나 복지 관련 기관에서 서비스를 받고 있는 발달장애가 있는 부모의 수가 증가되고 있다고 보고하고 있다(Department of Health, 2007). 이러한 사회적 보호 아래, 발달장애가 있는 부모들은 종종 빈곤, 실업, 열악한 주거환경, 어려운 이웃관계, 부족한 정보들을 경험하고 있는 것으로 나타났다(Social Care Institute for Excellence, 2005). 이러한 요인들은 사회적 보호 아래에 있는 아이들의 가족들이 주로 경험하는 것이지만, 발달장애가 있는 부모는 심각한 빈곤과 부적절한 주거를 경험하며, 특별히 높은 수준의 욕구를 가지고 있다고 보고하고 있다(Department of Health, 2007). 뿐만 아니라 취약한 환경 속에서 지내고 있는 가족들이 경험한 정보는 보통 발달장애를 가진 부모들에 비해 더욱 결핍되어 있기 때문에, 이러한 문제들이 더욱 심각하다고 강조하고 있다.

또한 발달장애가 있는 부모들은 자기 효능감(self-esteem)이 낮으며, 심각한 차별, 학대, 분리로 인하여 자신감이 결핍된 것으로 분석되었다. 그리고 사회적 보호 아래에 있는 발달장애가 있는 부모들을 사정한 결과 "취약한 정신과 취약한 신체적 건강, 가정폭력, 약물의 오용"과 같은 다른 문제들을 경험하고 있었다(Cleaver and Nicholson, 2003; Department of Health, 2007 재인용).

뿐만 아니라 발달장애로부터 영향 받은 가족들은 괴롭힘과 따돌림, 때때로 폭력과 재정적 혹은 성적 착취 등의 부정적인 태도를 경험할 가능성이 있고, 이러한 문제들은 발달장애가 있는 부모와 아이들에게 주요한 문제일 수 있음을 지적하였다(Cooke, 2005; Department of Health, 2007 재인용). 발달장애가 있는 부모들은 신체적, 정서적, 성적 학대를 경험할 가능성이 크고, 그들 자신의 양육 경험에서 이러한 경험이 연결될 가능성이 존재하기 때문이다(Cleaver and Nicholson, 2003; Department of Health, 2007 재인용).

반면에 Feldman 외(2002)의 연구에 의하면, 이러한 문제들은 적극적인 사회적 지원과 다양한 욕구에 대응하고 진단이 이루어진다면, 자녀의 양육은 큰 문제가 되지 않는 것으로 조사되었다. 즉 자녀의 양육 측면에서, 사회적 지원 유무가 발달장애의 정도에 비해서 더 중요하다는 것이다. 그 예로 발달장애가 있는 부모의 사회적 지원과 스트레스는 부적 연관성이 있는 것으로 나타났다. 발달장애가 있는 부모에 대한 도움적인 지원 네트워크는 발달장애를 가진 엄마에게 심리적 안녕과 긍정적인 양육 경험을 긍정적으로 일으킬 가능성이 있다고 보고하고 있다(Feldman, 2002).

이외에도 IQ와 양육 간에는 어떠한 관련성이 없다(McGaw and Newman, 2005)는 결과도 존재한다. 인지 손상은 부모가 읽기와 쓰기, 기억과 이해, 의사 결정과 문제 해결 등의 어려움을 갖지만, 이것은 특별한 지원이 요구된다면, 해결가능성이 높음을 의미하고 있다. 이러한 문제를 가지고 있는 대부분의 부모들은 그들에게 실제적인 지원과 육아에 대한 배움에 대한 도움이 필요하기 때문에, 이에 대한 지원들은 곧 실질적인 양육 기술에 도움을 준다는 것이다(McGaw and Newman, 2005). 특히 아이들과의 언어적 상호작용의 조언과 아이들에게 언어발달을 도울 수 있는 추가적인 지원이 필요함을 강조하였다(Cotson 외, 2001; Department of Health, 2007 재인용). 결국 발달장애가 있는 부모들을 위한 가족 및 사회적 지원들은 이들의 역량을 증가시켜, 사회적·개인적으로 적절한 관계를 맺게 하고, 양육 및 돌봄의 어려움을 극복하는 기제로 작동할 수 있음을 다양한 연구결과를 통해 알 수 있다.

4. 기준 체계

발달장애인이 사람들과 긴밀한 관계를 구축하고, 성적 표현을 자유롭게 하며, 자녀를 낳고, 양육하는 등의 권리를 실행하는데에 준거가 되는 새로운 틀(framework)을 소개한다. 이 틀은 4가지 요소들로 구성되어 있으며, 이 요소들은 기존의 서비스 계획 및 제공에 대한 초점을 '서비스의 개발과 구조 중심'에서 '발달장애인과 그들을 지원하는 사람과의 관계'로 옮겼다는 데에 의미를 가지고 있다(Department of Health, 2007). 이러한 네 가지 요소들은 발달장애인들을 지원하는 현대의 모든 서비스체계에 새로운 틀을 제공하며, 이를 통해 발달장애인이 보통의 삶(ordinary life)에 한 발짝 더 가깝게 나아갈 것이다. 특히 실천현장에서 사회복지사들이 네 가지 요소들을 잘 이해

하고 실천하기 위한 방법들을 영국의 사례를 통해 소개한다.[3]

1) 인권(human rights)

본 장에서의 인권은 '발달장애인에게 다른 사람들에게 부여되는 같은 기회와 보호들이 보장되는 것'을 의미한다. 인권의 법률적 강제는 영국의 경우, 1998년 제정된 인권 법안(the Human Rights Act)이 기초가 된다. 이 법안은 영국정부로 하여금 유럽연합의 인권보호 및 기본적 자유 보장(the Protection of Human Rights and Fundamental Freedoms)에 기제 된 것 중 일부의 권리를 인정한 것이다. 그리고 개인의 인권이 보장되지 않았을 때 가할 수 있는 제재를 명시하고 있기 때문에, 발달장애인에게 큰 의미를 가질 것이라고 기대되었다. 그러나 실제적으로는 발달 장애인에게 더 많은 기회를 부여하지 못하는 점이 인권 법안에 대항하는 법률적 비판의 주된 쟁점이었다. 아직까지 이 법안이 성적, 개인적 관계에 미치는 영향은 아직 검증되지 않았지만, 이 법안의 최소 3항이 발달장애인과 그들의 성적, 개인적 관계를 위한 지원에 관련되어있다.[4]

- 제 8항: 모든 사람은 자신의 사생활, 가족 생활, 가정, 의사소통을 존중받을 권리가 있다.
- 제 12항: 결혼적령기의 남성과 여성은 이 권리의 행사를 관장하는 국가의 법률에 따라서 결혼 및 가정을 꾸릴 권리가 있다.
- 제 14항: 차별 금지

이 이슈는 2008년 5월 UN에서 장애인 권리 협약(the Convention of the Rights of Persons with Disabilities)을 발표함과 더불어 확대되었다. 이 협약은 명백히 발달장애인을 포괄하며, 인권에 관한 일반적 선언들과 일맥상통하였다. 그 예로 제3항은 장애인의 내재적 존엄성을 나타내며, 제6항은 장애 여성들을 위한 지원을 주장한다. 그리고 제23항은 성적, 개인적 관계에 관한 세부적인 이슈들을 다루고 있다.

---

3) 본 내용은 Oakes and Davis(2012)의 내용을 요약 정리하였다.
4) 검증되지 않았다는 것은 성적, 개인적관계가 지적장애인과 관련성이 부족해서라고 할 수 없다(Oakes and Davis, 2012)

국가와 정당은 결혼, 가족, 양육 관계에 관한 모든 사항에서 장애인에 대한 차별을 불식시키고, 이하의 사항들을 만족하기 위해서 효율적이고 적절한 조치를 취해야한다.

(a) 결혼적령기의 모든 장애인은 결혼 상대의 자율적이며 완전한 동의 하에, 결혼 및 가족을 꾸릴 권리가 있다.

(b) 장애인들은 자신의 자유와 책임 하에 자녀의 수와 시기를 결정할 수 있으며, 연령에 따른 정보, 가족계획 및 양육에 관한 교육, 이를 실행할 수 있는 수단에 접근할 수 있는 권리를 가진다.

(c) 장애인 및 장애아동은 비장애인과 동일한 수준으로 개인의 생식능력을 보유하고 있다.

이러한 인권체계는 발달장애인의 성적, 개인적 관계에 대해서 어떠한 실천적 의미를 부여할 수 있는가? 인권적 측면에서 이를 실행하는 방법으로 두 가지를 들 수 있다.

첫째, 개인의 인권을 부정하는 관행을 다루는 것이다. 이것은 인권 행사의 자유를 제한하는 모든 행위를 의미하는 것이다. 예를 들면, 사적 및 가족생활의 존중에 관한 부분에서, 서비스를 받는 발달장애인은 개인 삶의 모든 영역이 다른 사람의 감시 하에 놓일 수 있으며, 이는 여러 수준에서 발생할 수 있다. 일례로 한 발달장애인이 일반적이지 않는 성적 행위를 즐기거나 다른 사람과 성적 관계를 맺고자 할 수 있다. 이러한 경우, 전문 인력들은 이 사항을 논의하거나, 이들에게 지시나 감독하는 역할을 한다. 그러나 이 관계에서의 핵심은 먼저 이러한 논의를 다루는 것에 대한 동의가 이루어져야 한다는 것을 의미한다. 즉 상담 팀 전체가 발달장애인의 성적 환상이나 다른 사람에 대한 성적 열망에 관한 자세한 사실을 아는 것이 꼭 필요하지는 않다는 것이다.

둘째, 전문 인력이 발달장애인에게 인권을 행사할 수 있는 기회와 경험을 주는 방법을 개발하여, 그들의 인권을 행사할 수 있는 기회를 보장하도록 노력하는 것이다. 예를 들면, 발달장애인이 타인과 만나서 개인적 관계를 형성할 수 있는 기회를 만들지 못할 경우에는 전문 인력이 이 과정을 도와주어야 한다. 이는 당사자들이 만날 수 있도록 시간과 장소를 정하고, 개인적 보조나 주요 교통 및 인력 지원이 필요한지도 살펴야한다. 더불어, 대화와 교육을 통해서 어떻게 개인적 관계가 성립되는지 가르치고, 당사자들을 격려하는 것도 포함한다. 또한 성적, 개인적 관계에서 개인이 갖는 다양한 책임들을 포괄하기 때문에, 발달장애인에게 성적 지식과 성적 관계에서 동의와 법률

상의 여러 사항들에 대한 교육이 지원되어야 함을 시사한다.

2) 건강(health)

건강은 발달장애인이 성과 부모가 되는 기회를 활용하는 동안에 이들의 건강을 유지하도록 현대적 지원과 서비스들은 어떻게 보장해야 하는지에 초점을 둔다. 간호전문가의 역할에 관한 한 보고서는 건강보호(health care)안에 성을 포괄해야 하며, 모든 개인이 편견, 죄책감, 두려움, 수치심에서 벗어나 성적 및 재생산 행위를 즐기고 조절해야 한다고 주장한다(Earle, 2001). 이러한 의견은 건강이 단순히 병이 없는 상태가 아닌, 정신적, 사회적, 신체적 웰빙 이라는 관점에서 비롯된 것이다.

특히 성적, 개인적 관계를 건강체계로서 분석할 때 여러 가지 이슈들이 발생한다. 이는 성적 건강 유지를 통해서 다양한 위험을 관리하고, 적절한 수준의 보호부터 부모가 되는 발달장애인을 지원하는 것까지를 포함한다.

(1) 위험과 보호

서비스와 전문 인력의 주요 임무는 취약한 사람들을 사회적 위험으로부터 보호하는 것이다. 먼저 발달 장애인이 높은 수준의 성 착취와 폭행의 위험에 노출되어 있다는 것은 잘 알려진 사실이다. 여기에서 중요한 것은 적절한 선을 지켜 보호한다는 것이다. 이를 위한 전략으로 전문가, 발달장애인, 그리고 지원가들과 함께 작업하여 긍정적 위험 감수(positive risk taking)를 유지하는 것이다.[5] 긍정적 위험 감수(positive risk taking)의 가장 중요한 부분은 위험 판단을 공유하고, 전문가들이 이러한 이슈에 관한 위험들을 독단적으로 판단하지 않게 하는 것이다.

이에 반하여 성범죄를 저지른 발달장애인들에 관한 보호이다. 과거에는 병원에 발달장애인들을 감금하는 것이 적절한 보호 방법이라고 여겨졌으나, 기관 폐쇄와 탈시

---

5) Positive Risk Taking (PRT)는 건강과 복지 그리고 교육적 성과를 고양시키기 위하여 설계된 전략을 통해 위험을 감수하는 것을 촉진시키는 것이다(Titterton, 2010).

설 이후부터는 장애인들을 지역 사회에서 보호를 강조하고 있다. 이 또한 전문 인력이 개인과의 협동을 통해서 긍정적인 위험추구를 하도록 해야 한다.

(2) 양육지원

성적 건강에 관한 다양한 이슈의 연장선 안에는 발달장애가 있는 가족에 대한 양육 지원을 포함한다. Tarleton 외(2006)의 연구에 의하면, 발달장애가 있는 부모의 가족들이 경험한 아동 및 가족 서비스에서 다음과 같은 문제점을 발견하였다(Department of Health, 2007 재인용).

- 발달장애인을 이해하지 않았음
- 그들을 경청하지 않았음
- 그들이 실패할 것이라 기대하였음
- 그들에게 기대되어지는 것들에 관하여 명확한 메시지로 전달하지 않았음
- 지원이 필요한 다른 부모들과 다르게 그들을 취급하였음
- 그들이 도움을 필요로 하고, 아이를 키우는데 어려움이 있다는 점을 이용하여 발달장애가 있는 부모가 양육할 수 없게 하였음
- 그들의 아이들에게 한번 서비스가 취해진 이후, 어떤 지원도 공급되지 않았음.

이러한 문제점을 해결하고, 발달장애가 있는 부모들을 위한 시스템 구축을 위해서는 아래의 4가지를 유념해야 함을 강조한다.

1. 가치: 정신적 능력이 양육 능력과 관련이 없다는 것을 정립해야 한다.
2. 모델: 연구들은 부족 모델(deficit model)에서 지원 모델(support model)로 초점을 옮길 필요가 있다. 이는 자녀를 건강하고, 애정이 충만한 환경에서 양육하기 위해 발달 장애를 가진 가족과 협동하여 어떠한 지원이 필요한지 알아내는 것이다.
3. 기준: 무엇이 '좋은' 양육인지 기준을 설정하고, 부모로서 필요한 조건과 기술을 인식하는 것이 중요하다.
4. 경로: 발달장애의 부모가 있는 가족들이 지원을 받기위한 보호 경로는 복잡하다. 발달장애인들은 일반적인 서비스에 대한 접근을 먼저 시작하지만, 가족들은 특정 봉사단체, 양육 교육, 놀이 그룹과 같은 서비스에 접근하는데 어려움을 겪는다. 특히 자녀가 양육

단체에 위탁되어지면, 그 기관들은 주요한 의사소통 기능과 발달장애를 가진 부모들에 대한 지원을 인식해야한다. 만약 발달장애인을 돕기 위해 훈련된 사람들이 지원한다면, 일관적이며, 근거를 바탕으로 하는 사정과 개입이 가능해야 한다.

이러한 기준을 토대로 발달장애가 있는 부모를 지원하는 방법을 CHANGE(2005)에서는 8가지로 제시하였다(Department of Health, 2007 재인용). 첫째, 당신과 당신의 아이의 건강, 그리고 당인의 아이를 돌보는 방법에 대하여 접근 가능한 정보를 지원하고, 둘째, 다른 부모들과 함께하는 자기-옹호 그룹(Self-advocacy group)을 지원하고, 셋째, 어떤 일들이 위기(risk)가 되기 전에 미리 지원하며, 넷째, 자신의 집에서 사정되어지도록 하고, 다섯째, 이들을 옹호하고,6) 여섯째, 법원에 좀 더 접근 가능하도록 지원하고, 일곱째, 아빠들에 대한 지원, 여덟째, 폭력적인 관계를 경험한 남자와 여자를 위한 지원이 이루어져야 한다고 하였다. 이외에도 자기주도학습(self-directed learning)은 발달장애가 있는 부모에게 장기간 양육기술을 개선시키며, 가정에 기반한 개입(home-based intervention)과 결합된 그룹 교육이 더 효과적이라고 하였다 (McGaw, Ball and Clark, 2002; Department of Health, 2007 재인용).

특히 발달장애가 있는 부모들이 경험하는 문제들에서 대하여, 특별한 유형의 지원과 개입, 가르치는 방식이 체계적으로 이루어진다면, 더 좋은 양육은 성취되어 질 것이다. 이에 대한 실천전략으로 McGaw and Newman(2005)는 아래와 같이 설명하고 있다 (Department of Health, 2007 재인용).

---

6) 발달장애가 있는 부모들은 실천가들이 자기-옹호를 지원하는 것을 가장 가치 있다고 판단하고 있었다. 옹호자 역할은 다음과 같다. 1. 부모와 공무원 및 변호사간의 거래를 위한 지원자(witness) 역할. 2. 스트레스를 악화시킬 수 있는 문제들을 처리하고 막아내는 완충가 역할. 3. 부모의 생각을 확실하게 만들어 표현하는 역할. 4. 가족과 서비스의 연계를 개선시키는 중재가 역할. 5. 정보를 부모가 이해할 수 있는 언어로 통역해 주는 역할. 6. 부모가 어떤 것에 대하여 이야기 하는 것을 경청하는 역할. 7. 서식이나 편지를 작성하는 것을 돕는 역할 8. 서비스 전달의 문제들을 해결하는 처리자 역할 9. 가족이 급여를 받기 위하여 알아야 하는 것들을 안내해주는 전달자 역할 10. 그들 스스로 이해하도록 도와 그들이 문제에 대처할 때, 자신의 능력에 자신감을 갖도록 용기를 북돋아 주는 역할 11. 은밀한 정보를 서로 안전하게 공유하는 절친한 친구의 역할 12. 가족의 편에서 분명하게 협력하는 협력자 역할. 13. 정보들을 추적하고 찾는 탐정 역할 14. 일반적인 지식과 경험을 공유하는 멘토 역할 15. 스트레스의 초기에 나타나는 표시들을 찾는 관찰자 역할. 16. 어떤 일들이 일어나게 하는 실력자 역할 (Booth and Booth, 1998; Department of Health, 2007 재인용).

- 개입들은 부모들의 취약성을 다루는 것뿐만 아니라 부모들의 강점을 증가시켜야 한다.
- 개입들은 지식 보다는 실행에 중심을 두고, 본보기를 만들고(modelling), 실행, 피드백 그리고 칭찬을 포함해야 한다.
- 구체적인 보상은 프로그램의 참여율, 빠른 기술 습득, 단기간의 헌신을 증가시킬 수 있다.
- 집중적인 서비스 참여는 간헐적인 서비스 참여보다 더 효과적이다.
- 프로그램들은 부모들이 그들의 배움을 일반화 할 수 있도록, 필요로 하는 기술들이 존재하는 실제적인 환경에 적용되어야 한다.
- 가르침은 가능한 가정에서 이뤄지도록 하며, 가정에서 이뤄지는 것이 불가능하다면, 가능한 가정과 비슷한 환경을 가진 곳에서 한다.
- 아이들의 적응력을 증진시키는 가족의 환경 요인들을 찾고, 이 요인들을 향상시켜야 한다.
- 가족 관계의 중요성은(전체가 아닌 대부분의 부모와 그들의 자녀들에게) 인정되어져야 하며, 어떤 조치도 이러한 관계에 해(harm)를 주어서는 안된다.
- 개입은 사회적 배제의 원인 보다는 사회적 포섭(inclusion)에 관한 가족의 경험을 증가시켜야 한다.

(3) 권력(power)

권력의 개념은 선택이나 권리보다 더 강한 개념으로, 사람사이의 관계에 관한 것을 의미한다. Foucault(1982)는 권력을 한 사람이 다른 사람의 여러 행동에 영향을 미칠 수 있는 모든 관계라고 정의하였다.

권력은 지역 중심의 서비스(community-based services)를 개발하는데 중요한 역할을 한다. 발달장애인의 일상생활을 지원하는 계획 과정 속에서, 발달장애인은 서비스를 선택하거나 조정하는 있는 상황에 매번 놓인다. 그러나 발달장애인들은 자신은 자신의 삶을 바꾸거나 유지할 수 있는 권력이 적으며, 오히려 발달장애인보다 더 강한권력을 가진 사람들이 선택한 것을 받아들일 경향이 높다. 이러한 선택은 다른 사람들의 가치 및 관점, 국가정부나 지방 정부의 현 정책에 영향에 제한을 받게 된다. 즉 Bramston 외(2005)는 삶의 여러 부분의 만족도를 동년배의 비장애인과 장애인을 대상으로 하여 권력에 관한 연구를 진행하였다. 그 결과 발달장애인의 친밀감(intimacy)이 현저하게 낮은 것으로 나타났다. 이러한 분석 결과는 발달장애인이 주어진 자원을 활용할 권력을 가졌다면, 긍정적인 친밀 관계 형성을 향상시키는데 주요한 영향을 끼쳤을 것임을 시사하고 있다.

이를 위해 권력체계에서는 발달 장애인의 목소리에 귀 기울이는 것이 우선되어야 하며, 권력이 사람 중심의 계획(person-centred planning)의 내용이나 우리가 지원을 계획하는 방법에 어떠한 영향을 미칠 것인지를 고려할 필요가 있음을 시사한다. 또한 전문적인 워커들은 이러한 권력과 협상할 수 있는 방법들을 찾는 것이 중요하다 할 것이다.

(4) 소속감(Belonging)

소속감은 두 가지 측면을 가지고 있다. 첫 번째 측면은, 발달장애인들이 장애인 지역사회, 가족 사회, 또는 지역사회에 소속될 수 있는 기회의 정도를 의미한다. 성적, 개인적 관계를 맺는 것은 사람들이 어떤 지역사회에 속해 있다는 중요한 상징으로 볼 수 있다. 두 번째 측면은 사람들이 친밀한 개인적 관계를 만들고, 유지할 수 있도록 특정 그룹(specific group)이 주류에서 배제되지 않도록 하는 것이다. 예를 들어, 영국의 인간 존중의 테마(a theme of valuing people)의 정책에서는 소수 인종, 중증 지적 장애인, 자폐장애인들과 같이 특정 그룹에 속해있는 사람들이 친밀한 개인관계를 유지하도록 다양한 지원을 포함하기도 하였다.

소속감은 앞선 세 가지 체계 – 인권, 건강, 권력 – 의 요약(summary)이라고 할 수 있다. 즉 인간은 다른 사람과의 관계를 통해 존재하는 것으로, 인권 체계는 개인, 지역사회, 국가가 서로 공존할 수 있는 방법을 개선하고 보호하기 위한 것이다. 그리고 가족이나 지역사회의 소속감에 대한 인식은 개인의 지위, 나이, 장애여부를 막론하고 사람들의 건강에 중요하다. 마지막으로 권력에 관련된 문제가 해결되거나 권력의 균형이 이뤄진 지역사회에서만 소속감이 존재할 수 있다.

서비스를 지원받는 발달장애인의 소속감에 관한 문제는 다양한 수준에서 해결되어야 한다. 사실 발달장애인이 장애를 가진 친구나 배우자를 가지는 것은 비장애인과 친구가 되거나 배우자가 되는 것과 비교해서 열등하다고 할 수 없다. 그 이유는 어딘가에 소속될 수 있는 기회가 있는지의 문제이기 때문이다. 따라서 소속감의 문제는 지역사회와의 포섭을 의미한다 할 것이다.

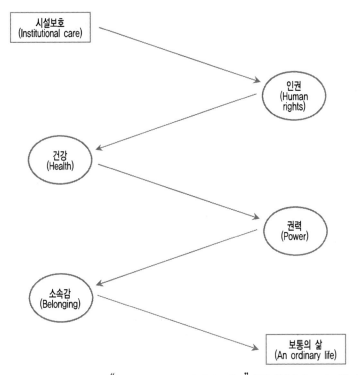

※ 자료: Oakes, P., and Davis, R., 2012, "Sexual and personal relationships", 503–518, in Learning Disabilities Toward Inclusion, edited by Atherton, H. L., and Crickmore, D. J., Churchill Livingstone Elsevier.

그림1 보통의 삶(ordinary life)을 향한 단계들

5. 결론

본 연구는 발달장애인의 성의 개념과 이와 관련된 이슈들을 다루었다. 장애인의 성에 관한 논의는 발달장애인의 생애주기에 따른 다양한 과업들과 달리, 사회적·문화적인 영향에 의해 활발하지 못한 점은 주지의 사실이다. 그 속에서 우리는 다양한 성의 측면 중 본능적인 측면에만 관심을 두어(AAIDD, 2012), 성이 포함하고 있는 주요한 가치를 놓치고 있었다.

이에 본 연구에서는 성이 내포하고 있는 가치와 하위 개념 등을 포괄하여, 보통의 삶을 추구하는 일련의 인간관계의 과정으로서 '발달장애인의 성'을 바라보았다. 동 관점에 의하면 발달장애인의 성은 발달장애인의 성적 표현 및 개인적 관계뿐만 아니라 발달장애인이 부모 될 권리 및 양육할 권리 까지를 포함하며, 지역사회의 소속감을 향상시키는 주요 요인이다.

이러한 '발달장애인의 성'의 개념의 확장에 따른 영국의 대응은 다양한 지원 정책과 서비스, 법률 제정 그리고 관련 연구들을 통해, 발달장애인을 위한 정책과 지원 서비스들이 우리나라에 비해 적극적으로 이루어지고 있었다. 특히 발달장애인의 성은 일상생활의 가치 있는 생활의 하나로서, 지역사회의 포섭에 주요한 영역으로 간주되고 있었다. 이들은 발달장애인의 성과 관련된 교육과 사회적 기술을 숙달하도록 다양한 지원들을 강조하고 있다. 그러나 현장에서는 발달장애인의 욕구를 적절하게 어떻게 반영해야 하는지에 대한 어려움을 호소한다. 이는 발달장애인의 성과 양육할 권리에 대한 부정적인 기대들과 인적·물적 자원의 한계, 이들을 위한 서비스 제공 및 계획에 있어서 방법과 기준의 모호함 때문이다. 따라서 발달장애인의 성적 권리와 양육의 권리 등을 향상시키기 위하여, 현대의 서비스와 지원체계들은 인권, 건강, 권력, 소속감 측면에서 접근해야 함을 시사한다. 즉 서비스와 지원체계들이 각 요소들에서 제기된 문제들을 해결 할 수 있다면, 발달장애인을 위한 완전히 개별화된 지원을 가능케 할 것으로 판단된다. 특히 최고 위험집단으로 발달장애가 있는 부모와 자녀가 발달장애를 가진 가족에 대한 통합적인 돌봄 및 양육 지원 서비스가 전문적으로 이루어지는 시스템이 구축되어야 할 것이다.

본 연구를 통해 지금까지 가져왔던 발달장애인의 성에 대한 관점이 독자들로 하여금 조금이나마 전환되거나 혹은 성에 대해 관심이 제기된다면, 본 연구의 소기의 목적은 달성하였다 할 것이다. 우리와 같은 보통의 삶을 추구하는 과정으로서 발달장애인의 성에 다가간다면, 좀 더 나은 서비스 정책과 제도의 마련에 주도적인 역할을 할 것으로 판단된다.

참고문헌

공마리아 · 이성록, 2007, "발달장애 성인 생활시설의 성관련 서비스 실태 및 관리자의 태도- 서울 지역의 생활시설을 중심으로", 특수교육재활과학연구, 46(4) : 77-101.

권영은, 2004, "생활시설장애인의 성 문제 실태와 대처방안에 관한 연구",명지대학교 석사학위논문.

김성희 · 변용찬 · 손창균 · 이연희 · 이민경 · 이송희 · 강동욱 · 권선진 · 오혜경 · 윤상용 · 이선우, 2011, 『2011년 장애인실태조사』, 서울 : 보건복지부 · 한국보건사회연구원.

_____, 2006, "자폐인들의 성적 행동특성과 그 지원 교육 탐색", 특수교육요구아동연구, 16 : 1-24.

정진옥 · 신현기, 2008, "지적장애 성인이 이성교제에서 경험하는 사랑에 대한 현상학적 연구", 특수교육저널: 이론과 실천, 9(3) : 253-276.

조선영 · 권지성, 2014, "성인발달장애인을 위한 통합적 성폭력 예방 스펙트럼 구축사업에 대한 평가 연구.", 2014 한국춘계사회복지학회 학술대회 자료집.

American Association on Intellectual and Developmental Disabilities, 2012, Sexuality and Intellectual Disability, AAIDD.

Booth, T., Booth, W., and McConnell, D., 2005, Care proceedings and parents with learning difficulties: comparative prevalence and outcomes in an English and Australian court sample, Child and Family Social Work, 10(4) : 353-360.

Bramston, P., Chipuer, H., and Pretty, G., 2005, Conceptual principles of quality of life: an empirical exploration, Journal of Intellectual Disability Research, 49(10) : 728-733.

Commission for Social Care Inspection, 2009, Supporting parents with disabilities: a family or fragmented approach, London: CSCI.

Department of Health, 2007, Good practice guidance on working with parents with a learning disability, London : DH.

Dukes, E., and McGuire, B., 2009, Enhancing capacity to make sexuality – related decision in people with and intellectual disability, Journal of Intellectual Disability Research, 53(8) : 727-734.

Feldman, M.A., Varghese, J, Ramsay, J. and Rajska, D., 2002, Relationships between social support, stress and mother-child interactions in mothers with intellectual disabilities,

Journal of Applied Research in Intellectual Disabilities, 15, 314-323.

Mayers, K. S., and McBride, D., 1998, Sexuality Training for Caretakers of Geriatric Residents in Long Term Care Facilities, Sexuality and Disability, 16(3) : 227-236.

Oakes, P, and Davis, R., 2012, "Sexual and personal relationships", 503-518, in Learning Disabilities Toward Inclusion, edited by Atherton, H. L., and Crickmore, D. J., Churchill Livingstone Elsevier.

Social Care Institute for Excellence, 2005. Helping parents with learning disabilities in their role as parents, www.scie.org.uk.

Titterton, M., 2010, Positive Risk Taking, Edinburgh: HALE.

Tompson, D., 2011, Decisions about sex for people with learning disabilities, Nursing Times; 107: online edition, 23 August.

Wolfe, Pamela S., 1997, "The Influence of Personal Values on Issues of Sexuality and Disability", Sexuality and Disability, 15(2) : 69-90.

Working Together with Parents Network, 2009, Supporting parents with learning disabilities and difficulties, Bristol : the Norah Fry Research Centre.

World Health Organization, 2006, Defining sexual health, Geneva: WHO.

제18장
발달장애인의 직업활동

박 경 수 (한양사이버대학교)

1. 들어가며

모든 사람에게 직업은 수입의 원천으로 중요할 뿐만 아니라 지위, 기회, 사회적 관계, 신체적·신적 건강 등 다양한 편익을 제공한다. 즉 직업은 가치 있는 삶의 조건, 수입, 일상생활의 목적 또는 구조, 의미 있는 선택과 기회, 개인의 미래를 담보해 주는 수단이다(Ridley & Hunter, 2012). 발달장애인에게 주어진 직업도 마찬가지의 의미를 갖는다. 발달장애인이 지역사회 내에서 직업을 갖는 것은 사회통합과 관련되어 있으며, 삶의 현장에서 통합고용의 중요성이 인식되었기 때문에 1980년대 이래 그동안 도외시 되었던 발달장애인의 직업에 대한 관심이 고조되어왔다.

발달장애는 아동기에 발생하는 장애로 인지력·의사소통·자기통제 능력의 부족으로 일상생활 및 사회적 활동에 제약이 있어 평생 동안 특별한 지원을 필요로 하는 장애(보건복지부, 2012)라는 이유로 직업활동[1]에 다중의 장벽이 존재한다. 그러나 실제

---

1) 본 장에서는 '직업활동'을 진로계획의 수립에서부터 직업능력개발, 구직활동, 취업, 직업유지를 포괄하는 개념으로 사용하고자 한다.

수많은 발달장애인들은 직업을 갖고, 친구를 사귀고, 일상적인 집에서 살며, 결혼을 원하고, 때로는 자녀를 갖기 원한다. 때문에 80%이상의 발달장애인들이 그들의 첫 번째, 혹은 두 번째 목표로 직업을 갖기를 희망한다(Ridley & Hunter, 2012).

일할 권리는 헌법에 보장된 모든 국민의 권리이지만, 노동시장에서 대부분의 발달장애인들이 직업활동에 대한 직·간접적인 차별과 정당한 편의제공을 거부당하고 있는 현실에서 그들의 직업활동을 지원하는데 고려해야 할 점들은 무엇일까? 이를 위해 발달장애인의 여러 가지 장벽에 둘러 쌓여있는 직업활동과 관련된 특성들을 이해하고 관련 쟁점들을 검토해 보아야만 한다. 따라서 본 장에서는 발달장애인에게 있어서의 직업의 특성과 욕구, 장애인고용이론의 적용 적합성, 발달장애인의 직업활동과 관련된 쟁점들을 소개하고자 한다.

2. 발달장애인 직업활동의 특성과 욕구

1) 직업활동의 특성

발달장애인의 경제활동참가율은 24.3%정도로 파악되고 있는데, 지적장애인(25.2%)에 비해 자폐성장애인(7.9%)이 현저히 낮다. 인구대비 취업자 비율은 21.6%(지적장애인 22.6%, 자폐성장애인 2.2%)정도로 장애인 전체 취업자 비율인 35.5%에 비해 상당히 낮은 수준에 머물러 있다〈표 1〉.

표1 발달장애인 경제활동 상태

구분	15세 이상 인구	경제활동인구			비경제활동인구	경제활동 참가율	취업률	실업률	인구대비 취업자 비율
		계	취업	실업					
지적	112,862	30,991	27,807	3,184	91,871	25.22	89.73	10.27	22.63
자폐성	6,655	523	146	377	6,132	7.86	27.92	72.08	2.19

※ 자료: 보건복지부·한국보건사회연구원(2012)

한편 지적장애인이 80.3%를 차지하고 있는 특수학교 전공과 졸업생은 2012년 1,354명이었는데, 이들 중 687명이 취업하여 51.2%의 취업률을 보였다. 그러나 졸업생 중 38.3%는 복지기관 및 보호작업장의 직업재활프로그램 참여자여서 실제 사업체 등에 취업한 졸업생 비율은 훨씬 저조한 실정이다〈표 2〉.

표2 2012년 전공과 졸업생 취업률

전공과 이수자	진학자 수	취업자수							취업률 (%)
		농업 어업 임업 노무	포장 조립 운반 공예	IT정보 서비스 사무 상업	이료	복지관등	기타	소계	
1,354	11	37	149	79	30	263	121	687	51.2

※ 자료: 교육부(2013)

이처럼 발달장애인은 취업에 있어서 진입장벽이 높을 뿐만 아니라, 취업한 경우에 근로여건도 매우 열악한 것으로 나타났다. 대부분 보호고용의 형태(54.4%)이며, 실제 사업체 등에 취업한 발달장애인은 전체장애인에 비해 상용직 비율은 높았으나 월 임금수준은 40만원 미만이 85%에 이르고 있어 전체장애인 월 평균 임금의 1/3에 미치지 못하는 수준이다〈그림 1〉. 또한 취업한 발달장애인들은 제조관련 단순종사원 (42.9%), 청소원(8.7%), 음식관련 단순종사원(8%) 등으로 일하고 있어 제조업종과 음식업종의 부가가치가 낮은 단순 직종에 집중되어 있었다(보건복지부, 2012).

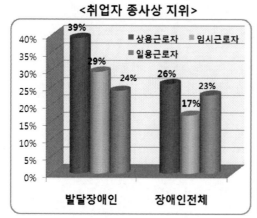
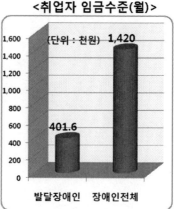

※ 자료: 보건복지부(2012. 7)

그림1 발달장애인의 종사상 지위와 임금수준

또 다른 조사(부산복지개발원, 2012)에서도 직업 및 취업 영역에서 발달장애인 대부분이 현재 직업이 없다는 점(현재 무직 91.5%, 직업경험 전무 88.6%임)과 어렵게 취업하여도 근속기간이 짧고 급여도 매우 낮은 점을 확인하였다.

발달장애인이 지난 1년간 구직을 시도한 경우는 지적장애인 6.0%, 자폐성장애인 2.3%로 지적장애인에 비하여 자폐성장애인의 비율이 더 낮았다. 발달장애인들은 구직과정에서 '원하는 일자리가 없었음', '의사소통의 제한', '신체 기능의 제한', '장애인에 대한 차별과 선입견' 등을 애로사항으로 들고 있었다(조흥식 외, 2011).

취업한 발달장애인의 취업경로는 '가족, 친구, 선후배 등 주변 지인의 소개나 추천'이 39.0%로 가장 높았다. '공공기관의 취업알선'이 21.0%, '직업훈련기관의 소개 및 추천'이 12.9%로 뒤를 이었다. 자폐성장애인 중에서는 특히 '학교의 소개 및 추천'이 비율이 높게 나타나 지적장애인과는 다소 다른 양상을 보였다. 이들은 직장생활에서 '의사소통의 제한', '일의 어려움', '열악한 근무환경' 등으로 어려움을 겪고 있었다(보건복지부, 2012).

2) 직업활동 욕구

발달장애인 취업관련 욕구를 파악하기 위한 조사에서 발달장애인 당사자는 '향후 희망하는 일이 없거나 하고 싶지 않다'는 응답이 가장 높게 나타났다. 희망 직무가 있는 경우에도 단순조립 및 노동, 제품 포장 및 진열, 청소 및 설거지, 농업 등의 순으로 응답하였다. 직장생활에 필요한 도움 내용으로는 출퇴근 지원, 작업지원, 의사소통 지원, 일자리내 일상생활 지원 순이었고, 주 도움제공자로는 동료직원, 작업지도원을 중요하게 생각하고 있었다.

고등학교와 특수학교 전공과에 재학 중인 학생의 보호자들은 전환교육이 중요하며, 그 중 진로계획을 제대로 수립하는 것이 가장 필요하다고 생각하고 있었으며, 더불어 직업훈련과 진로·직업상담을 중시하고 있었다. 지적장애인에서는 진로계획 수립의 필요도가 가장 높았지만, 자폐성장애인에서는 상대적으로 직업훈련의 필요도가 가장 높았다(조흥식 외, 2011).

3. 장애인 고용이론과 적용의 한계

장애인고용에 관한 이론적 논의는 노동공급적인 차원과 노동수요적 차원에서 접근할 수 있다(변민수, 2010). 노동공급의 관점에서는 인적자본이론(human capital theory), 선별이론(screen theory), 수요독점이론(monopsony theory) 등을 통해 살펴볼 수 있다.

먼저 인적자본이론에 의하면 고용결정은 근로자의 노동력과 관련된다. 이 이론은 인적자본에 대한 투자를 통해 인지능력을 제고시키거나 지식 및 기술을 습득시킴으로서 생산을 높일 수 있기 때문에 좋은 일자리에 쉽게 취업할 수 있고 높은 임금을 받게 된다고 주장한다. 노동력을 고용하기 위해 우선적으로 요구되는 것이 노동능력이라는 것이다.

선별이론에서는 교육이 사람들의 능력을 제고시키는 능력은 없고 다만 능력이 있는 사람을 가려내는 역할을 한다는 것이다. 실제 능력과 상관없이 교육, 경력, 기술, 건강 등의 명시적인 노동특성(labor characteristics) 수준이 향상될수록 그들의 고용 가능성도 향상된다는 것이다. 장애인 사이에 경쟁상황이 발생할 경우에 있어서도 교육, 경력, 자격증 보유, 직업관련 서비스, 장애유형 및 정도 등이 선별도구로서 기능을 하게 되고, 이에 따라 고용가능성에 영향을 미칠 수 있다고 본다(조홍중·전이상, 2003).

수요독점이론은 노동공급의 탄력성과 고용을 설명하는 이론이다. 노동공급의 측면에서 살펴보면 노동의 탄력성이 클수록 고용가능성은 높아지고, 노동 탄력성이 작을수록 고용가능성은 낮아진다. 이 이론에 의하면 장애인은 비장애인에 비해 노동공급 탄력성이 작기 때문에 비장애인들보다 낮은 고용기회가 주어진다. 장애인은 다른 곳으로 이동할 가능성도 제한되어 있기 때문에 기업은 장애인 노동자에 대한 수요독점적 지위를 가질 수 있다. 또한 일반적으로 장애인이 비장애인들에 비해 고용기회가 떨어지기 때문에 고용주는 상품시장에서 장애인들의 고용에 있어서 독점성을 가지게 된다(이정우, 1997).

노동시장의 고용상황은 공급과 수요에 영향을 미치는 제요인의 상호작용 속에서 이루어진다. 실제 노동시장은 복잡한 구조를 가지고 있으며 고용 조건, 시장 상황, 기업의 전략 등 다양한 변수가 작용하기 때문에 고용을 하나의 원인으로 설명하기 어렵다. 노동수요 관련 이론에 따르면 노동의 수요는 해당 상품에 대한 수요의 크기에 따라 결정된다. 예컨대, 상품에 대한 수요를 간접적으로 파악할 수 있는 거시경제지표 가운데 하나로 GDP를 고려할 수 있다. GDP는 일정기간 동안 한 국가에서 생산된 상품 즉, 재화와 용역의 시장가치를 합한 것을 의미하는데, 생산된 재화와 용역이 증가하면 할수록 노동수요 증가에 영향을 미치게 되고 결과적으로 장애인고용이 증가한다는 것이다.

그렇다면 발달장애인들은 이 같은 이론적 근거에 따라 노동시장에의 진입가능성을 예측할 수 있는가? 실제 발달장애인의 경우 그 특성들로 인해 다른 유형의 장애를 가진 사람들에 비해 노동공급의 관점에서도, 노동수요의 관점에서도 상대적으로 장애인

고용 이론을 적절히 적용하기 어려운 부분이 많다. 그 이유는 이들 이론의 대부분이 경중장애인 위주로 그 대상을 가정하고 있기 때문이다. 더욱이 발달장애인의 경우 대부분 노동시장에서의 차별경험을 갖게 되는데, 이는 다음의 차별이론들을 통해서도 확인할 수 있다.

먼저 인적자본이론에 따르면 장애인의 고용 활성화는 교육이나 훈련을 통해 장애인이 취업할 수 있는 능력과 자격을 갖추어야 한다는 입장으로 귀결된다. 그러나 장애에 대한 차별과 편견이 장애인의 고용에 미치는 영향이 크다면 인적자본의 수준은 장애인의 고용가능성에 유의미한 영향을 주지 못할 수도 있다.

또한 통계적 차별이론에서는 고용주가 장애인 개인의 노동력에 근거하지 않고 장애인의 평균적인 속성에 근거하여 판단하기 때문에 장애인의 생산성은 낮을 것이라는 편견을 가질 수 있다는 측면을 지적한다. 실제 사업주와 심층인터뷰를 한 연구결과에 의하면, 대부분의 사업주들은 장애인을 연상할 때 고용하기 어려운 중증장애인을 이미지화하는 것으로 나타났다(변민수 외, 2010).

이중노동시장이론에서는 노동시장을 1차 노동시장과 2차 노동시장으로 구분하는데, 가장 중요한 기준은 고용의 상대적 안정성이다. 1차 노동시장은 주로 내부 노동시장을 중심으로 형성되며 상대적인 고임금, 좋은 근로조건, 다양한 승진기회 등이 보장된다. 2차 노동시장은 1차 노동시장에 비하여 노동자와 고용주와의 사적 관계가 강하고 여성, 연소자, 도시 빈민층으로 구성되는데 이들은 저임금, 열악한 근로조건, 승진기회의 부족 등을 감수해야만 한다. 이러한 사람들 그룹으로 장애인이 표적이 되는 경우가 빈번하다. 특히 2차 노동시장에 고용된 발달장애인은 취업과 실업을 반복하며 낮은 임금을 받게 되는 것이다.

실제 발달장애인의 직업활동에 있어서 잠재적 장벽들이 다양한 차원에서 존재(Ridley & Hunter, 2012)하기 때문에 장애인고용 이론을 그대로 적용하고 그 결과를 예측하는데 어려움이 있다. 우선 기본적 혹은 개인적 차원(basic or individual level)에서 발달장애인들은 노동시장에 쉽게 연결할 수 있는 기술이나 자격이 결여되었을 수 있으며, 다른 사람들과의 사회적 상호작용이 어려울 수 있다. 또한 신체적·언어적

돌발행동, 우발적인 외침 등 '도전적 행동들'은 일에 대한 무능력을 보여줄 수도 있다. 발달장애인들은 오랫동안 실업자, 특히 노동시장에서 경험을 갖지 못한 청년기를 보내기 때문에 많은 한계를 가질 수 있다. 발달장애에 대한 낙인으로 사람들과 분리된 삶을 살며, 학령기부터 일에 대한 생각에 대해 격려 받지 못하여 취업준비도 거의 하지 못하는 경우가 많다. 이 같은 기회의 결핍은 직장출근에 대한 책임감(제시간에 출근하기 등)과 일에 대한 의미를 스스로 가질 수 없도록 제한한다. 또 기술과 자격에 있어서 대부분의 고용주들은 피고용자가 작업경험을 갖기를 기대하지만 기회의 결핍은 불이익을 초래하게 한다.

구조적 차원(structual level)에서의 장벽으로는 기초수급 등 사회보장급여의 문제로 더 많고 지속적인 수입을 위한 일을 회피하거나 무급의 일을 하는 경우가 많은 것이다. 또 다른 차원의 구조적 문제는 노동시장의 경직성인데, 특히 경기가 위축될 때에는 노동시장이 유연화되고 정기적인 종일제 근무보다는 일시적인 고용이 확대된다. 통신수단을 통한 일이나 재택근무가 확대되고 고용주는 보다 고도화되고 복합적인 기술을 가진 숙련된 사람을 원한다. 발달장애인의 높은 실업률 역시 직업을 갖는데 주된 구조적 장벽으로 작용한다.

비장애인의 인지적 · 태도적 차원(perceptual or attitudinal level)에서의 장벽도 크다. 무엇보다 발달장애인에 대한 낮은 기대감은 직업활동의 시도에 가장 큰 도전이다. 발달장애인의 직업생활을 격려하기 위해서는 일반시민뿐 아니라 고용주의 부정적 인식과 태도를 전환해야 하는 이유가 여기 있다. 이처럼 발달장애인의 직업활동에 관한 문제는 노동시장진입을 위한 일반적인 고용이론을 적용하기 어려운 반면, 노동시장에서의 차별이론은 고스란히 적용받게 되고, 실제 존재하는 다양한 차원의 장벽에 의해 여전히 다중차별의 지대로 남아있다.

4. 발달장애인의 직업활동 쟁점들

1) 직업전환 지원에 대한 협의의 접근 대 포괄적 접근

"발달장애를 가지고 있는 청소년들의 성공적인 직업획득을 위해 모든 투자를 직업교육과 훈련에 집중해야 할 것인가? 혹은 포괄적인 서비스 접근이 더 유용한 것인가?" 직업활동은 업무에 대한 직접적인 기술과 동시에 대인관계를 포함한 사회성기술 등 다양한 기능을 요구하기 때문에 많은 이론가와 실천가들은 발달장애인의 조기 직업경험의 중요성을 강조한다. 학교재학 중에 가급적 빠른 시기에 직업과 관련된 활동들을 경험하게 된다면 자연스럽게 직업에 대한 접근성이 증가될 것이라고 보기 때문이다.

생태학적 관점에서 발달장애청소년의 성인기로의 전환은 환경과의 끊임없는 상호작용 가운데 이루어지는데, 영향을 미치는 환경은 가족이나 친구와 같은 미시체계(microsystem), 학교나 교회 등 중간체계(mesosystem), 지역사회나 서비스 기관 등 외체계(exosystem), 사회·경제·정치적 체계 등 거시체계(macrosystem), 발달이 시간적 차원에서 진행되는 연대체계(chronosystem)의 5가지 수준으로 구성된다(Bronfenbrenner, 1986). 대부분의 발달장애인이 그동안의 성장과정에서 미시체계와 중간체계에서 머물러있었다면, 성인기를 준비하는 전환시점에서는 외체계, 나아가서는 거시체계와의 관계성을 높일 수 있도록 접근방법이 재설계되어야 하며, 삶의 여러 영역에서 보다 포괄적인 서비스 접근이 이루어져야할 것으로 보인다.

이 같은 근거에서 특수교육 영역에서 학령기를 보낸 장애청소년들의 성공적인 진로개발과 직업획득, 지역사회 참여 등 다양한 성인기 성과의 달성을 위해 전환서비스[2]에 대한 관심이 증가해 왔다(이영선·김환희, 2013). 전환서비스는 발달장애청소년들에게 성공적인 진로개발과 직업을 구하는 것 뿐 아니라 성적인 적용문제, 자아존중감과 관련된 문제, 정상적인 가정과 지역사회적응 문제 등 폭넓은 경험을 제공하기 때문이다(박

---

[2] 1980년대 중반 미국에서 'transition, transitional services, transition from to society, transition for life'와 같은 용어들이 사용되었는데, 한국에서는 이 용어가 1990년대 중반이후부터 '전환교육, 전환서비스, 전환과정, 직업전환, 전이, 전이서비스' 등으로 사용되었다. 본 장에서는 학교체계에서의 실천을 '전환교육', 지역사회체계에서의 실천을 '전환서비스'로 용어를 구분하여 사용하고자 한다.

정식, 2005). 그러나 현재 주로 학교체계에서 이루어지고 있는 전환교육은 대개 직업자체에 초점을 두고 있다. 학교교육 현장에서 일하는 대부분의 전환교육 전문가들은 전환교육을 고등학교 졸업 후에 있을 취업을 준비하는 과정으로 직업에 한정적인 영역으로 간주(김민영, 2010)하고 있다는 사실이 이를 잘 대변해 준다.

학교를 중심으로 이루어지고 있는 미국의 전환교육에 대한 종단연구(National Longitudinal Transition Study-2) 결과, 고등학교 졸업 후 2년 이내의 발달장애학생들은 다른 장애유형의 학생들과 비교하여 절반정도 낮은 취업률을 보이는 것을 확인했다. 또한 이들의 직업교육·훈련은 다른 유형의 장애학생들과 비교하여 통합교육보다 분리교육 환경에서 이루어지는 경우가 많았으며, 실제 고용현장에서 진로직업교육 및 인턴십에 참여하는 경우보다 교내 혹은 특수학급에서 이루어지는 직업교육프로그램(work study program)에 참여하는 경우가 많았음을 발견하였다(Newman et al., 2009). 국내 발달장애청소년의 전환성과에 관한 연구(이영선·김환희, 2013)에서도 학교에서 체계적인 전환교육과 성과의 부족으로 지역사회 성원으로 성장하는데 한계가 많은 것으로 보고하고 있다. 발달장애학생의 졸업 시점의 전환성과는 전반적으로 낮은 수준에 머물러 있으며, 특히 고용성과에 있어서 취업이 이루어진 학생들도 단순한 초기수준의 직무인 경우가 대부분이었고, 중등이후 직업교육을 받을 예정인 학생들의 대부분은 전공과 또는 복지관서비스 등 장애인만을 대상으로 하는 프로그램에 참여하는 경우가 많았음이 확인되었다. 또한 학교에서 제공한 진로·직업교육의 경우 대부분의 학생들이 직업교과수업, 직업박람회 및 체험프로그램 등에 참여했거나 취업에 필요한 정보 및 사업체 추천을 받은 경험이 있다고 한 반면, 지역사회와 연계된 실제 고용경험은 상대적으로 적었다. 이 같은 선행연구결과들은 발달장애청소년의 직업 활동을 포함한 지역사회 참여를 확대하기 위해서는 취업자체에만 초점을 맞추기 보다는 사회성, 계속교육, 여가 등 보다 포괄적인 서비스 접근이 유용하며, 지역사회 중심 (in community and by community)의 종합적인 전환서비스를 체계적으로 개발·적용할 필요성이 있음을 시사한다.

2) 직업접근성 제고를 위한 재활관점 대 당사자 주도 관점

"발달장애인의 직업접근성을 높이기 위해 전문가가 주도하는 재활모델에 충실히 적응토록 하는 것이 유효한 방법인가? 혹은 당사자의 주도성을 극대화하는 것이 더욱 효과적인 방법인가?" 전문가가 주도하는 일반적인 직업재활의 과정은 의뢰 및 접수를 시작으로 직업상담, 직업능력평가, 직업재활계획수립, 직업적응훈련, 취업알선, 취업후 적응지도의 순서를 가진다〈그림 2〉. 직업상담은 초기면접에서부터 종결에 이르는 서비스 제공과정에서 구직계획을 수립하고 의사결정과 문제해결을 할 수 있도록 상담과 사례관리를 실시하는 전체적인 과정에서 이루어지게 된다. 직업능력평가는 장애인의 직업적 흥미, 적성, 강점 및 제한점 등을 파악하기 위해 신체능력평가, 심리평가, 작업표본평가, 상황평가, 현장평가 등을 실시하게 된다. 그리고 직업재활계획수립은 직업재활서비스에 대한 적격결정을 받은 장애인을 대상으로 그들의 욕구에 맞는 최종의 직업목표를 달성하기 위한 장·단기 목표, 프로그램 내용 및 방법, 평가기준 등을 수립하는 것이다. 또 직업적응훈련은 장애인이 실제적인 작업환경에서 적절한 행동, 가치, 태도를 발전시킬 수 있도록 개인·사회생활, 직업준비·직업수행, 직무능력 향상·직무유지 등에 대한 훈련을 통해 도달 가능한 직업능력을 최대한 향상시킬 수 있도록 지원한다.

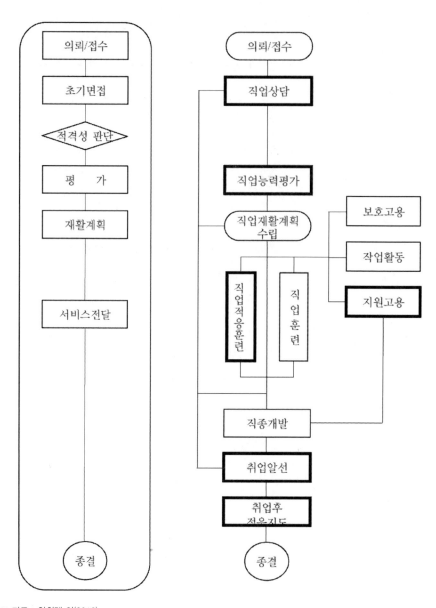

※ 자료 : 양희택 외(2012)

그림2 직업재활 서비스 과정도

미취업 상태에 있는 발달장애인을 대상으로 직업재활서비스의 욕구를 조사한 결과 (조홍식 외, 2011), 직업능력개발이 29.8%로 필요도가 가장 높았고, 직업적응훈련이 26.2%, 취업알선이 24.7%로 뒤를 이었다. 지적장애인과 자폐성장애인 모두 직업능력 개발에 대한 욕구가 가장 높게 나타났고, 직업적응훈련이 그 다음으로 필요도가 높았 다. 하지만 다수의 응답자(42.5%)는 직업재활을 위해 상기의 서비스 과정이 모두 필요 한 것은 아니라고 응답하였다.

주지하듯이 지적장애인의 대부분은 재활교육과 직업적응훈련을 통해 직장이나 일 터에서 적합한 직무배치가 가능하며 비장애인과 함께 일할 수 있다. 자폐성 장애인은 부적절한 대인관계, 언어적 결함, 주의력 결핍, 심한 위축 또는 공격성 등 여러 형태의 도전적 행동장애를 갖고 있지만 역시 지적장애인처럼 적합한 직무배치를 통해 직업활 동이 가능하다. 이를 위해 발달장애인 각자가 필요로 하는 직업상담, 직업정보제공, 직업평가, 취업알선, 직업능력개발, 근로보조원서비스, 직업적응훈련, 지원고용, 보호 고용 등의 서비스를 제공받을 수 있도록 그 비중을 확대해야 함은 자명한 일이다.

그러나 직업접근성을 제고하는 일련의 과정들 속에서 놓치지 않아야 할 것은 바로 발달장애인 자신의 참여를 보장하기 위한 정보를 제공하고 지원해야만 한다는 것이 다. 특히 장애인의 지능의 정도에 상관없이 자기결정력이 보다 향상된 수준의 직업전 환 성과를 생성하는데 유의미한 기여를 한다는 점(김언아·김동일, 2008)을 고려할 때, 직업의 획득과 유지과정 속에서 자기결정과 선택의 기회를 확대해 나가는 노력이 중요하다. 이를 위해 발달장애인들의 욕구를 면밀히 확인하고 개인적 선택을 표현하 도록 격려하며, 원하는 것을 결정할 수 있도록 지원해야 한다. 직업활동의 기회를 완 전히 이해할 수 있도록 돕는다면 발달장애인들은 고지된 선택을 충분히 할 수 있기 때 문이다.

3) 보호고용현장에서의 서비스 이용자 대 근로자 지위

"보호작업장에서 일하는 발달장애인은 직업재활 서비스의 이용자인가? 혹은 근로자의 지위를 인정받고 있는가?" 흔히 보호작업장에서 일하는 전문가들은 발달장애인을 근로자로 대하기보다는 단순한 서비스 이용자나 훈련생으로 보는 경우가 많다. 이로 인해 보호작업장은 발달장애인의 정상적인 일의 가치를 감소시키거나 일의 중요성으로부터 관심을 멀어지게 만들기도 한다.

보호고용은 장애인 사회통합의 원칙에는 일정정도 위배되는 접근방법이지만, 지원고용프로그램이 활성화된 미국의 경우에도 지속적으로 늘고 있는 추세이고, 지적장애 또는 발달기 장애인의 76%가 통합고용이 아닌 시설중심의 보호고용 프로그램에 참여하고 있는 상황이다(Braddock et. al., 2005).「장애인복지법」에서는 일반고용이 어려운 장애인이 특별히 준비된 작업환경에서 직업훈련을 받거나 직업활동을 영위할 수 있도록 하는 시설을 직업재활시설이라고 정의하고 있다. 2012년 말 현재 우리나라에 장애인직업재활시설은 전국적으로 478개소(근로사업장 56개소, 보호작업장 422개소)가 설치되어 있는데, 이들 시설에 모두 13,758명의 장애인이 일하고 있으며 이들 중 발달장애인이 70%이상을 차지하고 있다.

지역사회에서 발달장애인이 직업활동에서 보다 가치있는 역할을 수행토록하기 위해서는 수입이 일정정도 보장된 일자리를 갖는데 더욱 역점을 두어야 한다. 그러나 발달장애인의 직업활동에서 가장 큰 비중을 차지하는 보호고용의 영역에서 일하는 장애인의 월평균 임금은 265천원에 머물러 있는 것이 현실이다(한국장애인개발원, 2011). 한국에서 판례에 의해 보호고용 장애인의 근로자성이 인정되었다는 점은 그들의 노동권을 보장해야 한다는 의미가 강하게 내포되어 있음에도, 현재 최저임금제 적용에 제외된 상황에서 이들의 근로자성은 무색해진 상태이다.

보건복지부의 장애인복지사업 지침에는 보호작업장에서 일하는 모든 근로장애인에게 1인당 월평균 임금은 최저임금의 30%이상을 유지할 수 있도록 노력해야 할 것을 주문하고 있지만 적어도 최저임금의 60% 이상[3] 보장해 줄 때, 부분적으로 근로자성을 인정받을 수 있다. 일부 OECD 국가들은 중증장애인의 최저임금을 일정정도 보장하기 위해 정부차원에서 보호고용된 장애인의 임금을 보전해주는 보조금 고용제도를 채택

---

3) 이는「최저임금법」에 따라 월 단위로 환산한 최저임금액의 100분의 60인 장애인고용 부담기초액 수준이다.

하여 근로자성을 인정하기도 한다. 1차 산업에 종사하고 있는 발달장애인 역시 영농의 특성상 가족농이나 자연농 형태로 고용되어 있지만 이들의 근로자의 지위를 인정할 수 있는 제도적 조치가 별도로 마련되어야 할 것이다.

4) 지원고용현장에서의 실습 대 취업

"사업체에서 지원고용에 참여하는 발달장애인은 현장실습을 수행하는 것인가? 혹은 직장에 지속가능한 취업을 하고 있는 것인가?" 1986년 미국 연방재활법에서 지원고용은 경쟁적 고용이 불가능한 상태에 있거나 혹은 심한 장애로 인하여 고용이 때때로 중단되거나 방해를 받게 되는 중증장애인을 대상으로 통합된 작업장에서 계속적인 지원서비스를 제공함으로써 이루어지는 경쟁적 고용으로 정의되고 있다.

지원고용 모델은 1970 ~ 1980년대 전통적인 재활프로그램인 성인 주간프로그램, 보호작업장이 격리되고 보호된 환경에서 비장애인과 어울릴 수 있는 기회를 박탈하고 있다는 비판과 함께 부상되었다. 지원고용 모델은 기존의 보호작업장 모델이 급여보조 형태의 작업활동에 국한되어 있고 직업배치부터 직업유지, 고용에 이르는 과정이 당사자의 개별적인 능력에 따라 규정된다고 비판한다. 따라서 지원고용 모델은 일반 노동시장에서 중증장애인도 일할 수 있는 능력이 있고, 일하고자 하는 욕구를 전제로 교육, 직업, 여가를 통합하는 환경에서 살아갈 수 있는 프로그램으로 상정한다. 전통적으로 발달장애인들이 노동시장으로 진입하기 위해서는 충분히 준비되고 훈련되어야 한다는 인식이었지만, 지원고용 모델은 '선배치 후훈련'의 원칙하에 고용전문가(Job coach)의 지속적인 도움으로 다양한 과업의 각 단계별 요구에 따라 직무분석과 적절한 개입전략을 통해 혁신적으로 경쟁고용력의 개념을 확장하였다〈그림 3〉.

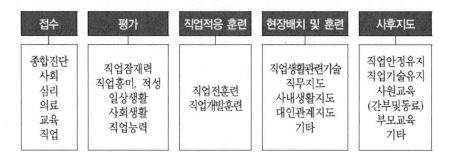

접수	평가	직업적응 훈련	현장배치 및 훈련	사후지도
종합진단 사회 심리 의료 교육 직업	직업잠재력 직업흥미, 적성 일상생활 사회생활 직업능력	직업전훈련 직업개발훈련	직업생활관련기술 직무지도 사내생활지도 대인관계지도 기타	직업안정유지 직업기술유지 사원교육 (간부및동료) 부모교육 기타

그림3 지원고용의 단계

이 같은 지원고용의 원칙은 장애인복지 이념인 정상화(normalization)와 자립생활 패러다임과도 부합한다. 지원고용은 경쟁고용이 어려운 중증장애인을 비장애인과 통합하여 고용하며, 1주일에 20시간 이상씩 정기적으로 일을 하고 정상적인 월급과 수당을 받으며 부족한 노동력만큼 정부가 계속 지원해 줌으로써 유급고용, 계속지원, 통합된 환경의 특징을 갖기 때문이다(양희택, 2012). 우리의 경우에도 지원고용 모델은 발달장애인의 일자리를 창출하고 유지하는 가장 발전적인 모델로 알려져 있으며,「장애인고용촉진 및 직업재활법」에서는 고용노동부장관이나 보건복지부장관의 지원고용 실시를 의무화하고 있다.

발달장애인은 훈련을 통해 미래의 고용을 준비하기 보다는 일하는 과정에서 일을 배우게 되므로 작업현장에서 실제 훈련되어져야 한다. 또 발달장애인들은 일상적인 일터에서 비장애 동료직원과 함께 일할 기회를 경험함으로써 사회에 포섭(inclusion) 될 수 있다. 지원고용 고유의 개념에 따르면 현장실습은 직장에서의 지속가능한 취업을 전제로 실행해야 함에도, 우리의 지원고용 현실은 단지 현장훈련의 성격에 그치고 마는 경우가 다반사이다.

5) 직업영역확대를 위한 적합 직종 대 적합 직무

"발달장애인의 직업영역을 확대하기 위해서는 지속적으로 새로운 적합 직종을 발굴

해야만 하는가? 혹은 적합 직무를 중심으로 접근하는 것이 더 효과적인가?" 우리나라에서도 도서관 사서보조, 우편분류 등 발달장애인들에게 적합한 여러 가지 직종들을 개발하고 있다. 발달장애인 적합 직종과 관련된 선행연구들을 검토해 보면, 적합 직종은 이미 100여 가지가 넘게 다양하게 개발 또는 분석되어 있다. 많지는 않지만 공공부문(국회, 고용노동부, 보건복지부 등)에서의 직종배치도 대체적으로 이미 도출된 직종에 한정되어 있음을 알 수 있다(양희택 외, 2012).

이렇듯 현재까지 발달장애인의 적합 직종은 일반 제조업뿐만 아니라 서비스 영역에까지 폭넓게 개발되어졌으며, 이러한 적합한 직종의 개발과 제시는 그 중요성을 간과할 수는 없다. 하지만 직종별로 발달장애인이 할 수 있는 일과 할 수 없는 일을 단순히 구분 짓는 것보다는 어느 직종이든 발달장애인의 직업적 가능성을 열어두고 직업활동을 할 수 있도록 지원해주는 접근이 더욱 유효하다. 때문에 발달장애인의 직업활동은 종전의 전통적인 직업재활의 모델에 입각하거나 새로운 적합 직종을 찾기 보다는 직업적성에 대한 조정이 우선 강화되어야 한다. 적합 직종개발 자체보다는 개발되었거나 분석된 적합 직종에서 타 근로자와의 적응, 업무에 대한 적응, 일상생활에 대한 적응 등을 지도하는 과정이 더욱 중요하기 때문이다. 예컨대, 특정 업무에 대한 적응을 지원하려면 해당 직종의 과정별, 단계별 과제들을 가시적으로 구체화할 수 있는 기준, 평가 및 피드백을 제공하기 위한 기초준거들(예컨대 세차나 세탁 수행평가준거)을 마련해야 하는데, 이러한 준거를 개발하는데 활용될 수 있는 방법이 직무분석이다.

결국 발달장애인의 직업활동을 효과적으로 지원하기 위해서는 일의 수준과 욕구, 기능의 차이를 떠나 일에 대한 흥미를 먼저 갖도록 하고, 일을 원하는 모든 사람들은 올바른 지원을 통해 실현 가능한 직업능력을 높일 수 있다고 가정하는 것과 같이 발달장애인에게도 그들이 가지고 있는 직업적 잠재력을 발현할 수 있는 조건들을 실질적으로 고려해야만 한다. 그리고 개인이 원하는 일을 확인하고 기술, 구직, 직업능력개발 등의 서비스를 개별화의 원칙에 따라 맞춤형으로 제공해야 한다. 직무분석을 통해 고안된 세부 단위별 직무를 발달장애인 개인별 직무교육에 반영해야 하며 이는 개별화계획수립과 평가지표로 활용할 수 있어야 한다.

5. 맺으며

본 장에서는 발달장애인의 직업획득과 유지를 지원하는 방안들을 생각해 보았다. 이를 위해 발달장애인의 취업과 관련한 특성과 욕구들을 먼저 살펴보았다. 예상대로 발달장애인의 취업은 진입장벽이 높았고 취업을 한 경우에도 열악한 근로환경 속에서 일하고 있었다. 또한 발달장애인들에게 기존의 장애인고용이론의 적용 적합성을 검토해본 결과 발달장애인의 직업활동에 관한 문제는 노동시장진입을 위한 일반적인 장애인고용이론을 그대로 적용하기 어려운 반면, 노동시장에서의 차별이론은 고스란히 적용받게 되고, 실제 존재하는 다양한 차원의 장벽들에 의해 여전히 다중차별의 지대로 남아있음이 확인되었다.

특히 본 장에서는 발달장애인의 직업활동 지원과 관련된 쟁점들에 주목하였다. 직업전환 지원에 대한 협의의 접근 대 포괄적 접근, 직업접근성 제고를 위한 재활관점 대 당사자 주도 관점, 보호고용현장에서의 서비스 이용자 대 근로자 지위, 지원고용현장에서의 실습 대 취업, 직업영역확대를 위한 적합 직종 대 적합 직무 등 5가지 측면에서 고찰해 보았다.

결국 발달장애인의 직업획득과 유지를 지원하기 위해서는 비장애인이나 다른 유형의 장애인보다 발달장애인이 가지고 있는 고유의 특성들을 적절히 고려해야만 한다는 결론을 얻었다. 즉, 발달장애인의 직업활동에 관여하는 실천가들은 먼저 일의 수준이나 욕구, 기능의 차이에 앞서 일에 대한 흥미를 갖도록 하고, 그들의 잠재력을 실질적으로 인정하며, 조기에 직업경험을 할 수 있도록 도와야 한다. 일하는 과정에서 일을 배우도록 지속적으로 지원하면서 직업에서의 가치있는 역할을 함께 찾는 노력도 필요하다. 그리고 모든 일련의 과정에서 개별화된 지원과 더불어 당사자의 참여를 보장하고, 개인적 선택을 표현하도록 격려하며 원하는 것을 결정할 수 있도록 지원해야 한다. 나아가 발달장애인은 모든 종류의 직업에서 일할 수 있다는 점을 가족과 사업주, 그리고 일반 대중이 받아들일 수 있도록 인식개선의 노력을 병행해야 한다.

참고문헌

교육부, 2013, 『특수교육통계』.

김민영, 2010, "전환교육 현장 전문가들의 전환교육에 대한 인식 및 실제적용에 관한 질적 연구", 『장애와 고용』, 20(2): 31-54.

박정식, 2005, "특수교육 전환교육 실행수준과 촉진방안", 대구대 박사학위논문.

변민수, 2010, "기업체 장애인고용 결정요인에 관한 연구", 한국장애인고용공단 고용개발원.

보건복지부, 2012. 7, "발달장애인 지원계획", 관계부처합동.

보건복지부 · 한국보건사회연구원, 2012, "2011년 장애인 실태조사".

부산복지개발원, 2012, "부산광역시 발달장애인 실태조사 및 지원방안".

양희택 외, 2012, "경기도 발달장애인 적합직종 개발에 관한 연구", 경기복지재단.

이영선 · 김환희, 2013, "발달장애청소년의 전환성과 탐색", 『장애와고용』, 23(3): 83-103.

이정우, 1997, 『소득분배론』, 비봉출판사.

조홍중 · 전이상, 2003, "장애인의 고용결정요인에 관한 연구: 성차를 중심으로", 『특수교육저널』, 4(4): 351-378.

조홍식 외, 2011, "발달장애인 활동지원 등을 위한 욕구조사 및 정책과제 수립연구". 서울대학교 산학협력단.

한국장애인개발원, 2011, "직업재활시설 실태조사".

Bronfenbrenner, U., 1986, "Ecology of the Family as a Context for Human Development: Research Perspectives", *Developmental Psychology* 22(6): 723-742.

Newman, L., Wagner, M., Cameto, R., and Knokey, A.-M., 2009, "The Post-High School Outcomes of Youth with Disabilities up to 4 Years After High School", A Report of Findings from the National Longitudinal Transition Study-2(NLTS2). Menlo Park, CA: SRI International.

Ridley j. and Hunter S., 2012, "Employment", 467-484, in *Learning Disabilities Toward Inclusion* six edition, edited by Atherton, Helen L. and Crickmore, Debie J. Churchill Livingstone.

Rubin, S. E., and Roessler, R. T., 2008, *Foundations of the Vocational Rehabilitation Process*, Austin, TX: Pro-Ed.

Wagner, M., Newman, L., Cameto, R., Garza, N., and Levine, P., 2005, "After high school:

A first look at the postschool experiences of youth with disabilities", A report from the National Longitudinal Transition Study-2(NLTS2), Menlo Park, CA: SRI International.

Wright, G. N., 1980, *Total Rehabilitation*, Boston: Little, Brown & Company.

제19장
발달장애인의 노화-고령 지적장애인을 중심으로-

황 규 인 (교남소망의집)

I. 서론

지적장애인은 고령에 이르기까지 연명하기 어렵다는 기존의 통념을 깨고, 최근 지적장애인의 고령화는 세계적인 추세로 나타나고 있다. 영국은 지적장애인의 기대수명이 1930년 20세에서 1990년 74세로 증가하였고, 미국은 지적장애인의 평균수명이 1986년에 59세에서 1993년에는 66세로 증가하였다. 국외에서는 지적장애의 고령화 현상에 대해 지금까지 지구상에 존재하지 않았던 '새로운 인구집단의 출현'이라고 표현하며, 1980년대부터 지금까지 관련 연구들이 진행되고 있다.

고령 지적장애인 관련 국외연구의 흐름은 크게 두 시점으로 개괄적인 구분을 할 수 있다. 1980년대부터 2000년도 이전의 초기연구들은 주로 지적장애인의 노화의 특성에 초점을 두고 있고, 2000년도 이후는 국가적 차원에서의 정책과 서비스개선을 내용으로 하고 있다. 먼저 초기연구에서 제시하는 고령 지적장애인의 특성은 첫째, 일반 노인에 비해 조기에 노화(premature aging)가 진행된다는 것과 둘째, 노화로 인해 발생하는 신체적 문제의 정도가 일반 노인에 비해 심각하고, 노인성 질환 및 합병증의 유병률 또한 보다 높게 나타난다는 점, 셋째, 노화로 인해 발생하는 정신문제와 행동 변화가 일반 노인에 비해 심각하고 발생률이 높으며, 특히 다운증후군이 있는 경우는 매우 높은 치매 발생률을 나타낸다는 점이다.

이러한 연구는 지적장애인의 노년의 시작을 언제로 정의할 것인가에 대한 논쟁을 부각시켰다. 영국은 지적장애인의 경우 50세부터를 노인으로 규정하고, 다운증후군이 있는 경우 40세부터를 노인으로 정하고 있다(Thompson & Wright, 2001). 일본은 일반 노인의 경우 65세, 지적장애인의 경우 60세를 법적 노인기준으로 삼고 있다. 나아가 지적장애인의 조기노화를 고려하여 40·50세를 중고령 지적장애인으로 칭하고, 중고령 지적장애인도 개인의 노화 정도에 따라 노령자에 준하는 서비스 제공을 원칙으로 하고 있다. 그러나 이 또한 논쟁이 결론이 난 것은 아니며, 나라마다 또는 연구자마다 여전히 차이를 나타내고 있는 실정이다.

2000년도 전후하여 정상화, 탈시설화로의 대대적인 전환을 추진한 결과 대다수의 지적장애인들은 지역사회서비스의 지원을 받으면서 가족과 함께 살아가거나, 지역사회 내의 소규모 공동생활가정에서 살아가거나, 자립하여 살아가는 등 거주시설서비스의 패러다임이 크게 변화하였다. 그러나 근래에 다시금 시설로의 입소가 증가하고 있음을 확인하게 되었는데, 그 주된 원인이 첫째, 지적장애인을 돌보고 있는 주된 가족 구성원, 즉 부모 또는 배우자의 노령과 사망 때문이었다. 둘째, 지적장애인의 조기노화로 인한 신체적·정신적 건강문제의 심화 때문이었다. 이러한 원인에 의하여 고령 지적장애인의 상당수가 지적장애인 시설에 입소하거나, 병원에 장기입원 하는 상황이 초래되었다. 심지어 일반 노인에 비해 훨씬 젊은 나이에도 불구하고 노인시설에 입소하는 경우도 발생했다.

우리나라에서는 고령 지적장애인에 대한 논의가 아직은 사회적인 이슈가 되지 않고 있으나, 지적장애인을 돌보고 있는 가족이나, 현장의 서비스 제공자들은 30대 중·후반, 40대 지적장애인에게서 이미 눈에 띄는 급격한 노화현상을 경험하고 있다. 그러나 현재 장애인복지 서비스는 영유아기의 장애예방과 조기치료, 학령기의 교육보장, 청년기의 고용보장 서비스에 중점을 두고 있어 성인기 및 노년기 서비스는 매우 부족한 실정이다.

II. 고령지적장애인 현황과 장애인복지영역에서의 문제점

1. 고령 지적장애인의 현황

고령 지적장애인의 현황에서는 장애유형별, 연령대별 비교와 지적장애인의 장애등급별, 연령대별로 구분하여 살펴보았다. 장애유형별, 연령대별 비교는 보건복지가족부와 한국보건사회연구원에서 발표한 '2008 장애인 실태조사' 결과를 바탕으로 하였고, 장애등급별, 연령대별 현황은 보건복지가족부의 '전국 등록장애인 DB'를 바탕으로 지적장애인에 초점을 두어 재구성 하였다.

1) 장애유형별 현황

보건복지가족부와 한국보건사회연구원에서 실시한 장애인실태조사 결과에 따르면 65세 이상의 장애가 있는 노인은 2000년도 32.4%, 2005년도 34.0%, 2009년도 36.1%로 꾸준히 증가하고 있다. 지적장애인(자폐성 장애 포함)을 제외한 다른 유형의 장애의 경우는 30세 이후 연령이 증가할수록 장애 발생률이 높게 나타난다. 이는 사고나 질병 등 후천적 원인에 의해 장애가 발생하는 인구의 증가 때문으로 볼 수 있다.

반면, 지적장애인의 경우는 장애 특성 상 만17세 이하에서 가장 높은 발생률을 보이며, 연령이 증가할수록 인원이 줄어든다. 완치의 사례를 찾아보기 어려운 점을 감안해 본다면, 인원이 줄어드는 주요 이유는 사망으로 인한 것이라 볼 수 있다. 전체 지적장애인(152,408명) 중 40세 이상은 24.6%(37,499명), 50세 이상은 10.4%(15,775명), 65세 이상은 2.3%(3,502명)를 차지하였다.

2) 장애등급별 현황

장애등급별 현황에서는 2009년도 등록장애인을 중심으로 지적장애인의 장애등급별, 연령대별로 살펴보았다. 40대 이상의 중·고령 지적장애인의 현황을 등급별로 비교하면, 40대의 장애 1급 지적장애인은 22.4%(6,629명), 2급 지적장애인은 35.2%(8,491명), 3급 지적장애인은 37.4%(9,032명)이고, 50대의 1급 지적장애인은 26.2%(3,783명), 2급 지적장애인은 33.8%(4,878명), 3급 지적장애인은 39.9%(5,756명), 60대 이상의 1급 지적장애인은 27.2%(2,425명), 2급 지적장애인은 30.8%(2,747명), 3급 지적장애인은 42.1%(3,755명)로 나타난다.

연령이 증가할수록 3급 지적장애인이 차지하는 비율은 1급, 2급에 비해 높아진다. 그러나 1급은 연령이 증가할수록 차지하는 비율이 높아지고, 2급의 지적장애인은 연령이 증가할수록 오히려 차지하는 비율이 낮아진다. 이러한 현상은 아마도 2급의 지적장애인이 연령이 증가함에 따라 장애정도가 심해져서 1급으로 이동한 결과일 것으로 추측해 볼 수 있다.

2. 장애인복지 영역에서의 현황과 문제점

1) 고령 지적장애인에 대한 정의 부재

국외에서는 지적장애인의 노화특성을 고려하여 고령 지적장애인에 대한 정의를 일반 노인과 다르게 적용하고 있다. 이는 고령 지적장애인의 변화된 욕구를 충분히 정책적으로 반영하기 위한 노력이지, 일반 노인과의 차별을 유도하기 위함은 아니다. 또한, 국외에서는 장애노인에 대한 정의도 분명히 하고 있어, 장애발생 원인에 따라 노인이 되기 전 중도장애로 인해 젊어서 장애가 발생하여 장애인으로 노령에 이른 경우를 '노령화된 장애노인(aging with disability)'으로 칭하고, 노인이 되어서 장애가 발생한 경우를 '노인성 장애노인(disability with aging)'으로 구분하고 있다. 노화의 결과가 비슷한 양상을 띠고 있다 하더라도, 노화의 과정이 서로 다르기 때문에 그에 대한 대응 또한 달라져야 하기 때문이다.

그러나 국내에서는 노령화된 장애노인과 노인성 장애노인에 대한 구분도 명확하지 않으며, 두 집단 간에 무엇이 어떻게 달라서 어떠한 접근의 차이가 필요한지에 대해서도 집중적으로 논의된 바 없다. 특히, 노령화된 장애노인 중 지적장애로 노령에 이른 사람들에 대한 연구는 더욱 찾아보기 어려운 실정이다.

2) 지적장애인에 대한 성인기 서비스 미비

서비스의 내용은 의료·교육·심리·사회 등의 재활서비스가 주를 이루고 있고, 생애주기에 대응하는 서비스는 매우 미흡한 실정이다. 실제 장애인거주시설 현장에서 대부분의 서비스는 학령기 교육재활, 청년기 직업재활에 집중되어 있다.

특히, 지적장애인의 경우 아예 직업생활을 할 수 없는 경우도 상당수 있고, 설사 직업을 갖게 되더라도 일반인처럼 은퇴할 때까지 유지한다는 것은 거의 불가능한 것이 현실이다. 학령기 이후의 성인이 취업이 안 되거나, 직업활동을 일찍 그만 두게 되었을 경우 반복적으로 무료한 시간을 보내야 하는 처지가 되고 있다.

3) 일률적인 거주시설의 유형

장애인복지법 시행규칙 별표에서는 장애인 거주시설의 종류를 장애유형별 거주시설로만 구분하고 있다. 보건복지부의 '장애인거주시설운영안내'에 시설의 전문화 및 특성화에 대한 항목이 제시되어 있음에도 불구하고 시설의 전문화와 특성화를 배려할 수 있는 기반은 매우 미약하다.

표1 장애인거주시설의 유형 및 입소대상

거주시설의 유형		입소대상
장애 유형별 거주 시설	장애유형이 같거나 유사한 장애를 가진 사람들을 이용하게 하여 그들의 장애유형에 적합한 주거지원·일상생활지원·지역사회생활지원 등의 서비스를 제공하는 시설	
	• 지체장애인 및 뇌병변장애인을 위한 시설	• 지체·뇌병변장애인(중복장애 포함)
	• 시각장애인을 위한 시설	• 시각장애인(중복장애 포함)
	• 청각·언어장애인을 위한 시설	• 청각·언어장애인(중복장애 포함)
	• 지적장애인·자폐성장애인을 위한 시설	• 지적장애인(중복장애 포함)
중증 장애인 요양시설	장애의 정도가 심하여 항상 도움이 필요한 장애인에게 주거지원·일상생활지원·지역사회생활지원·요양서비스를 제공하는 시설	• 1급, 2급 중증장애인

거주시설의 유형		입소대상
장애인 영유아 거주시설	6세 미만의 장애영유아를 보호하고 재활에 필요한 주거지원·일상생활지원·지역사회생활지원·요양서비스를 제공하는 시설	• 6세미만의 장애영유아
장애인 단기 거주시설	보호자의 일시적 부재 등으로 도움이 필요한 장애인에게 단기간 주거서비스, 일상생활지원서비스, 지역사회생활서비스를 제공하는 시설	
장애인 공동생활 가정	장애인들이 스스로 사회에 적응하기 위하여 전문인력의 지도를 받으며 공동으로 생활하는 지역사회 내의 소규모 주거시설	

4) 고령지적장애인의 거주시설 선택의 원천적 제약

우리나라의 장애인 거주시설은 "거주공간을 활용하여 일반가정에서 생활하기 어려운 장애인에게 일정 기간 동안 거주·요양·지원 등의 서비스를 제공하는 동시에 지역사회생활을 지원하는 시설"로 정의되어 있다. 그리고 장애인 거주시설 하위유형의 시설로는 장애유형별 거주시설, 중증장애인 거주시설, 장애영유아 거주시설, 장애인 단기거주시설, 장애인 공동생활가정이 포함되어 있다.

장애인거주시설 중 공동생활가정과 체험홈의 입주기준은 동일하며 입주대상자는 근로가 가능한 사람으로 제한되어 있기 때문에 고령으로 인해 근로를 할 수 없는 조건의 지적장애인의 경우 그룹홈 생활이 가능하지 않다는 것을 의미한다. 또, 그룹홈에 생활하고 있었다 하더라도 1개월 이상 장기치료를 요하는 경우가 되면, 다시 거주시설로 복귀해야 하는 상황이 되도록 설계되어 있다.

Ⅲ. 고령 지적장애인 서비스에 대한 국외 사례

1. 영국의 사례

1) 고령 지적장애인 관련 정책 동향

영국에서는 전체적인 인구 노령화 현상과 함께 지적장애인의 기대수명 역시 1930년 20세에서 1990년 70~74세로 증가하였고(Foundation for people with Learning Disabilities, 2002), 다운증후군이 있는 사람의 기대수명도 2006년을 기준으로 40% 이상이 60세까지 생존하게 되었다(Hatzidimitriadou & Milne, 2006). 지적장애인의 노령화 현상을 '새로운 인구집단의 출현'으로 표현하고, 1980년대 초·중반을 기점으로 관련 연구들이 시작되어 지금까지 계속되고 있다. 이러한 연구들은 지적장애인의 고령화에 대응하기 위한 제도적 개선에 대한 필요와 고령 지적장애인의 특성에 맞고 욕구에 부합하는 서비스로의 변화를 촉구하고 있다.

2000년을 전후해서는 지적장애인의 고령화와 관련된 사회적 문제들이 제시되면서 중앙정부 차원에서의 관심과 실질적인 제도 개선이 추진되기에 이르렀다. 사회적 문제로 제시되었던 것들은 크게 세 가지로 정리될 수 있는데, 첫째는 지적장애인의 조기 노화 문제이다. 지적장애인에게서 연령과 관련된 문제는 일반 인구보다 훨씬 일찍, 훨씬 심각한 영향을 미친다는 것이 여러 연구들에서 지적되었다. 이는 지적장애의 경우 노인의 연령을 몇 세로 정의할 것인가에 대한 논쟁을 이끌었고, 그 결과 정책적으로 지적장애인의 경우 50세부터, 다운증후군의 경우 40세로 대체로 합의하는 상황이 이루어졌다(Foundation for People with Learning Disabilities, 2002). 따라서 고령 지적장애인에 대한 서비스 계획은 보다 일찍 시작되어야 하며, 최소한 50세가 되면 노화와 관련된 모니터링이 시작되어야 함을 강조하게 되었다(McConkey, et al., 2002).

둘째, 일반 노인시설에 배치되어 있는 젊은 지적장애인에 대한 문제이다. Thompson와 Wright(2001)가 영국 전역의 노인홈을 대상으로 조사한 결과, 노인홈을 이용하고 있는 지적장애인의 40%가 65세 이전에 노인홈으로 입소하였으며, 65세 이하의 지적장애인이 노인홈을 이용하게 되는 이유는 조기 치매, 정신이상, 신체적 장애, 발작, 부모의 노화, 배우자의 노화, 노인과 유사한 행동(80세에 가까운 55세) 때문으로 확인되었다. 또, 최소 65세 이상이 되었을 경우에 노인홈으로 입소하도록 한다는 규정을 정확하게 지키고 있다고 응답한 노인홈은 전체 응답 37개소 중 5곳에 불과했다고 보고했다. Thompson와 Wright(2001)는 노인홈에 입소한 지적장애인은 그들보다 매우 나이가 든 노인들과 서비스를 공유함으로써, 그들 연령 보다 더 노화될 위험을 안고 있는 것이라고 지적되었다. 덧붙여 노인홈으로의 적합하지 않은 배방 예방을 위해 최소한 65세 이전에 노인홈으로 들어가지 않도록 보장해야 함을 강조하고, 일반 노인들처럼 지적장애인도 75세 이후가 바람직하다고 추천하였다. 또, 현재 노인홈에 있는 모든 사람들에 대한 배치 재검토를 제언하였다.

셋째, 지적장애인의 주된 케어러인 가족, 특히는 부모의 고령화로 인한 문제이다. 영국의 경우 2000년대에 60%의 지적장애인이 가족 케어러와 함께 지역에서 살고 있었는데, 북아일랜드의 예를 들면, 주된 케어러가 40세 이하인 경우는 1%, 40~64세가 62%, 65~74세가 25%, 75세 이상이 12%를 차지하고 있었다. 주된 케어러의 고령화는 케어러 자신도 케어를 받아야 하는 입장이 되면서, 또는 주된 케어러의 사망으로 인해 지적장애인에 대한 케어가 불가능해 지는 상황에 처하게 된다는 것이다. 이러한 상황은 부득이하게 지적장애인의 시설입소를 초래하는 결과로 나타나고 있다는 것이다.

학습장애인 재단(Foundation for people with Learning Disabilities)에서는 지적장애인의 고령화와 관련된 사회적 이슈를 해결하기 위해 Growing Older with Learning Disabilities(GOLD) 프로그램을 1998~2002년에 걸쳐 실시하였다. GOLD는 영국 전역의 고령 지적장애인의 삶에 관심을 기울이면서 시작된 프로그램이다. GOLD의 목적은 고령 지적장애인에 대해 이해하고, 고령 지적장애인에게 어떻게 서비스를 하고, 고령 지적장애인의 나이가 많은 가정 간호인을 어떻게 지원하고, 고령 지적장애인의 욕구를 이해하는 데 있다. GOLD의 연구 결과는 고령 지적장애인의 서비스 개선에 영향을 미쳤을 뿐만 아니라 고령 지적장애인의 삶에 영향을 미치는 노인을 위한 국가 서비스 체계(The National Service Framework for Older People)와 같은 일반 정책의 발달에도 영향을 미쳤다.

2) 고령 지적장애인의 특성에 대한 정의

고령 지적장애인의 특성을 정리하면, 첫째, 사회적으로 노인차별과 장애인차별이라는 이중적인 차별을 당할 수 있는 집단이라는 것이고, 둘째 지적장애인이면서 고령에 이르기까지 생존하는 경우는 지적장애인 중에서도 상대적으로 경중인 경우가 많다는 것이다. 셋째, 넷째, 다섯째는 지적장애인의 노화의 특성으로서 일반 노인에 비해 높은 치매 유병률을 나타내고, 건강문제와 감각퇴화의 발생비율이 보다 심각하며, 정신문제와 그에 따른 행동의 변화가 보다 심각하다는 것이다.

동시에 대다수의 연구에서는 지적장애인이 일반 노인에 비해 보다 빠르고, 심각한 신체적·정신적 건강문제를 발생하는 것이 지적장애인에 대한 또 다른 낙인으로 작동되어서는 안 되며, 지적장애인의 변화된 서비스 욕구를 적절하게 파악하기 위한 수단이어야 함을 강조하고 있다. 궁극적으로는 추가적인 건강서비스와 사회서비스가 제공되어야 하며, 두 서비스 간의 원활한 연계 또한 이루어져야 함을 주장하고 있다.

(1) 중첩적인 차별의 대상

중첩적인 차별의 대상이라 함은, 고령 지적장애인의 경우 장애로 인한 차별에 더하여 노인차별(ageism)이라는 이중차별을 경험하게 될 수 있다는 것을 의미한다. 노인에 대한 사회적 인식과 노인차별(ageism)은 노인에 대한 태도, 치료, 서비스 모든 영역에서 영향을 미치고 있고, 그 결과 사회, 경제, 정책 모든 영역에서 노인에 대한 차별로 나타난다는 것이다. 고령 지적장애인의 경우 이중의 위험(double jeopardy)에 처하게 되고, 이는 궁극적으로 부적절한 서비스를 초래하게 된다는 지적이다.

(2) 지적장애 정도와의 연관성

지적장애인의 노화는 장애정도와 매우 밀접한 연관이 있음이 지적되고 있다. 즉, 지적장애의 사망률은 지적장애의 중증도와 관련이 있어, 보다 중증의 지적장애인은 여전히 기대 수명이 짧다는 것이다. 보다 덜 중증의 지적장애인 그룹이 전체적으로 연령이 증가하고 있다(Moss, 1991; Holland, 2000 재인용). 결국 고령 지적장애인은 지적장애인 중에서 상대적으로 덜 중증인 사람들이라는 특성을 지닌다는 것이다.

(3) 높은 치매 유병률

치매는 여러 종류가 존재하는데, 지적장애인의 경우 그 중에서도 알츠하이머 질환의 보급률이 심각하다고 한다(McConkey et al., 2004). 특히, 다운증후군이 있는 경우는 이미 존재하는 신경적 변화의 결과 알츠하이머 타입의 치매 유병률이 다른 사람들에 비해 매우 높고, 다운증후군이 있는 사람이 오래 살 경우 상당수가 이러한 타입의 치매로 발전할 가능성이 있음을 지적하고 있다(Dalton & Janiki, 1999).

그러나 지적장애인에게 있어 치매는 지적장애의 특성으로 인식되어 진단이 제대로 관찰되지 못하는 경우도 있다. 따라서 개인적인 기능과 행동의 변화에 대한 면밀한 확인이 필요하다.

(4) 건강 문제와 감각 퇴화

모든 인구집단에서 나이가 들어갈수록 필연적으로 연령과 관련된 건강문제가 나타날 수밖에 없기 때문에, 지적장애인이 고령화 되면서 겪게 되는 건강문제는 다른 일반 노인들과 마찬가지라고도 할 수 있다. 그러나 McConkey et al.(2004)을 비롯한 여러 연구에서 특정 증후군의 지적장애에서 특정 질환이 더 많이 발생하게 된다는 것이다.

(5) 정신문제와 행동변화

지적장애인에게 노화로 인해 심각한 어려움을 초래하는 것이 정신문제와 행동변화이다. 이미 지니고 있는 정신적 문제와는 상관없이 노화로 인해 정신적 문제를 나타내고, 주된 정신문제는 우울증과 불안이다(Holland, 2000). Day(1985)는 병원에 있는 지적장애인의 30%가 정신장애가 있었으며, 입원기간이 길어질수록 보다 심각해지며, 주요 증세는 11%가 우울증과 불안을 나타냈다고 한다(Moss & Patel, 1993 재인용). 고령 지적장애인에게서 가장 흔한 행동변화는 치매와 관련된 행동의 변화로, 우울, 불안,

정신질환, 공격성 등을 들 수 있다.

3) 고령 지적장애인에 대한 서비스 기준

고령 지적장애인에 대한 서비스 기준은 '노인서비스에 대한 국가 프레임워크(The National Service Framework for Older People; NSF, 2001)'에서 제시하고 있는 내용을 원칙으로 하고 있다. NSF는 건강과 사회서비스를 통틀어 노인을 위한 케어의 기준으로 적용되고 있으며, 이 기준은 고령 지적장애인을 포함한 모든 노인이 자신의 집에 있든, 거주시설에 있든, 병원에 있든 상관없이 동일하게 적용되어야 함을 밝히고 있다.

특히, NSF에서는 고령 지적장애인의 경우 일반인보다 더 일찍 노화를 경험하게 됨을 명시하고, 연령에 상관없이 노인서비스를 필요로 하는 사람을 그 대상으로 하고 있음을 분명히 하고 있는데, 여기에서 제시하고 있는 고령 지적장애인을 포함한 노인서비스의 기준은 다음과 같다.

(1) 연령차별의 근절

연령을 이유로 보건과 사회서비스 접근에 어떠한 불평등이나 차별을 받지 않도록 하며 보건 의료서비스는 나이와 상관없이 개인의 의학적 욕구에 기반 하여 서비스를 제공해야 한다.

(2) 사람중심의 케어

노인이 개인으로서 대우받을 수 있도록 보장하고, 보건과 사회서비스의 경계와 상관없이 개인이 필요로 하는 욕구를 충족하기 위해 내용상 적절하고 시의적절 하게 보건서비스와 사회서비스를 제공한다. 또한 노인들이 한 개인으로서 자신의 케어에 대해 스스로 선택할 수 있도록 한다.

(3) 중간 단계의 케어(intermediate care) 강화

NSF에서는 너무 많은 노인들이 지역사회서비스가 보다 그들의 욕구를 잘 충족시킬 수 있음에도 불구하고 병원에 입원하고 있다고 문제를 제기하고, 이러한 현상은 결과적으로 그들의 사회적 네트워크가 단절되거나 상실되게 하고, 병원 감염을 얻게 될 위험에 처하게 된다고 지적하고 있다. 따라서 병원에의 입원 치료와 지역사회 케어 사이의 갭을 메우기 위해서 지역사회에 있으면서도 일련의 치료와 재활서비스를 받을 수 있도록 중간 단계의 케어를 강화하겠다는 것이다.

(4) 정신건강의 증진

NSF에서는 노인의 정신건강을 증진하고, 치매와 우울증이 있는 노인을 치료하고 지원하는 것을 목적으로 다음과 같은 기준을 제시하고 있다.

- 노인들을 위한 정신건강서비스는 개인의 욕구에 효과적으로 반응할 수 있어야 하고, 회복과 지원에 영향을 미치는 사회 문화적 요인들을 고려하여야 한다.
- 예방을 증진시키기 위해서는 노인의 정신건강 문제의 케어와 치료를 위해 다음과 같은 사항에 주의를 기울여야 한다.
  - 정신건강의 증진
  - 전문적인 노인 정신건강 팀의 지원을 포괄하는 초기 케어에서 정신건강 문제에 대한 조기 인지와 관리
  - 전문의에 의한 케어 접근
- 정신건강서비스는 포괄적이고, 다학문적이고, 접근이 용이하고 반응적이며, 개인적이면서 설명 가능하고, 체계적이어야 한다.
- 정신건강 상의 문제가 있는 노인을 보살피고 있는 케어러 또한 정보, 조언, 실천적 도움과 지원이 필요하다.

(5) 건강하고 활동적인 삶의 증진

NSF에서는 노인이 건강하고 충만한 삶을 영위할 수 있도록 돕고 지원하는데 거듭 중점을 두어야 한다고 강조하고, 주류의 건강 증진과 질병예방 프로그램에 대한 접근, 문화적 다양성을 반영한 건강증진 활동, 노인의 독립과 웰빙을 위한 다양한 영역에의 보다 폭넓은 주도적인 참여활동이 노인들을 위한 건강하고 활동적인 삶을 증진할 수 있다고 한다.

- 주류의 건강 증진과 질병예방 프로그램에 대한 접근
- 노인에게 특별한 이득을 주는 문화적 다양성을 반영한 건강증진 활동, 즉 신체적 활동성을 증진하기 위한 프로그램, 식이요법과 영양 증진, 인플루엔자를 위한 면역과 관리 프로그램
- 건강증진, 노인의 독립과 웰빙을 위한 다양한 영역에의 보다 폭넓은 주도적인 참여, 즉 운동 서비스, 건강한 식사 등

2. 일본의 사례

1) 고령 지적장애인 관련 정책의 동향

일본에서는 고령 지적장애인에 대한 관심과 그에 따른 변화의 시도가 현장의 지적장애인 시설에서 가장 먼저 시작되었다고 볼 수 있다. 1970년대에 지적장애인 입소시설에서는 시설 이용자 중 40 · 50세 연령층 인구가 증가하는 것을 경험하면서 그들의 조기노화에 대한 위기감을 품고 처우방향을 고려하게 되었다. 당시 일본의 지적장애인 시설들은 '모든 시설이 고령자 대책을 갖추어야 한다.'는 사고에 입각하여, 스스로 고령자에 대한 처우와 노화에 따른 대책을 시행하게 된 것이다. 그 결과 중고령자에 대한 '분류처우'를 내세우게 되었고, 고령자전용시설, 또는 고령자기숙사 등을 설립하게 되었다.

후생성 심신장애연구(1989)에서 조사한 바로는 해당 연도에 지적장애인 시설 643개소 중, 고령자 전용시설을 설립 · 운용하고 있는 곳은 11개소(전체의 1.7%)였다. 동일 지적장애인 시설 내 또는 시설 외에 고령자동이라는 기숙사를 운영하고 있는 곳은 29개소(전체의 4.5%)였다. 그 밖에 468개(72.8%) 시설은 중고령자와 청장년기가 함께 생활하고 있었다. 나아가 중고령자 대상의 기숙사를 계획 중이거나 앞으로 필요로 하는 지적장애인 시설은 271개 시설로 확인되었다. 더욱이 이들 고령자동의 입소적용 연령은 40~50세의 중년이 가장 많아 전체의 63%를 차지하고 있었다.

1980년대에는 일본정신박약자애호협회가 '고령화 과정(加齡의 軌跡)'을 정리하여 전국시설장회의에서 처음으로 발표함으로써 노령의 문제를 지적장애인 복지의 중요

한 과제로 제기하게 되었다. 그 후 매년 후생성 심신장애연구에서 지적장애인의 노화에 대한 조사를 실시하게 되었고, 각 지방자치제에서의 조사검토와 함께 점차 고령 지적장애인에 대한 원조의 구체적인 방향과 원조기술들을 모색하게 되었다.

2) 고령 지적장애인의 현황

고령 지적장애인의 현황을 살펴봄에 있어, 일본에서 대체로 몇 살부터를 고령 지적장애인으로 정하고 있는지를 확인할 필요가 있다. 물론, 제도상으로 고령 지적장애인의 연령이 명확히 정해져 있지는 않으나, 일본의 노인홈을 이용할 수 있는 고령자의 연령은 65세 이상(지적장애인의 경우는 60세)으로 정해져 있다. 4·50세의 지적장애인을 중고령자로 분류하고, 60세 이상을 고령자로 간주하는 것이 일반화되어 있어, 보통 고령 지적장애인을 칭할 때는 중고령자와 고령자를 포함하는 경우 40세 이상이 해당되고, 고령자만을 칭하는 경우는 60세 이상이 해당된다.

그러나 고령 지적장애인 서비스 제공 측면에서는 노화와 관련된 특별한 복지서비스가 필요한 시기를 단순히 연령에 따라 분류할 수는 없음을 지적하고, 각각 노화가 시작된 시기에 알맞게, 그리고 개별적인 특성에 따라 고려되어야 함을 강조하고 있다.

3) 고령 지적장애인에 대한 서비스 원칙

고령 지적장애인에 대한 서비스에서 무엇보다 우선적으로 다음과 같은 전제를 충분히 이해해야 됨을 강조하고 있다. 첫째, 연령증가로 인한 영향은 개인차가 크다는 것이다. 지적장애인은 물론이고, 특히 다운증후군이 있는 경우에는 더욱 그렇다. 일반적으로는 노년기에 이르러 뒤에 서서히 커지는 개인차가 지적장애인의 경우에는 중년기에 이미 나타난다. 그런 사람의 정신·신체적 상태를 바르게 평가하고 그에 따른 개별적인 대응이 필요하다.

둘째, 정신·신체면에 현저한 변화가 없는 사람이 보다 많다는 것을 잊지 말아야 한다는 것이다. 조기쇠퇴경향이 나타난다고 해도, 그것이 모두에게 같이 나타나는 것은 결코 아니다. 60세 정도까지의 연령에서는 그것이 나타나지 않는 경우도 많다는 것이다.

셋째, 일부의 사람에게 쇠퇴가 두드러지게 나타나는 것 또한 분명한 사실임을 유의해야 한다. 분명한 치매화, 또는 누워서 거동 못하는 정도의 신체적 쇠퇴가 일부의 사람에게서 나타나기 때문에, 지적장애인 시설에서는 새롭게 접하는 문제가 될 수 있으므로, 이 부분에 대해서는 노인복지시설에서의 경험을 배워야 한다는 것이다.

넷째, 적극적인 변화도 있을 수 있음을 늘 염두에 두어야 한다는 것이다. 고령 지적장애인에게서 정신·신체기능 등 생활적응 면에서, 바람직한 변화가 일어나는 경우도 드물지 않다는 인식이 중요하다고 지적한다. 특히, 연령의 증가에 따라 나타나는 바람직하지 않는 많은 변화는 그것이 노화현상이라기 보다는 병 등 바람직하지 않는 생활습관, 환경조건에 의한 것임을 인지해야 한다고 강조하고 있다.

다섯째, 건강관리를 충실히 하고, 지적장애인의 능력을 가능한 최대로 유지하기 위한 개별적 프로그램의 고안이 필요함을 지적하고 있다. 연령의 증가와 함께 일상 건강관리의 필요성이 증대했다. 또, 각각의 정신·신체 기능능력에 대응한 개별적인 일상생활지원프로그램을 고안해 가야 할 필요가 있다.

고령 지적장애인에 대한 서비스를 '인간생활의 완성'이라는 데 의미를 두며, 서비스제공의 원칙이자 중요한 목표를 다음과 같이 제시하고 있다.

- 심신의 건강 유지, 증진
- 질병의 예방, 치료
- 정신적, 물리적 환경의 안전과 권리 옹호
- 문화적(레져) 활동의 장 정비
- 생산적 활동의 지원
- 지역사회 거주로의 귀속의식 심화
- 가족, 카운슬링
- 안주의 장 구축

Ⅳ. 발달장애인의 노화와 관련된 건강문제

강희설과 김재용(2010)의 지적장애인 고령화와 관련된 건강문제를 조사한 결과에 의하면 고령 지적장애인의 주요 특성별 건강 문제는 아래와 같다.

① 체질량지수	② 콜레스테롤 관리 필요
③ 고지혈증 의심	④ 당뇨병 의심
⑤ 치아 결손	⑥ 시력저하
⑦ 빈혈 의심	⑧ 간장질환 의심
⑨ 신장질환 의심	⑩ 갑상선 질환
⑪ 백내장	⑫ 정신과 약물복용(간질+행동장애)
⑬ 척추측만증	⑭ 심비대(심장비대, cardiomegaly) 의심
⑮ 기타 흉부 이상소견	

또한 일반 인구집단에서도 고령화에 따라 문제가 되는 만성 질병들이 지적 장애인들에게도 고령화에 따라 아래와 같이 거의 유사하게 나타난 것으로 드러났다.

- 비만, 고지혈증(콜레스테롤 관리 필요 포함), 시력 저하, 심장 비대, 기타 흉부 이상소견, 고혈압, 당뇨병, 치아 결손, 시력 저하 등 일반 인구집단에서도 연령증가(또는 노화)에 따라 익히 예상할 수 있는 건강문제들이 분석 대상 지적 장애인에게도 나타났다.
- 간장 질환 의심, 갑상선 질환, 신장 질환 의심, 백내장, 척추측만증 등은 다변량 분석이나 연령을 포함한 내적일치도 분석에 일관된 양상을 보이지 않았다.
- 정신과 약물복용(간질 및 행동장애), 빈혈의심은 일관되게 연령증가와 관련이 없거나 또는 연령증가에 따라 오히려 감소하는 경향마저 의심된다.

이러한 관찰결과를 고려하면 일반인구집단보다 지적 장애인에게서 훨씬 젊은 나이에 고령화와 관련된 건강문제들이 본격적으로 나타날 가능성을 배제할 수 없으며 특정 연령군을 기점으로 그 전 단계에 비해 급격히 증가하는 현상을 확인할 수 있다.

V. 결 론

가장 우선적으로 강조되는 것은 우리가 지적장애인의 고령화 현상을 어떠한 관점에서 바라볼 것인가의 문제이다. 지적장애인의 노화특성을 논의하고, 어떠한 서비스들이 보다 많이 지원되어야 한다는 논의가 자칫 사회적 부담으로 여겨질 수도 있다는 점이다. 이러한 우려는 우리나라에서 인구고령화 현상이 처음으로 사회적 이슈가 되었던 때, 상당수가 그러한 현상을 노인 '문제', 또는 '사회적 부담'이라는 관점에서만 다루고, 결과적으로 노인을 '수용 대상'으로 대상화한 측면도 없지 않기 때문이다. 지적장애인의 고령화 현상은 지적장애인을 둘러싼 환경이 변화한 결과라고 할 수 있다. 과거 지적장애인에 대한 숱한 고정관념 속에 사회로부터 격리·수용했던 처우에서, 정상화 논리에 입각하여 지적장애인의 자립을 지원하고 지역사회 통합을 위해 노력한 결과일 수도 있다.

또한, 모든 지적장애인이 조기노화 현상을 나타내고, 심각한 노인성 질환을 앓게 되지는 않는다. 지적장애인 개인에 따라 보다 심각하게 나타날 수도 있고 미미하게 나타날 수도 있으며 지적장애인 중에서도 보다 일찍 나타날 수도 있고 늦게 나타날 수도 있으며, 때로는 큰 변화 없이 노년의 삶을 유지하거나 보다 긍정적으로 성숙하는 경우도 있음을 유념해야 한다.

이상의 관점을 견지하는 것을 전제로 고령 지적장애인을 위한 서비스의 제언은 다음과 같다. 첫째, 심신의 건강에 대한 모니터링이 필요하다. 대부분의 장애인거주시설은 법령으로 정해진 기준에 따라 정기적인 건강검진을 실시하고 있다. 그러나 건강검진 결과가 충분히 분석되어 개별 지적장애인에 대한 서비스 제공의 근거로 활용되고 있지는 못한 상황이다. 건강검진 결과를 분석하여 노인성 질환이 의심되는 경우를 확인해야 하며, 지난 건강검진 결과와 비교하여 특정 질환이 얼마나 진행되고 있는지 변화의 과정을 확인하는 모니터링이 꾸준히 진행되어야 한다. 또, 건강검진에서 드러나지 않는 심신의 변화를 파악·관리 할 수 있는 도구와 시스템, 인력이 마련되어야 한다.

둘째, 의료서비스에 대한 접근성을 높여야 한다. 연구결과에서도 나타났듯이 나이가 들수록 병원을 가는 횟수가 늘어나고, 먹는 약도 많아지고, 병원 입원을 필요로 하는 경우도 생긴다. 그러나 지적장애인의 경우, 동네에 병원은 많아도 마음 편히 진료를 받을 수 있는 병원은 많지 않다. 지적장애인에 대한 이해가 부족한 의료진에 의해 진료거부를 당하기도 하고 치과, 안과, 산부인과 에서는 진료 자체가 어려운 경우도 있다. 평소에 전문 의료기관과의 연계를 확보해 두는 것이 매우 유용하다. 이런 일은 영리화 된 민간의료 시스템이 스스로 실행하기는 불가능한 일이므로 공공의 선도적 역할이 중요하다.

셋째, 지적장애인과 가까운 친구, 가족, 친지 등과의 관계를 잘 유지할 수 있도록 지원하는 것이다. 국외사례에서 강조한 바와 같이 고령이 될수록 오히려 친구관계가 더욱 중요해진다. 재활치료·훈련프로그램과 같은 접근보다는 자연스럽게 친구를 만나고, 함께 산책을 하고, 여행을 하는 등의 활동을 할 수 있도록 지원하는 것이 보다 효과적이라는 것이다. 특히, 고령 지적장애인의 경우 일반 노인에 비해 우울이나 불안 등과 같은 정서적 어려움을 2~3배 높게 겪게 된다. 친구나 가족과 자주 교류하고, 그 관계를 잘 유지하는 것은 매우 중요하다.

넷째, 고령 지적장애인에 대한 이해를 바탕으로 적절한 지원을 할 수 있도록 직원과 가족에 대한 교육이 필요하다. 장애인거주시설의 직원은 노화과정에 대한 교육과 훈련을 받아본 경험이 부족하다. 지적장애인의 노화와 관련된 변화가 생겨도 눈에 띄게 드러나지 않는 한 그것을 인지하지 못하는 경우가 생기게 된다. 지적장애로 인한 특성으로 간주하여, 시의적절한 개입의 기회를 놓칠 수도 있다.

다섯째, 임종을 앞둔 사람에 대한 지원방침이 마련되어야 한다. 인간이 한 번 태어나면 죽는다는 것은 당연한 것이다. 그러나 우리는 죽음에 대해 언급하는 것을 터부시하는 경향이 있다. 장애인거주시설에서도 임종을 앞둔 사람은 병원으로 옮겨져 그곳에서 죽음을 맞이하게 하는 경우가 대부분이다. 그러나 국외사례에서 살펴본 바와 같이 가능한 자신이 살던 집, 또는 자신이 생활하고 있던 시설에서 자신과 친숙한 사람들 속에서 존엄사 할 수 있도록 하는 것이 가장 행복한 것으로 간주하고 있다. 이를 위해 오히려 의료진과 호스피스서비스가 지적장애인의 일상 거주지로 찾아가는 사례에 대해 주목할 필요가 있다.

여섯째, 중·장년기 서비스를 강화하는 것이 고령 지적장애인을 위한 가장 우선적인 정책이 될 것이다. 지적장애인의 조기노화는 그들의 장애특성에도 원인이 있을 수있겠지만, 그들을 둘러싼 환경의 영향이 더욱 클 가능성도 상당히 높다고 판단된다.

앞서 현장조사 결과에서도 장애인복지 서비스 영역에서 중·장년기 서비스 부재를 거듭 문제제기 한 바 있다. 지적장애인들이 직업활동 이외에는 성인기에 할 수 있는 것이 없다. 그러나 익히 알고 있듯이 상당수의 지적장애인은 직업활동의 기회조차 주어지지 않으며, 직업활동의 기간이 매우 짧다. 비장애인들이 성인기에 어떠한 역할을 하면서 살아가는지를 고려하여, 지적장애인에게도 해당 시기에 적합한 역할을 다할 수 있도록 지원해야 할 것이다.

지적장애인을, 물론 조기사망도 적지 않았지만, 사망하기 전까지 평생 '일방적 보호를 받아야 하는 아이'로만 간주하는 시각이 여전히 팽배한 현실이다. 하지만 학령기 교육과 직업훈련을 마친 지적장애인들에게도 성인기와 노년기에 접어 설 그들의 일면 당연하고 합리적인 요구를 현실에 최대한 구현하고, 그들 스스로가 보람과 행복을 추구하는 보편적 인간으로서의 권리를 보장받을 수 있도록 해야 할 것이다. 서구 국가들이나 가까운 일본의 경우를 보더라도 그 동안 간과되거나 심지어 금기시 된 측면마저 없지 않은 지적장애인의 인간으로서의 보편적 권리에 대한 전생애적 관점과 철학, 대책에 대한 깊이 있는 고찰이 수반되어야 할 것이다.

참고문헌

강희설, 2010. "장애인거주시설 고령지적장애인 서비스에 대한 연구". 사회복지법인 교남.

권오균. 2008. "장애노인의 삶의 질 결정요인에 관한 연구." 노인복지연구, 39: 7-32.

김미옥. 2003. "장애노인의 특성과 생활만족도에 관한 연구." 노인복지연구, 21: 73-97.

김용득·변경희·임성만·강희설·이정호·장기성·전권일·조순주. 2007. 『장애인 거주시설 서비스 기능과 구조의 혁신방안』. 보건복지가족부·성공회대학교사회복지연구소.

김재용. 2009. "우리나라의 장기요양보험제도." 한림대학교의과대학 사회의학교실 의료보장개론 강의자료.

박창제·김기태. 2003. "중증장애노인의 비공식 보호 제공량과 유형의 결정요인 연구." 한국사회복지학, 54: 203-220.

선우덕 · 황주아. 2000. "생활기능장애노인의 재활서비스정책 현황과 과제." 보건복지포
럼, 6/7, 69-76.

손용진. 2004. "장애노인의 삶의 질에 관한 연구." 노인복지연구, 25: 49-74.

오타 히토시 · 미요시 하루키. 김영주 역. 2005. 『새로운 케어기술』, Green Home.

윤경아 · 이윤화 · 이익섭. 2000. "장애노인의 사회복지서비스 욕구에 관한 연구." 한국노
년학, 20(3): 77-91.

이동영 · 이강욱 · 이정희 · 김기웅 · 주진형 · 윤종철 · 김성윤 · 우성일 · 우종인. 2002.
"Mini-Mental State Examination의 한국 노인 정상규준 연구." 신경정신의학, 41(3):
508-525.

이동우 · 황은성 · 석재은 · 윤종률 · 조비룡 · 노용균 · 원장원 · 최혜지 · 박현식 · 조경환 · 이윤
환 · 김광일 · 백종우. 2008. 『노화연구포럼 보고서』. (사)한국노인과학학술단체연합회.

吉全 明弘 · 林本 美繪 · 農野 寶治 · 曺田 里美 · 檜垣 博子 · 大野 光彦 2009. 児童福祉論.
八千代出版.

日比 野淸 · 大態 信成 · 建部久 美子. 2007. 臨床に 必要な 障害者福祉. 弘文堂.

財団法人日本知的障害者福祉協会. 2007. 知的障害者福祉施設の 現況と 見込み. 中央法規.

영국의 지적장애인 재단 http://www.learningdisabilities.org.uk

발달장애인
복지론

초판1쇄 인쇄 2014년 5월 19일 / 초판1쇄 발행 2014년 5월 21일

펴낸곳 ㅣ EM커뮤니티
주　소 ㅣ 서울시 관악구 대학동 1732-1
인쇄처 ㅣ EM실천
주　소 ㅣ 서울시 금천구 가산동 493-6 대륭테크노타운 6차 1004호
전　화 ㅣ 02)875-9744　팩스 ㅣ 02)875-9965　e-mail ㅣ em21c@hanmail.net

ISBN : 978-89-91862-30-2 (93330)